《大学》人生大学问

DAXUE RENSHENG DA XUEWEN

郭庆祥◎著

東方出版社

目　　录

前　言

《大学》,关于人和人生的大学问。

《大学》乃《小戴·礼记》中的一篇,《礼记》为汉宣帝时五经博士戴圣从先秦遗留的典籍中编撰而成的作品。

《大学》被列为“四书”之一,是北宋时期儒学大师程颢、程颐两兄弟将孔丘的《论语》、曾参的《大学》、子思的《中庸》、孟轲的《孟子》,编辑而成“四书”。

《大学》应为孔子的弟子曾参所著。曾参是孟子的老师、《中庸》的作者子思(孔子的孙子孔伋)的老师。

“四书”和汉武帝时形成的“五经”,编辑成“四书五经”逐步成为儒家经典,构成中国儒家学说的主流,成为中国近千年来封建科考的教科书。

如果说中国传统文化的形式是经、史、子、集,其重要思想内容是诸子百家的思想,而中华国学的核心就是“四书五经”。如果说“四书五经”是儒家学说神圣的思想殿堂,那么《大学》就是建筑这座儒家思想殿堂的蓝图和施工程序。

《大学》是修身、齐家、治国、平天下的人生宝典,是修己以安百姓的大学问,是宋元以来官方钦定的教科书,是封建科举的指南针,是统治阶级的治国法宝,是上千年中国知识分子改变自己命运的进身阶梯,是以人为本,旨在提高人的修养,造就高尚的人格,成就人的德行功业的教材,是建筑儒家思想宫殿的蓝图,是通往“内圣外王”之道,最终达到“至善”理想境界的必经之路。

《大学》是一套封建伦理道德的政治体系,是引领人们抵达生活的美好境界、启迪人们心灵回归自然的纯净透明、弘扬光明正大的道德品质、塑造纯正美好人生性情,并彰显光明品德的经典。

《大学》的“至善”是道德修养的最高境界和终极理想,修养纯正的身心,规范自己，以求重塑新生；以知人善任的眼光，选贤任能，亲君子远小人；齐家治国的才能，德泽化育，家庭和睦，齐家以勤俭为本，治国以重民为要。

什么叫“大学”，据汉代郑玄（127—209）的解释：“大学者，以其记博学可以为政也。”大学就是通过广博的学习之后，“学而优则仕”，为政做官。

孙中山先生把《大学》称之为：“中国政治哲学谓其为最有系统之学，无论国外任何政治哲学家都未见到，都未说出，为中国独有之宝贝。”其三纲领、八条目，于人生之目的以及为达到之目的的步骤、方法，条理分明，阐述无遗。

《大学》被认为是“四书五经”之首。

所以朱熹说：“先读《大学》，以定其规模；次读《论语》，以立其根本；次读《孟子》，以观其发越；次读《中庸》，以求古人之微妙处。”

《大学》、《中庸》是儒家经典中最难懂的两部著作。

作者积六十年的风雨沧桑，五年的博览群书，历时一年多的写作，四易其稿，引经据典于“四书”，旁征博引于“五经”，广泛涉猎于诸子百家。

《大学》人生大学问，力求深入浅出、好看、好懂、好用。融思想性、知识性、艺术性、普及性、实用性、趣味性于一体而又不失学术价值。

《大学》主要分“三纲”、“八目”。

《大学》的“三纲”：“大学之道，在明明德，在亲民，在止于至善。”

“大学之道”，是人生学习教育的总目的、总规律、总纲领、终极目标；是修身、齐家、治国、平天下的总途径、总方针、总路线。其最终目的，是“在明明德，在亲民，在止于至善”。

“在明明德”，是学习继承发扬先圣的高尚品德、治国平天下的本领；是提高自己的综合素质和为人民服务的本领，做一个德才兼备之人；是通往儒家“内圣外王”的“内圣”之道。

“在亲民”，是亲民、爱民、全心全意为人民服务；是为民兴利除害，造福于民；是心为民所想，情为民所系，权为民所用，利为民所谋；是通往儒家“内圣外王”的“外王”之道。

“在止于至善”，是通过读书、学习、教育、磨炼、实践、感悟、修身、齐家、治国、平天下，最终通往人生成功彼岸的理想之道；是最终达到儒家“内圣外王”、“天下为公，世界大同”之道。

实现“三纲”宏伟的目标，需要一套完整的科学体系和实施法则，就是“八目”，否则“三纲”就可能成为一句伟大然而漂亮的空话。

《大学》的“八目”：“格物”、“致知”、“诚意”、“正心”、“修身”、“齐家”、“治国”、“平天下”。

“格物”之道，是通过“博学之，审问之，慎思之，明辨之，笃行之”的程序，探索运用万事万物规律的过程，掌握了规律，就可以起到举一反三、事半功倍、顺势而为、四两拨千斤的作用。

“致知”之道，在探索追求知人、知物、知天、知地、知命、知性、知天时、知地利、知人和的过程中，逐步把握人的本性和客观事物的规律，对于识别大千世界芸芸众生的人际关系和错综复杂的万事万物，有了比较清晰的认识，可以较好把握自己人生的命运。

“诚意”之道，是不欺人，不自欺，争取不被人欺，慎独，做一个真实诚信的人。

“正心”之道，是不受私欲支配，保持内心的客观公正公平，做一个客观公平公正的人。

“格物”、“致知”修的是人的知识、智慧、才学，是齐家、治国、平天下的才能，是为民兴利除害、造福于民的本领。

诚意正心的目的，是修养成为具有高尚的道德品德情操之人。

格物致知的目的，是修养成为德才兼备家国天下的栋梁之才。

“修身”之道：是“内圣外王”之道；是修德，“修己以安百姓”之道；是提高自己的综合素质，齐家、治国、平天下之道；是增强为民兴利除害，造福于民本领之道。

修身的程序：是“格物、致知、诚意、正心”的过程。

修身的目的：是力争做圣人、完人、贤人、君子、有恒者、善人；不做庸人，远离真小人，慎防伪君子；是为了实现“齐家、治国、平天下”的政治实践和抱负。

“齐家”之道，是要用公平公正之心，行使孝悌之道，使家庭家族持续发展。

“齐家”之道：勤俭，持家之本；孝悌，齐家之本；谨慎，保家之本；诗书，起家之本；和谐，兴家之本；创新，发家之本；积善，传家之本；教子，延家之本；中庸，治家之本；信念，强家之本。

“治国”之道，“爱民而已”。继承发扬法家的依法治国的“法治”；儒家的以礼治国的“礼治”;墨家的以人为本的“人治”;道家的以道治国的“道治”。

治国的目的:使国家富强繁荣、人民幸福安康、社会公平公正、天下稳定太平、民族团结进步、国家和谐发展、三个文明共进、人民充实自由自信尊严、社会和谐持续科学发展。

“平天下”之道,就是坚持“絜矩之道”;就是“己所不欲勿施于人”,“己欲立而立人,己欲达而达人”之道;就是追求和平共处、互惠互利、风雨同舟、和衷共济、共生共存共发展共赢天下的“天下为公,世界大同”之道。

“大学之道”,是教你如何做人的大道,是关于人生的大学问,是一套完整的修身、齐家、治国、平天下的政治思想体系。

按照《大学》中“三纲”、“八目”的修身程序修身养性,不能保你升官发财,但足可使你在修身、齐家、学习、工作中少走弯路,修炼成为一个博学的、有高尚道德情操的、受人尊敬的、对家国天下有用的人才。

题 记

六十载的风雨沧桑，五年的博览群书，四易其稿的艰难取舍，依据古本，正本清源，从人性出发，人生着手，引"四书五经"之精华，征诸子百家之精粹，纠程朱理学之谬误，纯正翔实的解读，优美的散文形体，铸就一份中华民族精神的正餐大餐。

通读此书，小者可助你修身齐家，大者可助你治国平天下。

该书力求深入浅出，融思想、艺术、知识、普及、趣味性于一体，力求好看、好懂、好用，兼顾学术和市场，企盼能够传世。

《大学》是中国传统文化的核心，是构建儒家思想殿堂的蓝图和施工程序，曾被孙中山称为："中国政治哲学谓其最有系统之学，无论国外任何政治哲学家都未见过，都未说出，为中国独有之宝贝。"

《大学》是修身、齐家、治国、平天下的人生宝典，是修己以安百姓的大学问，是宋元以来钦定的教科书，是封建科举的指南，是统治阶级的治国法宝，是上千年来知识分子改变自己命运的进身阶梯，是儒家通往"内圣外王"的必读之书。

《大学》的"三纲"：

"大学之道"，是人生学习教育的总目的、总规律、总纲领、终极目标。

"在明明德"，是修身、齐家、治国、平天下，通往儒家的"内圣"之道的途径。

"在亲民"，是亲民、爱民、造福于民，通往儒家的"外王"之道的途径。

"在止于至善"，是修身、齐家、治国、平天下，最终达到儒家的"内圣外王"之道的途径。

《大学》的"八目"：

格物，是"学、问、思、辨、行"，探索运用事物的规律。

致知，是在探索真理的过程中，把握人生命运。

诚意，是不欺人、不自欺。

正心，是去私欲，保持内心的客观公正。

修身，是德才兼备，“修己以安百姓”。

齐家，是用公平公正之心，行孝悌之道，保持家族的持续发展。

治国，是用法、儒、墨、道，“法”“礼”“人”“道”的综合治理。

平天下，是“絜矩之道”、“天下为公，世界大同”共赢天下的大道。

读《大学》可使人长学问，悟人生，行大道，做一个家国天下有用的人才。

一、中国传统文化的凝聚力，使中华文明得以绵延发展

自从盘古开天地，三皇五帝到如今。中华民族五千多年的历史沧桑巨变，历经了一次又一次的战乱、分裂、和平、统一，再战乱、再分裂、再和平、再统一。正如《三国演义》开篇“天下大势，分久必合，合久必分”的历史总结和预言。

拥有近十四亿中华儿女的炎黄子孙，分布于世界各地的神州赤子，集五十六个民族于一家的华夏民族，五千多年来曾经有过多少次强大、繁荣、文明、发达、开放、创新、和平、统一，以及分裂、战乱、屈辱、柔弱、瓜分、强大、和平、再统一。

积弱积贫的近代中国，历经了一百多年被瓜分、被奴役、被侵略、被屈辱的中华民族，我们将又一次登上独立、自主、改革、开放、繁荣、昌盛、文明、创新、和平、和谐、强盛的现代大国强国；我们将又一次巍然屹立于世界的东方，再次真正成为东方的雄狮，腾飞的巨龙。中国是世界上四大文明古国中唯一的伟大幸存者和发展者。

上下五千年，华夏民族，曾有几度如此盛世？风雨数千载，炎黄子孙，曾有几时如此感慨！

开放数十年，华人华裔，曾有几次如此豪迈？遥望百年计，九州子民，曾有几多强盛辉煌！

我们牢记历史，感恩昨天，珍惜今天，期盼明天！欣迎盛世，喜迎未来，共同开创新的辉煌！

中华民族为什么能经久不衰？中华文明古国为什么能独一幸存？追溯渊源，主要应得益于中国传统文化的源远流长！得益于中国传统文化和谐和大统一的凝聚力！

那么何谓中国传统文化？中国传统文化是自从盘古开天地，三皇五帝到

如今的系列文化，博大精深，源远流长，数不胜数，不可一言以蔽之。我认为，中国传统文化从形式上讲，应以经、史、子、集的经典为代表；从内容上讲，应以春秋战国时期诸子百家的思想文化为代表。而诸子百家的思想文化，最主要的又是儒、墨、道、法的思想文化。

中华传统文化的渊源，追根求源，应追溯到原始社会到三皇五帝，再追溯到春秋战国之际的诸子百家，让我们先从盘古开始，理清中华文化的源头：

盘古氏开天辟地的神话传说，开辟了人类生存发展的空间，表现了中华民族的大英雄的气概；女娲氏的炼五彩石补天、抟土作人的神话传说，表现了中华民族的担当意志与伟大的创新精神；有巢氏的构巢为屋，改善了人类的居住条件，开创了人类居住文明的先河，促成家庭的形成；燧人氏的钻木取火，教人熟食，以化腥臊，人类已不再饮血茹毛，开创了人类熟食文化的先河；伏羲氏的结网捕鱼、驯养牲畜，演绎八卦，促进了人类文明，开创了人类科技创新的哲学智慧；神农氏的尝百草味、治病救人，教民农耕，开创了人类农耕生产的文明，促进了医药文化的科技进步；黄帝造车、造灶、发明烹饪工具，极大地改善了人类的生活，是人类饮食文化伟大进步的开端；仓颉造字后，极大地推进了人类的科技进步，促进了社会的高度文明，丰富了人类的思想文化；黄帝创建了龙的图腾文化，开创了中华民族统一的旗帜，龙的传人，凝聚了中华民族的向心力；寓言愚公移山，表现了中华民族不怕困难，战胜困难的决心，奋斗不息，战斗不止的坚强意志；寓言精卫填海，表现了中华民族坚忍不拔的毅力，敢于面对强者，明知不可为而为之的胆魄。

《易经》中的“天行健，君子以自强不息”，象征着中华民族胸怀天下，具有创始万物，刚强劲健，坚强振作，一往无前的奋斗精神。“地势坤，君子以厚德载物”，象征着中华民族深厚如大地，载育万物，功德宽广，具有大地的承载和包容万物的精神。

《尚书》曰：“民可近，不可下，民惟邦本，本固邦宁。”对于百姓，只能亲近，不能轻贱；百姓是立国的根基，根基稳固了国家才会安宁。“人无于水鉴，当于民鉴。”人不仅要以水为鉴，更重要的是要以人民为鉴检讨自己，最早提出了以人为本，当政者接受人民约束监督的民本思想。

《诗经》三百篇，表现了我国两千多年前春秋战国时期诗歌的黄金时代的大发展，说明我国的文学水平领先于世界。《诗经》中的“关关雎鸠，在河之洲，窈窕淑女，君子好逑”。最早用诗歌形式表现了人性对于美好事物本能的追求，显示了中华文化的先进。在《国风》中许多反映奴隶、平民受压迫剥削、愤怒反抗的诗篇。如《魏风·硕鼠》中，奴隶们把奴隶主比作贪婪丑恶的“硕鼠”，表示了与奴隶主势不两立的决心，表现了中华民族反对压迫、反对剥削的精神。

《礼记》中的“大道之行也，天下为公，……是故谋闭而不兴，盗窃乱贼而不做，故外户而不闭，是谓大同”，就是把天下作为大家所共有的，选举贤能之人，讲究诚实，重视亲睦，所以人们不只是爱自己的亲人，不只是把自己的孩子当做孩子，要使社会的老人安享天年，壮年之人能够贡献自己的才力，年幼的人可以得到抚育成长，鳏寡孤独和残废、有病的人，都能够得到供养。男人尽力于自己的职分，女人各有自己的家庭。人们厌恶把钱抛在地上不管，但也不自己收存，据为己有；人们厌恶自己有力而不肯出力的人，但也不让别人为自己出力。所以各种图谋都杜绝了而不发生，也没有人做劫掠偷窃的盗贼，因而从外面合住的门而不关紧，这就叫大同世界。

“禹、汤、文、武、成王、周公，由此其选也。此六君子者，未有不谨于礼者也。以著其义，以考其信，若有过，刑仁讲让，示民有常，如有不由此者，在势者去，众以为殃。是谓小康。”就是说从夏禹、商汤、文王、武王、成王和周公这种礼仪治理天下，而成为才德出众的人，这六位君子没有一人不严守礼制的，用它来表现道义，考验信实，昭示过错，效法仁爱，讲究谦让，昭示民众以正常的行为。如果出现有不按照礼义去做的，有权势的人也要被斥逐，人人都把他视为灾祸。这就叫做小康。

《礼记·礼运》中所追求的“天下为公，世界大同”和“小康”世界，就是现在全世界所有的国家都没有达到，只有共产主义的理想可与之比美。这说明中华民族的思想是非常伟大和超前的。

《春秋左传》中所提出的“仁、义、礼、智、信”的伦理主张，提倡“忠君”、“爱国”和“民本”的意思，至今还在深深影响着中华民族的伦理道德的精神实质。

春秋战国之际，天下纷争，战乱不止，各种思想文化纷纷出笼，诸子百家应运而生，诸子百家争鸣，继承发展创新了极为光辉灿烂、丰富多彩的思想文化。如：

2700多年前,管仲及《管子》在政治思想方面留下了三个内容:民本、集权、法治。提出了"以人(民)为本"的"民本"思想。强调"争天下者,必先争人",争人的关键在于争得民心。"得众而不得其心,则与独行同实。"警告君主如得不到民心的拥护,那将成为孤家寡人。而得民心的关键又在于政顺民心:"政之所兴,在顺民心。政之所废,在逆民心。"具体体现则是"爱民"的政策。开创了春秋战国时期兴起的民本思潮,管子也成了民本思想的开创者和先驱。

管子强调君主集权的思想是顺应历史潮流,在君主集权的同时,还强调了君主的自我修养和道德约束,就是加强内心修养、排除私欲、遵守法度、以身作则,认为君主只有排除了私欲这道心中的屏障,才能顺应"天命"、掌握"天道"(可以理解为事物的本质及天地运行的规律),才能得到老百姓的顺从和拥护,臣子的敬畏服从,才能不失君权,长治久安。

《管子》具体要求君主做到:宽厚爱民,从严律己,节制享乐,讲求信誉,谦虚谨慎,了解下情,不任人唯亲,不懈怠简慢,不偏听偏信等等,直到今天仍有重要意义。

管仲利用"法"的手段加强政权、治理国家,这是《管子》政治思想方面的又一个重要遗产。管子认为"法"是人民共同遵循并带有强制性的东西,依据法律、利用刑罚,可以统一人们的言行,维护君主的权威。但《管子》强调,法的制定必须依照天地法则,依据国情民情,符合事物发展规律。《管子》在强调法的同时,也强调礼法并用,把"礼义廉耻"看作是"国之四维",强调礼仪教化对于国家安定的重要。强调道德的力量,劝君主行"仁政"、"德政",以仁义之心感召黎民百姓。

《管子》的经济思想,是提出"仓廪实则知礼节,衣食足则知荣辱",主张治理国家必须从经济入手。《管子》把为政之道分为德、义、礼三个方面。"德"涉及到农林、交通、商业、水利、住宅、赋税、救济等方面,认为实现经济繁荣是德政的重要标志之一。"义"的内容包括了慈善、节用,也是经济领域的事。"礼"的内容中除"尊卑长幼上下"之外,还强调"贫富有度",反对财富分配差距太大和分配不公,至今仍有着积极意义。

总之,《管子》把发展生产、调整生产关系看成是治理国家的根本,是决定政治、法律、道德的重要因素。

《管子》提出了"利民"、"富民"、"藏富于民"的经济主张。强调君主应通过协调经济利益，处理好君主与人民的关系，以利民政策来取得民心："得人之道，莫如利之"，"旦暮之利，众乃胜任"。人民得了实惠，则"虽不召而民自至"。

《管子·轻重》主张通过国家经营的工商业增加国家的经济收入，来取代直接向老百姓征税加赋。这一经济理论，经过后世学者的发展和丰富，被称为"轻重论"，它是我国封建社会宏观经济管理方面的先驱，也是最重要的宏观经济理论体系。

《管子》的军事思想是"寓兵于农"的耕战一体，"民富国强"，也有着积极的现实意义。

《管子》的哲学思想是"天道"与"人情"。管子认为，如果不能掌握自然发展和人心变化的规律，即使具备了地大物博、人众兵强的物质条件，国家也会危及。只有根据"天道之数，人心之变"办事，才能防止事物向反面转化。如能遵循天道并取得民心，战争一旦爆发，就可以战必胜、守必固。

管子不愧为伟大的政治家、军事家、改革家、哲学家、理论家、经济学家和政治实践家。管仲相齐四十年，实行了政治、经济、军事等各方面的改革，辅佐齐桓公"九合诸侯，一匡天下"，成为"春秋五霸"中的第一霸，其业绩备受后人推崇，连孔夫子都说"微(非)管仲，吾其被发左衽矣"。

《管子》的内容可谓包罗万象，博大精深，涉及政治、经济、军事、哲学、伦理、自然科学等诸方面，有法家的思想，又渗透了一些儒家、道家、阴阳家的思想。其丰富多彩的理论中蕴藏着许多哲理和真理，自今还熠熠生辉，值得我们认真地学习和借鉴，是中华民族思想文化的瑰宝。

商鞅及《商君书》的因时而变、与时俱进的大胆改革与变法精神，及其重视农业，重刑厚赏，重视战争，统一民心和制度，造就了秦国的富强，为秦始皇以后统一全国打下良好的基础。

韩非子提倡以法为本的法治，是法、术、势的结合。他总结了法家的经验教训，主要继承了商鞅的"法"，申不害的"术"，慎到的"势"，他是法家的集大成者。

在他看来，法、术、势缺一不可。他指出商鞅在秦国行"法"，因为没有"术"，"则以其富强也资人臣而已"，变法的果实落到了权臣手里。申不害只讲“术”，而没有“法”，“不一其宪令，则奸多”，弊病也很多。所以他说：“抱法处势则治，背法去势则乱。”法和势都是关系到法治的成败问题。

韩非说：“法者，宪令著于官府。”“法”，是规矩准绳，人人遵守，不能离开，不能任意行事。他说，“刑过不避大臣，赏善不遗匹夫”，“法不阿贵”，强调法令面前人人平等。

他还说，“术”是国君驾驭群臣的手段，是一种权术。“术不欲见”，“术”是不能让人知道的。“势”是国君的最高权力，他说：“万乘之主，千乘之君，所以治天下而诸侯者，以其威势也。”

韩非强调中央集权，“事在四方，要在中央”，“要”指中央集权，国君要紧紧掌握这种权力。他认为对于“势”运用得如何，关系到法治的成败。

韩非强调富国强兵，非常注重农耕政策，认为这是必由之路。“无事则富国，有事则兵强”。有事无事，都可以立于不败之地。

韩非的哲学思想：把“道”说成是自然界的本身和运动着的规律。“万物”服从必然的总规律，“万理”体现不同事物的特殊规律。他对“道”和“理”的关系的解释，类似我们今天说的万物各有特殊规律，所有规律共同体现了普遍规律。

法家的治国之道，归纳起来，就是“依法治国，赏罚分明，刑罚为主，以礼辅助”；主张“刑不避大臣，赏善不遗匹夫”的法律面前人人平等；反对任何人享有法外特权的“王子犯法与庶民同罪”公正；主张“各当时而立法，因事而制礼。礼治以时而定，制令各顺其宜”的因时而变和与时俱进；要求巩固土地私有制，建立统一君主国家的中央集权制的大中华统一；提倡耕战政策，以农致富，以战求强的富民强国政策；严厉严刑峻法，监督官吏职守，建立官僚制度，逐步完善“依法治国”的“法治”制度。

以上是法家关注国家，敢于创新，大胆改革，因时而变，与时俱进，留下了一整套有法可依的治国理念，那就是公平、公开、公正、法律面前人人平等的依法治国的“法治”到“法制”法治制度，和敢于献身的改革精神，及应对变革与时俱进的思想资源。

孔子主要讲的是“为人处世，安身立命”，提倡“仁者爱人”，“己欲立而立人，己欲达而达人”，“己所不欲勿施于人”“忠恕”之道的人生的大道理。

孟子主要讲的是兴“王道”，行“仁政”，反“霸道”；提出了“民为贵，社稷次之,君为轻”民贵君轻论;“天将降大任于斯人也,必将苦其心志,劳其筋骨,饿其体肤,空乏其身,行拂乱所为,所以动心忍性,增益其所不能”的担当意识;“富贵不能淫,贫贱不能移,威武不能屈”的大丈夫精神。

曾子《大学》的“大学之道,在明明德,在亲民,在止于至善”的修身齐家治国纲领,和“格物、致知、诚意、正心、修身、齐家、治国、平天下”的人生的大学问。

子思《中庸》的“执用两中”、“不偏不倚”、“恰到好处”、“无过而无不及”、“以诚为本”、“天人合一”、“中庸之道”,“为人处世,安身立命”人生的大智慧。

荀子在政治上,强调礼、义。礼是封建的道德规范,社会秩序和制度。荀子强调礼治,就是要通过宣传教育的办法,使人民遵守封建道德,学习封建的规章制度,遵守封建法纪,不做非分乱法的事,来巩固封建统治。

荀子认为,单用礼不行,也强调使用刑法,以作为礼治的补充。他还提倡义,是封建社会中的一种伦理规则。所以,礼、义合起来是一个东西,礼是制度,义是伦理,加上统治人民的刑法,这样,封建统治人民的手段就完备了。

荀子在认识论上,批判孟子的“性善论”,提出了“性恶论”。他认为,凡人生下来时天性都是恶的,因为人都有欲望,要吃、要穿、要利,得不到就争,争起来了就要乱。要去掉恶性,就要自己努力来“化性去伪”,学习礼义,来培养善性。

荀子在学习上坚持“锲而不舍,金石可镂”的坚毅精神;提出“青,取之于蓝,而青于蓝”的敢于超越的思想。

荀子思想中最光辉的部分就是他对自然界的看法。他认为天的变化,都是自然界的变化,没有什么神在主宰着。所以他说:“天行有常,不为尧存,不为桀亡。”揭露批判了古代统治者利用天、神、鬼、怪的迷信来恐吓、统治人民的欺骗性。

以上是儒家关注文化,留下了为人处世、安身立命、凝聚民心的价值体系。就是“仁者爱人”的“仁爱”;“以人为本”的“仁政”;“己欲立而立人,己欲达而达人”,“己所不欲勿施于人”的“忠恕”;“不偏不倚”的“中庸”;“格物、致知、诚意、正心”的修身方法;“内圣外王”的修身目标;“在止于至善”的终极目标;“知其不可为而为之”的引领中国数千年有志之士的奋斗献身精神;“民为贵,社稷次之，君为轻”的民本思想；“富贵不能淫，威武不能屈，贫贱不能移”的大丈夫精神；“天将降大任于斯人也，必将苦其心志，劳其筋骨，饿其体肤，空乏其身，行拂乱所为，所以动心忍性，增益其所不能”担当道义的精神；“大学之道，在明明德，在亲民，在止于至善”和“格物、致知、诚意、正心、修身、齐家、治国、平天下”修身、齐家、治国、平天下的理念；以及荀子的思想精华。

墨子的中心思想是“兼爱”，认为社会上一切人们只有“兼相爱”，才能“交相利”；提出了“非攻”，反对无义战争；提出“尚同”、“尚贤”的主张，他认为，最早管理国家的人是由选举产生的，因此建议打破阶级局限，选举最贤能的人当国王，其次的当三公、将军、大夫、乡长、里长等各级官吏。这一民选思想，超前于西方民选思想两千多年。

墨子的“节用”、“节葬”、“非乐”思想，反对统治者奢侈腐化，铺张浪费，提倡勤俭节约。墨子提出了认识客观事物应以“三表”作为判断是非真假的标准。“表”是“标志”或“标准”的意思。墨子认为，判断事物真假的标准，第一要根据历史的经验；其次是要根据当前人民群众的感觉和经验；第三要观察符合不符合国家人民的利益。

墨家关注社会，留下了社会理想，这就是平等、互利、博爱；提倡勤俭节约，反对铺张浪费的思想；提出“三表”，是检验真理的唯一标准；主张“民选”建设和谐家园的美好理想。

老子学说的宗旨是“无为自化，清净自正”。主张“无为而治”。在哲学思想上，老子提出了“道”。“道”就是世界上万事万物的本体，“道”就是“无”，它是“先天地生”的。它是无时不在，无处不在，有形无踪，无声无息，看不见摸不着的东西，可以勉强给它加个名词，叫“大”。他说，这个“道”，人们的感觉器官是不能认识的。“道”即“无”，“无”生出了“有”，又生出了天下的万物。“道”在万物中表现出来具体的东西，就是“德”。

老子认为有和无是互相产生的，长和短是在比较中得来的，高是以下为基础的，难和易是相辅相成的，事物双方矛盾发展的规律是：总由柔弱的、卑下的、虚无的、静止的一方最后取得胜利，而且循环不已，柔弱的变成刚强，变成刚强后又会转化为柔弱，得了祸接着来的福，有了福也隐藏着大祸。老子正是这样来认识事物转化规律的。

在老子看来，“柔弱”可以胜“刚强”；“无为”，是为了“无不为”；“不争”是为了“天下莫能与之争”。他的“人法地,地法天,天法道,道法自然”,就是一切尊重并按照自然规律和客观规律办事;他的“生而不有,为而不恃,长而不宰,是谓玄德”,强调人的是付出,而不要求回报。

庄子说:《逍遥游》,可以让人品味人生,学会逍遥,让人放开胸怀,站在更高的境界来看待人生。在他看来,留骨而贵者拥有权力地位,享尽荣华富贵,却终身受人驱使。相比之下,庄子更愿意做一只拖着尾巴在泥水里自由自在爬来爬去的乌龟。

庄子说:“北冥有鱼,其名为鲲,鲲之大,不知几千里也。化而为鸟,其名为鹏。鹏之背,不知几千里也;怒而飞,其翼若垂天之云。”鲲鹏这种完全超乎我们想象之外的大鱼大鸟,无形中扩展了我们的想象空间,打开了我们封闭的心灵,自由翱翔于浩瀚的宇宙空间,“独与天地精神往来”。

庄子的“天地与我并生,而万物与我为一”的思想,强调自然与人是有机的生命统一体,肯定物我之间的同体融合。庄子的精神是“独与天地精神往来”,追求真正的心灵自由,精神的逍遥。

道家关注人生,留下了人生追求,这就是真实、自由、宽容;教人做人,“无为”是为了“无不为”,“不争”是为了“天下莫能与之争”;“道法自然”尊重自然规律的处事原则,则事半功倍。

中国传统思想文化,是中华民族最宝贵的思想财富,是人类最具有民族凝聚力、最具有普遍意义、最具有影响力的思想文化。其中“道”、“德”、“仁”、“义”、“礼”、“智”、“信”、“公”、“中”、“诚”、“行”、“和”、“平”、“安”等,是“人类共生共存共荣共进化共发展的原理”。

所有这些,都是我们民族取之不尽用之不竭的精神财富。这个财富假如凝聚成一个字,那就是和;两个字,就是和与平;三个字,就是和、平、安。

北京紫禁城中最重要的三个宫殿,是太和殿、中和殿、保和殿。北京一个重要的城门,叫和平门。形容新婚燕尔的小夫妻美满幸福的生活,叫和和美美;形容家庭的团结,叫和和睦睦;形容全国五十六个民族的团结,叫和睦相处;对待别人,要和和气气;对待商业伙伴,叫和气生财;对待世界人民,要和平共处;人类期盼,世界和平;对待下属,要和蔼可亲;对待别人,要和颜悦色;共度难关,要和衷共济;批评别人,要和风细雨;归根结底是心平气和,创建和谐社会。于己和谐,与人和谐,与社会和谐,与世界和谐,与环境和谐,与天地万物和谐相处,共生共存共荣共发展。

平,北京有个著名的大街,叫平安大街;北京的旧称,叫北平;人民追求的是,平安、平等、平均、平常之心;老百姓追求的是平安是福,平安无事,平步青云,平分秋色,平起平坐,平心而论,平心静气,平易近人,平平安安,平平静静。

安,中国八大故都西安,古名叫长安;北京最著名的大街,叫长安街;人民所追求的是安邦定国,安分守己,安居乐业,安家立业,安贫乐道,安如泰山,安如磐石,安然无恙,安身立命,安枕无忧,安安全全,国泰民安,民安国安君安等等。

当我们把这些宝贵的遗产综合抽象地继承下来时,我们就有希望实现中国人民、同时也是全人类的一个共同理想。就是世界人民永久和平,人民永久幸福安康,人与世界万物永远和谐共生。

中华民族,正是由于华夏独有的传统文化的博大精深和凝聚民心的核心价值体系,才会有今天。正如胡锦涛在2006年4月21日《在美国耶鲁大学的讲演》中所说:"中华文明是世界古代文明中始终没有中断、连续五千多年发展至今的文明。中华民族在漫长的历史发展中形成的独具特色的文化传统,深深影响了古代中国,也深深影响着当代中国。现时代强调的以人为本、与时俱进、社会和谐、和平发展,既有着中华文明的深厚根基,又体现了时代发展的进步精神。"

让我们先了解中国传统文化主流的儒家文化。儒家文化的主要载体和经典著作主要指"四书五经"。所谓"五经":指的是《易经》、《书经》、《诗经》、《礼经》、《春秋经》;也就是人们所熟悉的《易经》、《尚书》、《诗经》、《礼记》、《春秋左传》;所谓"四书",指的是《论语》、《大学》、《中庸》、《孟子》。那么,让我们来先简单了解中华文化的活水源头《周易》。

二、“五经”的形成及其思想意义

《周易》，中华文化的活水源头，哲学之源，辩证法之母，古代智慧的高度浓缩

《周易》也称《易经》，又称《易》。

据《汉书·艺文略·第一》记载：《易》又叫三《易》，三《易》，皆初始乎八，而成乎六十四，就是说由八卦而演变为六十四卦。三《易》：有《连山》用三十六策；《归藏》用四十五策；《周易》用四十九策。《三皇太古书》称之为三《坟》：一是《山坟》，二是《气坟》，三是《形坟》。

天皇，伏羲氏本《山坟》而作《易》叫《连山》；人皇，神农氏本《气坟》而作《易》叫《归藏》；地皇，轩辕氏本《形坟》而作《易》叫《乾坤》。虽不画卦，而其名皆称卦爻大象。

天皇伏羲氏的《连山》之大象有八。曰：君、臣、民、物、阴、阳、兵、象，而统称为山。

人皇神农氏的《归藏》之大象有八。曰：归、藏、生、动、长、育、止、杀，而统称为气。

地皇轩辕氏的《乾坤》之大象有八。曰：天、地、日、月、山、川、云、气，而统称为形。

而最为普遍的《易经》称之为八卦。曰：乾、坤、震、巽、坎、离、艮、兑。

皆为八而八之，为六十四卦。

“八卦”有不同的解释，有的解释为：

乾卦为天，天行健，君子以自强不息，象征着一往无前的奋斗精神；

坤卦为地，地势坤，君子以厚德载物，象征着大地承载和包容万物；

震卦为雷，雷伴有闪电，奋起如飞龙，象征着临危不乱，镇定从容；

巽卦为风，风则变幻无常，至高无边，无孔不入，象征着变化无穷；

坎卦为水，水向低处流，善于隐伏地下变化无穷，象征着柔顺无比；

离卦为火，火似日，电生火，熊熊大火，象征着前程似火光辉灿烂；

艮卦为山，山坚如磐石，傲然屹立，岿然不动，象征着仰止和进退；

兑卦为泽，泽如少女的脾气，性情温柔如水，象征着喜悦亨通顺利。

《易》的版本共有十六种，二百四十一部，一千八百九十卷。

《易》后世被称之为《周易》。《周易》原是一本卜筮的记录，共有六十四卦，每卦有卦辞，是中华文化的活水源头，中国辩证法的鼻祖。

《易》的成书大约在商周之际，春秋时期人们用它来占卜吉凶，比较普遍。据说孔子对《易》有所研习，传说他“韦编三绝”，就是说他经常翻阅《易经》，把连接成册竹简的皮条磨断了三次，孔子大概也以此教授他的门人弟子。

《周易》把自然界八种物质用作卦名，互相搭配演成六十四卦和三百八十四爻，来象征万事万物；万事万物又都有变化，其变化又源于阴阳两方面的相互对立和相互作用。

《易经》到汉代时，被奉为儒家经典，并倍受历代学者的重视。两千多年来，有关《周易》的著述层出不穷，举不胜举，它对于中国思想文化的发展起到了相当重要的作用。

“周易”一名，最早见于《左传》庄公二十二年的记载。但为什么称之为“周易”？它包含什么意思？历来众说不一，莫衷一是，争论不休。

关于“周”字，有三种说法：第一种解释“周”为“周普”意思，认为易道广大，经纶宇宙；第二种解释“周”为“周代”意思，为周人所用占筮之书；第三种解释“周”为“周而复始”意思，为《周易》六十四卦，每卦六爻，由初至上，往返无穷。

三种理解都有其道理，但我理解，《周易》中的周，是周而复始意思；易，是变化无穷意思。合在一起的理解，《周易》就是“易道广大，经纶宇宙，周而复始，变化无穷，生生不息，经久不衰”。

“易”字，许慎在《说文解字》中列举了三种观点，其曰：“易”、蜥蜴，蝘蜓守宫也，易为象形字。《秘书》说，日月为易，日为阳，月为阴，象阴阳也。一曰从勿。除此之外，又有“变易”一说，影响很大。如唐代孔颖达说：“易者，变易之总名，改变之殊称。”其实，作为书名的来源，通常认为“周”为周代比较切合实际。而“易”字，根据《周礼》关于“三卜之法”和“三易之法”的记载中，以

"易"对应于"卜"的事实,可以认为它是区别于龟卜之书的筮占之书的泛称。因此,《周易》,就是周代的筮占之书。

《周易》,既然是周代的筮占之书,自然应该是成书于周代的了。但实际上,它究竟成书于何时,至今也尚无定论。之所以会存在有诸多的分歧,与人们对《周易》一书的作者的认识有关。

在《周易》成书之前,曾经历了相当漫长的画卦、重卦(八卦两两相重而成六十四卦)、系卦辞、爻辞的发展时期,而至于是何人画卦、何人重卦、何人系卦辞、爻辞,也没有一个确定的说法。

至于谁是八卦的作者,春秋末期的人以为是伏羲,似乎属于较早的传说,前人怀疑的不多。重卦的作者,历史上有四种的主要说法,西汉历史学家司马迁认为是文王重卦,东汉时期的郑玄认为是神农重卦,三国时期的王弼认为是伏羲重卦,东汉时期的孙盛认为是夏禹重卦。卦辞的作者,历史上有两种主要说法,一是以为卦辞、爻辞都是文王所作;一是以为卦辞为文王所作,爻辞为周公所作。

进入21世纪以来,关于《周易》一书的作者和成书年代的问题也依然存在着争论。一种观点认为,《周易》是周初的作品,但并不是伏羲、文王所作;一种观点认为,《周易》编定于西周晚期,与《诗经》时代略同,作者是西周末年的一位筮官;一种观点认为,《周易》之作决不能在春秋中叶以前,当在春秋以后,作者是孔子的再传弟子。近年来的研究表明,《周易》一书的确不是一人所作,而是经过多人多时的加工编纂整理而成,但卦爻则作于周初。

《周易》作为一部卜筮之书,在写法、编排和体例上均比较特殊。大体而言,它由卦、爻、卦辞、爻辞组成。全书共六十四卦,每卦六爻;共三百八十四爻。

《周易》是先秦时期内容最为博大精深、地位至高无上的神圣启蒙之作;是中国几千年来传统文化的源头,也是中国哲学和辩证法的鼻祖,要想了解中国的历史与文化,就必须研读《周易》。

《周易》最初只是作为卜筮用书,因其蕴含哲理思想,被后世儒家演变成讲究哲理的重要经典。从汉代起,《周易》被列为"五经"之首,并被后世儒家加以极度发挥,借以形成自己关于伦理道德、形而上学、宗教启示、灵魂拯救等各种建构的基础。

从内容上看,《周易》主要是通过对象征天、地、风、雷、水、火、山、泽等八种自然现象的八卦形式,推测自然和人事的诸多变化,以阴阳二气的交感作用为产生万物的本原。

从思想上看,历代研究《周易》的“易学”分为两派:一派重象数,卜筮灾异;另一派重义理,阐发思想。象数以汉代“易学”为代表,他们认为《周易》中之六十四卦,包括万物本原及无穷变化,万事万物都能通过卦爻体现出来,故后世竞相追逐者甚多,成为历代卜筮业的专用教材。

重义理的一派以三国时期的王弼的“易学”为代表,他们极力阐发《周易》的哲学思想,认为《周易》乃哲理之源,是古代智慧的高度浓缩。他们把大量的儒家思想融入《周易》当中,从而使《周易》得到了道德角度的阐释,在《周易》的哲学思想里面赋予了一个新的主题,增添了活力。故西汉时代的扬雄认为:“经莫大于《易》。”所以,后来《易经》被称为“六经”之首,中国的哲学之源,辩证法之母,古代智慧的高度浓缩。所以说,要想了解中国传统文化,就不能不了解《易经》。介绍完《易经》,让我们来介绍《尚书》。

《尚书》,中国第一部政治文献汇编,中国古代政治哲学的基础指南,儒家学说的思想本原

《尚书》也称之《书经》,最早被称为《书》,到了汉代被儒家奉为“五经”之一的经典,故又被称之为《书经》。《尚书》一名是现今通用的正式名称。

《尚书》是中国古代第一部政治历史文献汇集,也是我国现存最早的一部史书。尚,通上,就是指上代、上古的意思,也有人认为是尊崇的意思。书、指古代书于竹帛简册的政事记载。因此,尚书,即为上古之书。

《尚书》,是部分上古历史文件和追述上古史迹著作的汇编,从《虞夏书》、《尧典》、《舜典》、《大禹谟》、《皋陶谟》、《商书》、《周书》到《秦誓》等。时代上至“尧、舜”,下迄春秋一千多年。文体有“典、谟、诰、誓、命”等,记录了中国古代许多重要历史事件和重要政治人物的言论,具有非常珍贵的史料价值。

《商书》、《周书》,叙述商、周两代政治事件,反映了商、周时代社会经济和上层建筑等方面的情况。《禹贡》讲地理,《洪范》讲哲学,《立政》讲西周官制,《吕刑》讲刑法,等等。

历代流传中,传抄、流散、出现了古文、今文的不同版本,篇目曾多至百篇,经过历代经师们的研究，确定了二十八篇尚属可信。春秋时有《书》流传。汉代有学者说是孔子删定，但证据不足，孔子很可能选辑这些政治文章作为传授弟子的教材。

《尚书》还保存了大量殷、周时代的原始资料，是了解和研究上古历史的最好最重要的必读历史书。同时，作为儒家五经之一，《尚书》对于中国古代社会和传统文化的影响也很大。

《尚书》时代久远，素以难懂著称。现在阅读《尚书》，应当首先对它本身的历史有一个基本的认识。《尚书》的流传情况极为复杂，有关的原始说法矛盾交错，后代学者的诠释论断更是异说纷纭，众说不一，以致许多重大问题至今还没有获得圆满的解答。但其中争端最大，也是极为重要的还是它的版本问题，其他问题大多与此有关。

一、汉代以前的《尚书》

相传原来有关上古的简册很多，到了春秋晚期孔子的时代，被孔子删选为百篇，并按照时代次序加以排列，编成了《尚书》的第一个选本。

有关孔子删选《书》的传说流传很广，但后世学者曾对《尚书》各篇的成文年代进行了大量的考证，证实有些篇章写成于孔子之后的战国时期，因而有人认为，《尚书》的编定当在战国时代的中晚期。这一说法比较客观，但编订者究竟为某一人或某几人，最早的定本中究竟有多少篇目前已不可考，只知《尚书》编订前后均很受人们重视，许多先秦古籍都引用过《尚书》中的文句。

秦朝建立以后，秦始皇为了统一思想，下令焚书禁学，统一文字。这样，用先秦古文字写成的《尚书》，便被转写为秦朝通用的小篆或隶书。秦末汉初，战乱频繁，《尚书》的先秦时期的完本便彻底失传了。

二、今文《尚书》

汉朝复兴文教，几种《尚书》残本相继复出，其中最先出现的就是今文《尚书》。今文《尚书》又称“伏生本”。伏生，原名胜，被称为伏生，原是秦朝博士。秦汉之际为避兵荒马乱，将《尚书》藏于家中的墙壁里，秦朝灭亡直至西汉王朝安定以后，伏生从墙壁中取出竹简，却只找到了二十八篇，其余数十篇已经散失不可而知。伏生于是便用这二十八篇在齐鲁一带传授学生。

汉文帝登基后大兴文化教育，但此时京城中，既没有通晓《尚书》的学者，也没有《尚书》的传本。汉文帝遂令掌故晁错到伏生家里去求教。此时伏生已是九十多岁高龄的耄耋老人,言语不清,意不可晓,便让自己的女儿传述,有晁错记录下来后送达朝廷。从此,伏生所传的《尚书》残本二十八篇被收进了皇家书库,成了官方承认的定本。

汉景帝以后,朝廷鼓励民间献书,又发现了一篇《秦誓》。西汉朝廷很重视,聚集了很多博士设法将它讲通,之后又收进伏生的残本中。于是这篇来路不明的《秦誓》,就成了《尚书》中的一篇,伏生本也由此变成了二十九篇。

伏生本《尚书》是用汉朝通用的文字隶书抄写的,所以后来人们又将它称为今文《尚书》。

三、古文《尚书》

汉武帝时,鲁恭王刘余,为扩建宫室拆毁孔子故宅,在旧宅墙壁中又发现了一部用先秦的一种古字体篆籀文(大篆)写成的《尚书》残本,便将它交给了孔子的后裔、通晓古文字与《尚书》的孔安国。孔安国将这一残本与伏生本校对整理,发现此本共存四十五篇,其中二十九篇与伏生的版本基本相同,另外十六篇则是多出的,(后来人们将这十六篇称之为"逸书"或"逸篇")。孔安国便根据自己的理解,将这部书重新摹写一遍,献给了朝廷。因为此本是用先秦古文字写成的,所以称为古文《尚书》。

四、今古文之争

今文《尚书》和古文《尚书》分属于不同的版本系统,出现后不久便拥有了各自不同的研究者和读者群。

今文《尚书》出现后很快被立于国学,得到了国家的承认与重视。

西汉中期,又多次发现了用秦代以前的文字书写的古文《尚书》。因《尚书》在汉代不受朝廷重视,流传至西晋时全部散佚,不知所终,仅知其篇目名称。

东晋时,豫章内史梅赜根据一些散佚的《尚书》文字,编纂成古文《尚书》二十五篇,后又吸收了原文《尚书》,根据其篇目,将其发挥成三十三篇,向朝廷呈献,遂成刘向、郑玄校注的古文《尚书》五十八篇,后又入《十三经注疏》中。

现在流传的《尚书》版本,即由古文《尚书》与今文《尚书》合成。经学者考证,只有今文《尚书》才是真本,古文《尚书》为梅赜伪造。后又经清代学者阎若璩经过多方考证,作《尚书》疏证时,才把这幅西洋镜彻底揭穿。

从内容上看,《尚书》汇集、保存了夏、商、周时代一些"典"、"谟"、"训"、"诰"、"誓"、"命"等历史文献档案。并对一些传说资料进行了汇编。今《尚书》前有《大序》,又称《孔序》,为西汉孔安国所撰。

《尚书》大部分的内容,记载了当时君王或大臣的诏令或训话。全文在体例上分为五类:谟,指的是君臣之间的对话与言论;训,指的是大臣对君王的建议与规谏;诰,指的是君王发布的通告;誓,指的是君王在战场上的誓师讲话;命,指的是君王对臣下封赐与任命的诰命。

《尚书》行文艰涩,保留了先秦书面语言的许多特征。《尚书》作为中国古代最早的历史文献汇编,对于研究先秦的历史和社会变迁有着极为重要的历史价值,同时,也由于在传承上的曲折复杂,《尚书》也是中国历代以来文献学上争论的焦点。

从思想上来看,《尚书》是儒家思想的经典著作之一,也是启动儒家学说的思想本源。《尚书》一书的产生与传承,成为儒家宣扬二帝、三王及周公、孔子治道的神书圣典,先秦文献则时常引用之。《尚书》在汉代被尊为"五经"之一,此后也一直被封建统治阶级作为国学之一,严令国人仕子研习苦读苦修。

可见,《尚书》是中国古代政治哲学的基础和指南,在中国政治哲学历史上有着广泛而深远的影响。要了解中国古代文化,就不能不了解《尚书》。介绍完《尚书》之后,让我来介绍《诗经》。

《诗经》,中国第一部诗歌总集,重要的历史文献和儒家经典

春秋战国时代,是我国诗歌大发展的黄金时代。当时统治阶级在祭祀、交往、外交活动中,都喜欢用诗歌表达自己的意思,以诗言志;广大劳动人民在劳动和生产活动中,也普遍以诗歌形式表达自己对劳动、对生活的热爱和对剥削阶级的不满及反抗。《诗经》正是在这样的背景下产生的。

《诗经》春秋时称《诗》,是两周时代的一本诗歌总集,现存三百零五篇,统称为诗三百篇,是我国古代第一部诗歌总集。

《诗经》包括了从西周初期到春秋中期,共三百零五篇作品,按乐调或内容分为风、雅、颂三大类。因为《诗经》的作品都可以用乐器伴奏演唱,所以,《诗经》也被称为我国古代第一部乐歌总集。

《诗经》的作品主要产生于黄河流域和长江流域一带,绝大部分是口头流传下来的民歌,所以,关于每一篇的作者,由于缺少记载,已无法知道。这些作品主要是由政府派专职人员收集、整理、配上乐谱,因而保存下来的。

春秋时期《诗经》只称《诗三百》。孔子开办私学,很重视《诗》的教育,并对《诗三百》进行整理,作为教授弟子的教材。《庄子·天运》篇,开始明确地把《诗》列为《六经》(《诗》、《书》、《易》、《礼》、《乐》、《春秋》)之一。到了汉代,儒学占据了统治地位,汉代儒生们把孔子教育弟子的各门课程都奉为经典,而且肯定这些经典都是孔子亲手编订的,于是《诗经》便沿用了下来。所以"诗三百篇"在孔子以前已有定数,而《诗经》这个名称则是后世统治者把《诗》定为儒家经典以后才有的。

在我国封建社会中,统治者根据自身的利益和需要,对《诗经》作了许多穿凿附会的解释,歪曲了它的本义,使其完全成为统治者修身教化的信条和加强对人民统治的工具。直到五四运动以后,才逐渐恢复它原来的文学作品地位。

《诗经》分《风》、《雅》、《颂》三部分,从不同角度反应了我国奴隶社会从鼎盛走向衰落的社会面貌,思想内容非常丰富。特别是《风》这部分作品,保留了大量民歌,深刻地反应了当时社会的基本矛盾和人民的思想感情,无论在思想内容和艺术上都有较高成就,是全书的精华所在。

《风》又称《国风》,有一百六十篇,包括十五个国家和地区(即今天的陕西、山西、河南、河北、山东、湖北北部一带)的优秀民歌和少量贵族作品。在大量民歌中,有的揭露了统治者对劳动人民的残酷压迫、剥削和劳动人民的反抗斗争;有的反应了劳动人民的生产情况;有的则描写了劳动人民对爱情的追求和对美好的生活的向往等等。在这些诗歌中,大量运用了朴素的语言、形象的比喻、细致的描绘、生动地想象来反应主题,具有浓厚的生活气息和清新、明快、朴实、优美的艺术风格,显示了很高的艺术技巧。

在《国风》中还有许多反映奴隶、平民深受压迫剥削、愤怒反抗的诗篇。如《魏风·硕鼠》,奴隶们把奴隶主比作贪婪丑恶的硕鼠——大老鼠,公开表示了与奴隶主势不两立的决心。

《国风》中还有不少表现农业生产、婚姻恋爱和揭露统治者丑事的政治讽诗。如《周南·关雎》中,"关关雎鸠,在河之州,窈窕淑女,君之好逑",生动地描述了一位男子热恋一位河边采荇菜的少女的情景等。

《诗经》中的《雅》、《颂》多是贵族的作品,和《风》相比大为逊色。但是有些诗篇却保留了一部分重要的历史资料和神话故事,反映了一些社会现实,具有一定的史料价值。

《雅》分《大雅》、《小雅》,有一百零五篇,大部分是贵族在宴饮时相互应酬的乐歌,少部分是民间歌谣。

《诗经》中的《颂》包括《周颂》、《鲁颂》和《商颂》,有四十篇是贵族们用于宗庙祭祀的乐歌,其内容多半是炫耀祖先建国的功勋,以及祈求神灵保佑的作品。但其中也有少数诗篇记载了古代农业生产和社会制度的一些情况,如《周颂》中的《噫嘻》、《戴芟》、《臣工》等,对于研究我国古代社会具有一定的史料价值。

总观《诗经》的全部内容,它不仅是我国古代一部优秀的文学作品,也是一部重要的历史文献,爱好文学和研究文学的不能不了解《诗经》。介绍完《诗经》,让我再来介绍《礼记》。

《礼记》,中国第一部礼仪论文总集,约束规范中国数千年的经典

《礼记》,是儒家经典之一,也是秦汉以前各种礼仪、议论文总集。

《礼记》,是汉代一个名叫戴圣的学者,博采孔子门生及其后学讲礼的论文 49 篇纂集而成。是讲礼的理论制度和述说礼的一些故事;其兄戴德还选编了一个 85 篇的本子称《大戴记》,但不大被人们重视,不入流经之列。

先秦之礼学,后经孔子编定为《仪礼》之后,逐渐成为“显学”,传习甚广。先秦礼学家们在传承《礼》的同时,也传授一些关于古代礼节、习俗、规定、界定和轶事方面的资料,对《礼记》的内容进行解释、说明和补充,这些体裁的资料在当时被称为“记”。

西汉时《礼经》被立为官学后,这些“记”也被选辑为辅助教材。当时,最有影响的“记”分为大戴(戴德)、小戴(戴圣)、庆普三家。今传的《礼记》,即为戴圣所辑录,故又称《小戴记》或《小戴礼记》。《小戴礼记》在三家“记”中传习最广、影响最大。

从内容上看,《礼记》作为儒家的重要经典之一,它记载了战国、秦汉之间儒家许多重要言论,特别是关于礼制方面的言论,载录颇多。

《礼记》全书 99000 余字,共 49 篇。其内容非常庞杂:有专门解释和说明

《礼仪》的《冠义》、《昏义》;有论述典礼制度的意义和作用,谈儒家对国家、社会制度的设想的《王制》、《礼运》;有谈人生哲学与道德修养的《大学》、《中庸》、《儒行》等;有借孔子之名阐述和倡导儒家理论的《仲尼燕居》、《孔子闲居》;还有讲教育的《学记》,讲音乐的《乐记》,以及一些杂记各种礼制、礼仪规则、丧服丧事的各种历史文献等。

可见,《礼记》是一种汇编性质的儒家百科全书,是先秦儒家思想精华的浓缩。

在思想上,《礼记》继承和发扬了儒家"礼治"思想,在《仪礼》的思想基础上进一步探讨了"礼"的深刻含义,从理论上进一步把儒家的"礼治"思想与社会生活紧密地联系起来,更有利于统治阶级的发挥与利用。

另外,《礼记》还非常重视"礼"与"乐"之间相辅相成的微妙关系与社会作用,提出:"乐也者,动于内也;礼也者,动于外也。"同时,《礼记》还以为"乐"可以缓解因"礼"而造成的封建等级差距,调节封建各阶级之间的关系,认为:"乐合同,礼别异。"

"礼者,天下之中经;乐者,天下之中和。礼乐者,先王之所以养人之神,正人气而归正性也。是故大礼之极,简而无文;大乐之极,易而希声。"

《礼记》是在儒学思想的逐渐完善的过程中而形成的,它把《仪礼》的思想发挥得更加全面和具体。自东汉以后,《礼记》的地位逐渐上升;到了唐代,便从原来经传的地位升格为正经,替代了《礼仪》的地位,成为"五经"之一。也因为《礼记》在古代礼制著作中的尊崇地位,后世学者也把《礼记》、《礼仪》与《周礼》并称为"三礼"。

从藏书的版本研究上而言,《礼记》一书最标准的版本当推阮元的《十三经注疏》本。这一版本有郑玄注、陆德明《经典释文》的读音、异文注释及孔颖达疏。其他还有许多注本也非常重要,如元代陈澔的《礼记集说》和清代朱彬的《礼记训纂》、孙希旦的《礼记集解》等。总之,要了解中国传统文化,就不能不了解《礼记》。介绍完《礼记》,最后让我再介绍《春秋左传》。

《春秋左传》,中国第一部编年体史书,儒家重要经典

《春秋左传》是中国古代第一部叙事详细完整的编年体史书。

《春秋》是一部鲁国编年史,也是我国现存下来的最大的一部编年体史书。它记载了244年的鲁国大事和周王室列国的活动，每年按春夏秋冬四时排列，取“春秋”以概括四季即全年，故名《春秋》。当时各国都有这一类记载，不少国家称“春秋”，晋国称《乘》、楚国称《梼杌》，秦国称《记》。

春秋时期，王室和各国都设有史官，除记本国的事以外，别国发生的事，也互相“赴告”加以记载，会盟时的盟书又称“载书”，也藏入各国政府档案馆，这都是史书的直接资料来源。春秋时史官记事十分严格，如晋国的董狐、齐国的太史、南史等，开创了我国史学“秉笔直书”的优秀传统。孔子并非鲁国史官，旧说他“作春秋”寓褒贬，使得“乱臣贼正惧”，虽不一定可靠，但说他抄录过鲁史作为历史教材，随之加以自己的解释，从广义上说他整理过《春秋》，也许是可信的。

由于《春秋》记事简略，事件内容、性质都不易为人们所了解，后来就有人为他作“传”。“传”，就是详细注解或补充一些历史事实。最著名的有左、公羊、谷梁、邹等等，现在仅存的只有左、公羊、谷梁三家。

春秋、战国之交的左丘明所作的“传”，就是《春秋左氏传》；战国时齐人公羊高所作的《公羊传》；鲁人谷梁赤所作的《谷梁传》，被后人合称为“春秋三传”。《公羊传》、《穀梁传》二书多半只就《春秋》事实加以评说，所谓“微言大义”的东西。而《左传》则详细评价具体事实，把每年每件事的经过，其中人物言行，事件时间、地点、经过、结果等都尽可能的交代清楚，而且其语言生动，优美而又简洁准确。那么多错综复杂的政治事件，无数次大大小小的战争，许多曲折跌宕的情节，各式各样的人物脸谱和极为惊险的场面，都写得淋漓尽致、具体、真实而生动。它还往往将一事件追溯到远古千百年，涉及许多诸侯，还把很多典章制度都囊括一体。所以《左传》既是一部翔实的史书，也是一本优秀的文学作品。

据司马迁《史记·十二诸侯年表》所载，比较详细地介绍了《春秋左传》，为春秋晚期鲁国史官左丘明所作。左丘明，春秋时期著名的历史学家，一说复姓左丘，名明，一说姓左，名丘明，颇有争议，相传《国语》亦为其所作。

据有关学者研究考证，《春秋左传》应成书于公元前403年至公元前386年之间，比较详细记载了鲁国的鲁隐公元年至鲁哀公二十七年，总共260年间周王室及各国诸侯国的重要史实，大约18万字左右。《春秋左传》因所据原材料皆取自于鲁国史料，所以此书所反映的当时的社会风貌是比较客观可信的。

《春秋左传》与《春秋》虽同为鲁史，但二者所记史实并不完全相同，可见，《春秋左传》是一部独立的史书，并非是为了解说《春秋》而作。只因在汉代《春秋》被列为“五经”之一，在这种尊“经”的环境下，后世儒家对《春秋左传》加以改编，《春秋左传》才被定为《春秋经》。

从内容上来看，《春秋左传》客观、详细地记载了当时各国之间的争霸斗争、外交活动及各国内部的权利倾轧，同时也记录了当时一些重要的自然现象，保存了一些上古史料及当时的许多远古神话、历史传说。

《春秋左传》取材广泛，内容翔实，大量收集了当时涉及政治、军事、经济、宗法、民族、婚姻、礼俗等诸多方面的文化史料，充分体现了这一历史时期的社会生活及人情风俗，反映了当时各国之间错综复杂的政治关系，同时也体现了奴隶制社会的内部变革和发展趋势。

《春秋左传》作为中国古代著名的历史文献巨著，有两大特色。首先，对战争的描述着墨颇多，全书涉及战争的描述有四百多次，语言生动精彩，充分发挥春秋时期诸侯争霸、征战频繁的历史画卷。同时，也对各国外交关系，各国使臣委婉巧妙的外交辞令描绘得极为得体、活灵活现，入木三分；其次，《春秋左传》也是一部杰出的散文著作，它记事工于剪裁，其语言简练生动、故事情节曲折动人，通过具体细节把历史人物的性格、思想、面貌刻画得栩栩如生。同时，也通过人物对话阐述了对历史事件的观点和评价。如刘知几评价：“其文曲而美，其文博而奥。”可以看出，《春秋左传》的写法，对后世散文和历史文献的编辑具有极大的影响。

从思想上来看，《春秋左传》也和《春秋经》一样，大力宣扬儒家思想。提出了“仁、义、礼、智、信”的伦理主张，提倡忠君思想，同时也阐发了爱国、民本的儒家思想意识。《春秋左传》还通过对当时历史事件的归纳和总结，提出了许多富有哲理性的见解和论断，对当今世界的政治、军事及社会活动都有积极的借鉴意义。

从藏书的版本研究上来看，《春秋左传》最初为单行本。到晋代，杜预把《春秋》、《春秋左传》二书按体例合编成《春秋经传集解》并加以注解。至唐代，孔颖达汇集杜预版本之大成，并加以讲解，编成《春秋左传正义》,是唐代以前研究《春秋左传》的一部总结性著作,也是现存最早最完整的《春秋左传》注本。以上把“五经”简要介绍给大家,下面再说说“四书”。

三、“四书”的形成及其思想意义

“四书”是指《大学》、《论语》、《孟子》、《中庸》四本书。按照朱熹的观点，读“四书”，“先读《大学》、以定其规模；次读《论语》，以立其根本；次读《孟子》，以观其发越；次读《中庸》，以求古人之微妙处。”

我经过研读多遍之后，认为朱熹的观点不无道理。为了便于对儒家学说进一步全面了解，我们先把“四书”的简要情况介绍一下：

我们首先了解的《论语》是一部什么样的经典呢？

《论语》，儒学的源头，修身、齐家的“圣经”，为人处世、安身立命的大道理

2500多年来，被中国人奉为修身齐家的一部思想“圣经”是什么？就是人们耳熟能详的《论语》。两千多年来，《论语》被当做中国人的“圣经”；被统治者奉为救世治国法宝的理论经典；被儒家弟子奉为家学纲领的儒家典籍；被古人当做入学启蒙、求取功名必读的教科书。

总之，想要了解先秦大儒圣人孔子，要想了解中国传统文化核心，就必须了解《论语》。

孔子，生于公元前551，卒于公元前479年，享年73岁，姓孔、名丘、字仲尼。鲁国陬邑（今山东曲阜东南，归曲阜管辖）人。春秋末期著名的思想家、政治家、教育家、儒家学派的创始人和儒家学说理论的奠基人。被后世尊为大儒、圣人和一代宗师。

孔子的先世是宋国贵族，也就是殷商的后裔，曾祖父时因逃避宋国内乱，从宋国也就是现在的商丘，迁至鲁国也就是现在的山东曲阜境内。孔子的父亲孔纥，字叔梁，曾做过鲁国大夫。有记载其父三娶，生九女二子，妻施氏姓姬，生九女，某妾，生孔子的哥哥孟皮，以此推论，孔子当属其父所娶的第三任所生。因在兄弟中排行老二，故又被称为孔老二。

常言，人生有三大不幸，少年丧父，中年丧妻，老年丧子。史书没有记载孔子中年是否丧妻，只知他 3 岁丧父，17 岁丧母，69 岁丧独子孔鲤，人生之三大不幸他最少有两大不幸。

孔子青少年时代生活贫困，自称“吾少也贱，故多能鄙事”，为了谋生，他不得不从事“儒业”，也就是办丧事的吹鼓手，这在古代是非常被人看不起的低贱职业。20 岁后做过“委吏”和“乘田”，也就是现在所说的仓库保管员或记账员以及管理粮草和畜牧的办事员。

孔子少年时期，发奋读书，勤学苦练，以“知礼”出名，相传孔子曾千里迢迢问“礼”于老子，终成博学多能多才之士。

孔子从出生到 33 岁，一直生活在鲁国，少而好学，并说自己：“十有五而志于学”；19 岁娶妻宋氏；20 岁生子孔鲤。他勤奋学习，收徒授业，成家立业，自谓“三十而立”。

孔子 34 岁时第一次出国，到东周朝天子的都城洛阳，问“礼”于东周管理藏书的史官，也就是相当于现在国家图书馆馆长的老子。35 岁到齐国求官，在齐国闻听到《韶》乐，有“三月不知肉滋味”之称。36 岁返回到鲁国后，开办私学，广招弟子，聚徒讲学，有教无类，因材施教，开始了他作为一个伟大的教育家的“授业解惑”的生涯，此节段，孔子自谓“四十而不惑”。年过不惑之年，孔子涉足仕途，47 岁时任鲁国中都宰（行政长官），负责行政工作，后接任司空，主管建筑工作，后又升任大司寇主管司法工作，54 岁时摄行相事仅三个月，鲁国就出现了路不拾遗的政治清明景象。

后因怒其国君贪恋女色行乐而怠慢政事，于是辞职离国，带领一帮门生弟子，踏上了他晚年长达 14 年周游列国的漫长旅程。68 岁时，孔子返回鲁国，仍不见重用，遂从此专心讲学并从事文化典籍的整理。

孔子曾删《诗》、《书》，定《礼》、《乐》，研《易经》，作《春秋》，修《诗》、《书》、《礼》、《乐》、《易》、《春秋》，长达十五年之久。孔子晚年喜欢上了《易经》，有著名的“读《易》韦编三绝”之说。他曾说：“加我数年，五十以学易，可以无大过矣”；这是一段是“学而优则仕”“学”的阶段，又自谓“五十而知天命”的年龄。51 岁到 54 岁，孔子出仕，52 岁，任大司寇，54 岁以鲁国大司寇之职摄行相事，诛少正卯。这三年时间是孔子“学而优则仕”的“仕”的阶段。

55 岁到 68 岁，孔子第二次出国，周游列国 14 年，经历坎坷艰辛，“累累若丧家之犬”。68 岁又回到鲁国,重返书斋,重操旧业,教授弟子,69 岁到 71 岁两年之间,经历了独生子孔鲤之死和最心爱的弟子颜渊之死的沉重打击,使其对人生有了更深的了解和感悟,自谓达到了“七十而随心所欲,不逾矩”的境界。

在孔子的晚年,自知从政无望,就让自己的学生出去当官,72 岁编完《春秋》的孔子,于次年逝世,享年 73 岁,告别了这个世界。

孔子的一生,主要致力于文献整理和讲学事业。他著作等身,桃李满天下,弟子三千中知名者七十二人。孔子对六经的整理并使其流传,是对中国古代文化的杰出贡献。因此,他不愧为中国文化继往开来的一代伟人。他的一生是奋斗求知的一生,是精神境界不断超越忘我的一生。

《论语》,是一部记载孔子言行和弟子对话、语言、评论的总汇集。它成书于孔子死后,应为他的弟子和门生编辑整理而成。《论语》是现存记载孔子言行最翔实,保存孔子思想最完整的一部著作,是研究孔子思想最重要、最权威的历史资料。作为华夏民族伟大思想导师的孔子,其思想对于中国乃至于世界的影响之深、之广、之远,是任何思想家都难以企及的。系统归纳起来,孔子思想的精华,基本上可以用“仁礼合一”来概括。主要体现在以下几个方面:

首先,在政治上,孔子是改良派和改革家。其思想核心是“仁”,政治理想是“仁政”。主张“克己复礼”,遵守传统的贵族等级制度;提出“正名”,有“名不正则言不顺,言不顺则事不成”的论点;维护君臣、父子,等级有序,各守名分,不得越逾;强调以“德”、“礼”治国,施行“仁政”以缓和社会矛盾;提倡“仁”、“忠”、“恕”,“己欲立而立人,己欲达而达人”,“己所不欲,勿施于人”;反对一味以“刑”、“杀”作为统治的手段;憧憬“老者安之,朋友信之,少者怀之”的理想社会。

其次,在伦理思想上,孔子提倡以“仁”为最高道德标准。其目的在于维护封建等级制度,但也具有其积极的意义。孔子在人性上提出“性相近,习相远”的基本命题;在伦理观念上,首创了以“仁”为核心的道德理论体系;在形式上具有一般人道主义道德品质的基本特质;在道德修养上,极端强调人生志向的重要性,“三军可夺帅也,匹夫不可夺志也”。同时强调“克己”、“内省”、“自讼”等自律原则,又以是否“知礼”作为人性善恶的标准及道德评价的规范。可以说,孔子在中国思想文化史上开风气之先,堪称第一个自成体系的伦理思想家。

第三,在天命观上,孔子承袭殷周传统,相信天命论。“君子有三畏,畏天命、畏大人、畏圣人之言”,所以“不知命,无以为君子”。但孔子并不多谈天道,不语怪、力、乱、神。

第四,在教育思想上,孔子主张“有教无类”,教育对象不加限制,打破了贵族垄断教育的“学在官府”的局面。他还总结出“因材施教”、“循循善诱”、“不耻下问”、“身体力行”、“学思结合”、“多闻阙疑”、“温故知新”、“不教之教”等多种教育教学方法,“学而不厌,诲人不倦”。孔子提出“毋意、毋必、毋固、毋我”,反对主观成见,实践出真知。孔子是中国古代教育史上首先创立私人讲学风气第一人。

第五,在文学思想上,孔子认为诗歌具有教育意义和认识意义,可以为治国理家服务,“迩之事父,远之事君”,又说“辞达而已矣”,认为写文章要言简意赅,意识表达清楚即可,不必追求华丽词藻。这应该是中国最早的文学评论了。

综上所述,孔子思想的基本架构和《论语》一书的中心思想都是“仁礼合一”。礼,是孔子对先古文化的继承,是华夏民族文化的共同法则;而仁,则是孔子的独创,是儒家思想的本质。

礼是变道,仁是常道;礼,是人的外在行为规范,仁,是人的内在本质;“仁”决定着“礼”,“礼”体现着“仁”;常与变、内与外、自觉与他律的合一就是“礼人合一”。

后世大儒孟子充分发展了孔子的“仁”;荀子则充分发展了孔子的“礼”。孔子之孙子思的《中庸》,主要完成了孔子实践仁以知天的理论构造,体现了儒家思想的纵贯意识;孔子“关门弟子”曾子的《大学》则将孔子修己以安百姓的精义具体地体现出来。

北宋儒家大师程颢、程颐二兄弟将《论语》与《中庸》、《大学》、《孟子》集中编辑整理排次,开始称为“四书”。南宋朱熹终其一生心血为“四书”作注,而《论语》则是“四书”中成书最早的一部。所以,读《论语》而知孔子,读“四书”而知儒家。

《论语》一书,是儒学的真正源头,在经学中地位极高,有“五经之管辖,六艺之喉舌”之称。可见,《论语》是进入“四书五经”的门径,也是进入儒家文化的门径,更是切入中华文化的门径。历史上有名的宋朝开国宰相赵普"半部《论语》佐太祖平天下,半部《论语》佐太宗治太平"的传说,早已成为流芳千古的美谈。以上我们简要介绍了孔子的《论语》,现在再让我们简要介绍孟子的《孟子》。

《孟子》是一部什么样的经典呢?

《孟子》,中国传统思想文化的元典,中华民族的浩然正气与大丈夫精神

《孟子》是一部"孔孟之道"、"圣人之学"的集大成之书,是一部元代以来朝廷钦定,中华士子科举考试的必读之书,是"四书"的殿后之作。

孟子生于公元前372年,卒于公元前289年,享年84岁,姓孟、名轲、字子舆。战国时期邹邑,今山东邹县人,著名思想家,儒家思孟学派的创始人,孔子之后儒家学派的集大成者。

孟子虽为鲁国贵族后裔,但幼年丧父,家道中落,少年家贫,由寡母抚养成人。孟子年幼调皮逃学,厌恶读书,令母亲十分伤心,为了教育好儿子好好读书,在"孟母三迁"、"择邻处,断机抒"不懈努力的教育下,加上孔子的孙子、著名教育家、《中庸》的作者子思的严格教育,遂下工夫潜心攻读孔子的儒家学说,终成一代大儒。

孟子一生主要的活动和孔子相似,游说诸侯,聚众讲学,也因周游列国不被重用,退而与万章等弟子著书立说。孟子穷毕生精力于心血,以继承孔子学说和儒家思想为职志,并发展了孔子的思想,形成了"思孟学派",终成儒家一代宗师,被后世奉为"亚圣"。

《孟子》一书的作者,历来争议颇多,以西汉司马迁的说法最具有代表性也较为可信。他认为《孟子》一书,是在孟轲的主持下,由孟轲与其弟子万章等共同完成的。

《孟子》一书,无论与国君对话、解答弟子提问,还是与友人闲谈、与学士辩论,无不关乎时事,切入政治。

孟子思想的精髓是以仁、义为根本的伦理道德和政治思想。《孟子》沿《论语》的本质方向和思路,即孔子"仁礼合一"的理论架构而发展,并强化了儒学的本质意义,使"仁礼合一"内传为以仁为本,就"仁"而言"性",首次确立了"性善说",进而由性善层层外推,即圣而王,提出了"仁政说"。

儒学发展至孟子，其文化结构"显仁而礼微"，这便是孟子对儒学乃至于对传统中华文化的最大贡献。孟子一方面对诸侯国君大讲"王道"思想，主张"保民"而王天下，反对战争，极力提倡"仁者无敌"，"得民心者得天下"。他还第一次提出了"民为贵，社稷次之，君为轻"的民本思想，认为君主必须施以仁政，任贤使能，"省刑罚，薄税敛"，注意民心向背，才可以推广教化，求得天下太平。只可惜孟子所在的战国时代，热衷于争雄称霸的列国诸侯，都认为他的主张太过"迂远"，拒不采纳，致使其"仁政"理论无法得以事实。

另一方面，孟子以"仁、义、礼、智"四维作为普通民众为人处世的基本原则，并提出"劳心者治人，劳力者治于人"的观点，同时认为"人性本善"，要注重存心养性，在逆境中磨练，才能达到"富贵不能淫，贫贱不能移，威武不能屈"的精神境界。

此外，孟子还强调主观精神作用，提倡个人奋斗，认为"万物皆备与我"，"天将降大任于斯人也，必先苦其心志，劳其筋骨，饿其体肤，空乏其身，行拂乱其所为，增益其所不能"，但只要不断磨砺自己，终能战胜困难，取得成功。所以"天下之本在国，国之本在家，家之本在身"，"修身以安百姓"，是为"至理"。

孟子继承和发展了孔子"修身以安百姓"的济世精神，同时继承了孔子"践仁以知天"的理论思想，并将其发展至"尽心知性知天、存心养性事天"，使其得以有经可循。

总之，孟子拓展了孔子思想，丰富了儒学内涵，为孔学确立了基本根据，为儒学建立了内在逻辑。这就是孟子之所以成为"亚圣"的原因。

孟子是一个智慧超群的人，他留给后人的"缘木求鱼"、"拔苗助长"等故事，今天早已家喻户晓；而其"鱼和熊掌不可兼得"、"以其昏昏，使其昭昭"等至理名言，至今仍在警示着人们的言行。

孟子又是一个性格鲜明、个性张扬的人。他那种"舍我其谁"的历史担当和"见大人则藐之，无视其巍巍然也"的凛然傲气，足以震撼千古；而他那"居天下之广居，立天下之正位，行天下之大道。得志，与民由之，不得志，独行其道"、"富贵不能淫，贫贱不能移，威武不能屈"的大丈夫精神和"舍身取义"的浩然正气，则永远是后世英雄豪杰的精神力量的源泉。

孟子以其磊落言行，为后人树立了一个坦荡君子高尚的人格典范。今天再读《孟子》，我们仍能从中领悟到真正的孟子学说的精神，继而长我民族志气，挺直我民族的脊梁。

《孟子》是"四书"的殿后之作。从藏书的版本研究而言，《孟子》一书地位的确立与提高，应始于汉代。《汉书·艺文志》将其列入"诸子"；汉文帝时，视其为"传记博士"；唐代大文豪韩愈将其编入道统之列，最早抬升了《孟子》的经书地位；至五代时，后蜀主孟昶刻"十一经"于石，才是《孟子》真正入"经"之始；南宋大儒朱熹将《孟子》归入"四书"而加集注，从此以后，《孟子》的经书地位已经稳固不可撼动；到了元代，朝廷诏令"四书"为科举考试必读之书，《孟子》始成官方钦定读本；清乾隆时，《孟子》正式被列入"十三经"，刻文于石，立之太学。至此，《孟子》的经书地位，达到了登峰造极的地步。也正因为此，历朝历代大小注家甚多，各种版本繁杂。

前面简要介绍了《论语》、《孟子》两部儒家学说经典，接下来介绍"四书"之一，儒家学派的另一部传世经典——《中庸》。

《中庸》，中国最早最精密的哲学著作，为人处世、安身立命的人生大智慧

《中庸》，是先秦儒家最早、也是最精密的一部哲学名著，堪称儒家学说的思想纲领和理论基础。

《中庸》和《大学》一样，原为《小戴礼记》中的一篇，北宋时期，程颢、程颐二位儒学大家将其从《小戴礼记》中单独编辑出来，与《大学》、《论语》、《孟子》集中编辑整理，合为"四书"，南宋朱熹则倾注毕生精力为"四书"作注。

《中庸》作为"四书"之一，广为传承，并成为后世开科取士、加官进爵的必读之书。宋代的儒家学者认为《中庸》"乃孔门传授心法，放之则弥六合，卷之则退藏于密室"的儒家道统传文。孔子的"天道性命"思想由《中庸》而演变为思孟学派的"心性哲学"，并视《中庸》为儒家思想基础。因其理论高深，行文难读，故朱熹告诫儒家后学，要先读《大学》，次读《论语》，再读《孟子》最后读《中庸》，读"四书"当以此为序。

《中庸》为孔子之孙子思所作。子思生于公元前 483 年，卒于公元前 402 年，享年 82 岁，名伋，字子思。他的父亲是孔鲤，字伯鱼，既是孔子唯一的儿子，也是孔子学生。子思授业于孔子的弟子、《大学》的作者曾参，曾参的父亲曾点和曾子同为孔子的学生。

子思是战国初期著名的哲学家、思想家，以贤闻名于世。当时鲁穆公对子思尊敬有加，他却馈礼不受。他也和孔子一样，游说鲁、宋、卫诸国，但并无显赫政绩，后曾出仕于卫国，并被困于宋国，后世追谥为“述圣”。子思的“中和”、“仁”、“礼”的思想，被他的弟子及门人孟子发展形成了著名的“思孟学派”。

《中庸》一书，着力论述人生哲理，认为为人处世的普遍原则是不要太过，也不要不及，恰到好处，这就是“中庸之道”。而“中庸之道”是最高最完美的道德，它不仅是人道的正执，也是天道的真理。不偏不倚的“中庸之道”，是衡量一切道德行为的最高准则。同时还论述了达到“中庸之道”的条件和方法，这就是《中庸》的思想精华所在。

《中庸》一书，首先阐明了“性”、“道”、“教”三者的内涵和相互关系，指出“中和”为不易之常道；然而“中庸之道”，非常难行，过与不及都会偏离。

“中庸之道”的体和用的特点是“用广大而体精微”，它虽精髓高深，却体现在平凡事体之中，所以治理国家、平定天下必须以修身力行，确立“中庸之道”为本；而要实现“中庸之道”，“诚”是最根本的条件。最后指出，达到“中庸之道”最高境界的当首推孔子。因为他“圣、仁、义、礼、知”五德俱全，名扬天下，且孔子圣人之教，至高至善，化民如天化育万物，普天之下，莫人能比。这就是榜样的力量。

其次，从哲学思想看，在宇宙观上，《中庸》主张“天人合一”。但天道化育与人道化育，无不以“诚”为本。这一点，为孟子的“心性哲学”提供了依据；在人性论上，《中庸》崇尚性善的人性观。人循天性之善而修养性行，扬善而去恶，才能达到“成己成物”的目的；在认识论上，《中庸》力主“知行合一”。万事万物无处不体现“中庸之道”，而体用结合，学习与实践的结合，也是物、道结合；在道德论上，《中庸》重视孝理，明确君臣、父子、夫妇、昆弟、朋友五伦关系，提出“仁、智、勇”三大美德，重视个人道德修养，认为修身乃治国平天下之本；在政治论上，《中庸》主张仁治、德治、统治者修身正己，举贤任能，施政以仁，导之以德，齐之以礼，方能教化民众，达到无为而治；在方法论上，《中庸》极力提倡“执两用中”，不偏不倚，恰到好处、是为“中庸”。这种无过无不及的理智态度和方法论原则，最终上升为道德上“至善、至正”，政治上“至治”的思想境界。

穷毕生精力研究“四书”的朱熹，对《中庸》体会最深，他说：“不偏之谓中，不易之谓庸；中者，天下之正道，庸者，天下之定理。”

《中庸》在“四书”中具有特殊意义。如果可以用纵横、经纬来比喻“四书”的儒学渊源、流变、继承和发展的话，那么可以这么说：《论语》是儒学的真正源头；《大学》是横向的、现实的、内外的贯通；《中庸》是纵向的、形上的、上下的贯通；《孟子》则是纵横内外、连贯上下，实现了对《论语》的深化与发展。这其实也是“四书”真正内在的逻辑。而就现实启发意义而言，今天我们读“四书”，从《中庸》与《大学》的并存互补中，无不明晰先秦儒家学说的理论架构，并且从中领悟到先秦儒家思想的伟大智慧。

前面简要介绍了《论语》、《孟子》、《中庸》儒家学说的三部经典著作，最后让我来介绍“四书”的另一部经典《大学》。按照朱熹所说，读“四书”的顺序是先读《大学》，所以我把它放到简要的最后一部介绍，最先一部解读。

四、《大学》是修身、齐家、治国、平天下的人生宝典

《大学》是修身、齐家、治国、平天下的人生宝典，是修己以安百姓的大学问

《大学》是宋元以来官方钦定的教科书；是封建科举的指南针；是统治阶级的治国法宝；同时还是近千年来中国封建知识分子改变自己命运的进身阶梯。

《大学》被认为是“四书”之首，被朱熹称之为“初学入德之门”。

儒家学派的经典《大学》、《中庸》、《论语》、《孟子》都成书于先秦时期，而作为“四书”传于后世，则始于宋代。《大学》、《中庸》原来为《小戴·礼记》中两篇独立的文章，《礼记》最初的地位并不算太高。按照普通的分类，儒家经典一般分成三部分：一是“经”，也就是人们所说的经典、座右铭、指导思想、纲领等；二是“传”，就是对一些重大事件、重要人物的阐释；三是“记”，是一种历史文献记载。在“经”、“传”、“记”中，“经”最重要，“传”居中，“记”为最末。《礼记》属于地位不是很高的“记”。但到了东汉末年，经学家郑玄把《仪礼》、《周礼》和《礼记》“三礼”合并为“三礼经”后，《礼记》就从“记”的地位，上升到了“经”的地位，变成了儒家的重要经典。

到宋代时，《大学》、《中庸》由《礼记》中的两篇文章单独抽出，加上《论语》、《孟子》，由朱熹合成“四书”，成为与“五经”并列的重要经典，其中经过了一个漫长的历史演变过程。

从历史上来看，西汉末年，印度佛教传入中国。到了魏晋南北朝及隋唐时期，信佛的人越来越多，而佛教的消极方面的影响越来越明显，直接影响了大唐的风气和社会生活。为了反对佛教，唐代著名的思想家、文学家韩愈，提出了以《大学》为纲领的理论体系，用《大学》中的修身、齐家、治国、平天下的思

想,来反对和抨击佛教中只讲个人修养的佛理。韩愈的学生李翱也推出了《中庸》学说来和佛教对抗。他们开始把《大学》、《中庸》提高到与“六经”同等重要的地位。

到了宋代,由于当时理学思想的需要,《大学》、《中庸》的“格物”、“致知”、“诚心”、“正义”、“修身”、“齐家”、“治国”、“平天下”和“中和”、“中庸”的为人处世的思想进一步受到重视,而这些又与宋代大儒朱熹的努力有着密切相关的缘故。

宋代儒学家将其从《小戴·礼记》中单独编辑出来,北宋时期的儒学大家程颢、程颐两兄弟又将与《论语》、《中庸》、《孟子》集中编辑,开始成为“四书”。

南宋大儒朱熹继承并发展了程颢、程颐的思想,凝聚自己一生的心血,为“四书”作注,最终成为“四书”的注解和阐释的权威和一代宗师。

“四书”的合刊,首发于宋朝宋光宗元年,也就是公元1190年。元皇庆二年,即公元1313年,皇帝下诏指定朱熹的《四书集注》正式成为朝廷科举考试的必读之书。朝廷科举考试试题皆出自“四书”,发挥题意必须以朱熹注本为根据。这种举动从宋代一直沿用到清朝末年。“四书”从此得以风行华夏,至今仍畅销不衰;但从另一个角度来看,“四书”也成了“八股文”,毒害了不少知识分子。以至在后来的五四运动中,出现了砸烂孔家店的举动。其实这种后果不能归罪于“四书”本身,只不过是历代封建统治者借此来约束和统治知识分子的一种手段而已。

“四书”的出现,首先确定了先秦儒家的传法系统。孔子死后,儒家派系一分为八,八个派系互争正统,齐头并进互不相让,究竟谁是正统?谁继大统?谁主沉浮?争执不下,各说不一。直至“四书”的确定,才产生和稳定了孔子《论语》——曾参(孔子的弟子)《大学》——子思(孔子的孙子,曾参的弟子)《中庸》——孟子(子思的弟子,儒家的继承者和发展者的传人)《孟子》这条传法主线。

第二,“四书”被皇室钦定,确立了儒家的“孔孟之道”,提高了儒家文化的品位,强化了儒家文化正统的地位。统治者为了便于统治的需要,尊称孔子为“至圣”、曾子为“宗圣”、子思为“述圣”、孟子为“亚圣”。从此儒家学说便成了圣人学说,儒家之学便成了“圣人之学”。儒家门生弟子便成了圣人的门生弟子。

第三,“四书”的钦定,还确立了儒家学说的发展模式,激发出儒家学派的空前的创造力。“四书”的确立,结束了先秦以来儒学发展的经学注解模式,从而转向义理阐发模式,并由此抬升了儒家在诸子百家中的地位。

第四,通过“四书”而通“五经”,确立了封建社会中国传统教育的基本程序。即发蒙教育,从《三字经》、《百家姓》、《千字文》、《千家诗》——“四书”教育——“五经”教育三大阶梯。读“四书”是解“五经”的必要准备和最佳方式。

总之,一部“四书”,充满了现实生活的智慧和社会实践的智慧。大至“内圣外王”之道,小至“为人处世,安身立命”之理;上至“安邦治国”之法,下至“修身正己”之例;莫不躬行实践,行之有效。

“四书”在中国思想文化史上,乃至整个中国社会发展史上的影响巨大深远而持久。它所宣扬周流灌注的人文教养意识,深深地根植于后人心中;它所强化的儒家学说独尊观念,改变了中国传统文化的发展方向,极大拓展了中华文化的生存空间;它所阐发的义理,在政治、经济、文化、历史等领域广为渗透,甚至影响到不同百姓的生活习俗、行为方式、是非观念和价值趋向。因此,“四书”具有不可低估的历史价值和现实意义,它空前绝后的影响,是任何其他典籍都无法比拟和取代的。

在现存的“四书”通行版本的排序中,据汉代郑玄(127—209)的解释:“大学者,以其记博学可以为政也。”大学就是广博的学习之后可以为政做官,即后来的学而优则仕。《大学》被朱熹列为“四书”之首,是“初学入德之门”。“大学”意即“大道之学”、“圣人之学”。之所以把《大学》推选为首位,并不是《大学》比其他三部经典更重要,关键在于它是“圣人之学”的契入点。朱熹认为,学习儒家经典,必须先从《大学》开始。

《大学》全书,仅一千多字,经传并存,是有史以来最为简明扼要、提纲挈领地概括儒家精华的儒学经典。是“四书”,乃至全部儒家学说的“敲门砖”。

北宋程颢、程颐认为《大学》为“孔氏遗书”,后代的儒家又有人认为是“旧传为曾子所著”一说。现在学术界通行的看法是:《大学》一篇,经、传两部,其中“三纲”、“八目”为经,相传为孔子所作;而解经释义为“传”,则传为曾子所作。

曾子约生于公元前505年，卒于公元前432年，享年73岁，名参，字舆，春秋时期鲁国人。其父曾点为孔子的门徒，而曾子自己则是孔子晚年入室的关门弟子，父子两代同为孔子门生。曾子并以孝道闻名于天下。

曾子做事，讷于言，敏于行，为人诚信谦和，是孔子孝道理论的阐发者和孝行的实践者。曾子对儒学的贡献还在于其“三省吾身”的内省思想，严于“慎独”的功夫理论，“任重道远，死而后已”的大丈夫精神。

曾子，他虽然位至高官，一生却几度授徒讲学，晚年更是辞官不做，潜下心来专心传授孔子学说，门下弟子七十余众，其中包括著作《中庸》的孔子之孙子思，后来的著名军事大家、战国名将吴起等。因吴起母亲去世，吴起曾因发过誓言，不出人头地决不回家见其母亲，被曾子认为是不孝而逐出师门。

曾子不愧为孔子思想学说的直接继承者中最好的发扬光大者，以至被后代封建统治者尊奉为“宗圣”。由此可见，《大学》同样也是儒家“圣学”。

《小戴礼记》中的《大学》，系统反映了秦汉儒家学说的政治观点，且偏重于为政治民，治国平天下。而朱熹所注《大学》，则渗透了宋代理学思想，偏重于修身正己。

《大学》的总纲：“大学之道。”

《大学》的主题“三纲”：“在明明德，在亲民，在止于至善。”

《大学》的“七证”：“知止而后有定；定而后能静；静而后能安；安而后能虑；虑而后能得。”

《大学》的“八目”：“格物、致知、诚意、正心、修身、齐家、治国、平天下。”

由此看来，《大学》主要在着重阐述提升个人的道德修养与齐家治国平天下的关系。

因此，可以概括的说：《大学》的思想精华，就是“修己以安百姓”；“大学之道”就是“内圣外王”之道；《大学》的终极目标，就是“在止于至善”。修身，为至圣；治国，为圣王；平天下，天下为公，世界大同。

学习《大学》的目的，“在止于至善”之道，这就是儒家的最高的理想、最至善的理想境界！这个最理想，最至善的境界是什么？就是为了实现“天下为公，世界大同”的理想境界。这和马克思所提倡的共产主义的境界有同工异曲之妙。

《大学》是建筑儒家思想宫殿的蓝图和施工程序

“四书”,是儒家学说的一个完整的思想体系,思想内容相辅相成又各有侧重。假如我们把“四书”这个儒家思想体系比成一座宏伟的思想宫殿,那么《大学》就是一部最为完整的,建筑这座宏伟思想宫殿的蓝图和详细施工的程序;《中庸》就是这座宏伟思想宫殿的基础工程和奠基说明;《论语》和《孟子》就是建筑这座宏伟思想宫殿的优质建筑材料——砖、瓦、灰、沙、石、木材、玻璃、钢筋、水泥、大理石等等。

这堆积一地的优质建筑材料、详细完整的图纸、良好坚实的基础,等待着每一位有心的建筑师去努力实施完成它。

你想做圣人,你就去努力去建筑一座宏伟富丽堂皇巍峨的宫殿;你想做君子,你就去努力去建筑一座宽大适宜风景秀丽的别墅;你想做有恒者,你就去努力去建一座富有特色宽敞舒适的公寓;你想做白领,你就努力去建筑一座坚固实用温馨易居的住宅楼;你想做最普通的百姓,你就努力去建筑一座能够使老婆孩子容身的住所;你想当一个流浪汉,你就可以尽情地享受自由,只要饿不死,就什么也不用做,四海为家此路穷。

一个人有什么样的选择,一般情况下,就会有什么样的收获和结果。人生其实就是在不断的选择,不断的舍得,不断的努力,不断的奋斗,不断的收获,不断的抛洒汗水,不断的战胜困难,不断的超越自我,不断的实现人生价值。简而言之,就是不断的种瓜得瓜,种豆得豆,自食其果。

一个人的功、名、利、禄,顺、逆、进、退,生、老、病、死,很难由自己把握;但,一个人做好事还是做坏事,做学问或不做学问,在一般情况下,自己还是能做主的。与其奢求那些无望的东西,还不如努力做一个好人,一个有用的人,一个有学问的人。

学习好儒家经典“四书五经”,于当今社会,并不一定能够升官发财,但只要你身体力行,起码可以做到有明确的人生目标,不再迷惑,不再彷徨,少走弯路,少犯错误,做一个对于家庭和社会,有道德、有学问、有追求、有理想、有用的好人。这就是我博览群书研读儒家经典“四书五经”和诸子百家的目的所在。

研读了“四书”之后,给我的第一个感觉,我认为:读完《论语》之后,能够明白为人处世、安身立命的道理,所以我称《论语》为“大道理”;读完《中庸》

之后，能够顿悟人生的智慧，所以我称《中庸》为“大智慧”；读完《孟子》之后，很容易被孟子那种浩然正气和大丈夫精神所感动，所以我称《孟子》为“大丈夫”；读完《大学》之后，能够明确人生的目标是什么，并知道如何去实现这个目标，所以我称《大学》为“大学问”。

为了弄懂儒家“四书五经”的经典，让我们按照朱熹的读书顺序，先解读和理解《大学》。

《大学》之道，是内圣外王之道，是儒家通往最高理想的必经之道

研读“大学”，首先要弄清楚以下几个问题：

什么是“小学”，小学学习什么？什么是“大学”，大学学习什么？学习的目的最终是什么？“道”是什么？“德”是什么？“善”是什么？“大学之道”又是什么？

前面已经说过，《小戴礼记》中的《大学》，系统反映了秦汉儒学的政治观念，并且偏重于为政治民、治国平天下。而朱熹所注的《大学》，则渗透了宋代理学思想，更偏重于修身正己。

《大学》所论述的主体是“道德”，曾子把它更加条理化、人格化、具体化，重在关照人和人生面临的具体问题以及应取的态度。提出修德的“三纲要”、“八条目”，以及“修身、齐家、治国、平天下”等命题，使之更加贴近社会现实和人们的生活需要。

朱熹说：“《大学》之书，古之大学所以教人之法。”

熊十力说：“不悟六经宗要，读《大学》可悟其宗要。不得六经体系，读《大学》可得其体系。”

朱熹和传统的儒家学说研究者认为：《大学》的主题是“三纲”：明德、亲民、止于至善。“八目”：格物、致知、诚意、正心、修身、齐家、治国、平天下。从“三纲”、“八目”上看，主要在着重阐述提升个人道德修养与治国平天下的关系。

《大学》是一套封建伦理道德的政治体系，是引领人们抵达生活的美好境界，启迪心灵回归自然的纯净透明，弘扬光明正大的道德品质，塑造纯正完美的人生性情，彰显光明的品德。至善是道德修养的最高境界和终极理想；修养纯正的身心，规范修身自己，以求重塑新生；知人善任的眼光，选贤任能，亲君子远小人;齐家治国的才能,德泽化育、家庭和睦,齐家以勤俭为本,治国以重民为要。

因此,可以概括地说,《大学》的精华,就是"修己以安百姓";"大学之道"就是"内圣外王"之道;《大学》的最终目的,就是"在止于至善",达到儒家最理想的境界。

孙中山先生把《大学》称为:"中国政治哲学,谓其为最有系统之学,无论国外任何政治哲学家都未见到,都未说出,为中国独有之宝贝。"其三纲领,八条目,于人生之目的以及为达到之目的的步骤与方法,条理分明,阐述无遗。

按照传统的思路,首先让我们先来解读和了解《大学》的"三纲":

《大学》的"三纲":"在明明德,在亲民,在止于至善。"

《大学》的开篇之作,短短十六个字,成为中华民族修身、齐家、治国、平天下的"三纲",这"三大纲领",它延续了数千年,而且还要继续持久无限期地延续下去。

"大学之道,在明明德,在亲民,在止于至善。"这十六个字,把人类的本能和动物的本能区别得清清楚楚,明明白白;把人类学习的目的,讲得清清楚楚,明明白白;把办大学以及人类终生学习的目的、纲领、方针、政策、根本、本原、讲得清清楚楚,明明白白。

《大学》分为"三纲",而"大学之道"是"三纲"的总纲,纲中之纲,统领之纲,提携之纲。

"大学之道",是人生之道。人类生存需要发展,生存发展则需要学习创新;人类需要繁衍、传宗接代,所以子孙需要学习教育;人类需要和平共处,和谐发展,所以需要学习修身养性。

修身、齐家、治国、平天下离不开学习,为人处世、安身立命离不开学习,教育子孙离不开学习,人类和谐发展离不开学习。所以大学之道,是人类终身学习之道;是"格物"、"致知"、"诚意"、"正心"、"修身"、"齐家"、"治国"、"平天下"之道;是人类奔向文明走向成功之道;是人类与自然的和谐之道;是人类共生共存共发展共赢天下之道;是"内圣外王"、"天下为公,世界大同"之道!

《大学》的第一句,就是"大学之道"。那么什么是"大学之道"?

"大学之道"的第一个字"大",在古时读"泰"或"太",宋代以后才读

“大”,主要是和“小”相对而言。

“大”在《辞海》中解释为:第一,是“大”与“小”相对;第二,是指范围广和深的程度;第三,是指年辈较长或排行第一;第四,是再,如大前天,大后天;第五,是称对方有关事务的敬辞,如大礼,大作;第六,是尊敬,注重;第七,是过于,超过;第八,是旧用作“大钱”的省称,如不值一个大钱;第九是姓,唐代有大的姓。

总而言之,“大”具有普遍的、系统的、广泛的和整体的意思。

“学”在《辞海》中解释:第一,是学习,如《论语·为政》:“学而不思则罔,思而不学则殆”;第二,是模仿,如杜甫《北征》诗:“学母无不为,晓妆随手抹。”第三,是学问,如治学,《礼记·学记》:“七年视论学取友”;第四,是学科,如:数学,语文;第五,是学校,如小学,中学,大学。《礼记·学记》:“古之教者,家有塾,党有庠(古代的乡学,泛指学校),术有序,国有学。”

“学”的本意是孩子们通过自己双手的操作活动学会数学计算。“学”是一种锻炼和培养人们的逻辑思维能力,从而使自己通过已获得的知识,再获得未知的知识的理性能力的活动。

“学”的目的是认识和发现宇宙万物的规律,并在认识和发现宇宙万物的规律同时,找到自我,超越自我,最终达到认识把握事物的规律,逐步接近认识真理。正如此,在中国古代人的理解中“学”与重复无关,与模仿无关,与鹦鹉学舌无关,与死记硬背无关,而只与认识和觉悟有关。

所以《荀子》中:“学”,知也。《说文解字》中:“学,觉悟也。”就是说,对于少年儿童来说,“学”的过程,就是培养和锻炼自己的逻辑思维应变能力的过程;对于成年人来说,就是通过自己的逻辑思维应变能力探索宇宙万物,从而建构宇宙万物的系统理论的过程。正因为如此,“学”也直接具有“理论体系”的含义,人们通常所说的“学说”,就是指一种思想体系的表述。其实“学”,就是人类宇宙万物的一份子;学,就是对于宇宙万物的不断探索和不断理解。

“学”的过程,是人类对于宇宙万物包括人类自身的不断探索、了解和认知的过程。学的首要任务,是通过学习、探索、了解和认知宇宙万物,包括人类自身的各种现象和自然规律,顺应和把握这种规律,学会在地球上的生存、延续和发展。学的首要目的,是通过学习,把一个动物的人,改变成为一个有别于动物的人,一个社会的人,一个对社会有用的人,一个高尚的人,一个脱离了低级趣味的人，一个有创新能力的人，一个有尊严的人，一个被认可的人，一个能造福社会的人。

众所周知，人是从动物进化过来的，人是高级动物，动物的所有本能人都有，动物的所有欲望和本性人也都有。人和动物最大的共同本性就是欲和欲望，因为追求生理快感和最低的欲望是人类最基础的生物本能，控制和约束这种欲望，人才是可以超乎动物之上的根本所在。怎样控制和约束这种欲望，只有“学”这条最好的途径，所以人类学的目的是把人当人，而不是动物。

人们常说：学习主要是谋生，读书主要是谋心。而我们在很长一段时间内，包括现在的教育，读书学习好像完全是为了谋生的需要。许多夫妇，给自己孩子的胎教，是为了自己的宝宝将来能有一个好的开端，一个好的起跑线，把人生当成了短跑百米冲刺赛。

上好的幼儿园是为了上一个好的学前班，上好的学前班是为了上一个好的小学，上好的小学是为了上一个好的初中，不惜巨资花大价钱上一个好的幼儿园、学前班、小学、初中，为的是将来上一个好的高中，上一个好的高中为的是上一个好的大学，上一个好的大学，是为了将来找一个好的工作，找一个好工作是为了将来找一个好对象，找一个好对象，是为了将来过上好日子，将来过上好日子，是为了是自己的孩子能过上更好的日子。

这种无限往复循环的现象，正像一个山区里的放羊娃所说的那样：你放羊做什么？为了放更多的羊！放更多的羊干什么？为了卖钱娶一个媳妇！娶媳妇干什么？是为了生儿子！生儿子干什么？是为了放羊！这种往复循环不尽、单纯为了谋生的学习，偏离了学习的宗旨，所以我们学习《大学》是非常必要的。

五、"大学之道",是"内圣外王"之道

中国古代的小学学什么

"大学"在《辞海》中的解释为:第一是实施高等教育的学校;第二是儒家经典之一《大学》。

这里的"大学"是和"小学"相对的。古时候有钱读书的人家,八岁把孩子送私塾读书,就是"家有塾"中的塾,私塾大多是落第的秀才、举人为了谋生,开办的私学。入私塾就是入"小学",古时候的八岁,就是现在的七周岁,看来古今上小学的年龄其本上是一样的,大都是七周岁上学,只不过学习的内容和现在不大一样。

按照朱熹在《大学章句序》里所说:"人生八岁,则自王公以下,至于庶人之子弟,皆入小学,而教之以洒扫、应对、进退之节,礼、乐、射、御、书、数之文。"

朱熹所说的每一个孩子到八岁的时候,上至王公贵族公子,下至黎民百姓贫寒子弟,都可以入小学。这只是朱熹的个人理想或者说是一厢情愿的事。众所周知,我国古代儿童入学率极低,文盲占国民的总数非常之高,没有几个普通家庭的孩子能上得起学、读得起书的,有钱上学读书的大都是王公贵族和有权有势及有钱人家的孩子。

远的不说,新中国成立前,农村又有几个人家的孩子能上得起学、读得起书?解放前,农村一个富裕中农的人家,也只不过勉强供一个初中生罢了,雇农、贫下中农家的孩子哪来的钱读书学习。所以,我国解放学前农村的文盲率在百分之九十五以上,一个村里没有几个读书识字有文化的。我在这里不是否定朱熹所说八岁入学的事实,而是根据我国古代一般老百姓家的孩子没有经济条件入学事实,但我们还是要感谢朱熹在自己的文章里清楚的说明我国古代少年儿童入学的年龄。

朱熹还说:“皆入小学,而教之以洒扫、应对、进退之节,礼、乐、射、御、书、数之文。”这就明确的告诉我们,古时的小学所学的内容,主要是为人处世的基本道理和人生的基本生存知识。学习“洒扫、应对、进退之节”,是做人的基本规矩和礼节,古时候是比较讲究好规范礼仪的,没有现在这么随便和不拘小节。

“洒扫”,是人生最基本的生活卫生和最简单的劳动工作。洒扫,具体一点就是每天早上给房间和院落的地上,先洒些水,然后再用扫帚打扫卫生,清理房间和打扫院落。住在大城市里的孩子可能不大熟悉洒扫是怎么一回事,现在大多数的农村还是依然如故的洒扫,只不过不是儿童和子女,而大多数是父母、爷爷、奶奶长辈们。

“应对”,是人与人之间,所谓人伦最基本的交际的语言、礼貌、礼节和态度。古代的礼节虽然有点繁琐,但在某些方面,还是有可取之处的,不像现在的一些孩子,在对待长辈的态度礼节上,在与人交往方面,缺乏必要的礼貌、礼节和谦恭的态度。

“进退之节”,就是在公众场合及日常生活中最基本的常识和为人处世的基本礼节。就是在日常生活中和为人处世上,知道进退。什么事该进则进,该退则退;什么话该说则说,不该说不说;什么事该做则做,不该做则不做。广而言之就是语言、行动、态度、礼节要很合乎身份,得体和恰如其分,落落大方,进退自如,合乎规范,不违礼节。

“礼、乐、射、御、书、数”,是“六艺”的内容。

“礼”,是文化的总和及统称。“礼”,的具体形式是礼节和仪式,就是古代社会生活中由于风俗习惯而形成的为大家共同遵守的仪式。比如婚礼、丧礼、拜见礼等,这种形式现在在农村还可能看到一些,城市,特别是在大都市已很少能看到了。

“乐”,是生活的艺术,包括音乐。音乐是一部分,就是学习音乐和乐章。

“射”,是学习武功、武艺,上古时期狩猎和远程攻击的武器,以弓箭为主,所以用射箭的“射”字作代表。

古时候,是冷兵器时代,射箭的功能在某些方面,相当于现在的机枪、大炮和导弹所起的作用。学习射箭是为了锻炼身体和学习武艺,学好了射箭的本领,可以健身、防身、打猎、参战等。

"御",是驾驭马车、马匹的技术技能。就像现在年轻人学会开汽车、拿驾照一样。

"书",是指文字学,学习书法写字、包括学习各种公文写作以及日常生活中的应用文写作。

"数",是指算术和数学的学习。就是学会数学、计算、查点,到古代后期,还要学会打算盘,和今天学数学差不多。数学是上古时期科学的先驱。

总之,"小学",是古代贵族子弟和有钱人家的孩子读书、学习文化和学习礼仪的地方;"小学"的学习内容,就是学会日常生活的基本常识、基本礼节和行为能力及为进一步学习的基础理论知识。

这就是一个入学儿童从八岁到十五岁需要学习的大致内容。宋代以前的学习教育,主要是为了生存、生活以及为人处世的需要,也有应试的需要;宋以后的学习主要是为了科举考试的需要,也有生存、生活及为人处世的需要。

这就是说,宋代以后的教育和现在的教育大致相同,主要是应付考试或者说应付升学的需要。所以,宋代以来、特别是明清以来,科举考试逐步形成了"八股文"。"八股文"严重影响了中国知识分子近千年的独立思考能力和创新能力,导致了我国丧失了古文明以后发展的大好机遇,以至于到了清末国家积贫积弱,被西方列强瓜分凌辱欺负的地步。

朱熹接着在《大学章句序》里说:"及其十有五年,则自天子之元子,众子,以至公卿、大夫、元士之适子,与凡民之俊秀,皆入大学,而教之以穷理、正心、修己、治人之道。"

以上朱熹所说,上至王公,下至普通百姓的子弟,凡到八岁,就可以入小学,接着又说,只要到十五岁的民之俊秀,上至王公,下至普通百姓皆可以入大学,这更是不可能的。上节还认为是朱熹的一厢情愿,这一节则认为他是严重的官僚主义,脱离现实,不了解社会的真实情况。贫寒人家的子弟连小学都没上,哪来的上大学!我们不在这里妄加评论,而是要着重了解"大学"的含义。

教育,从人类诞生以来,人们就非常重视,进入现代社会以来,人们更是无比重视。

常言道:穷不读书则穷根不断,富不读书则富不长久;穷者读书富,富者读书贵;腹有诗书气自华,最是读书能致远,读书学习改变人生的命运,就是这个道理。教育和教育的公平是目前社会的一个非常重要的问题。重视孩子的教育,是压在每一个有责任心家长心头的一块巨石,是每一个家庭必选的重大课题,无论贫富贵贱,家家如此。

为了让自己的孩子不输在起跑线上,很多刚怀孕的准爸爸妈妈,就用各种胎教的方式,对未出生的孩子进行胎教,为的是尽可能地使孩子将来有个好出路、好前途。未出生就谋划上哪一个好的托儿所、幼儿园、小学、初中、高中、大学等等。不管孩子是否愿意和有兴趣,家长为孩子报这个班,那个班,托门路,找关系,孩子苦,家长累,费尽心思,绞尽脑汁,不惜重金,含辛茹苦,任劳任怨,真是可怜天下父母心,也可怜天下的孩子们。那么,我国古代的教育系统是什么呢?

古代的教育系统,大致可分为私塾和官学,比较高级的有书院、太学,如岳麓书院等。这一整套的学制体系在《礼记》中就已经比较完备的记述:"古之教者,家有塾,党有痒,术有序,国有学。比年入学,中年考校,一年视离经辨志,三年视敬业乐群,五年视博习亲师,七年视论学取友,谓之小成。九年知类通达,强立而不反,谓之大成。"

《礼记》中的家、党、术、国都是指大小不同等级的区域范围,而塾、庠、序、学就是指级别不同的学校称谓。

"学堂"作为学制的名称出现,比较晚。近代大教育家陶行知,曾论及外国学校制度对于中国的影响:"中国自道光、咸丰以来,与外人结交,总是失败。自己之弱点,逐渐揭破;外人之优点,逐渐发现。再进而推求己之所以弱,和人之所以强。见人以外交强,故设同文馆;见人以海军强,故设水师船政学堂;见人以制造强,故设机器学堂;见人以陆军强,故设武备学堂,几乎全是这一类的。"这种机械地照搬外国的办学做法,并没有改变近代中国积贫积弱的被动挨打局面。

甲午一败,国人顿觉教育急需变革。光绪二十七年(1901 年),诏谕要求"各省、府、直隶州及各州、县,分别将书院改为大、中、小学堂",其中"省城均改为大学堂,各府及直隶州均改为中学堂,各州、县均该设小学堂,并多设蒙养学堂"。

清朝政府首任管学大臣张百熙奏定的学校系统是:蒙学堂四年,初级小学堂三年,高级小学堂三年,中学堂四年,高等学堂及大学预科三年,大学堂三年,大学院(相当于现在的研究生院)不立年限。就是说,按此学制读完,至少要二十个学年，这还不包括大学院，其实这和现在的教育学制基本上差不多。现在三岁入幼儿园，幼儿园、学前班四年，小学六年，中学六年，大学四年，不算研究生时间，也是二十年。如再加上研究生三年，博士生三年，共二十六年。也就是说，一个人一年不耽搁，读到博士毕业，也要二十九岁。

新学制的确立和停止科举并废除制度，是袁世凯、赵尔巽、张之洞他们向光绪皇帝上奏章，于光绪三十一年(1905年)批准实施的。

我认为，学前的教育，就像现在的幼儿园、学前班的教育，应是对每一个入学者的启蒙教育，主要应学习做人的起码常识、道理、伦理，以及起码的生存道理及生存能力；小学期间，进一步启蒙，学习人生适应社会和生存发展的基础知识，以及生存的能力和做人的道理；中学期间，应学习走向社会必备的基础知识知识和适应社会生存发展的能力；大学期间，应学习有利于人类生存发展的一切知识和能力；研究生期间，主要是学习、丰富扩展原有的知识，更重要的是学会应用已经掌握的知识；博士生期间，主要是学习研究更深、更博、更广的知识，进一步学习知识，运用知识，最重要的是在已经掌握知识的基础上，进一步学会创新知识。

“大学之道”，是教育的总规律、总目的、总目标、终极纲领

什么叫“大学”，据汉代郑玄(公元127年—209年)的解释：“大学者，以其记博学可以为政也。”就是说大学的目的，就是要经过广博的学习，然后可以从政当官，也就是后人所说的“学而优则仕”。宋代朱熹则解释说：“大学者乃大人之学也。”总之，大学属于成人性的教育，以修养品德和将来治人从政为目的的。

“大学”，简而言之，就是大人之学，是十五岁入大学，学习做人的道理；是古代贵族和有钱人家子弟读书学习的地方；是学习修身齐家治国平天下的地方。

《大学》就是在“大学”里，学习儒家修身、齐家、治国、平天下的大学问、大道理。学好《大学》，能够助你走向成功。

前面我们了解“大学”，就是为了和“小学”的区分，那么我们再来了解什么是“大学之道”？

“大学之道”的“道”，就是儒家一套封建伦理道德的政治哲学思想体系，这里主要指古代大学教育的根本目的,最终目标和终极纲领。

"大学"是人们终身学习教育的大学!是全社会学习教育的大学!是社会实践教育的大学!是三人行必有我师的大学!是向困境和逆境中学习的大学!是自身修养学习的大学!是一切教育的目的大学!是家教和社会教育相结合的大学!是向大自然学习的大学!是向自我反思自省的大学!是以敌为师的大学!并不仅限于在校学习的大学!

繁而言之,《大学》有三个纲领,习惯被成为"三纲",就是"在明明德,在亲民,在止于至善。"而南怀瑾先生在《原本大学微言》中说:《大学》有"四纲、七证、八目","那么,四纲是什么呢?就是在'明明德'、'亲民'、'止于至善'之上,一个最重要的前提'道'字,也可以说是大学之道的'大道'。"他还说:"只要从《大学》开头两段的本文中,就可以看出来事实俱在。本文中不是明明白白地写出'物有本末,事有终始,知其先后,则近道矣'吗?所以'大道'或者道,才是首纲。"

我们不能完全肯定南怀瑾先生把近千年来人们习惯性的"三纲"解读为"四纲"就是正确的,但解读和理解经典,本来就没有一个标准答案,我们不能把朱熹的解读注释当做唯一正确的版本。一个"道"字,几千年来确实在中国有着巨大而深远的影响。我们不妨顺着南怀瑾先生理解"道"的同时,再把《大学》的开篇中,也就是"三纲"中的"道"、"德"、"善"共同了解一下。

"道",在东汉许慎所著的《说文解字》中是这样解释的:"道"所行道也。从辶、从首,由辶、由首会意。一达谓之道。"道"就是道、道路,人们行走的道路。完全通达无歧叫做道。刘熙《释名》:"道,蹈也。""言人所践蹈。"

"道",在《辞海》里解释是:道:1. 道路,如"道不拾遗","道听而途说"。2. 法规、规律,韩非《解老》:"道者,万物之所然也,万理之所稽也。"把"道"解释为万物产生、变化的总规律。与具体事务的"器"相对。又与事务特殊规律的"德"相对。3. 宇宙万物的本原、本体。《老子》"有物混成,先天生地……可以为天下母。吾不知其名,字之曰道。"北宋张载以气为道、为本,"由气化,有道之名"。朱熹以理为道、为本,"理也者,形而上之道也,生物之本也"。4. 一定的人生观、世界观、政治主张或思想体系。5. 封建伦理纲常。6. 方法等。

"德",东汉许慎所著的《说文解字》解释:"德",升也。从彳,悳声。释文:德升。注释:升:桂馥《义证》:"古升、登、陟、得、德五字义皆同。"古道德字，只作“悳”，不与此同。

“德”，在《辞海》里解释是：“德”（悳）：1. 道德，品德，如美德；德才兼备。《易·乾·文言》：“君子进德修业”；2. 恩德，《书·盘庚上》：“汝克黜乃心，施实德于民”；3. 感德，《左传·成公三年》：“然则德我乎？”4. 事物的属性，章炳麟《国故论衡·语言缘起说》：“实、德、业，各不相离”。

“道德”：在中国哲学史上，指“道”与“德”的关系。孔子主张“志于道，据于德”（《论语·述而》），这里的“道”指理想的人格或社会图景，“德”指立身根据和行为准则。因儒家以仁义为道德的重要内容，故也以仁义道德并称。

《老子》中的“道”指事物运动变化所必然遵循的普遍规律或万物的本体。“德”和“得”意义相近，指具体事物从“道”所得的特殊规律或特殊性质；对于“道”的认识修养有得于己，亦称为“德”。《老子·五十一章》：“道生之，德畜之。……道之尊，德之贵，夫莫之命而常自然。”认为“道”和“德”虽尊贵，却不是什么主宰（“命”），而是一切任其自然。

韩非认为“道者德之功”，把德释为道的功用。北宋张载提出“德，其体；道，其用，一于气而已”。《正蒙·神化》：认为“德”是气之体，“道”是气之用。

“善”在《辞海》里的解释是：1. 善良；美好。如善意；尽善尽美。《汉书·张汤传》：“其推贤扬善，故宜有后”；2. 友善；亲善。《国策·秦策二》：“齐楚之交善”；3. 擅长；善于。《梁书·柳恽传》：“宋氏有嵇元荣、羊盖，并善弹琴。”4. 多；容易。如善变；善忘；善病。5. 爱惜。如《荀子·强国》：“善日者王，善诗者霸。”6. 犹言熟悉。如这个人好面善呀！7. 伦理学基本概念。与“恶”相对。评价善恶是有标准的：一切有利于社会的进步或者对历史发展起促进作用的，就是善；反之，就是恶等。

换言之：归纳整理“道”，最主要的意思：

第一，就是“道”。“道”是宇宙万物之道，宇宙的诞生由于道，宇宙的运行有其道，星系的运行遵其道，地球的运行守其道，日升日落不违道，月圆月缺有恒道，卫星的运行按其道，导弹发射顺其道，山川的形成随其道，江河奔腾成其道，一年四季不变道，生老病死是常道。道是什么？就是自然规律！自然法则！宇宙万物的本原、本体！万事万物产生、变化的总法则，总规律！

第二，是“道路”。鲁迅先生说过，地球上本来没有路，人走得多了，才形成了路。路，有山区的羊肠小道，有过去所说的康庄大道，有现在的国道、省道、县道、乡村公路、一级公路、二级公路、高速公路、铁路、高速铁路,又有航空航海航天的航路、航海路线、河运路线等等。

第三,是“门路”、“办法”等。常言道,鱼有鱼道,虾有虾道。

第三,是“道理”、“理论”、“伦理”等。

第四,是“纲领”、“路线”、“方针”、“政策”、“宗旨”、“目的”、“方向”等。

总之,“大学之道”,就是大学的政治主张、思想体系、教育纲领、教育目的、教育宗旨、教育规律、教育过程、教育作用、教育目标、教育做人的道理、人生学习的终极目标。

曾子在《大学》的开篇就说:“大学之道,在明明德,在亲民,在止于至善。”我们知道了“大学之道”是在教育做人的道理,那么“大学之道,在明明德,在亲民,在止于至善”含义是什么?

六、程朱理学，修正的儒家思想，朱熹对《大学》的阐释

任何一个历史时期，掌握政权的统治阶级，都有一套统治人民的思想。赵匡胤建立北宋政权以后，随着在政治、军事、经济各方面加强集权，也必然要在政治思想上加强统治。

隋唐时期，佛教思想被统治阶级作为他们的主要统治思想。但是，隋末农民起义和唐末农民起义，对此产生了巨大冲击，到了北宋时期，就产生了适应新形势需要的统治思想，这就是以儒家学说为核心的新的唯心主义思想体系——理学。

理学家反对佛家和道家的虚无主义，认为它破坏了社会的伦理秩序。但是理学家为了统治者的需要，不得不在改造、修正、篡改儒学的基础上，吸收了佛、道两家思想中，有利于巩固中央集权的一些思想而形成新的理学。

程朱理学，修正了儒家思想

理学的中心思想是一个“理”字。理学家们把“理”说成是宇宙的本源。理是产生世界万物精神的东西。理，产生万物，也就是说精神产生物质。

理学家们又说理就是伦理道德，就是统治制度，就是“三纲五常”。这都是先天存在的，也是永恒不变的。因此，理学家们强调君权、父权、夫权都是绝对的。理学家极力维护君权，并为他们作辩护，也就是为加强中央集权作辩护。这正迎合了北宋统治阶级的需要。

理学家“三纲”的核心就是“君为臣纲”：“君叫臣死，臣不得不死。”“父为子纲”：“父叫子亡，子不得不亡。”“夫为妻纲”：“有夫从夫，无夫从子，女子从一而终，寡妇不得改嫁。”“饿死事极小，失节事极大。”

丈夫可以三妻四妾，寡妇却不得改嫁，否则，就是大逆不道，天理不容。丈

夫可以随便休妻;妾,可以随便买卖、玩弄、送人、打骂、惩罚。理学家从根本上不把妇女当人看待。

理学家宣扬"男女授受不亲"。最典型的例子莫过于明朝著名的清官海瑞,海瑞有个独生女儿,七八岁时,只因接受了家里一男仆人的一张饼,被父亲海瑞骂得狗血喷头,说你为什么不去死,和父亲一样倔强的女儿真的绝食而死,这些令人发指的事件,在理学统治的时代举不胜举。

理学又称为"道学",这是因为理学家们的思想体系中,道和理是一个东西。程颐说:"天有事理,圣人循而行之,所谓道也。"

两宋时期著名的理学家有程颢、程颐、朱熹、陆九渊。他们被后人称之为"程朱理学"。

程朱理学对中国两宋以来的传统文化影响非常巨大。而他们对"四书"的解释,更是被后代统治者奉为标准答案,令天下学子不敢越雷池半步,对程朱的注释毕恭毕敬,死背硬记,照本宣科,形成人们所说的"八股文"。

为了对程朱理学有个较全面的认识,我们分别把程朱陆四人介绍给大家:

程颢:生于公元1032年,卒于公元1085年,享年53岁。北宋哲学家,教育家。字伯淳,被学者们称之为明道先生,河南洛阳人,嘉佑年间进士,宋神宗时为太子中允监察御史里行。政治上反对王安石新政。他和弟弟程颐都是周敦颐的学生,同为北宋理学的奠基者,世称"二程"。

程颢在洛阳讲学十余年。提出"天者理也"、"只心便是天,尽之便知性"的命题,认为知识、真理的来源,只是内在于人的心中,"当处便认取,更不可外求"(《遗书》卷上)。使心寂然无事"廓然大公","内外两忘",即能"穷理"、"尽性",为学以"识仁"为主。

认为"仁者浑然与物同体,义礼知信皆仁也",识得此理,便须"以诚敬存之"(同上),倡导"传心"说,认为前圣后圣,所传的不是圣人之道、圣人之心,而是自己的心,"己之心,无异圣人之心","欲传圣人之道,扩充此心焉耳"。承认"天地万物之理,无独必有对"(《遗书》卷十一)。他和弟弟程颐的学说,后来为朱熹所继承发展,世称程朱学派。著作有《定性书》、《识仁篇》等。后人所编《遗书》、《文集》、《经说》等,收入《二程全书》中。

程颐:生于公元1033年,卒于公元1107年,享年74岁。北宋著名哲学家、教育家,字正叔,被学者们称之为遗传先生,河南洛阳人,曾任秘书省校书郎，官至“崇政殿说书”。政治上反对王安石新政。

他讲学长达三十余年。其学以“穷理”为主，认为“天下之物皆能穷，只是一理”（《遗书》卷十五）。这理“在天为命，在人为性，论其所主为心，其实只是一个道”（《遗书》卷十八），从而强调“格物之理，不若察之于身，其得尤切”（《遗书》卷十七），并主张“涵养须用敬，进学在致知”的修养方法。

提出“随时变易，乃常道也”。肯定事物的运动，还提出“理必有对待”，承认事物的矛盾，并认为事物的矛盾双方不能转化。宣扬“气禀”说，认为人有“贤”、“愚”之分，是由于“才禀于气，气有清浊，禀其清者为贤，禀其浊者为愚”。

主张“去人欲，存天理”，认为寡妇再嫁是大逆不道，提出“饿死事极小，失节事极大”（《遗书》卷二十二），为名教纲常辩护。他和其兄程颢的学说，后来为朱熹所继承发展，世称程朱学派。著作有《易传》、《颜子所好何学论》等。后人所编《遗书》、《文集》、《经说》等，收入《二程全书》中。

“二程”认为，世界的根源是“理”，也叫做“道”，或“天理”。程颢说：“天者理也”，认为天就是最高的实体。这个“理”，凌驾于万物之上，先于万物而存在，永远不生不灭，不增不减。他又说：“父子君臣，天下之定理。”他所讲的永恒的理，就是君臣、父子的封建等级关系，封建伦理道德，这是唯一的理。所以程颐说，“天下只有一个理”。

“二程”主张“明天理”，对于劳动人民来说，就是不能违反封建伦理道德，就是饿死，也不能违背“天理”。不许反抗封建统治者的压迫和奴役。理学就是这样成为统治阶级统治人民的思想工具。

理学家们还要求人们通过对封建道德的自我修养，做到“存天理，去人欲”。他们把劳动人民正当的生活要求，一律斥之为“人欲”，要人们放弃求生的一切欲望，去顺从封建统治者的“天理”。存天理的最高境界，就是要达到“仁”。仁就是“万物一体”，对万物无有不爱。理学家通过超阶级的“爱”，来消除阶级之间的对立和斗争，反对人民的反抗。

“二程”的学说中，也承认万物变化无穷。程颐说：“有生便有死，有始便有终。”但他们特别强调变中有不变的东西，认为不变才是根本。这个不变的东西就是道，也就是理。万物的变化，都要受“道”或“理”的支配。

程颢也讲过“万物莫有不对”，承认有长有短，有大有小，有高有低，有善有恶,有贫有富。但是,他们认为这些差别是由“天理”决定的,是不能改变的。这就是说,封建等级差别是永远不能改变的,穷苦的人民永远只能受富贵者的统治。

“二程”所宣扬的理学思想,是同他们的保守态度和复古的历史观相联系的。他们都反对王安石变法。王安石提出“新学”,作为实行变法的理论根据。“二程”对王安石的新学全盘否定。理学家根据封建的等级制度、法律、伦理道德等,指责王安石变法是“用贱凌贵,以邪妨正”,完全颠倒是非,混淆黑白。

王安石为了推行新政,不得不摆脱保守势力,启用一批新人。“二程”等一班理学家就退居洛阳,洛阳成为理学家们反对王安石变法的根据地。“二程”的理学后被称为洛阳学派,他们与王安石的新学派势不两立,水火不容。

到了南宋时期,小朝廷偏安于江南,民族矛盾和农民起义更趋于激烈。理学思想在“二程”学说的基础上又有了新的发展,代表人物就是朱熹。

朱熹生于公元1130年卒于公元1200年,享年70岁,南宋著名哲学家、教育家。字元晦,一字仲晦,号晦庵,别称紫阳。徽州婺源,今江西婺源人,侨居建阳,今福建省。任秘阁修撰等职。主张抗金,并强调准备。师从李侗,为“二程”四传弟子。博览群书,广注典籍,对经学、史学、文学、乐律以至自然科学有不同程度贡献。

在哲学上,发展了“二程”关于理气关系的学说,及理学之大成,建立了一个完整的客观唯心主义的理学体系,世称程朱学派。认为理气相依而不能相离,“天下未有无理之气,亦未有无气之理”。但又断言:“理在先,气在后”;“有是理便有是气,但理是本”,把一理和万气看做“理一分殊”的关系。提出“凡事无不相反以相成”,事物“只是一分为二,节节如此,以至于无穷,皆是一生两尔”。

强调知先行后,但又认为“知行相须”,注意到行在认识中的重要性。强调“天理”和“人欲”的对立,要求人们放弃“私欲”,服从“天理”。从事教育五十余年,强调启发式。吸收当时科学成果,提出了对自然界变化的某些见解,如关于阴阳二气的宇宙演化说,如高山上残留的螺蚌壳,山原来是海洋论证。

他的理学一直成为封建地主阶级统治人民的理论工具。在明清两代被提到儒学正宗的地位。他的博览群书和精密分析的学风,对后世的学者很有影响。日本在江户时代,“朱子学”也颇为流行。著作有《四书章句集注》、《周易本义》、《诗集传》、《楚辞集注》,及后人编撰的《晦庵先生朱文公文集》和《朱子语类》等多种。

朱熹认为宇宙间有两种东西,就是“理”和“气”。“理”,是精神的东西,看不见,也莫不着;“气”,才是物质。他说没有天地之前,先有一种理。理,是独立于客观事物之外,先于客观事物而存在。这是客观唯心主义思想。

朱熹是有神论者。他说,“帝是理是主”。上帝就是理,就是万物的主宰。理是统治一切的。他又说:“未有君臣,已先有君臣之理;未有父子,已有父子之理。”不论谁是君,谁是臣;谁是父,谁是子,君臣父子虽然有生有死,但君臣父子的理,也就是忠君孝父的伦理是永恒不变的。

按照朱熹的说教,对皇帝就是要忠,不问这个皇帝是贤还是愚,是圣君还是昏君。从这里可以看出来,朱熹的理学是以封建道德标准为出发点的,这就更加迎合南宋统治者的需要。

朱熹还提出“格物致知”、“即物穷理”的理论,就是要通过推究事物,来认识先天的、永恒不变的理,达到“穷天理、明人伦、讲圣言、通世故”的目的。这就是要人们以封建道德来约束自已,以维护封建统治阶级的统治。

朱熹还提出复古的历史观点。他与永康学派陈亮,用通信的方式开展了辩论。朱熹认为,夏、商、周三代的帝王是按照“天理”行事的,因此出现盛世;汉朝和唐代的皇帝是照“人欲”行事的,因此出现乱世。他主张要恢复三代之治,走历史的回头路。这就充分暴露出朱熹在政治上倾向于保守的一面。

朱熹的理学体系,目的是为了南宋的统治能够永远延续下去。在宋、金矛盾激化时,从维护南宋王朝出发,朱熹最初也是主张北伐“复仇”的。他在给陈俊卿的信中,斥责求和派的无能,认为“祖宗之仇,万世臣子之所以必报而不忘者”。从宋孝宗“隆兴和议”告成之后,朱熹对恢复中原故土失去了信心。于是一意讲学著书,在政治上只是主守,守住南宋的半壁江山。

朱熹的理学体系,是直接继承“二程”学说的。因此后人称它为“程朱理学”。从南宋后期起,程朱理学被统治阶者尊为正统,长期居于统治地位。

朱熹和他的弟子们,在学术文化上做了大量的工作,涉及政治、宗教、教育、文学、艺术和科学技术等各个领域。朱熹为了“致知”他博览群书,广泛接触各个知识领域,包括自然科学知识。他说地球是由物质的气凝聚而成的。

地球是圆形体的。月亮本身没有光，月光是日光的反射。朱熹一生创办书院，从事教育工作。他的博览精神、治学态度和治学方法，对当时和后世学者产生了较深的影响。

朱熹按照《中庸》中“博学之，审问之，慎思之，明辨之，笃行之”的学习方法，制定了《白鹿洞书院学规》，他遵照：“学、问、思、辨、行”五字方针，提倡“循序渐进”的学习原则的。这是符合认识发展规律的。他还提倡“熟读精思”的学习方法，认为“大抵读书，先须熟读，使其言皆若出自于我口；继而精思，使其意皆若出自于我之心，然后可以有得耳。”读书是否有所得，要看能不能把书本知识加以消化，变为自己的东西。朱熹强调学是为了用。他说：“大抵读书必须要看那道理是何作用。只读过便休，何必读书。”这都是作为教育家的朱熹的经验之谈。由于有广博的知识和独到的眼光，朱熹在整理文献、考证文字、注释古书等方面，取得了一定的成就，为发展中国古代文化作出了贡献。

南宋另一位有影响的理学家陆九渊，生于公元 1139 年卒于公元 1192 年，享年 53 岁，抚州、今江西抚州人，字子静，号象山。

陆九渊长期从事讲学活动。1187 年，南宋淳熙十四年，在贵溪应天山讲学，来访他的各地学者先后超过一千人。在哲学思想上，他把“心”看做是世界的本体。他完全否认在人的感觉之外还有什么客观存在的东西。

陆九渊也承认有“理”。但是与朱熹的说法不同。朱熹把“理”看做是离开人心的客观存在。陆九渊认为“理”就在人们心中，“心外无理”、“心即理”、“人心”就是万物存在的基础。他有两句很得意的话：“宇宙便是我心”，“我心便是宇宙”。

他的学派被称之为心学学派。心学学派是一个主观唯心主义学派，他们和朱熹的客观唯心主义学派之间，曾经发生激烈的争论，但是在维护南宋王朝这一根本点上，则是一致的。

介绍完程朱理学的大致精神之后，我们再来看朱熹是如何解说《大学》章句的：

这就要求我们在读《大学》的时候，对程朱的解释不得不倍加重视和审慎。让我们先来探讨理学大师朱熹解释的章句：

程子曰：亲当做新。

大学者，大人之学也。明，明之也。

明德者，人之所得乎天，而虚灵不昧，以具众理而应万事者也。但为气禀所拘，人欲所蔽，则有时而昏。然其体之明，则有未尝息者。故学者当因其所发而遂明之，以复其初也。

新者，革其旧之谓也。言既自明其明德，又当推以及人，使之亦有以去其旧染之污也。

止者，必至于是而不迁之意。

至善，则事理当然之极也。言明明德、新民，皆当止于至善之地而不迁。盖必有以尽夫天理之极，而无一毫人欲之私也。

此三者，大学之纲领也。

“亲民”改作“新民”！

朱熹还擅自改编《大学》的次序。

《大学》原著中为“亲民”，而朱熹则改为“新民”。别看这一字之差，意思则大大的不同。原著中的“亲民”，我认为则是爱，爱民，把人民当做自己的亲人去爱，正因为“爱”人民，才会全心全意地去为人民服务，去为人民谋福祉；而“新民”，则是使人民弃旧图新，除恶扬善，清除后天外界的污染，而自我更新品德。

“亲”，则是把人民当做亲人，去爱。去为人民去服务，去为他们做好事，去为他们兴利除害谋福祉；“新”，则是把人民当做被指挥、被改造的对象，要求人民改造统治者认为不好的东西。

我们不要小看了这段简短的文字，及其他的思想文化、观念、理念。其影响力，从宋代程朱以来，一直影响到元、明、清三代，中国六七百年的思想文化，使汉唐以来的中国传统的思想文化的发展，受到了极大的修正。

20 世纪初的五四运动，高喊打倒孔家店，并不是没有道理。其实，当时打倒的是程朱理学家们的孔家店，而非正宗的孔家老店，孔家老店的正宗儒家思想文化，倒还算货真价实。

这些程朱理学家们，自从宋代以后，为了维护封建统治者的统治，以道统的名义，假借传统儒家思想文化之名，经营程朱理学之实。

他们以正宗儒家思想文化的传承者自居，喧宾夺主，改变了儒家传统思想文化的精神实质。

七、“在明明德”，是“内圣外王”之道的“内圣”之道

“在明明德”，是继承发扬先圣高尚的品德品质，提高自己的综合素质，通往“内圣”之道

现在让我们来一句句欣赏我目前我能够读到《大学》版本的注释，先从“在明明德”说起：

朱熹注释《大学》版本的解释，就是“显明先天固有的善良的本性”。

《小戴·礼记·大学》的解释是，“在于显明高尚的品德”。

张居正讲评《大学·中庸》的解释是，“在于彰明自身天赋的完美德行”。

陈立夫先生《四书道贯》中的解释是，“要使自己本来清明的德行，不被私欲所蒙蔽，而重新清明起来”。

杨润根教授《发现大学》的解释是，“在于明确地认识人类所具有的能够明确地认识一切的理性的美德”。

王岳川教授《大学讲演录》的解释是，“就是要去明白、弄清楚并且彰显人人内心原有的光辉品德”。

刘强编译的《大学》中的解释是，在于弘扬光明正大的品德。

王阳明的《传习录》中的解释是，弘扬善良的德行。

南怀瑾先生《原本大学微言》的解释，“是自明‘内明’学问的准则”。

还有的版本认为：在于彰显弘扬光明正大的品德。

从以上诸位的解释中，不难看出对于“在明明德”的解释，大都不外乎朱熹的解释，而只有南怀瑾和杨润根先生的解释有所不同。

其实“在明明德”，在《大学》本文中已经有了较好的解释，在《大学·康诰章》中明明白白地写着《康诰》曰：“克明德”，《大甲》曰：“顾諟天之明命。”《帝典》曰：“克明峻德。”皆自明也。

《康诰》曰："克明德。"《康诰》是《尚书·周书》中的一篇篇名，按照《大学》中的解释：克，能够；"克明德"：就是说"能够发扬善良的德行"。

《大甲》："顾諟天之明命。"《大甲》是《尚书·商书》中的一篇篇名，按照《大学》中的解释：大，读"太"，顾是"思念"，諟是古体"是"字；"顾諟天之明命"的解释是，"思念上天赋予的阐明德行的使命"。

《帝典》："'克明峻德。'皆自明也。"《帝典》就是《尧典》，是《尚书·虞书》中的一篇篇名，峻：是"大"的意思。"'克峻明德'皆自明也。"就是《帝典》上说："能够显明崇高伟大的德行。"

其实，"在明明德"，来自于《尚书·虞夏书·尧典》。

《尧典》中说：昔在帝尧，聪明文思，光宅天下。将逊于位，让于虞尧，作《尧典》。

"曰若稽古，帝尧曰放勋，钦明文思安安，允恭克让，光被四表，格于上下。克明峻德，以亲九族。九族既睦，平章百姓。百姓昭明，协和万邦，黎民于变时雍。"

以上这段是《尚书》之中的开篇之作《尧典》的第一段。本篇主要是追述帝尧事迹的史书。记述了禅让帝位，公议百官等内容。这里的"文"，是治理天下的意思；"思"，指虑事果断善谋；"宅"，是充满；"逊"，指退让；"曰若"，发语词，多用于追述往事话语的开头；"稽"，指考察、检验；"钦"，恭敬、谨慎、严肃；"明"，指明察；"安安"，指温和；"允"，指诚实；"恭"，指恭谨；"克"，指能够；"俊德"，指德才兼备之人；"让"，推举贤能，选贤任能；"被"，指覆盖，蒙受，在这里可以引申为照耀天下；"四表"，指四方极远的地方，在古代指天下；"格"，指到达，抵达之意；"俊"，指才智高超；"平"，指分辨；"章"，彰，彰明；"百姓"，指百官族姓；"时"，指善；"雍"，指和、和睦。

"九族"，指同姓九代，即高祖、曾祖、祖、父、己身、子、孙、曾孙、玄孙。

"九族"，又指父族，也就是自己家的一族，出嫁的姑母及其儿子、出嫁的姐妹及其外甥、出嫁的女儿及其外孙。母族，是指外祖父一家、外祖母的娘家、姨母及其儿子。妻族，是指岳父一家、指岳母的娘家。总之，九族，泛指天下的百姓。和后来犯谋逆罪，被皇帝灭门九族的九族不大一样。

这段的意思就是："从前唐尧为帝的时候，天性聪明睿智，治理天下多谋善断，因而他的光辉照耀天下。后来他打算退位，要把帝位禅让给虞舜。史官据此撰写出《尧典》。”

“考察古代历史，古时有一位帝王，他号称尧帝，名字叫放勋。他处理天下政务，有礼、有利、有节；他聪明睿智，宽厚温和，明察四方；他思虑通达，诚信恭谨，富有文采，思想活跃，神态安详；他道德高尚，选贤任能，思想光辉，充满天地，照耀四方。他能够提拔重用才智出众、品德高尚，德才兼备之人，能够使亲族和天下的百姓亲密无间，和睦相处，发扬光大。亲族和睦之后，他又考察百官，明辨百官善恶，选贤任能，除恶扬善；他统一天下的诸侯部落，使天下臣民百姓友善、和睦相处。”

这里的“克明峻德”，指的是能够提拔重用才智出众，品德高尚，德才兼备之人。

这些都是说要继承和发扬崇高伟大的德行！那么，这里要继承和发扬何人的崇高伟大的德行？

按照《尧典》的解释，是继承发扬尧帝崇高而伟大的德行，通常是说继承和发扬尧、舜、禹、汤崇高而伟大的德行，再后来是说继承和发扬尧、舜、禹、汤、周文王、周公旦崇高而伟大的德行。

而《大学》中引用《康诰》“克明德”，我核对了以上的原著，《康诰》曰：“克明德。”是在《尚书·周书·康诰》篇中是：“克明德慎罚”演变而来的。

这篇文章是周公旦告诫康叔，要他勤勉治理殷商遗民的讲话或者说是嘱托。周成王征伐管叔、蔡叔以后，把康叔分封到殷商之地去治理殷商的遗民，临行之前，周公旦奉周成王之命向康叔发表诰词，告诉和要求他如何治理这些殷商遗民。史官记录了周公旦的诰词，撰写出《康诰》、《酒诰》和《梓材》。

周公代表周成王向康叔发表训词，庄重地把治理殷商遗民的方法告诉他：君王这样说：“诸侯之长，你是我的年轻的叔叔封，我封你为一方诸侯！你伟大英明的先父周文王治理天下有方，他有崇高的道德品质，以德化人，以德育人，慎用刑罚，从不敢欺负无依无靠的弱势群体，一向重用那些值得重用的德才兼备之人，尊敬那些值得尊敬的德高望重之人，畏惧那些应当畏惧之人，并把这些显示和宣传给天下的百姓，让他们知道。”

这里的康叔，名封，是周武王的同母弟弟，周成王的亲叔叔。封到被周王朝推翻的殷商之地，让他去治理殷商的遗民。康叔赴任前，周公代表成王对他发表这篇诰词，向他提出了“克明德慎罚”的治国原则。就是说要求他上任以后，继承发扬先父周文王高尚的品德和治国遗志，以德治国，以德化人，以德育人，少用刑罚，慎用刑罚，要求他把这一条“克明德慎罚”的大政治理方针加以贯彻实施；并向他说明为什么要实行这一原则和怎样实行这一原则。

“在明明德”来自于“克明德”，而“克明德”，就是从“克明德慎罚”中简要和演变而来的。

这里的“克明德”就是“希望康叔，能够继承发扬先父周文王高尚的德行，以德化民，以德育人，以德治国，慎用刑罚，少用刑罚”。

《大甲》：“顾諟天之明命。”是在《尚书·太甲·上》篇中：是从惟嗣王不惠于阿衡，伊尹作书曰“先王顾諟天之明命，以承上下神祇”中演变而来的。太甲继承帝位之后，昏庸无道，伊尹把他放逐到汤的安葬之地，桐宫。到了太甲三年，伊尹又让太甲回到都城亳。伊尹撰写了《太甲》的三篇训词，教导太甲，如何治国、安民、理政。

继统之王，商汤王的玄孙太甲，不听伊尹的劝谏，伊尹便写出训词教导他。伊尹说：“你的祖先，商代开国之君，成汤敬奉英明的天命，以遵从天地神灵的教诲，对于社稷宗庙，他总是那样恭敬严肃，上天看到他的德行如此美善，就把重大的使命降给他，让他安抚，治理天下。”这里的“先王顾諟天之明命”，也讲的是“先王美好善良的德行”。

《帝典》：“‘克明峻德’，皆自明也。”是在《尚书·虞夏书·尧典》“克明峻德，以亲九族”的基础上演变而来的。“克明峻德”是原文，“皆自明也”，是曾子的话。

从前唐尧为帝的时候，天性聪明睿智，治理天下多谋善断，因此他的光辉照耀天下。后来他打算退位，要把帝位退让给虞舜。史官据此撰写出《尧典》。“克明峻德，以亲九族”的意思是：他能够提拔和重用才智出众、品德高尚，德才兼备之人，才能够亲爱九族，使亲族上下亲密无间，和睦相处，共同发展。这里的“九族”，泛指天下百姓。

《康诰》中说：“能够崇尚和发扬美好善良的德行。”有的版本上说：“要能够清明我自己本来清明的德行。”

《太甲》中说：“经常想念上天赋予美好的德行。”有的版本上说：“要常看到天所赋予本来清明的气禀。”

《尧书》中说：“能够显明崇高伟大的德行。”有的版本上说：“要发扬我自己本来崇高的德行。”

从以上三篇讲话看，基本上都是要继承发扬美好、崇高、高尚、善良的德行，这一切都是为了“皆自明也”。这就是说继承和发扬崇高、美好、善良的德行，就是为了要继承先王他们美好的德行，以先王为楷模，弘扬自己美好的德行。

弘扬何人美好、高尚、崇高的德行？什么德行？就是人们所崇拜的“三皇”的“道”，“五帝”的“德”，“夏商周三代”夏禹、商汤、周文王，周武王、周成王、周公旦“六圣”的“仁、义、礼、智、信”，崇高美好高尚的德行和治国平天下的本领。

综上所述，“在明明德”就是继承发扬“三皇”的“道”、“五帝”的“德”、“六圣”的“仁义礼智信”和他们治国平天下的本领，通往“内圣”之道。

“克明德慎罚”，“皆自明也”。这里的“克明德慎罚”，是周文王的以德化育的治国之道；“皆自明也”，是努力提高自己的综合素质，通往“内圣”之道。

弄清楚了“在明明德”的意思就是“继承发扬先圣先王高尚美好的德行”，我们再进一步弄明白“明明德”前后两个明的意思。

第一个“明”是动词，是要明白、明确、彰显、不含糊、弄清楚、明确认识，透彻理解的意思。

第二个“明”是指日月的光辉，比喻为“明”像日月的光辉一样照耀一切的人类理性，人类依靠着它的光辉，可以洞察一切、理解一切、认识一切。

第三个“明”是“皆自明也”的“明”。就是教人自我修养，继承发扬光大先生先王这种完美、高尚的德行，就叫做“明明德”。

“大学之道”，学习的最终目的，教育的最高纲领，人生学习的终极目标，是为了“在明明德，在亲民，在止于至善”。

而“在明明德”，就是继承发扬先圣爱民的高尚道德品质，以德治国平天下的本领，努力提高自己的综合素质，为人民服务的本领，做德才兼备之人，以先圣为楷模，把天下百姓当做自己的亲人，去亲民爱民，全心全意为人民服务，为民兴利除害，造福于民，以德化民，以仁德治理天下国家，慎用少用刑罚。

“在明明德”的目的是为了“自明”。“自明”，就是要以先圣为楷模，通过学习和修养，把自己内在美好德行的光辉发掘出来，使自己逐步达到内圣的标准；“皆自明”，就是大家都要以先圣为楷模，继承发扬先圣美好的德行，并把自己美好德行的光辉发挥出来,力争做一个圣人。

这个“美好德行的光辉”是什么呢?就是“德”。那么,“德”,在儒家的经典里是怎么解释的呢?按照程颐之说,《大学》为初学入德之门,诚知言也。朱熹又以程颐的所定的版本,把《大学》第一章分为经、后十章为传,而作为朱熹新的定本。

朱熹曰:“《大学》孔氏之遗作,而初学入德之门也,于今可见古人为学次第,独赖此篇之存,而《论》、《孟》次之;学者必由是而学焉,则庶乎其不察矣。”

按照程颐的观点,《大学》是孔子留传下来的书,是给初求学的人以进德的门径。从现在来看,要能看出古人为学的次序,便只有靠这本书的存在,其次便是《论语》、《孟子》;求学的人一定要从这本书上研究,那才不会有差错啊。

这里的“德”究竟讲的是什么?

《论语·里仁》中说:子曰:“德不孤,必有邻。”

孔子说:有仁德的人是不会孤立的,一定有志同道合的人来和他做伙伴、做邻居。

《论语·为政》中说:子曰:“为政以德,譬如北辰,居其所而众星共之。”

孔子说:“用道德教化来治理国家,国君就会像北极星一样处于恒定的方位,而人们就像群星一样都围绕着它运动。”

《论语·公冶长》篇中有这样的记载,子曰:“中庸之为德也,其至矣乎!民鲜久矣。”

孔子说:“中庸作为一种道德准则,该是最高的吧!大家已经缺乏这种美德很久了。”

中庸是孔子提倡的最高道德标准,主张一切言行要不偏不倚,无过无不及,恰到好处。这里的“中”,就是适中,“庸”,就是守常不变。

“中庸”,就是永恒不变的适中;永恒不变的不偏不倚,无过无不及,恰到好处。

《论语·述而》篇中,子曰:“德之不修,学之不讲,闻义不能徙,不善不能改,是吾忧也。”

孔子说:“不休养自己的道德,不讲习学问,听到仁义的事不能全力以赴地去做,自己有缺点不能及时改正,这些都是我感到忧虑的。”

《论语·述而》篇中还有这样的记载，子曰：“志于道，据于德，依于仁，游于艺。”

孔子说：“要立志求道，要立足行德，要以身行仁，而游习于六艺之中。”

这里的“据”就是执守，根据的意思。“艺”就是“六艺”，指礼、乐、射、御、书、数，是孔子教育学生的六门课程。

《论语·述而》篇中说：“天生德于予，桓魋其如予何！”

孔子说：“上天既然赋予我善良的德行，桓魋能把我怎么样啊！”

以上引用《论语》中孔子的观点，“德”大都是“道德”、“德行”、“品行”的意思。

而我认为，一个人仅有高尚的品质，崇高的道德，良好的德行，这只能被别人尊重和敬仰，充其量是个好人，善人，而未必能去“亲民”。“亲民”，是需要德才兼备之人，能够去为人民兴利除害，造福于民，能够有作为、有担当的人。

这就让我想起子思在《中庸》第二十章中说的话：“天下之达道五，所以行之者三，曰：君臣也，父子也，夫妇也，昆弟也，朋友之交也，五者天下之达道也；知(智)、仁、勇三者，天下之达德也；所以行之者一也。”

子思在《中庸》中说：天下共同的道有五种，所以能够实行这五种道的有三种德。五种道：一是君臣，二是父子，三是夫妇，四是兄弟，五是朋友之交情，这五种就是天下所共通的道；三种德：就是智、仁、勇，是天下共通的德。而所以能够行使这三种德的，却只有一种，那便是“诚”。

孔子曰：“知者不惑，仁者不忧，勇者不惧。”

孔子说：“聪明的人不会疑惑，仁德的人没有忧愁，勇敢的人无所畏惧。”

子思在《中庸》中引用孔子的话：“好学近乎知，力行近乎仁，知耻近乎勇，知斯三者，则知所以修身；知所以修身，则知所以治人；知所以治人，则知所以治天下国家矣。”

孔子说：爱学习的人就接近智慧，努力行善的人就接近仁爱，知道耻辱的人就接近勇敢。懂得这三点，就懂得修养自身的方法；懂得修养自身，就懂得如何治人；懂得如何治理人，就懂得治理天下国家的道理。

子思在《中庸》中，把“德”具体到“智、仁、勇”三个方面，我认为是比较科学的。这也和孔子的观点是一致的。

孔子在《论语·卫灵公》中说：“人能弘道，非道弘人。”孔子说：人的才能能够把道发扬光大,不是道可以把人的才能扩大。

这就是说,道为光明的大道,德为人们所践行的光明大道。也就是说,道为大路,德为行路。所以说:行道而得之于心者谓之德。道待人而行,需要人们去实践和履行。那么德,既为道的实践和履行者;德,对于人的重要性,是可想而知的。明明德,自然成为人生第一大事,成为《大学》三纲之首,是显而易见的。

人们在日常生活中的一切思想行为,基本上都是遵循着道的方向,用德来履行实践。道的实践需要德,德的履行需要按照遵循道的规律。所以孔子说:"志于道,据于德,依于仁,游于艺。"

孔子说:"要立志于行道,要立足于行德,要立身于行仁,而游习于六艺之中。"

就是说,道是本,德是末;德是本,仁是末;仁是本,艺是末;本末都是相对的。所以说,重"艺"而轻"道"的教育,与重"法"而轻"道"的政治,都是本末倒置,不知道本末的轻重缓急。

"道为德之原,仁为德之基,义为仁之行,亦即勇之所由生",故曰"见义勇为","智为知仁义而使之弗去,礼乐为节文而致中和,均所以达致人类共生共存之效"。

道为德的本原,仁为德的基石,义为仁的实践和行动,勇是由于义而生。所以说"见义勇为"。勇,是为了维护正义;智,是为了维护仁义;礼,是为了适宜的调节;乐,是在调节而致中和的过程中产生快乐;这一切的目的和手段,都是为了达到人类共生共存的效果,也就是同舟共济、荣辱与共,共赢天下的效果。

孟子对此有更加详尽的解释。

孟子曰:"仁之实,事亲是也;义之实,从兄是也;智之实,知斯二者,弗去是也;礼之实,节文斯二者是也;乐之实,乐斯二者,了则生矣;生则恶可已也?恶可已,则不知足之蹈之,手之舞之。"

孟子说:"仁的主要内容是侍奉父母;义的主要内容是顺从兄长;智的主要内容是明白这二者的道理而不背离它;礼的主要内容是对这二者适宜地加以调节;乐的主要内容是从这二者中产生快乐。快乐一产生就无法停止,不停止就会不自觉地手舞足蹈起来。"

这就是说，仁义，是做人最基本的、最重要的、最必要的、最先要尽的义务；然后在由近及远，由此及彼，亲疏有别，轻重有别，先后有别；如何分辨先后、亲疏、轻重，则有赖于智，也就是智慧；发而中节，则有赖于礼乐。

子思在《中庸》中说：“仁者，人也，亲亲为大。义者，宜也，尊贤为大。亲亲之杀尊贤之等，礼所生也。”

这就是说：“仁，就是爱人的意思；亲爱父母，算是最大的仁。义，就是适宜合宜的意思；尊重贤人，算是最大的义。亲爱自己的亲人，应有等级，尊重贤人，也有等级，这些就是礼所以发生的根源。”

《论语》有子曰：“礼之用，和为贵；先王之道，斯为美，小大由之。有所不行，知和而和，不必礼节之，亦不可行也。”

有子说：“礼的作用，以和为贵；先王的道，以和为美，无论大小事，都要依据于礼，依据礼就会和。但是只知道和的可贵，一味用和，而不再以礼来节制，也是行不通的啊！”这里的“和”，朱熹注释为：从容不迫的意思。

这主要是说礼，礼是如何产生以及礼是如何发生作用的。

礼，是起属于理智以及行动方面调节作用，其表现为严肃而有序，有似严父的态度。

乐，是起属于情感以及思维方面调和作用，其表现为慈祥而和谐，有似慈母的态度。

礼乐并用的教育，则可以使子女理智坚强而情感和谐。用礼乐教育大众，则可以使国人的动作有序而情绪融洽和谐。所以说：“礼以节众，乐以和众。”二者相辅相成，犹如车之二轮，缺一不能行走。所以凡有大典礼时必配之以大乐，军容之严肃在乎礼，故其指挥亦全在乎乐，以击鼓为进，以鸣金为退，就是这个道理。

态度严肃为教育方法之所需要的，有时也是必需的。这样使受教育者不免产生敬畏之感，紧张之感，然而仅有敬畏和紧张的感觉是不够的，还必须配备有慈祥和蔼的态度加以调节，使受教育者产生轻松、亲切和温馨的感觉，一松一紧，一张一弛，乃可以达到“温而厉，威而不猛，恭而安”的地步，也就是我们今天常说的“团结紧张，严肃活泼”的教育方式，这种教育方式和方法是行之有效的。

《论语》子曰：“知之者，不如好之者；好之者不如乐之者。”

孔子说:"对于学问和事业,精通的人不如喜爱它的人,喜爱它的人不如以它为快乐的人。"

这里的"知之者",是人的理智在起作用;"乐之者",是人的情感在起作用;"好之者",是介于二者之中的。为什么有的歌曲百听不厌、百唱不烦,有的讲话听两遍就烦?歌曲是以乐为主,讲话是以言为主。大多人在情感交融之时,不由自主的手舞足蹈,自己欣然不知,特别是球迷在现场看足球时,手舞足蹈,大喊大叫,浑然不知;在听戏时随着剧情而喜怒哀乐,嬉笑怒骂,痛哭流涕而跌宕起伏就是这个道理。所以说"游于艺",又说"乐之实,乐斯二者,乐则生矣,生则恶可已也,恶可已,则不知足之蹈之,手之舞之。"艺,可以使德进入及高的境界,其重要性由此可以想见。

人能知仁义,好仁义,以至于乐仁义,则是先天之行与后天之德合而为一。故子思在《中庸》曰:"成己,仁也;成物,知(智)也。性之德也,合外内之道也。故时措之宜也。"

子思说:"能够完成自我的修养就是仁,能够成全万物的就是智,仁和智是上天赋予人的美德,结合了天地、内外、自身的规律,任何时候实行没有不合时的。"

以上把道、德、仁、义、礼、智、信、乐、艺、勇,等儒家及日常生活中的几个关键字简要介绍了一下,现在回到"在明明德"的主题上来。

我们知道,"知、仁、勇三者,天下之达德也,所以行之者一也"。既然"知(智)、仁、勇"三者为天下之达德,那么什么是"知"(智)?什么是"仁"?什么是"勇"?

八、“德”,是“知、仁、勇”,天下之三达德

“知、仁、勇”,是儒家重要的伦理思想。《论语·宪问》:“仁者不忧,知者不惑,勇者不惧。”《中庸》:“好学近乎知,力行近乎仁,知耻近乎勇。”并把“智、仁、勇”称为“天下之达德”。

明代学者陈继儒在《小窗幽记》中说:“居安而思危,是慎;临危而不惧,是勇。人能做到当慎则慎,当勇则勇,非有大智慧不可。”“待人而留有余不尽之恩,可以维系无厌之人心;遇事而留有余不尽之智,可以提防不测之事变。”充分说明智的重要性。

所以说,“知”(智)是“德”的重要组成部分。

“知”,《现代汉语词典》的解释是:知道,使知道,知识,知己等。由此我们便理解为“知”在这里主要指“知识”和“智慧”的意思。而知和识的结合“知识”是“人们在改造世界的实践中所获得的认识和经验的总和”;智和慧的结合“智慧”就是:极有睿智,有“辨析判断、发明创造的能力”。

“知、仁、勇”,在“三达德”之中,排在首位的是知,“知人者智,自知者明”。知,就是智;智,就是明。老百姓说某某是个明白人,就是说他很聪明、有智慧、精明。古代的英雄豪杰,常被称之为英雄。

英,就是有智慧,雄,就是勇敢。英,带有豪气的明,带有果敢的明。英雄,是智慧勇敢。

有人被称之为英明领袖,就是他非常有智慧,非常有知识,非常能够识别人,非常有远见卓识,非常了不起,非常有担当精神。

明,分为三种,一种是精明,就是有知识、有智慧,能够见微知著;一种是高明,就是有知识,有智慧、有独特见解,有远见卓识,有“登高而小鲁,登泰山而小天下”的气概;一种是英明,就是有知识,有智慧,有气魄,有作为,有担当精神,有领袖气质,有非凡成就。

精明，取决于后天不断地学习，努力和勤奋；高明，有赖于天赋、遗传基因和社会实践；英明，有赖于高瞻远瞩和非凡的气魄，有赖于卓越的胆识和成就。

既然"知"是人们在改造世界的实践中所获得的认识和经验的总和；"智慧"，是辨析、发明创造的能力。那么就应该知天，了解认识大的宇宙环境；知地，了解认识大的自然环境；知命，了解认识大的人生趋势；知性，了解认识万物的本能本性；知道，了解认识人类共生共存共进化的共赢之道；知德，了解认识什么是所行而得之与心者为德；知教，了解认识"修道之谓教"，如何教人？如何受教？知人，了解认识形形色色的各种人；知己，也了解认识自己，找到自我，相信自我，超越自我，追求忘我；知物，了解认识万物及其生长规律。

知，是知天、知地、知命、知性、知道、知德、知教、知人、知己、知物、知进退、知取舍、知可为、知不可为

这就是说"知"，应包括人们在日常生活，在改造世界中的生活常识，社会见识，学习知识，事物认识，处事胆识；再进一步就是聪明的才智，智慧的运用，智力的发挥，智略的过人，智谋的决策，智商的超群，智术的权术等等；由此再上升到一个人的学力、能力、魄力、魅力、势力、权力、威力、影响力、凝聚力、领导力、领袖力等等。

人的知识从那里来？正如子思在《中庸》中上所说："或生而知之，或学而知之，或困而知之，及其知之一也。"

子思说："有人天生聪明睿智，不需要学习就懂得天下的达道；有人经过认真学习之后才能够懂得，有人经过艰难困苦的磨练，或困惑之后才能够懂得，但最后达到成功则是一样的。"这就是"知"。

了解过"知"，然后我们再了解"仁"：

"仁"，《说文解字》上解释是："亲也、从人、从二；古文：从仁，从千。"

就是说："仁，亲爱。由人、由二会意。古文'忎'字，由千、心会意。"

《说文解字》注释："仁，从'人从二'，徐铉解释为：'仁者兼爱，爱自己，同时也爱别人，故从二'；仁：从千心，许灏《段注笺》：'千心为人，即取博爱之意。'"；按《广雅·释诂一》："仁，有也。"王安石《上时证书》："（陛下）有仁民爱物之意。"

按照《说文解字》的解释："仁"，从人从二；"仁"，从千心；"仁"，有仁民爱物之意。

“仁”,从“人”;“人”,在《说文解字》中:“天地之(性)(生)最贵者也。此籀文(古代一种字体,就是大篆。)像臂胫之形。凡人之属皆从人。”

就是说:“人是天地之中所生万物最宝贵的东西。这是籀文,也就是说是古代一种字体,叫大篆。人,像手臂腿胫的样子。凡是人的部属都从人。”

性:《段注》:“‘性’,古文以为生字。”

按,林义光《文源》:“像人侧立形,有头背臂胫也。”

这就是说,“人”,是像形文字,是天地中所有生物中最宝贵,最聪明,最智慧,最伟大,最具有创新能力的高级动物,为万物之灵。

那么“仁”呢?“仁”,则是从“人”、从“二”;从“千心”,就是“博爱”的意思;进一步说,“仁”就是“有仁民爱物之意。”

“仁”,在《孟子》中:“仁者人也,合而言之道也”;“仁”,在《中庸》中:“知仁勇三者,天下之达德也。”由此可知仁的实现,就是道德的实现,仁与不仁,就是人与非人、动物的区别。

“仁”,在《论语》中更有明确的阐述:樊迟问仁。子曰:“爱人。”孔子的学生樊迟问孔子怎样才算是仁,孔子说:“要爱人。”这和《说文解字》的意思是相同的,“仁”,就是爱人;博爱、爱一切人;仁民、爱万物。正如《论语》中曾子所说:“夫子之道,忠恕而已矣。”

孔子哲学思想的核心是“仁”,孔子说:“夫仁者,己欲立而立人,己欲达而达人。能近取譬,可谓仁之方也矣。”

孔子说:“仁是什么呢?自己想要站得住,也要让别人站得住,自己要事事通达,也要让别人事事行得通。踏踏实实地把眼前和身边的事情去做好,可以说这就是仁道的方法了。”

“仁”,在《论语》中又被解释为:“忠、恕”。什么是“忠”,孔子说:“己欲立而立人,己欲达而达人”;“恕”,是什么?子曰:“己所不欲,勿施于人。”孔子说:恕就是自己不想要的事,也不要施加于别人。

总而言之,“仁”,就是要先把自己当人看,要把自己当人看,首先要把自己和动物区分开来,这就需要有学习能力和创新能力,以及为人处世的能力,安身立命的本领,要学会善待自己和尊重自己,要爱护自己的身体,维护自己的尊严和名誉;然后也要把别人当人看,要学会善待别人和尊重别人,学会与别人相处、合作与共事;要学会爱和尊重自己的父母、兄弟、姐妹和家人;还要学会爱和尊重自己身边的人和物;也要学会爱和尊重更多的人和物,以至爱和尊重身边的动物、植物;然后爱和尊重这个社会、这个世界、这个生我养我的大自然和生存发展的宇宙空间;与天地和谐,与自然和谐,与万物和谐,与社会和谐,与人和谐,与亲人和谐,与自己和谐,与内心和谐。我认为这就是“仁”的最高境界。

仁,是把自己当人也把别人当人;爱自己也爱别人,爱人也爱物;最终达到和天地万物内外的和谐

了解“知”和“仁”之后,我们再了解“勇”。

“勇”,在《说为解字》中解释为:“勇,气也。从力,甬声。‘勇或从戈用’;‘古文勇从心’。‘勇者,气也,力也。勇者,用也,供用之谓勇。’”

释文:勇,气上涌而有胆量。从力,甬声。恿,古文字,从心,甬声。

注释:从戈用:朱骏声《通训定声》:“从戈,甬声。”从心:朱骏声《通训定声》:“从心,甬声。”

按,《段注》:“勇者,气也,气之所至,力亦至焉。”

《玉篇·力部》:“勇,果决也。”

《说文解字》中“勇”的解释就是:“勇,也叫勇气,生之内心,勇由心生,气之所至,力亦至焉;勇,就是勇敢、果断、用心、用力去做的意思。”

既然我们知道“勇”由心生,气之所至,力之所附,勇敢果断地用心用力去做,这就需要一个人的精气神全力一赴才可以做到勇。这就需要一个人全神贯注,意志坚强,精神饱满,体魄健全,用心去做,非有一往无前的精神才可。如果不能全神贯注,意志坚强,精神饱满,体魄健全,用心去做,没有一往无前的精神,就不能做到孔子在《论语·子罕》所说的“知者不惑,仁者无忧,勇者不惧”。

孔子说:“聪明智慧的人不会疑惑,仁德的人没有忧愁,勇敢的人无所畏惧。”

人,为什么会“勇者不惧”,惟其不惧,是以具有:

心怀天下的无私无畏,无所畏惧的进取精神,坚强不屈的战斗意志,百折不挠的坚强毅力,战无不胜的正确理念,勇往无前的英雄气魄,排除万难的信心决心,舍我其谁的担当道义,为之献身的凛然正气。

然而,勇虽然是一种坚强无比的力量,但这种力量必须是依知、依仁、依义、以礼而行动的正义、理智、睿智的精神力量,而非血气方刚和血气之勇冲动的暴力。否则,勇将成为一种暴力,一种破坏力,一种杀伤力,一种邪恶力,一种自杀力,一种害己、害人,破坏和谐,危及社会,危机安定团结的违法乱纪力,其结果是非常危险的邪恶力。

所以孔子在《论语·泰伯》中说:“好勇疾贫,乱也。人而不仁,疾之已甚,乱也。”

孔子说:“好逞血气方刚之勇,又痛恨自己贫穷的人,是要作乱的。如果对于不仁不义的人痛恨得太过分,使他们没有退路,也会逼迫他们铤而走险,走上犯上作乱道路的。”

《论语·阳货》中,子路曰:“君子尚勇乎?”子曰:“君子义为以上,君子有勇而无义为乱,小人有勇而无义为盗。”

子路说:“君子崇尚勇敢么?”孔子说:“君子认为义是最高尚的,君子有勇无义就会犯上作乱,小人有勇无义就会做强盗。”

《论语·为政》中,子曰:“非其鬼而祭之,谀也。见义不为,无勇也。”

孔子说:“不是自己应该祭礼的鬼神,却去祭祀它,这是一种谀媚的行为;看到依从礼仪上自己应该挺身而出去做的事情,却袖手旁观,而不去做,这是没有勇气的懦夫表现。”

《论语·阳货》中,子曰:“由也,女闻六言六蔽乎?”对曰:“未也。”

“居!吾语女。好仁不好学,其蔽也愚;好知不好学,其蔽也荡;好信不好学,其蔽也贼;好直不好学,其蔽也绞;好勇不好学,其蔽也乱;好刚不好学,其蔽也狂。”

这里的六言,即六字,指的是六种品德,就是文中说的“仁、知、信、直、勇、刚”,假如不能很好的学和问,把智慧结合起来,就会形成“愚、荡、贼、绞、乱、狂”不良的后果。

这里的荡:指放荡不羁;贼:指害;绞:指说话尖刻。

孔子说:“仲由,你听说过有六种品德也会带来六种弊端吗?”仲由回答说:“没有。”

孔子说:“坐下!我告诉你。爱好仁德却不爱好学问的人,他的弊病是容易被人愚弄;爱耍小聪明却不喜好学问的人,他的弊病是放荡不羁;喜好诚实却不喜好学问的,他的弊病是容易被人利用,反而害了自己;爱直率却不爱好学问的,他的弊病是说话尖刻,刺痛人心,得罪人;爱勇敢却不爱好学问的人,他的弊病是添乱闯祸;爱刚强却不爱学问的人,他的弊病是胆大妄为,无法无天。"

我国历史上有才干、有知识、有智慧的人不计其数,历朝历代祸国殃民的巨奸,也数不胜数,许多也是才华出众,技压群臣。仅就宋朝的宰相秦桧、蔡京而言,哪一个不是才高八斗,学富五车。秦桧是状元出身且书法了得,没有知识,秦桧如何能在过五关,斩六将,考上状元;没有智慧,秦桧如何能在官场激烈的竞争中拔得头筹,超越群臣,登上一人之下、万万人之上宰相的宝座;书法不精,如何其书法能经历数千年的洗刷、淘汰,始终被列为中国书法四大家、四大体之一。这四大体就是"隶体、楷体、柳体、颜体",其中楷体,就是秦桧的书法体。

这些人不能说没有知识和智慧,而且知识极为丰富,然而仅有知识和智慧是不够的,如果仅有知识和智慧,没有仁爱之心,他们的本事越大,做坏事的能量越大,造成的危害越大。

然而,在现实生活中和我国历史上,同样也不乏有仁爱之心的人,多少善良的人们,出于仁爱之心,出于同情之心,出于恻隐之心,出于怜悯之心,被坏人利用,被坑蒙拐骗,被坏人出卖,被人栽赃陷害,有时弄得家破人亡,妻离子散,颜面伤尽,遗憾终生。

我国古代最典型的例子就是"农夫与蛇的故事",一条路边冻僵的蛇,被仁慈的东郭先生救起并放在自己温暖的怀抱里,冻僵的蛇在东郭先生温暖的怀抱里慢慢地苏醒了,毒蛇不仅没有感谢救命之恩,反而把它的救命恩人东郭先生给咬死了。

这则寓言生动地告诉人们,对于敌人,对于危害社会的坏人,对于忘恩负义的人,不能有太多的仁慈和仁爱之心,对于丑恶和反动的东西,对于祸国殃民的坏人,不能有仁慈、仁爱、恻隐、同情、放纵之心,否者,就是对国家,对民族,对人民的犯罪。

以上讲了"知"和"仁"的故事,说明仅仅有"知"和"仁"是不够的,还要有"勇"的践行和实践。仅有"知",也许仅仅是个秀才、书生,然而古人说:百无聊赖是书生,秀才造反十年不成。如果能有所作为的话,没有仁的约束,没有仁爱之心,知识越多越反动,就是这个道理。如果仅仅有"仁"的话,没有"知"的配合,不是人们常说的:烂忠厚没用,就是人们常常讽刺的东郭先生。

我们再讲"勇",古今中外关于"勇"和勇敢的故事和人物举不胜举。在现实生活中有多少因为"勇"和所谓的勇敢,也就是人们常说的由血气方刚的鲁莽之勇,造成了多少家庭的支离破碎,造成多少人与人之间的反目成仇,造成多少社会的不安定、不和谐,造成多少人世间的悲欢离合。

看看大街上打架斗殴的小伙子,看看监狱里的不少罪犯,看看一个个的家庭冲突,又有几个不是因为所谓的勇,也就是心血来潮,血气方刚所造成的。这些人大都缺乏智慧和忍耐,缺乏仁爱和自制,才一失足成千古恨,有的甚至是再回头是百年生。

历史上和文学著作中更有很多的人物形象的实例。《水浒传》中的黑旋风李逵,勇敢有余,粗鲁成性,只要性起,拿起板斧乱砍乱杀,多少无辜百姓屈死在李逵的板斧之下;再说《三国演义》中的五虎上将张飞张翼德,勇敢有余,为了急于报二哥关云长之仇,违背客观事实,滥杀军校,造成自己被杀的悲剧,加速了刘备讨伐吴国孙权失败的进程,破坏了诸葛亮三足鼎立、联吴抗曹的国家最高战略。

然后,我们再说历史上最有名的天下第一勇士,西楚霸王项羽。在秦末楚汉相争之际,楚国贵族出身的项羽,是力能扛鼎、横扫千军的第一勇士,在与刘邦争夺天下的时候,却败给了刘邦这个沛县的一个小混混。在楚、汉两大阵营,刘邦、项羽两个人的较量中,我们且不说刘邦的知人善任、君臣携手、同心同德,最终打败了兵多将广、勇冠天下、不可一世的项羽,建立了大汉王朝。项羽败给对手刘邦,尽管有诸多原因,但他只有知勇,而缺乏仁爱恐怕是一个重要的因素。

项羽每攻破一城之后,就开始屠城,史书上记载项羽屠城的是四个字:城无遗类。就是说他每把一个城攻下来以后,这个城里面就没有活口了,就是妇女儿童和年迈的老人也不会放过。

殷纣王勇冠天下,力能格兽,天下为其勇而苦其苦,最后落得个国破家亡,身败名裂,遗臭万年的可耻下场;西楚霸王项羽勇冠三军,力能举鼎拔山,最后也落得四面楚歌,乌江自刎的悲惨下场。

从鲁莽武夫李逵，到嫉恶如仇的毛张飞，再到勇冠三军的西楚霸王项羽，以及勇冠天下、力能格兽的殷纣王，我们可以看到，没有仁智的勇，是多么的可怕、可悲、可恶、可叹！

知仁勇结合较好的如：

"辉煌之战绩，兵家祖师显名诸侯；不朽之名著，东方兵圣今世流芳"的兵家鼻祖孙武。

"三顾茅庐鱼得水，鞠躬尽瘁尽忠心；出师未捷身先死，常使英雄泪满巾"的千古一相诸葛亮。

"三字铸奇冤，剩水残山，空悲夕日；千秋留正气，英风亮节，深入人心"的千古奇冤的岳飞。

所以说，"在明明德"的"德"，就是"知"、"仁"、"勇"三者的最佳组合，相辅相成，相得益彰，缺一不可。

只有"知"、"仁"、"勇"的最佳结合，三位一体，才能被解释为一个"在明明德"的"德"字。

对于仁者、智者、勇者的论述，孟轲在其《孟子》中有精辟的论述：

齐宣王问曰："交邻国有道乎？"

孟子对曰："有。惟仁者为能以大事小，是故汤事葛，文王事昆夷。惟智者为能以小事大，故大王事獯鬻（我国古代北方的一个民族，也作荤粥），勾践事吴。"

"以大事小者，乐天者也；以小事大者，畏天者也。乐天者保天下，畏天者保其国。《诗》云：'畏天之威，于时保之。'"

翻译成白话文：

齐宣王问道："与邻国交往有什么原则和方法吗？"

孟子回答说："有。只有仁爱的人才能以大国的身份地位去服事小国，所以商汤服事葛伯，文王服事昆夷。只有聪明智慧的人才能以小国的身份地位去服事大国，所以大王能服事獯鬻，赵王勾践能服事吴王夫差。"

"以大国的身份地位去服事小国的，是乐天者，乐天者是天下最大快乐的人；以小国的身份地位去服事大国的，是畏天者，畏天者是非常谨慎畏惧的人。乐天者足可以安定天下，畏天者足可以保护自己的邦国。这正如《诗经·周颂·我将》中说的'敬畏上天的威严，就可以保住平安，得到安宁。'"

这里所说的葛,就是成汤服事的一个小国的国名。昆夷,指的是西方的一个少数民族。獯鬻,指的是北方的一个少数民族。勾践,就是著名的越王勾践。天,是“理”的意思。

齐宣王问孟子说:“邻国地壤边界山水相连,大国很容易以强凌弱,以大谋小,小国有时也会以小谋大,我们要和邻国建立友好关系,有什么好的办法吗?”

孟子说:“讲信修睦,是国之大事,诚信是最大的道理。大凡为大国的,多都依仗自己强盛,欺凌小国。只有那些仁者,度量宽宏,诚意待人,全不计较自我私利,并能以大事小,而且能对小国进行安抚以及和平共处之道。比如成汤是个大国,反而能服事葛伯这样的小国;文王是个大国,反而能服事昆夷这个小国。有时小国无理犯上,文王也能予以包容,不予计较。这便是以大事小,这就是成汤、文王之所以被称为仁者的道理。作为小国的,有时也会不自量力,挑衅大国。只有智者,通晓义理,审时度势,知己知彼,有自知之明,方能以小事大,而尽其恭顺友好之道。比如大王为獯鬻这个北方少数民族所逼迫而不得不迁都。越王勾践被吴王夫差打败之后,而能以臣妾之下位服事吴王夫差,虽然长期倍受凌辱奴役,也能隐忍不发,不敢抗拒。这便是以小事大。这就是大王、勾践之所以能成为智者。我王要结交邻国,和邻国友好相处,只要能要求自己以仁智之道,则能事大恤小,这无一不是善举和友好的态度,我们的邻国怎能不和我们和平相处呢!”

能够以大事小的人,不恃强凌弱,是有平等、诚心、仁爱、爱人之心,这是雍容大度的表现,合乎仁爱之理,所以是乐天的人;能够以小事大的人,是有自知之明的人,能够安分守己,谨慎小心,不敢违理,顺势而为的人,所以是畏天的人。仁者胸怀天下,所以能安天下;智者敬畏天命,所以能保其国。

这就是孟子对于大仁和大智的解释,紧接着孟子又对“勇”进行了解释:

王曰:“大哉言矣!寡人有疾,寡人好勇。”

对曰:“王请无好小勇。夫抚剑疾视曰:‘彼恶敢当我哉!’此匹夫之勇,敌一人者。王请大之!”

“《诗》‘王赫斯怒,爰整其旅。以遏徂莒,以笃周祜,以对于天下。’此文王之勇也。文王一怒而安天下之民。”

“《书》曰：‘天将下民，作之君，作之师，惟曰其助上帝，宠之四方，有罪无罪，惟我在，天下曷敢有越厥志？’一人衡行于天下，武王耻之。此武王之勇也。而武王亦一怒而安天下之民。”

“今王亦一怒而安天下之民，民惟恐王之不好勇也。”

翻译成白话文：

齐宣王说：“您的话真是高明呀！不过，我有个毛病，喜欢逞强争胜斗勇。”

孟子回答说：“请大王不要喜好小勇，有一个人按着宝剑怒视说：‘你怎敢抵挡我！’这是匹夫之勇，只能敌得过一个人。请您把眼光放得远大一点！”

《诗经》中说：“文王接报，密人国违抗文王之命，派兵侵反阮国，侵略者的军队已经进军到达共国，文王勃然大怒，于是立即整顿军队前去迎敌，阻止和吓退了密人国众多侵略军侵犯邻国阮国的进攻，充分显示了周王朝的强大国威和正义仁爱，以安慰天下的百姓，报答各国对周国的仰望之心。”这就是文王的大勇。文王一怒，平定了密国人之乱，由此，四方诸侯，再也不敢以强凌弱，以众欺寡，从此天下的百姓，赖以为安，而使天下得到安宁，这样的勇敢是多么的伟大呀！

《尚书》中说：“上天降生了百姓，也为他们安排了君王，安排了师长，上天只是说，君王和师长的责任是帮助上天来爱护百姓的。因此，天地四方之大，百姓无论有罪无罪的，都应由我来负责。普天之下，看有谁还敢超越他的本分？殷商末期，荒淫无道的殷商纣王横行天下，凶暴淫逸残忍，残害忠良，天怒人怨，民不聊生，周武王以此引以为罪，为奇耻大辱，决心继承先父文王之志，对殷商纣王加以声讨征伐，并推翻了殷纣王荒淫无道的政权，建立了大周八百年的天下，这是武王的大勇。武王是一怒而推翻殷商纣王残暴政权，遂使四方安定，天下百姓赖以为安，使天下百姓安宁，天下太平。这样的勇，又是多么的伟大呀！如果大王现在您也能一怒而使天下百姓得到安宁，天下的百姓还怕大王您不喜好勇敢呢！”

透过上文的介绍，我所理解孟子心目中的：

大仁，就是有谦恭之心，博爱众生，平等待人，不恃强凌弱，并能够有以大事小之胸怀；

大智，就是有自知之明，审时度势，忍辱负重，不忘乎所以，并能够有以小

事大之度量;

大勇,就是有心系天下苍生,主持正义,平定四方,不畏强暴,并能够有除暴安良威震天下之气魄。

然而:

仁者,虽能博爱众生,仁爱四方,但绝不能良莠不辨,姑息养奸,放纵小人,祸国以殃民;

智者,虽能以小事大,审时度势,但绝不能甘愿受辱,不图上进,不思自强,发愤以立国;

勇者,虽能心系天下,不畏强暴,但绝不逞匹夫之勇,鲁莽行事,忘乎所以,以天下苍生为己任。

勇,是一种勇气、能量、能力、魄力、气势,一种勇往直前的大无畏精神

对于“德”的解释,宋朝史学家、《资治通鉴》的作者司马光也以“仁、明、武”,为人之君主的三大德,这基本上和以上的观点是一致的

达到这种“德”的“道”,是何之道?能够达到这种“德”的人物又是何样的人物?

这就是儒家所提倡的“内圣”之道!也就是儒家所提倡的“圣人”之道。历史上有谁能够达到这个标准呢?按照孔子的说法,只有“尧、舜、禹、汤、周文王、周公旦”,这几位开国之君才配得上“圣人”这个称号,就连孔子自己也不敢承认自己是圣人。

孔子的圣人,也是他的弟子对孔子后来的敬词,更是被历代统治者为了自己统治的需要,加封给孔子的称号。这里,孔子并不是自谦,而是认为,“圣人”的标准是必须建功立业,造福百姓,统领天下的领袖,而孔子自己则只是个学者、老师、教授、导师或者说是教育家、思想家。

我们既然知道了“在明明德”,是君子继承和发扬先圣的高尚道德品质,以圣人为楷模,追求自身道德人格最完美的最高境界;是君子追求自身综合素质最理想的道德标准;是君子追求自身道德实践最公正的经世胸怀。简而言之,就是通过自身修养达到“内圣”的标准。

那么,“在明明德”是人们通往“内圣”最高境界的必经之路;“在明明德”是人们通往“外王”、“在亲民”的必备条件;“在明明德”是人们通往“内圣”的

必备能力。既然如此,那么就让我们进一步研究“在亲民”的条件下,它的方法、步骤以及所具备的能力,并充分认识到“在亲民”的目的,是为了达到“外王”的唯一途径。

九、"在亲民",是"内圣外王"之道的"外王"之道

"在亲民"的"亲"。

"亲",在《说文解字》中是:"至也。从见,青声。"译文:亲,密切之至。从见,青声。

"亲",在《辞源》中的解释是:"有十种意思,第一是,父母。《孟子·尽心上》:'孩提之童,无不知爱其亲者。'第二是,亲族。《周礼·秋官小司寇》:'一曰议亲之辟。'《疏》:'亲谓五属之内及外亲有服者。'第三是,爱。'先王以建万国,亲诸侯。'《疏》:'亲诸侯,谓爵赏恩泽而亲友之。'第四是,和睦。《尚书·尧典》:'克明峻德,以亲九族。'第五是,党援,结交。《左传·僖公五年》:'国君不可以轻,轻则失亲。'注:'亲,党援也。'《史记·苏秦传》赞:'夫苏秦起闾阎,连六国从亲,此其智有过人者。'第六是,近,接近。《论语·学而》:'泛爱众而亲仁。'《礼记·特牲》:'壻亲御授绥,亲之也。亲之也者,亲之也。'第七是,准,准备。《水浒·四七》:'祝彪左手拈弓,右手取箭,搭上箭,拽满弓,觑得较亲,背翻身一箭。李应急躲时,背上早着。'第八是,躬亲,亲自。《诗经·小雅·节南山》:'弗躬弗亲,庶民弗信。'《笺》:'此言王之政不躬而亲之,则恩泽不信于众民矣。'"

"亲"在《辞海》中的解释是:有八种意思,第一,是父母。如双亲。《公羊传·庄公三十二年》:"君亲无将。"何休注:"亲,谓,父母。"第二,是血统最近的。如:亲弟兄;亲叔侄。第三,是亲族、亲戚。如:至亲好友;沾亲带故。第四,是婚姻关系。如:结亲。第五,是亲信。第六,是爱;亲近。《史记·孙子吴起列传》:"起(吴起)曰:'治百官,亲万民,实库府,子孰于起?'"第七,是亲自。如亲眼;亲笔。《史记·秦始皇本纪》:"亲巡天下,周览远方。"第八,是亲吻;肌肤接触。如:妈妈亲了亲宝宝;男女授受不亲。还有亲用于'亲家。'。

《韩非子·亡征》:“亲臣进而敌人退,不肖用事而贤良伏,无功贵而劳苦贱,如是则下怨,下怨者,可亡也。”

“民”,在《说文解字》中是:“众萌也。从古文之象。凡民之属皆从民。”

译文:民,众人懵懵无知的样子。由下面古文的形体稍稍整齐而成。凡是民的部属都从民字。

注释:从古文句:《段注》:“仿佛古文之体少整齐之也。”按郭沫若《甲骨文字研究》:“(周代彝器)作一目形,而有刃物以刺之。”“周代初敌囚为民时,乃盲目其左目以为奴徵(征,证明,验证的意思)。”

“民”,在《辞源》中的解释:有两种,一是,人。《诗经·大雅·民生》:“厥初生民,时维姜嫄。”此为统称。《诗经·大雅·假乐》:“宜民宜人,受禄于天。”此指众庶,别于君臣之称。二是,与“神”相对。《论语·雍也》:“务民之义,敬鬼神而远之。”

“民”,在《辞海》中的解释:一是,人民。如,拥政爱民。二是,古代泛指被统治的庶民。古代“民”本专指农民。三是,泛指人和人类。《论语—季氏》:“困而不学,民斯为下矣。”《左传·昭公二十五年》:“民有好恶喜怒哀乐。”

另外,《辞源》中还有相关联的“黎氓”,就是之“黎民”。“百姓”,原指百官;后指平民,庶民。《论语·宪问》:“修己以安百姓。”《疏》:“百姓,谓众人也。”古代,民亦无姓,有姓者皆有土有官爵。后民亦有姓,故庶民亦称百姓。

《辞海》中,“黎民”,指众民。《蔡沈集传》:“黎,黑也。民首皆黑,故曰‘黎民。’”“百姓”,一,古代对贵族的总称。《郑玄》笺:“百姓,百官族姓也。”《国语·楚语下》:“民之百御官百,王公之子弟之质能言听御其官者,而物赐之姓,以监百官,是为百姓。”二,战国后用为平民的通称。

首先了解“亲”的含义:“亲”的含义,就是亲密无间,密不可分,混为一体的意思。

再了解“民”的含义:“民”的原始意思是懵懵懂懂、愚昧无知的奴隶群体;是被周武王时期俘虏敌国(可能是殷商的将士、百姓或贵族)的俘虏囚徒;是被俘虏以后刺瞎左眼作为惩罚、作为标志的屈辱奴隶群体!

“民”,“民众”,原来被认为十分崇高,十分自豪的人民大众群体,竟是这样带有极度鄙视、屈辱、奴役、仇视,血淋淋的不忍入目的字眼。

综合《辞海》、《辞源》、《说文解字》的对“亲”解释,归纳起来,共有十几种之多。“亲”，就是指父母、兄弟、姐妹、叔侄等最亲近的人；还有亲戚、亲家、有婚姻关系的人；并有亲信、结交、党援，关系较近的人，最重要的是亲吻、和睦、接近、相爱的人，又有躬亲、亲自实践的人，最最重要的是亲密无间，密不可分的关系。

简而言之，“亲”，就是把“民”作父母、兄弟、姐妹、亲人、亲戚、朋友、近人对待；“亲”，就是要接近他们，亲近他们，爱护他们，关心他们，敬爱他们；“亲”就是和他们和平相处，亲密无间，密不可分；“亲”，就是亲身实践，为他们做事，帮助他们，并全心全意为人民服务！

“亲”，是把天下被统治者当做亲人对待

“民”的解释，归纳起来，主要是指是人、人民、人类、平民、黎民、农民、庶民、奴隶、敌囚；但还有被俘虏以后刺瞎左眼，作为证明和验证的“民”标志以区分和人的不同群体。

“民”，是天下被统治最底层的劳苦大众

《说文解字》对于“民”字的解释，犹如一把利剑刺伤了我这颗平民受伤害的心，屈辱不已，愤怒不已，疼痛不已，痛苦不已。它使我知道并懂得了为什么叫黎民百姓，劳苦大众，平头百姓的来由；它使我知道并懂得了黎民百姓，劳苦大众，平民百姓几千年来所受的压迫、剥削、鄙视、欺辱、奴役、仇视的根源所在。

原来“民”是不被当人看待的！他们只是被统治阶级认为的懵懵懂懂，愚昧无知的奴隶盲流群体！他们只是被战胜国的统治者认为带有侮辱、警示、奴役标志的囚徒群体！难怪几千年来，黎民百姓没有身份地位，受压迫，受剥削，原来如此！根源如此！

这就是说：“人”和“民”是有巨大区别的、是贵贱尊卑不平等的两个阶层。人、民是奴役和被奴役的关系；是劳力者和劳心者的关系；劳心者治人，劳力者治于人的关系。

人，指的是在上位的人，有身份的人，能奴役民的人；民，则是指在下位的民，没有身份的民，被奴役的民。民，是从敌囚或囚徒转化过来的，是处于社会最下层的、被奴役的千千万万个劳苦大众，是千千万万个黎民百姓。

中国古代知识分子不乏有提倡亲民的，更有很多有志之士要求和提倡平等，但几千年来没有平等过，有很多伟大人物也把人分成三六九等，特别是儒家众多人物，更是坚持“礼”的严格等级，坚持“治人”和“治于人”。伟大如孔子，始终坚持“君君臣臣”的“礼治”；圣明如孟子，也照样认为：“劳心者治人，劳力者治于人；治于人者食人，治人者食于人，天下之通义也。”

这就是说：孔子的“礼治”是要求严格的等级制度的；孟子认为“有文化的脑力劳动者统治体力劳动者，体力劳动者被脑力劳动者统治；被统治者供养统治者，统治者被统治者供养，这是通行天下的道理，也就是说放之四海而皆准的真理”。

由此，我们可以知道并可以理解“在亲民”的来由和其中深刻含义以及其积极意义。能够“亲民”的当然首先是人，最低是人，而不是民。因为“民”只有被亲的被动地位而不能去亲“人”。

“在亲民”的提法，其思想是何等的先进，何等的了得，何等的伟大！虽然“亲民”虽然不是《大学》的作者曾参最早提出来的，但我还是要向他致敬！“亲民”：

有着非常积极的革命意义，有着震耳欲聋的巨大威力，有着跨越鸿沟的深远影响，

有着唤醒百姓的深沉呐喊，有着平等待民的平民意思，有着以民为本的民本思想。

它的伟大意义，在于他把本来是人的民当成了人，把人当成了人。虽然“亲民”还有居高临下明显的不平等的思想，但它还是要比朱熹“新民”，改造人民伟大的多，进步的多！所以我们还要承认他的伟大意义！还要承认它的积极意义！还是要向他表示深深的敬意！

讲完“民”和“亲民”，顺便说一下我们平时所说的“和平”的意思。

“和平”和“人民”这两个在熟悉不过的名词，竟然是不平等的重要标志。

“和”，是“人”要求“民”的；“和”，是上层的人要求下层的民要听话，不要乱说乱动。

“和”，是统治者要求被统治者的；“和”，要求下级听从上级的要求，不要闹事，不要添乱。

“和”，是要求下级的人和上级保持高度的一致；要遵守秩序，保持本分，

一切行动听指挥。

“和”，是要达到上层人和谐的要求；要忍气吞声，忍辱不负重，理解的执行，不理解的也要执行。

“平”，则是下层的民对上层的人要求平，要平等对待，平起平坐，平等待人，平分秋色，平易近人，平分地产，公平交易，公平合理，一碗水端平等等。

以上是我对《大学》中“亲民”的理解和认识，那么，《大学》中的“在亲民”做得最好的，我国有那些人呢？在中国，凡是能够被称之为“圣人”的，则必须与“圣王”联系在一起，他们必须是给广大人民群众作出过巨大历史贡献，推动社会前进而被历史验证过的人。

古代对“圣人”，通常有三种解释：一是指品德与智慧极高上之人。孔子将上古时代的尧、舜、禹、汤、文王、武王、成王、周公称为“圣人”。后来周公作为儒家始祖，被称为“元圣”，就是第一圣人，孔子自己不敢称自己是“圣人”，他是在汉代以后才被统治者称为圣人的，就连他的弟子颜回，也被称为“复圣”，弟子曾子被称为“宗圣”，孟子则被称为“亚圣”。二是指德才兼备之人。王羲之被称为“书圣”，关羽被称为“武圣”，张昶被称为“草圣”，吴道子被称为“画圣”，杜甫被称为“诗圣”等。三是指古代臣民对君主的尊称，也叫“圣王”、“圣君”，这些都是大臣谄媚取宠，拍马屁的称谓。道家和法家经典中都多次出现“圣人”一词，其实“圣人”这个词经常被用来代指人君，儒家尤其注重“圣”与“王”的统一，认为帝王应具备“内圣外王”的素质。

其实后来很多人被称之为“圣人”的所谓“圣人”，含金量不高，已经大大贬值，大都是统治阶级为了统治的需要，或者某个行业为了突出自己行业的神圣，找个所谓的“圣人”来糊弄老百姓的花招把戏。

被孔子、曾参、子思、孟子，儒家认为是“圣人”的，大都符合“亲民”这个标准。这些“圣人”，在中国不外乎“三皇五帝，尧、舜、禹、汤、文王、周公”等。那么让我先来介绍他们是如何“亲民”的：

我国古代史中有许多远古时期的神话传说。盘古又叫盘瓠，是传说中“开天辟地”、创造“五岳”的伟大人物。女娲是古代神话传说中创造万物的女神，她“抟土(用黄土)做人”，又“炼五彩石补天”。

还有中国古代传说中的“三皇五帝”。

“三皇五帝”历来说法不一，通常称“伏羲、燧人、神农”或称“有巢氏、燧人氏、伏羲氏”为“三皇”，又称“天皇、地黄、人皇”为“三皇”。

“五帝”通常指“黄帝、颛顼、帝喾、唐尧、虞舜”。而夏禹、商汤、周文王、周公旦，则是被儒家及中国人民经过几千年的历史证明认可的“圣人”。

“三皇五帝”的神话传说，而以有巢氏、燧人氏、伏羲氏、神农氏、炎帝、黄帝的传说流传最为广泛，对我们了解原始社会的生活就有深远的意义。

有巢氏的传说，反应了原始人群时期的生活。那时的人类经常受到野兽的侵袭，有一猿人发明了“构巢为屋、居栖大树”的生活方式，改善了猿人居住的生活环境，被尊为“王”，史称“有巢氏”。有巢氏时代猿人以拾橡为生，实行杂交婚姻。人们“食果虾、蚌蛤，腥臊恶臭而伤腹胃，民多疾病”，有人就在劳动实践中发明了“钻燧取火”，教人熟食，以化腥臊，人们非常高兴，尊其为“王”，号曰“燧人氏”。火的发明是人类生活文明的一大进步，人们不再茹毛饮血，可以吃上熟食，促进了人类的健康和发展，人类社会进入新的文明，当属中华民族最早的“亲民”榜样。

后来，伏羲氏的传说应运而生。伏羲氏是中国华夏民族的人文始祖，传说伏羲的母亲是华胥氏，生活在西北很远的地方。有一次，她偶然看见沼泽边有一个巨人的脚印，觉得很奇怪，就用自己的脚试，谁知刚一踩下，身子忽然有一种异样的感觉，后来就怀孕生下伏羲。伏羲氏长着人的头，蛇的身子，从小就很有神力，能沿着通天的大树自由上下，长大后当了东方的天帝。

伏羲是一位圣明的天帝，也是一位了不起的人文始祖。他上知天文，下通地理，并且熟悉人间万物的自然法则。他为了帮助民众的生活、生存，根据他自己长久的观察，总结出一套规律，发明了八卦，这八卦分别是“乾（天），坤（地），坎（水），离（火），艮（山），震（雷），巽（风），兑（泽）”。

伏羲教人们用“八卦”这几种符号，帮助人们记载日常生活中的万事万物；他还可能是人类最早发明天气预报的专家。他预报天气，阴雨雷电，风雪冰冻，他大都能预报出来，成了人们出行劳作的指南，大大地方便了人们的生活和劳作，极大地减少了人们的劳苦和痛苦。伏羲对上古作出了杰出的贡献，就是当时最好的“亲民”榜样。

有一天，伏羲看到蜘蛛结网，心里豁然一亮。他急忙跑到山上找到一些葛藤来当绳子，像蜘蛛结网那样，把它们编成了一张粗糙的渔网，然后又砍了两根木棍呈十字形绑到网上，又拿了一根棍子绑到中间，渔网就做好了。他把网拿到河边往河里一放，手握长棍在岸边静静地等候着。隔了一会儿，把网往上一拉，一群活蹦乱跳的鱼在网里欢跳。从此以后，他的儿孙及临近的人们都学着他结网打鱼了。

结网的发明，极大地提高了人们捕鱼的技巧，极大地提高七千年多前人类利用自然的水平，大大地提高了人们的生活水平和生存质量，对于人类的发展作出了巨大的贡献，被中华民族称之为“中华民族的人文始祖”，当之无愧。

伏羲对于中华民族的贡献是伟大的，他发明创造的“八卦”，是中华文化的源头，也是中华哲学和中华文明的源头。他发明创造的“天气预报”，可能是全人类最早的“天气预报”，极大的减轻了劳苦大众遭受自然灾害的侵袭。他发明创造的渔网，极大地提高了上古人类打渔的工作效率，极大地提高了当时人们的生活水平。伏羲驯养动物为牲畜，供人们食用牲畜，使用牲畜，不仅极大地丰富了上古时代人类的生活水平，而且也极大地减少了劳作的艰辛。从伏羲氏驯养牲畜开始，开创了中华民族原始畜牧业生产社会。

神农之时，人民众多，禽兽不足，食物匮乏。神农氏因此“相土地，宜燥湿肥跷（瘠薄）高下，尝百草之滋味，水草之甘苦”，教民农耕，制耒耜播种五谷，原始社会农业产生了。同时，神农氏又教民“作陶”和“织衣”。由于农业和以制陶为主的手工业的发展，社会上出现了交换，“日中为市，交易而退”。母系氏族公社进入繁荣阶段。

有巢氏、燧人氏、伏羲氏、神农氏都对人类文明作出了巨大贡献，并推动了社会的前进，“在亲民”上做出了表率，值得后人敬仰。然而，被称之为华夏人文始祖的炎帝、黄帝又为中华民族的发展作出了那些贡献呢？

炎帝和黄帝是同时代的传说人物，都是一个部落或部落集团的首领。炎帝的部落或部落集团与黄帝的部落或部落集团，最初可能有同根同源关系，故有同出于“少典氏”之说，后来的关系也是很亲密的。

炎帝活动的地区，在中原地区的偏南方。炎帝居住和生活在或者说生长在姜水，根据郦道元的考证，在今陕西岐山县东。后来在河南地区出现的一些姜姓的国家，如申（今天的河南省唐河县）、吕（今天的河南省许昌县），大概是炎帝的后裔。这表明，炎帝活动的地区大概是以岐山一带为中心的渭水两岸，东至河南段的黄河以南地区。从炎帝与黄帝之战和炎帝失败，反映了炎帝原先的势力比黄帝还大。但是后来，他的势力衰落了，并在与黄帝的争夺中失败,“诸侯咸归于轩辕”。炎帝虽然战败,但他的影响仍然很大。他在农业上的创造也被后人传颂着,以致把他的传说与神农的传说合而为一,也成了农业社会的一个创造者和体现者。

炎帝的后裔,根据传说共有四支,其中最有影响的是共工氏。《国语·鲁语上》:“共工氏之伯九有也,其子曰后土,能平九土,故祀以为社。”也就是说,公共部落曾在当时众多的氏族部落中居于首要地位。据说,共工氏,曾经治理洪水,但未能成功,其子治水始得成功,故被奉为社神。所谓“能平九土,故祀以为社”,即指此而言。炎帝的另外一支为烈山氏,《国语·鲁语上》:“昔烈山氏之有天下也,其子曰柱,能殖百谷百蔬,……故祀以为稷。”所谓烈山,是“烈山泽而焚之”,也就是原始的焚烧草木,开垦荒地,其子柱又善于种植各类谷物,蔬菜,因而被奉为稷神。从这些传说看,炎帝氏族可能是中国远古时期最早从事农业生产的氏族部落,社稷的出处也源于此。

炎帝族中得到较大发展的一支是所谓的四岳,后来发展为姜姓主要的四部:齐、吕、申、许,今河南省登封的嵩山为其共同的发祥地。在今山西汾水流域,还有炎帝族的另外一支,就是后来的沈、姒、蓐、黄四个部落即其后裔。炎帝族主要活动在古代称为九州的今河南西部伊水、洛水流域,《左传·昭公四年》讲“四岳、三涂、阳城、大室、荆州、中南、九州之险也”,即其中心与四界的主要山脉。但他们的活动范围并不以此为限。

传说中炎帝与蚩尤大战于逐鹿,活动地域就已延伸至华北平原的北端。伊、洛平原以西的山区后来有所谓“九州之戎”,即是炎帝族的后裔。此外,炎帝族经过长期的迁徙,构成了后来的氐、羌诸族,散布在今天的陕西、甘肃、青海、西藏以及四川、宁夏等地,据说他们的祖先都与共公、四岳有关。

与炎帝曾大战于逐鹿的蚩尤,据说是东方夷族的首领。夷人散居在黄河、淮海的中下游流域。起源于淮海流域,就是现今河南淮阳一带的被历史上成为太皞,号伏羲氏,其后裔春秋时还有任、宿、须句、颛顼等部,皆以风为姓,应当是夷人九支中位居首位的“风夷”之后。

传说夷人分为九支,即所谓的九夷,也被称为九黎。蚩尤是他们的共同首领,他不仅和炎帝争战最终取胜,而且也和黄帝争战,被擒于冀州之野。经过无数次的斗争与交往,夷人的一些分支逐渐融合为华夏族的一部分,其中较为著名的是皋皞、伯益、颛顼、帝喾四支。皋皞偃姓,其后裔春秋时期还有英、六蓼和群舒，散居于江淮之间，大约是西周以来被称之为“南淮夷”的部分。伯益、嬴姓，其后有徐、郯、莒、终、黎等氏，除秦、赵为战国时期的大国外，其余皆散居在黄淮之间，可能就是西周以来被称为淮夷的部分。

十、“三皇”、“五帝”是“亲民”的楷模

颛顼就是高阳氏，其后裔最为著名的就是祝融，曾经为火正。据史书记载，祝融分为八姓，就是己、董、彭、秃、妘、曹、斟、芈，除芈姓在商代末年逃往长江流域成为后来楚国的王族外，其余诸姓大多散居在黄河流域的古国，因而可能成为东夷的一部分。东夷中最为强盛的一支为帝喾，其后裔被称为有虞氏，所以有人认为帝喾就是著名的舜帝。而商朝的始祖契，据说也是帝喾的后裔（颛顼、帝喾的二帝陵，就在笔者的老家河南省安阳市内黄县境内）。

正当羌族和夷人的一些氏族、部落在黄河流域活动并发动争斗的时候，一些由中国北部地区发展起来的诸夏氏族和部落也参与到华夏氏族形成的过程中来，他们想象中的祖先和首领，就是战胜了蚩尤的黄帝。

黄帝，传为姬姓，号有熊氏，另一种说法叫轩辕氏，或号缙云氏。中国现在的姓氏，大都是炎黄二帝的后裔。

传说黄帝在擒杀蚩尤之后，曾经占有夷人故地山东，有所谓“封泰山，禅亭亭”的活动，并“命少昊请司马鸟师”，即让少昊族首领重新统领东方夷人各部，与黄帝族结为联盟，这大约是华夏氏族形成的第一步，诸夏与夷人的统一。

黄帝战败蚩尤后，炎、黄两族联盟破裂。据说，是“炎帝侵略诸侯”，即与黄帝争夺盟主地位，结果“诸侯咸归轩辕”，于是黄帝遂与炎帝大战于阪泉之野。“三战，然后得其志”。可见当时战争之残酷激烈，战争的结局是炎帝族最终接受了黄帝的盟主地位，华夏族进一步扩大，组成为了一个以诸夏为主体、由“夷”、“羌”两族接受诸夏族统领的共同体。

黄帝族在取得华北地区的盟主地位之后，继续向南方发展，最后进入江汉流域，经过与当地氏族、部落的多次争斗后，终于也在这些地区取得了盟主地位。从此，华夏族又融入了江、汉流域的诸多氏族与部落，为中华民族的最终形成奠定了最重要最坚实的基础。正因为如此，古代传说中几乎把所有有名

的氏族部落都列为黄帝一系，直到今天，恐怕再过千秋万代我们仍然号称“炎黄子孙”。

黄帝，为统一华夏民族，奠定华夏民族形成和发展，建立了丰功伟绩，功在千秋万代，其功光辉如日月，无人可比！正因为此，几千年来我们中华民族尊奉炎帝、黄帝为华夏始祖！名正言顺！

中华民族对每一位作出过杰出贡献的伟大历史人物都是不会忘记的。传说黄帝的史官仓颉造字的故事：

仓颉是黄帝的史官，他用祖传的结绳记事的办法替黄帝记载历史事实和重大事件。时间一长，那些大大小小、形形色色、奇形怪状的绳结都记了些什么，连他自己也记不清楚了。因为事务极其繁杂，伪装欺诈的事情不断发生，难以理清。

有一天，他一个偶然的机会参加集体狩猎，走到一个三岔路口时，看见几个老人正在为往哪条路走争辩起来。一个老人坚持要往东走，说那里有羚羊；一个老人要坚持要往北走，说前面不远处可以追到鹿群；一个老人坚持偏要往西走，说有两只老虎不及时打死，就会错过机会。仓颉一问，原来他们都是看到地下野兽的脚印才认定的。仓颉心中猛然一喜：心想，既然一个脚印可以代表一种野兽，我为什么不能用一种符号来代替或表示我所管辖的东西呢？他高兴地拔腿回头奔回到家，开始创造用各种符号来表示相关事物。

因为怕人打扰他延误了时间，仓颉把自己关了起来，开始专心致志地创造新的符号。为了叫起来方便，他给这些符号取了名字，称之为“文”。从此人类有了文字。这些字都是依照万物的形体、形态造出来的。比如“日”字，是照太阳红圆的模样绘画出来的；“月”字，是照着月牙的形态描画的；“人”字，是端详着人的侧影画的；“爪”字，观察着鸟兽的爪印涂的——仓颉就是这样细心观察万事万物，辛辛苦苦，勤勤恳恳造字。经过无数个日日夜夜的辛勤劳动，仓颉创造出了我们今天用的很多汉字，并将它们传授给了后人。

文字的出现，使各行各业得以治理，万事万物得以辨清，大概取决于事务可以区分辨别，分别了就在朝廷上宣扬。这就是说文字可以在朝廷上明辨事理，进行教化，可以使统治者奖罚分明，辨别虚伪忠奸贤愚。奖有功之臣，罚不为之士，惩有罪之人，扬忠勇好德之臣。

黄帝知道了仓颉造字之后，高兴万分，大加赞赏，命令仓颉到各个部落去传授这种造字的方法。渐渐的，这些符号的用法，全面推广开了，经过一带又一代人的不懈努力，文字也就逐渐形成了。仓颉造字，对于中华民族和中华文明的发展，起了巨大的无可代替的推动作用，说他功在当代，利在千秋，一点都不为过。

仓颉开始创造文字时，大概是按照物类描画其形状，所以叫文；但因文太少，不够用，后来就根据形旁和声旁组成更多的文，所以叫字。文，是事务形象的本来面貌；字，则是由文滋生出来的逐渐增多的文，文字结合起来，就叫"文字"。文、字刻写在竹简、金帛卷上的就叫做书，所以有后来的"文书"。到五帝三王时代，文字出现了许多不同的字体，在泰山封禅的七十二代帝王，留下的文字没有相同的。

上古时期，伏羲氏统治天下，勤于观察，善于思考，认真总结，勇于创新。他经常久久地仰望着天空，观察到日月风雨霜雪雷电的变幻无穷；他经常久久地低头凝视着大地，观察到江河山川湖泊水火的变化有常；他经常久久地注视着，各种动物野兽的形态纹理与地理的形状；久而久之，发现了大自然和人间万事万物都有着的各种规律和生存法则。他豁然开窍，顿悟出很多道理。他从近处自身取象，远的从万物取象，创造了"伏羲八卦"。

"伏羲八卦"，就是我国古代的一套有象征意义的符号。用'⚊'代表阳，用'⚋'代表阴，用三个这样的符号，组成八种形式，叫做八卦。每一卦形代表一定的事物。从道生一，为太极，万物之始；一生二，为阴阳，阴阳为天地男女；二生四，为四象，四象为天地万物；四象生八卦，八卦为天地万物万象。

这八卦就是，"天、地、水、火、雷、山、风、泽"。天为（乾），代表天；地为（坤），代表地；水为（坎），代表水；火为（离），代表火；雷为（震），代表雷；山为（艮），代表山；风为（巽），代表风；水为（兑），代表沼泽。八卦相互搭配又得六十四卦，用来象征宇宙万事万物的自然现象和人事间的万事万象。

文字的出现，代表当时中华民族的科技文明一个飞跃式的跳跃和发展，人类开始学习识字、认字和学习文化。到了周朝，便有了比较规范的入学制度：八岁进入小学，教育诸侯贵族子弟，先学习六书。

一叫指事。指事，就是一看就能认识，仔细观察就可以发现意义，如上、下这两个字就是这样的。二叫象形。象形，就是画出事务，按照它的形状曲折描摹，如日、月两个字就是这样。三叫形声。形声，就是依据事物的意义确定字的形旁，再取与它读音相近的字作声旁组合而成，如江河湖泊四个字就是这样。四是会意。会意，就是把不同的字组合起来，构成新的意义，以体现造字的旨意，如武、信两个字就是这样。五叫转注。转注，就是按字义分类，归于一个部首，其中很多字的意义可以互相灌注，如考、老就是这样的。六叫假借。假借，就是本来没有这个字，借用与其他声音相同的其他字来寄托其意义，如令、长两个字就是这样。

到了周宣王时期，太史令籀写了大篆十五篇，与古文略有不同。秦始皇刚刚统一天下，丞相李斯就奏请统一天下文字，废除了那些与秦国文字不吻合的字体。丞相李斯作《仓颉篇》，大太监赵高作《爰历篇》，太史令胡毋敬作《博学篇》，都取自史官籀的大篆。后来，有些稍作简化和改动的，就形成了所谓的小篆。这时，秦始皇焚烧经书，扫除旧时典籍，大兴戍边，修长城和秦始皇陵墓，牢狱事务繁杂，于是就开始产生了隶书，以适应简约便捷的要求，而古文大篆就因此不再使用了。

从此，秦朝的文字便有了八种字体：一是大篆，二是小篆，三是刻符，四是鸟虫书，五是摹印，六是署书，七是殳书，八是隶书。

汉朝建立以后，出现了草书。廷尉的法律规定：十七岁以上的学生才能开始参加考试，能够背诵、理解并写出九千个字，才可以做记事官，还用“秦书八体”来考他们。而后报送朝廷的太史令一并考试，成绩最好的人，任命为尚书史。官吏上书，书写有不正确的地方，就检举弹劾他。这就是从仓颉创造文字到现在文字的大体发展情况。

尧帝的出现，推动了中华文明的大发展。中国古代国家的形成，大约在唐尧、虞舜担任部落首领的时期，历史上称之为唐虞时代。这个时期的社会组织已经由原来的血缘姓氏部落发展为地域性部落联盟，氏族社会和氏族制度正在逐步解体，通向文明的道路已经打开。

唐尧原是陶唐氏部落的首领。根据文献记载，陶唐氏是黄帝后裔十二姓中祁姓的一支，最初活动在今天的河北省一带，《左传·哀公六年》引《夏书》说：“唯彼陶唐，帅彼无常，有此冀方。”这就是说，唐尧时期，迁移至今天的山西省的汾水流域，此时唐尧在华夏诸部落中已有举足轻重的地位了。当华夏众多部落组成以地域为基础的部落联盟时，唐尧就被推举为部落联盟的总首领，被后世称之为“尧帝”。

虞舜是接替唐尧的部落联盟的总首领，被称之为“舜帝”，属于华夏族中一个部落的有虞氏。有关唐尧、虞舜的事迹，主要记载在《尚书·尧典》中。据《尚书·尧典》记载，唐尧号称放勋，他以高尚的品德和卓著的功绩为人民所拥戴，他在位时能够选拔任用德才兼备的人担任职务，因而可以“克明峻德，以亲九族”，“协和万邦”。

唐尧的功绩首先是任用羲和，制定历法，“敬授民时”，其次是选拔官吏，尤其是对鲧的任用，颇能反映军事民主制时期部落联盟会议的情景。唐尧时期中原地区洪水泛滥成灾，危害黎民众生，唐尧主持联盟议事会讨论有谁担任治理洪水的重任。会议上，唐尧向四岳诸侯的部落酋长提出：现在洪水滔天，满山遍野，困扰人民，让谁来担当治理洪水呢？四岳酋长都说鲧能够胜任。唐尧提出异议，认为鲧未必必能行，但四岳酋长坚持说可以试试看。最后，唐尧遵从了大多数人的意见，任用了鲧为治水总管。

这一传说在一定程度上反映了部落联盟已经有一个决定共同事务的议事机构，它由参加联盟的各个部落的酋长共同组成，总首领只是主持会议议事的领袖，任何重大事务必须经过大家充分讨论才能决定。

唐尧年老时，又在部落联盟会议上提出了继承人选的问题，大家一致推举虞舜为接班人，认为他才华出众，能力过人，堪当大任。据说虞舜“耕于历山，可正农者之侵畔；渔于河滨，可息渔者之纷争；陶于东夷，可使陶者之器牢”，总而言之，就是教民有道，治国有方。

因此，虞舜，便接替了唐尧出任部落联盟的首领。据说，虞舜在部落联盟会议决定担任首领后，唐尧即“请北而朝之”。也就是说，唐尧开始称臣于虞舜。

这种由部落联盟会议决定的和平传位方式，历史上被称之为“禅让”制度，因而唐尧、虞舜时代也往往被成为“禅让”时代。实际上，“禅让”，也不是完全以和平方式进行的，据《韩非子·説疑》记载，“唐尧”曾经要求由他的儿子丹朱继承他的地位，只是由于“舜囚尧，复偃塞丹朱，使不与父相见”和部落联盟会议的压力，才使唐尧让位于虞舜。这从另一个侧面反映了世袭王权的观念已经产生，经过斗争，“禅让”制度才得以维系，氏族制度已经走到了尽头。

洪水依然泛滥成灾，继续涂炭危害人民生命，仍危及各个部落的生存，成为民之大灾大难大患，为了治理水灾水患，虞舜任用了鲧的儿子夏禹继承其父鲧的事业，并委派原来举荐过鲧的四岳诸侯协助。禹花费了十三年的工夫，取得了治水成功，以虞舜代替唐尧的同样手段，逼虞舜放弃了传位于其子商均的想法，夺取了统治地位，最终结束了"禅让"的时代。

话再说回来，当年唐尧在不得已的情况下，听从了四方部落首领之言，派鲧去治水。可是，鲧领导治水九年，功用不成。主要是因为鲧违背了大自然的原理，对于洪水只是采用堵的方法，哪里有水害，就在哪里筑起大堤，堵塞水流，结果是洪水依然泛滥如故，治水九年，水害仍然不断。唐尧到了晚年，使舜作了继承人。舜登基之后，摄行天子之政，到天下四方去巡视。他发现鲧治水多年，全无功效，因此大怒，乃杀鲧于羽山。

鲧治水失败被杀之后，舜帝又开始寻找治理洪水之人。还是四方首领共同推荐鲧的儿子禹去治理洪水。舜帝同意了四方首领的推荐，便让禹继承父亲治水的事业，并勉励禹说："如(汝)平水土，维是勉之。"禹，接受了治水之重任。舜同时任命契后稷、皋陶等人帮助禹去治水。禹为人，敏捷勤奋，憨直而不刚强，仁而可亲，言而有信。他以身作则，勤勤恳垦，有章有节，行必中法度，深得民众拥护爱戴。

禹受命于治水之后，和他的助手伯益、后稷等人告诉各地诸侯，让他们发动民众，共同治理洪水。自己不辞劳苦，翻山越岭，风餐露宿，对山川河流地形反复观察测量，并把勘察的结果分类，并立下木桩作出标记。

禹为父亲鲧治水不成被杀而悲伤万分，惊恐不已，怀着拯救天下苍生于水患的强烈责任意识，因而他在治水过程中，勤勤恳恳做事，兢兢业业治水，从不敢些许怠慢，身心疲惫之至，甘苦辛酸自知。居外治水十三年，三过家门而不敢入。

他汲取了父亲治水失败的教训，而改用疏导的办法，"掘地而注之海"，顺水而开辟引水河道，把水引到海里去。他"左准绳，右规矩"，测量山川湖海，率民众"开九州，通九道，陂九泽，度九山"，终于控制住了长期泛滥成灾洪水，救民于水火。

在洪水被治理之后，洪水消退，田野重现，禹又让助手伯益发给百姓稻种，让百姓在潮湿的地方种植；让后稷发给百姓难得的食物以解饥饿之苦。他又走遍天下，行相地之所宜，规定各方土贡。自冀州始，划天下为九州。"东渐于海，西被于流沙，朔、南暨，声教迄于四海。”于是，帝舜赐予禹以玄圭，以告成功于天下，天下大治。

禹治水取得了完全的成功，因治水之功，受到了天下百姓的拥戴。在帝舜之后，被推举为部落首领，史称禹帝，也称大禹。救民于洪水患的禹，当属“亲民”的典范。

有关洪荒时期的大禹治水的传说，实际上是远古时期人类为了生存和大自然作艰苦卓绝的斗争的反映。在生产力极为低下，靠使用耒、耜等木石工具的原始社会，任何大一点的自然灾害都是难以抗拒的，何况天大的洪水。

三皇虽然没有传下修身治国的言论，但是他们以潜移默化的仁德遍布四海，所以天下老百姓不知把功劳记在谁的名下。有人说“帝王”一词的内涵，就是依照自然法则，有理论、有法规，因此天下天平。有了功劳，君臣谦让，他们的美德，无形中成了老百姓的行动，百姓当然不明白其中的奥妙。所以说古代的帝王使用群臣不必有那么多的礼仪法规、奖赏奖励，就能使四海和美而不互相伤害。

作为五帝之首的轩辕黄帝，依据阴阳四时制定历法，按照农时所宜播种，充分发挥心智、体力和视听功能，节约使用山林江河的资源，在位时有土德的蕤兆，所以号称皇帝。

颛顼高阳氏做领袖时，保护资源，治理土地，依据天象制定法历，崇拜山川之神，并按尊卑秩序制定礼仪，依四时五行之气教化民众，虔诚地祭祀天地之神、祖先之灵。凡天下之物，活动的禽兽，静止的草木，大到山川的神灵，小到丘陵坟茔的鬼魂，日月所照之处，没有不归顺的。

帝喾高辛氏做领袖时，取山川大地的财物，节约使用，抚养教育万民，引导他们谋利益，根据日月的升降制定历法，认识到鬼神的玄妙而虔诚地祭祀，整个部落的景象肃穆兴旺，社会风气显得道德高尚。

帝尧为领袖时，仁德涵养犹如天空一样广博，智慧像深明一样微妙，人民像葵花向阳般地追随他，像禾苗企盼云雨一样仰望他，富有而不骄纵，高贵而不傲慢。

虞舜为领袖时，多么微小的好人好事也都要表彰，多么隐蔽的坏人坏事也都要暴露，运用自然法则来惩恶扬善，群臣心悦诚服而后，他们自觉遵守各种制度。

综观五帝的治国之道，都能善用无为而治的法则，并在运用中使之体现在日常生活中，收到了实惠却不知道是怎么回事，行为合乎道义却好像生来就有这种修养。这就是黄帝、颛顼、帝喾、唐尧、虞舜之仁德的表现，这就是“五帝”“亲民”光辉形象。

从以上圣贤对于中华民族的贡献来说，每一个人都是矗立在人民心目中的一座巨大的、至高无上的丰碑。人民为什么崇拜他们？人民为什么怀念他们？是因为他们对于中华民族的发展做出了杰出贡献！是因为他们心中装着普天下的劳苦大众！是因为他们无限热爱人民群众！是因为他们关心广大人民群众的疾苦！是因为他们有高尚的道德情操！是因为他们能够为民兴利除害造福于人民！

“在亲民”是什么？“在亲民”，就是要有高尚的道德品质，这就是仁；有为人民谋福祉的能力，这就是智；有勇于实践和担当的勇气，这就是勇！智、仁、勇的结合，这就是德！

“在亲民”，是亲民、爱民、全心全意为人民服务的“外王”之道

“在亲民”，就是从群众中来到群众中去！“在亲民”，就是了解人民的所欲、所求，尽可能的满足人民的正当要求和欲望！“在亲民”，就是解除人民的疾苦，了解人民、同情人民、理解人民，团结人民！“在亲民”，就是关心人民，爱护人民，帮助人民，敬爱人民！“在亲民”，就是要造福人民，为人民谋解放，谋福利，谋发展，谋幸福，谋未来！“在亲民”，就是让国家繁荣昌盛，国富民强，人民能够过上好日子！“在亲民”，就是让国家和人民有个好的发展，有个好的今天和明天！“在亲民”，就是：敬，人民如父母；爱，人民如子女；待，同志为兄弟；视，邻邦为朋友！“在亲民”，就是“情为民所系，心为民所想，权为民所用，利为民所谋”！

十一、“在止于至善”的终极目标是“天下为公,世界大同”

首先让我们来了解“在止于至善”的“止”。

“止”,在《说文解字》中的解释是:“下基也。象艸木出有址,故以止为足。凡止之属皆从止。”

译文:止,低下的基础。像草木长出来有根榦基址,所以用“止”表示足。凡是止的部属都从止。

注释:像艸木句:许锴《繫传》:“艸木初生根榦也。”故以止句:王筠《句读》:“又言此者,部中字皆人之足,故以此统之。”

按,阮元《钟鼎彝器款识》:“有足迹,文作止,正像足趾之形……三趾者,与手之列多略不过三同例。”

“至”,在《说文解字》中的解释是:鸟飞从高下至地也。从一,犹地也。像象形。不,不去;而至,下来也。凡是至的部属皆从至。

译文:至,鸟从高处飞下落到地面上。从一,一,好比是地面,像鸟下飞的形。“不”字是鸟飞上去,而“至”字,是鸟飞下来。凡是至的部属都从至。

注释:象形:《段注》:“谓飞也。不象上升之鸟,首向上;至像下集之鸟,首向下。”不上去二句:王筠《释例》:“不上去者,不字象鸟向上而去;至下来者,谓至字象鸟向下而来。”

按,罗振玉《雪堂金石文字跋尾》认为,像矢远来降至地之形。

归纳“止”的意思,就如草木生长的根干,就如建筑的基础,就如人的足迹,就是要去的地方,就是要停止的地方,就是终极目标和终极目的地。

“止”,是最终极的目标和最终的目的地

归纳“至”的意思,就是鸟在天空寻找到的最佳、最美好的落脚地;也就是极佳极美好的栖身处所和居住地。

延伸的意思，就是经过修身养性和努力奋斗之后，找到了属于自己最理想的居所；就是要选择居住到最理想、最美好的地方；也就是要达到极理想、极美好的精神境界！

“至”，是最理想的居所和最美好的精神境界

“在止于至善”，正如《大学·邦畿篇》中所讲：

《诗》云：“邦畿千里，惟民所止。”

《诗》云：“民蛮荒鸟，止于丘隅。”子曰：“於止，知其所止，可以人而不如鸟乎？”

这是《诗经·商颂·玄鸟》中歌颂商代祖先及高宗武丁中兴的故事。

“邦畿”，“邦”，是古代诸侯分封的国家；“畿”，就是国都周围的地方。“邦畿”，就是指商朝的京畿（首都）朝歌（现在河南省安阳市附近）的所在地。

这两句的意思就是：《诗经》上说：“天子的都城广阔千里，是人民安居乐业最好的地方。”

《诗经》上说：“叽叽喳喳叫的黄莺鸟，尚且懂得选择栖息在山岭草丛密集茂盛这美好理想的地方。”孔子感慨地说：“连黄莺小鸟都懂得选择它合适美好理想的地方，难道我们人类还不如一只小鸟吗？”

从以上列举的两个例子，来说明人们的任何一种行为举止，都应有一定的所止之处，即有明确的目标和明确的目的，这个目标是高尚美好的，这个目的地是理想优美的。

商代的邦畿（首都地区），地域广阔，沃土千里，繁荣昌盛，首善之区，是人民生活居住的好处所，好地方。连叽叽喳喳的黄鹂小鸟，它还知道选择山岭草木茂盛美好理想的地方予以栖息，难道我们人类还不如这些小鸟吗？

由此可见，从人类到动物以及植物，都在主动选择适合自己，最美好最理想的安身栖息之处生存发展。人生何尝不是如此，人生的过程就是不断地选择取舍的过程，不过在选择取舍的时候，要知进退，懂舍得，当进则进，当止则止，当舍则舍，当得则得。

追求美好理想的生活居住环境，追求环境幽雅美好的宜居之地，是人类生存的需要，也是人类发展创新的需要，更是人类追求幸福安康和谐美好生活的需要。

人之所以成为万物之灵，成为高级动物，最主要的是：人，最善于学习和思考，最善于发明和创新，最善于总结经验和教训，最具有智商和情商，最富有智慧和能力，最具有魄力和胆识，最具有魅力和勇气，最善于组成有秩序的社会团体和沟通，最有人伦道德和情操，最能发挥群体和社会组织的作用，最有自知之明、知人之明、知物之明，最懂得人的自身价值所在，最有仁爱之心，最懂得礼义廉耻，最懂得“己所不欲勿施于人”，最懂得“己欲立而立人，己欲达而达人”的忠恕之道，最懂得追求完美理想的生活，最想追求至高无上完美理想的思想精神境界。

要想达到这样崇高的目标和理想，就需要坚持不懈地加强学习和提高道德修养，增强自己的综合素质，提高自己的生存和生活能力，提高为人民服务的能力和水平。否则，浑浑噩噩，得过且过，尔虞我诈，阴险狡诈，行为无耻，禽兽不如，这样就失去了做人最起码的价值。所以，鸟，当止的是山岭草丛密集茂盛的山林；人，当止的是尽善尽美理想美好的至善人生。每一个人都应该有理由去追求完美的理想境界，作为人生追求的目的，作为人生奋斗的动力，作为人生道德理想完美至善的归宿。

记得西方一位哲人曾经说过：“人来到城市，是为了生活；人留在城市，是为了更好地生活。”那么，我们人类来到人间是为了什么？当然是为了生活，我们一生坚持不懈地学习努力奋斗是为了什么？当然是为了更好地生活。我们没有理由不好好地生活，没有理由不选择和追求美好地生活，没有理由不创造和享受美好地生活，没有理由不好好地珍惜美好地生活，没有理由不万分感谢美好地生活！

这正如人们千百年来不断地追问人生到底是什么？人生的目的什么？我认为：简而言之，人生就是生活着的人！人生的目的就是为了更好地生活和创造更好的生活！繁而言之，就是不断地追求和创造更美好、更理想的生活，追求让更多的人更好地去享受生活，在追求美好生活的过程中，实现自己人生的伟大意义！

《诗》云：“穆穆文王，于缉熙敬止。”为人君，止于仁；为人臣，止于敬；为人子，止于孝；为人父，止于慈；与国人交，止于信。

《诗经》上说：“仪表气质端庄威严美好的文王啊，永葆光明正大谦虚谨慎高尚的美德,没有一件事不做到敬爱到至善的境界。”作为君主,要努力做到了对人民的仁爱;作为臣子,要努力做到对君主的恭敬;作为儿子,要努力做到孝敬父母;作为父亲,要努力做到对子女慈爱;和国人交往,要努力做到诚信仁义。

这一节主要说周文王能够有所止的故事。周文王是周代开国之王,是我国古代有名的贤君圣王,所以曾子引用文王作为榜样,要求人们的一切行为标准应以文王为标准,就会达到至善的境地。

他说:做国君的要向文王那样,谦虚谨慎,端庄肃穆,尽善尽美。并举出君、臣、父、子、人际交往五个方面,作为例证。做国君的要施行仁政爱民,做臣子的对君主要恭敬有礼,做儿子的对父母要孝敬奉养,做父亲的对子女要关心爱护,与人交往要讲诚信,说到做到,要言必行,行必果。这是早期封建社会人际关系的准则,都是互相有条件的,不像后来专制君主独裁者那样,强调君主对于人民的绝对统治,要求人民对于君主的绝对服从。除了强调君臣尊卑有序的等级关系不可取外,主张君主施行仁政爱民,父慈子孝,人们相互交往要讲诚信仁义,这都是我们中华民族传统道德的精华。

《诗》云:“瞻彼淇澳,菉竹猗猗。有斐君子,如切如磋,如琢如磨。瑟兮僩兮,赫兮喧兮。有斐君子,终不可喧兮!如切如磋者,道学也;如琢如磨者,自修也;瑟兮僩兮者,恂栗也;赫兮喧兮者,威仪也。有斐君子,终不可喧兮,道盛德至善,民之不能忘也。”

《诗》云:“於戏!前王不忘!”君子贤其贤而亲其亲,小人乐其乐而利其利,此以没世不忘也。

《诗经·卫风·淇澳》上说:“看那弯弯曲曲的淇水河畔,碧绿的竹子俊美茂盛。有位文质彬彬的君子,他严谨治学的态度,精益求精,就如同切骨磋象;他修养德行,敬业修德,就如同琢玉磨石。他举止庄重威严,仪表堂堂。这样一位修养有素风流倜傥的君子啊,真是令人难忘!”

《诗经》上说:“啊!从前周文王、周武王的高尚美德,人们铭记在心,永远难忘!”后来的君主们如都能像周文王、周武王那样敬重贤人,关心爱护亲近亲族,让老百姓丰衣足食,安居乐业,就是他们虽然已经去世多年了,人们仍然会念念不忘他们。

子曰:“听讼,吾犹人也,必也使无讼乎!无情者不得尽其辞,大畏民志,此谓知本。”

“此谓知本。此谓知之至也。”

孔子说:“审判诉讼案件,我也和别人一样,所不同的是,我力求做到使诉讼案件尽可能不发生!让那些隐瞒实情的人不敢说假话,用高尚的道德和凛然正气,使民心畏服,争取没有诉讼,防微杜渐,把矛盾解决在萌芽之中,从根本上解决矛盾纠纷,这才是根本道理。”

这就叫懂得了事务的根本道理。这就叫认识达到了顶点极致。

《诗》指《诗经·卫风·淇澳》的篇章。是卫国人赞美自己的国君武公品德高尚,学问渊博,才华出众。

邦:邑,也就是国家的联合体。因此,中国古代的“邦”的直接含义就是联邦。

畿:连绵不断被开垦和被耕种的土地。

邦畿:这里指君王的都城及其京郊地区。

维:维系,团结。这个字的本意是鸟群在空中连成一线的飞行,如大雁,“一会儿排成个人字,一会儿排成个一字”。引申为保持一致的行动或彼此协同一致的行动。

穆:和谐与共,和睦相处,亲密无间。

於:陷入冰冻之中的船,引申为陷入,沉浸于。

缉:梳理和需要梳理千头万绪的东西。

熙:透过窗棂照射进屋子里温暖而柔和的阳光。

瞻:使人长久注目,流连忘返的。

止:这里指被达到的最高目标,被实现的最大愿望,最终的归宿,最后的目的地,最后的依靠。

淇:指淇水河畔,今河南省北部淇县一带的一条河,淇水流域为西周时卫国地区。

澳:水边,指河水弯曲的地方。

菉:和绿是一个意思。

猗猗:美好茂盛的样子。

斐:斐然有文采的样子。

切、磋、琢、磨:古代治玉器、石器、骨器的不同工艺。《尔雅·释器》:“骨谓之切，象谓之磋，玉谓之琢。"这里比喻人研究学问的仔细认真。

瑟兮僩兮：庄重威严胸襟开阔的样子。

赫兮喧兮：显耀盛大，容光焕发的样子。

僩：宽大的样子。

赫：盛大的样子。

諠：《诗经》原文作"谖"，忘记。

恂栗：恐怕，恐惧。

前王：指周文王、周武王。

君子：指后世君主，这里指卫国国君武公。

贤其贤：指尊敬贤人。

亲其亲：指亲爱、亲近亲族。

小人：指后世平民。

这是用卫武公的例子，说在明德要达于至善的具体条件是：

要求治学如切如磋，就像在牛角上雕刻精美绝伦图案一样，耐心细致，小心谨慎；就像在一个巨大的象牙之上镂空成玲珑剔透的一件伟大的艺术珍品，孜孜不倦，精益求精；要求修身就像在宝玉上雕琢出珠光宝气的玉佛一样，那样虔诚，那样小心谨慎；就像把一块的大理石打磨成一座巨大的丰碑，镌刻出人民英雄永垂不朽的诗文！

这里要求后世的君主，要向周文王、周武王那样，待人接物，就像如沐春风，诚心热情，谦虚谨慎；要求自己的行为举止，庄重威严，仪表堂堂，令人敬仰。要求用人要亲君子，敬贤人，远小人；要求诉讼案件最好没有，努力做到天下无讼，把矛盾解决在萌芽的状态之中。

这里的"在止于至善"的具体条件是十一条，做人：要"仁、敬、孝、慈、信"五个标准；治学：要如切如磋，要有耐心、细心、恒心，要想有博大精深的知识和智慧，就要有孜孜不倦和精益求精的精神；修身：要如琢如磨，要虚心、诚心、信心、用心、虔诚之心；待人接物：要谦虚谨慎，诚心热心；举止：要庄重威严，令人敬仰；用人：要亲君子，敬贤人，远小人；诉讼：要把矛盾解决在萌芽状态，力争无讼。

对于至善的要求不仅是十全十美，而且是多达十一项之多，简直就是百分之一百一十的要求，可谓严之又严。从以上的例证，我们已经十分清楚地了解到《大学》对于“在止于至善”的真谛就是提醒和要求人们：

人类活动的一切目的，是为了达到最美好的物质生活，最理想的精神境界；终极目标是“天下为公，世界大同”，“在止于至善”的最理想境界

“在止于至善”，是儒家追求的最理想的境界，而理想境界的社会是什么？就是孔子在《礼记·礼运》“天下为公”，世界“大同”的境界！

孔子在《礼记·礼运》中所向往的：“大道之行也，与三代之英，丘未之逮也，而有志焉。大道行也，天下为公，选贤与能，讲信修睦。故人不独亲其亲，不独子其子，使老有所终，壮有所用，幼有所长，矜、寡、孤、独、废、疾者，皆有所养。男有分，女有归。货恶其弃于地也，不必藏于己；力恶其不出于其身也，不必为己。是故谋闭而不兴，盗窃乱贼而不做，故外户而不闭。是谓大同。”

“今大道既隐，天下为家，各亲其亲，各子其子，货力为己，大人世及为礼，城郭沟池以为固，礼仪以为纪。以正君臣，一笃父子，以睦兄弟，以和夫妇，以设制度，以立田里，以贤、勇、知，以功为己。故谋用是作，而兵由此起。禹、汤、文、武、成王、周公，由此选也。此六君子者，未有不谨于礼者也。以著其义，以考其信，著有过，刑仁讲让，示民有常。如有不由此者，在势者去，众以为殃，是谓小康。”

孔子在《礼记·礼运》中说：“大道通行于天下的时代，是以道德治理天下的时代，也就是五帝时代和夏商周三代，这是德才兼备，出类拔萃者当政的时代，我都没有赶上，无法看到，所看到的只是一些记载了。大道通行于天下时，天下为公，人们把天下作为大家所共有的，选贤任能，讲究诚实，重视亲睦。所以人们不只是爱自己的亲人，不只是把自己的孩子当做孩子，使社会上的老人安享天年，壮年之人能贡献自己的聪明才智和力量，年幼的儿童可以得到抚育成长，鳏寡孤独和残疾、有病的人，都能够得到供养和医治照料。男子尽心尽力尽责，女人持家有方。人们厌恶把钱抛弃在路上不管，但也不自己收存、据为己有，做到路不拾遗；人们厌恶自己有力而不肯出力的人，但也不让别人为自己出力，做到自力更生。所以杜绝了各种图谋不轨的不发生，也没有人去做抢劫掠夺偷窃的盗贼，做到了世无盗贼；因而从外面合住的大门而不关紧，做到了夜不闭户，这就叫做大同世界。”

“夏商周三代以来，大道已经衰微，天下成为一姓的财产，各人只亲爱自己的亲人，各人只把自己的孩子当做孩子，出力谋取财物都是为了自己，诸侯将国家传给自己的儿子、没有儿子传给自己的兄弟当做礼，把城郭沟池搞得更加坚固，把礼制仁义作为纲纪，用它来确定君臣名分，专一父子的慈孝，亲睦兄弟的友爱，和合夫妻的感情，并用礼仪来设立制度，划分田里，尊重勇力才智，把功绩作为个人所有，因此阴谋从这里产生，战争从这里兴起，夏禹、商汤、文王、武王、成王和周公的这种礼义治理天下，而成为才德出众的杰出人才。这六位君子没有一个不严守礼制的，用它来表现道义，考验信实，昭示过错，效法仁爱，讲究谦让，昭示民众以正常的行为。如果出现有不按照礼义去做的，有权势的人也要被斥逐，人人都把他视为灾祸，这就叫做小康。”

孔子说：所说的“大道之行”的时代，就是“五帝”的时代，其标志就是“天下为公，选贤与能，讲信修睦。故人不独亲其亲，不独子其子，使老有所终，壮有所用，幼有所长，矜、寡、孤、独、废、疾者，皆有所养。男有分，女有归。”“人人独立自主，个个自力更生”，为人处世，光明磊落，没有阴谋诡计，图谋不轨，世无盗贼，路不拾遗，夜不闭户的“大同世界”。

孔子认为：五帝的时代，也就是黄帝、颛顼、帝喾、唐尧、虞舜时代，是“天下为公，世界大同”的时代，也是孔子朝思暮想，羡慕不已，梦寐以求的理想时代。《大学》的作者曾参，作为孔子的弟子，传承了孔子理想，不过曾参把这种理想，称之为“在止于至善”。

所以说：“在止于至善”，是人类最高的思想境界，这个境界就是“天下为公，世界大同”！2500 多年过去了，这种“在止于至善”的“天下为公，世界大同”的思想境界自今依然无法超越，再过数千年恐怕也无法超越！我们期盼着“天下为公，世界大同”，“在止于至善”的理想世界早日实现，这是天下之福，人类之福！

夏商周三代的夏禹、商汤、周文王、周武王、周成王、周公旦的时代，是以礼义治理天下的。老子说：“大道废，有仁义；智慧出，有大伪；六亲不和，有孝慈；国家昏乱，有忠臣。”老子的话不是没有道理的，“五帝”以道德理天下的时代，或者说“无为而治”的时代，一去不复返了，到了夏商周三代，已经道德沦丧，不得不以礼义来治理国家天下，后又逐步发展到用“仁、义、礼、智、信、忠、敬、孝、慈”来治理国家天下，这个时代，被孔子称之为“小康”社会的时代！

十二、“天下为公，世界大同”的前提是实现“小康”社会

为了达到“天下为公，世界大同”，“在止于至善”的境界，首先要达到“小康”的境界，而“小康”的前提是：

“为人君，止于仁”。按照孔子和儒家的观点，“仁”，就是把自己当人，也要把别人当人，就是爱人，就是博爱一切人，就是博爱万物，就是“忠恕之道”，就是“己所不欲勿施于人”，就是“己欲立而立人，己欲达而达人”。这就要求君主爱民，亲民，爱国家，爱民族，爱万物。因为前后都有详细的解说，就不多说了。

“为人臣，止于敬”。在我国古代数千年的封建社会，特别是秦始皇统一中国以后的两千多年里，作为臣子的，对于君主皇帝何止是敬，简直是伴君如伴虎，惶惶不可终日，已经超越了“为人臣，止于敬”的境界。我们要批判封建皇帝君臣之间的这种奴役关系，但是我们要正确理解“止于敬”的正面理解和现实意义。不管任何朝代和时期，对于上级的合理尊敬都是应该的。这里的敬，不是拍马屁，不是阿谀奉承，不是无原则，不是没主见，不是没有自己独立的人格，不是不坚持真理，而是在尊敬领导、上级的同时，学习他们的长处和丰富的人生经验及管理领导能力，达到自我提高和社会和谐的目的。

“为人子，止于孝”。作为人子，孝敬父母和长辈是天经地义的事，是中国几千年来的优良传统，也是人作为一个高级动物必须具备的最基本素质和最基本的要求。众所周知，就是作为低级动物的畜生，野生动物的禽兽，也懂得对父母的回报。比如“乌鸦反哺”，“羊羔跪母”的众多例证。

孝，是社会人伦在日常生活中的具体体现；孝，是回报父母养育之恩的最起码的常识；孝，是做人的最基本最低的道德标准。一个连给你生命的父母，含辛茹苦、生你养你、疼你爱你的父母都不孝的人，这首先怀疑他还是不是人？

一个连父母长辈都不孝的人，他绝不会忠于国家，忠于民族，忠于朋友，忠于事业，忠于集体！当然，有时为了国家和民族的大利益，不能够最好的尽孝，不是说“自古忠孝不能两全吗？”这种特殊时期的忠是包含着孝，甚至是大孝，这是对于国家民族的孝，这是人世间最大的孝，人们不会不理解他的。然而即便是这样，也不是没有孝的机会，一个人不可能一生尽忠，他还依然有充分的尽孝时间。

儒家对于孝的解释是，百善孝为首，百孝顺为先。孝，第一是顺，第二是敬，第三是养。对于父母双亲如果处处顶着牛，你就是给他们再多的金钱物质，他们也不会开心高兴；如果对于自己的父母不是怀有感恩之心，不是怀有崇敬之情，他们也不会感到幸福满意；如果对于自己的父母不承担赡养的责任，他们会感到有年老之忧。所以说孝，要顺，要敬，要养。当然了，现在城市里有很多有工作的父母有退休工资，在经济上可能不用子女的负担，但是父母不要可以，子女不养不行。

“为人父，止于慈”。乍一看起来是作为父亲要定位在慈爱上，其实事实并非如此。所以说这里的“为人父，止于慈”其实是包含着父母对于子女共同的爱，是代表着父母对于子女无限的爱。

“慈”佛家发展成为“慈悲”，而“慈悲”的意思就是大爱。慈，是阳性的爱，刚性的爱，也称父爱；悲，为阴性的爱，柔性的爱，也称母爱。

对于“慈”的理解，我查了《说文解字》：慈，爱也，上对下的爱。慈幼，谓，爱幼小也。

《辞海》中的解释：慈，本指父母的爱，引申为凡怜爱之称。《左传·隐公三年》：“父慈子孝。”孔颖达疏：“慈者，爱出于心，恩被于物也。”慈母的省称，多用于自己的母亲。如，家慈。古代有“父严母慈，故称为严父慈母。”孟郊《游子吟》：“慈母手中线，游子身上衣。”慈训：指母亲的教训。庾信《为杞公宗师骠骑表》：“臣早倾庭荫，曾未扶墙，母氏慈训，哀矜苦劳。”这里基本上是指父母对于子女的慈爱。

最有说服力的莫过于《三字经》中的“昔孟母，择邻处，子不学，断机杼。窦燕山，有义方，教五子，名俱扬。养不教，父之过；教不严，师之惰。”

《三字经》中的三则故事。第一，讲述了孟子的母亲为了教育好儿子孟轲的故事：在孟轲很小的时候，父亲早丧，母亲仉氏为孟轲的父亲守节。被丈夫的兄嫂欺负，不得不搬到孟家的一片墓地的附近居住，久住坟地附近，经常看到办丧事的，年幼无知的孟轲不省人事，学习丧葬的人哭天喊地。孟母认为：墓地不是宜于居住之地，第二次搬家到县城一个屠夫家的附近居住，孟轲经常和一些无知的少年混混，大闹胡为，并学习屠夫做屠杀买卖的事情，孟母又认为这不是宜于居住的地方，进行了第三次搬家，这次搬到一个学宫的附近。每月初一、十五，官员入文庙，行礼跪拜，揖让进退，孟轲见了，也模仿着做。孟母认为这里是适合居住的地方。

“孟母三迁”，又叫“孟母择邻”、“慈母择邻”，强调了选择环境对于子女成长的重要性。

接下来“子不学，断机杼”是为什么呢？孟母搬到了学宫的附近，本以为小孟轲可以安心学习了，没想到孟轲经常逃学、旷课，不好好学习。有一天，孟轲逃学回家，孟母正在织布，孟轲的母亲靠纺线、织布、卖布维持母子的生计。孤儿寡母的孟母，历尽艰辛，含辛茹苦，为了培养儿子成人成才，三次搬家，受尽了兄嫂的刁难，市井的磨难，生活的熬煎，不料想不争气的小孟轲竟浑然不知，辜负了自己的良苦用心，苦不堪言，愤怒之下，把快要织好的布匹剪断，把织布的梭子摔坏，仰望苍天，痛哭不已。孟轲不知所措，忙向母亲跪下问，母亲为何这样？孟母一把抱住儿子孟轲，泣不成声地说：儿子，你读书就像母亲织布一样，织布需要不辞辛苦，一针一线，日积月累，才能织成成匹的布换取钱粮，维持生计。你读书、学习也是一样，要持之以恒，不辞辛苦，日积月累，循序渐进，才能有所长进，有所收获，像你这样三心二意，半途而废，浅尝辄止，何时能够成才呢？

孟轲听到了母亲的哭诉、教训，猛然醒悟，从此发奋读书，终成一代大儒，被称之为“亚圣”，成为中国儒家思想的代表人物。这就是《三字经》中“孟母教子”的故事。

通过“孟母教子”的故事，使我们充分认识到教育子女的不易。亚圣如孟子者还尚且如此顽皮，更何况智商平平的一般少年儿童。教育孩子，不仅仅是含辛茹苦，还要付出耐心、细心、苦心、恒心、艰辛，更需要智慧和方法，培养一个有用的人才是不容易的，不亚于立德、立功、立言。紧接下来我们再了解“窦燕山，有义方，教五子，名俱扬”的故事：

窦燕山，是五代时期的人，和孟子一样是历史上真实的人物。窦燕山出身豪门，非常富有。正是豪门富有的家庭背景，才使他从小恃财傲物，玩物丧志，成了纨绔子弟。窦燕山年过三十，虽妻妾成群，仍膝下无子。有一天他梦见自己的父亲，父亲教育他要弃旧从新，乐善好施，重新做人。梦醒之后，窦燕山领受了父亲的教诲，反思自己多年来的所作所为，决定痛改前非，重新做人。从此，他仗义疏财，修桥铺路，济难扶困，名甲一方，简直就是变成了另外一个人，一个大善人。从此以后，他有了五个儿子。他虽中年得子，但他牢记父亲梦中的教诲，和经常反思自己年轻时的所作所为，他呕心沥血，把五个孩子教育成三个进士、两个举人。这就是“五子登科”成语的来历。

讲过“五子登科”故事，再说“养不教，父之过”。一个父亲，仅把儿女养育成人是不够的，还要教育他们成才。

有关慈父的故事，恐怕没有比朱自清的《背影》是更好的例证：“他用两手攀着上面，两脚再向上缩；他肥胖的身子向左微倾，显出努力的样子。这时我看见他的背影，我的眼泪很快地流下来了。我赶紧拭干了泪，怕他看见，也怕别人看见。”

《背影》，是朱自清写他的父亲给自己送行的一段描写。为了给儿子送行，买橘子而从月台上爬上爬下是慈父的背影；是令人望而流泪的背影；是变卖典质，还了亏空，又借钱办理丧事，老境颓唐的背影。这是多么沉重、压抑的背影！文章不长，却写出了父亲作为祖母孙子的孝顺，作为父亲的慈祥，读来感人至深，令人潸然泪下。

中国传统的教育是“严父慈母”的教育方式。父亲大如天，母亲厚如地。父亲严如山，母亲慈如水。所以说：

山，是父亲给儿女竖起的标杆；山，是父亲给儿女前进的力量；

山，是父亲给儿女无声的命令；山，是父亲给儿女出征的战鼓；

山，是父亲给儿女航行的灯塔；山，是父亲给儿女回归的家园。

水，是母亲给儿女饿时的奶水；水，是母亲给儿女渴时的热茶；

水，是母亲给儿女冷时的棉衣；水，是母亲给儿女热时的蒲扇；

水，是母亲给儿女痛时的良药；水，是母亲给儿女累时的温床。

“与国人交，止于信”。

诚信，是每一个人民应遵守的基本原则；如失去诚信，就会变成孤家寡人。

诚信，是每一个企业应坚守的基本道义；如失去诚信，就会变成社会弃子。

诚信，是每一个国家应履行的基本宣言；如失去诚信，就会变成世界公敌。

诚信，是每一个植物应生死的基本逻辑；如失去诚信，就会变成人间妖孽。

诚信，是每一个天体应遵循的基本规律；如失去诚信，就会变成宇宙毁灭。

以上是《大学》第三章解释“在止于至善”所具备的“仁、敬、孝、慈、信”的五个具体条件，这五个方面从上下左右的人际关系提出了具体到要求。

仁，就是从根本上关爱部下。是要求上至皇帝、国王、总统、主席、首相、总理，下至各级领导、首长，董事长、总经理、厂长、校长，都要对自己的部下怀有仁爱之心，关爱之情，信任之举，培养之力，并为其排忧解难，解除后顾之忧，爱部下如家人，使他们能够有一个施展能力智慧的平台，舒心地工作、安心地创新，在部下成长的过程中，给单位、国家作出更大的贡献，实现共赢天下皆大欢喜的局面。

敬，就是从根本上尊敬领导。是要求所有做下级的，不管你是内阁成员，部长、局长、处长、科长；还是省长、市长、县长、乡长；甚至是村民、农民工，员工，都要对自己的上级领导给与必要的尊重和敬重，把好的领导当做师长，服从他们的正确领导，不然，你工作的成果和能力也很难被领导认可。常言：“干活不随东，累死也无功”，就是这个道理。

孝，就是从根本上孝敬父母。是要求所有的晚辈，不管你是儿女，还是儿媳女婿，以及孙辈重孙的晚辈们，都要对自己的长辈或长者，孝敬并学会孝敬他们。不在于你为他们作出了多大贡献，而在于你付出了多少心血和行动，只要用心去敬爱父母长辈，你点滴的孝心和行动，你的一颦一笑，一举一动，阅历丰富的父母长辈们，清清楚楚，会让他们欣慰于晚年，知足于终生。良好的心态，愉悦的心情，会增强老人的幸福感和满足感，会使老人减少疾病，身体健康，延年益寿。

慈，就是从根本上爱护孩子。要求天下所有的父母长辈，对于子女儿孙晚辈们，要竭尽全力的呵护、帮助、包容、扶持、理解、批评、教育、规劝他们，甚至对他们进行必要的是处罚。亚圣如孟子，还需“孟母三迁”，“子不学，断机杼”，苦口婆心的教育。从根本上爱护孩子，就绝不能毫无原则的溺爱他们。溺爱，是对儿孙的极不负责任的表现；溺爱，是对儿孙犯下不可饶恕的过错；溺爱，会贻害儿孙一生的幸福。

古今中外有几个杰出的人才是靠溺爱培养出来的？纨绔子弟又有几个不

是溺爱出来的？所以,对于子女儿孙们要因人施教,因材施教,发现他的优点、兴趣、爱好,重点培养扶持;发现他们的缺点、不足、失误,要及时指正、批评、教育,都是非常必要的。

培养子女做一个正派、有用、自食其力的人,是父母最起码的责任和义务;培养子女对于家族、国家、民族有所贡献的人,是父母的追求、理想和荣誉。

严父慈母的教育,大如天,阔如海,高如山,厚如地,柔如水,韧如钢,温如玉,甜如蜜。为了孩子健康的成长,风雨雷电都是爱,阳光雨露都关情,子女的点滴成长进步,都伴随着父母的心血汗水期盼希望。父亲榜样的力量,母亲润物无声的关怀,时时刻刻终生不倦的牵挂祝福,是个长期呕心沥血的系统工程,孩子成长的历程,伴随着父母的殷切希望。一个成功的孩子,是祖国的未来,民族的希望,家庭的骄傲,父母的荣耀和再生。

教育好一个优秀杰出的子女,不亚于你给社会作出的任何的杰出贡献。中国儒家提倡"立德、立功、立言"的人生追求,如果一个父亲能够培养出一个出类拔萃的、对于国家和民族有杰出贡献的人才,最低也算你"立人",丝毫不亚于你自己任何的"立德、立功、立言"。

信,是要求宇宙间万事万物,都要自觉遵守的诚信和游戏规则,否则,将会天下大乱,世界将会毁灭。前已论述,不再赘述。

以上"仁、敬、孝、慈、信"五个条件,是强调人们遵守社会伦理和社会道德的要求,是要求你做一个好人。而仅仅做个好人是不够的,还要做个贤才之人,能够造福家庭、社会、国家、民族的贤才,能够为民兴利除害谋福祉,能够有为人民服务才干,这就需要掌握修身、齐家、治国、平天下的本领。这种本领、能力、魅力的来源,就是前面讲的"治学、修身、待人、举止、用人、诉讼"六个要素。五个条件,六个要素,是达到"止于至善"的境界的前提。

对于"在明明德,在亲民,在止于至善"的理解,曾国藩曾认为:深明德行、造福于民,达到至善,这都是我份内应该做的事情。如果读书不能落实到自己身上,认为以上三项与自己毫不相干,那么,读书还有什么用处?

"大学之道",就是大学的总纲领,教育的总目的,学习的总规律,修身、齐家、治国、平天下的总途径、总方针、总路线。其最终目的是"在明明德","在亲民","在止于至善"。是"格物、致知、诚心、正义、修身、齐家、治国、平天下之道";是人们经过不懈的努力奋斗提高自身综合素质之道;是通过学习、教育、实践、磨练，最终通往人生成功彼岸的理想之道；是最终达到儒家所向往的“内圣外王”、“天下为公，世界大同”之道。

“在明明德”，就是要通过坚持不懈的努力、学习、教育、实践，不断地充实、提高、弘扬自己的“智、仁、勇，三达德”的综合素质，力争达到儒家的“内圣”之道。

“在明明德”，是继承与发展相结合；仁爱众生与造福于人类社会相结合；高尚的道德与为民兴利除害相结合；心系天下苍生与担当道义相结合；所追求的终极目标是“内圣”之道。

“在亲民”，就是心为民作想，情为民所系，权为民所用，利为民所谋；就是全心全意为人民服务；“推己及人”；“己欲立而立人，己欲达而达人”；“己所不欲，勿施于人”；就是亲民如父母、爱民如子女；最终达到儒家所崇拜的“外王”之道。

“在止于至善”，就是经过“格物、致知、诚心正义”的修身养性，最终达到的“内圣”；通过“亲民”的实施，最终达到“外王”；“内圣外王”的目的，是为了最终达到“天下为公，世界大同”美好至善的境界！

“大学之道”，是人类经过学习、修养，通往成功的必经之道；“在明明德”，是通过自身综合素质的提高，力争最后达到“内圣”之道；“在亲民”是在为人民服务的过程中，争取达到“外王”之道；“在止于至善”是“内圣外王”的不断修炼，最后达到宇宙之间万事万物，共生、共存、共兴、共荣、共赢天下共发展之道；是与天和谐，与地和谐，与人和谐，于己和谐皆和谐；是没有战争，求同存异，人人平等的太平世界；是“天下为公，世界大同”理想的境界；是人民幸福安康，万众和谐圆融，天下其乐融融！

当然了，这只是儒家和善良人们最美好的理想和愿望！离现社会现实还有万里之遥，前途是光明的，道路是曲折的。正如此，才需要一代代有抱负、有责任心的杰出人物去努力奋斗！在“路漫漫其修远兮，吾将上下而求索”的过程中，实现自己人生的价值！

十三、“七证”的修养功夫，是通往“止于至善”的精神范畴

我们懂得了“大学之道，在明明德，在亲民，在止于至善”，是人生走向成功必经之路的总纲领、总方向、总目标、总规律和终极目的。要实现这个伟大而宏伟的目标，需一个完整的科学体系和实施法则，这就是“七证”、“八目”，否则有可能就是一句伟大而漂亮的空话大话。下面我们具体讲“七证”：“知”、“止”、“定”、“静”、“安”、“虑”、“得”。

“知止而后有定，定而后能静，静而后能安，安而后能虑，虑而后能得。”

“知道应达到的境界才能够确定志向；志向确定了才能够心静不乱；心静不乱才能够深思安稳；神思安稳才能够思虑周详；思虑周详才能够有所收获。”

“知”，在《说文解字》中的解释是：词也。从口、从矢。

释文：知，识的意思。由口、由矢会意。

注释：从口、从矢；矢，陈述。谓用口陈述。用口陈述，则心意可识。

按，《段注》：“‘词也’之上当有‘识’字。”

“知”，在《说文解字》中的基本意思：就是“听到讲解，就可以理解认识其中含义”。这就说明“知”，的来源，是从学习中得来的。

“知”，在《辞海》中的解释是：一，晓得；知道。如《论语》：“知之为知之，不知为不知，是知也。”二，使人知道。如，知照；知会。三，知觉。如《荀子·王制》：“草木有生而无知。”四，知识或认识能力。荀子提出：“凡以知，人之性也；可以知，物之理也。”（《解蔽》）认为人有认识客观事物之理的能力。后期墨家认为知识在于人能正确反映所见的客观事物，并对知识作了分类：“知：闻、说、亲。”（《经上》）北宋张载，将知识分为“见闻之知”和“德行之知”，承认一般的感性知识来源于“物交”，但否认“见闻”为“理性”（德行）知识的基础。

南宋朱熹把知识作为对事务“所当然”的道理或规律的认识：“知，谓说其事之所当然（《四书章句集注》）”明王守仁认为知识是主观自生的东西，“心之灵明是知”（《传习录》上）。近代魏源则提出“及之而后知”，肯定人的知识在与外界事物接触的实际活动中获得。五，见；显见。如《吕氏春秋·自知》：“文侯不说（悦），知于颜色。”六，相契；相亲。如：相知；知己；知交。《左传·昭公四年》：“公孙明知叔孙于齐。”杜预注：“与叔孙相亲知。”七，主持。如：知事；知县。《左传·襄公二十六年》：“子产其将知政矣。”八，接待。如，知宾。知客。还有：知己、知行、知交、知命、知性、知类。知识：人类认识的成果或结晶。

总结知在《辞海》中的解释是：知：就是自己晓得、知道；使别人知道；知觉，感觉；知识和认识能力；心之灵明是知；在实践中学到的知识。

综合《说文解字》和《辞海》中“知”的本意：一是，自我的感觉、感知的认识；二是，向别人学习得来的；三是，在社会实践中学习和感悟出来的。这和孔子的“生而知之，学而知之，困而知之”的讲法基本是一致的。那么，“知”在《大学》中的意思是什么？这要结合承上启下的意思来分析。

“知”，是知道自己要追求的终极目标

“知”的上文是“大学之道，在明明德，在亲民，在止于至善”。人类学习奋斗的终极目的和目标，要了解和知到这个目标和目的，要实现和达到这个目标和目的，这就是“知”的基点，“知”的方向，“知”的准确定位。

知道了自己想要的东西，知道了自己前进的方向，知道了自己奋斗的目标，知道了自己终生努力的终极目标和终极目的，就知道自己需要做什么，不许要做什么！这就和下面的“止”联系上了。

我们知道了自己终生追求的目标是伟大的，自己奋斗的目的是神圣的，这就要求我们要懂得取舍的道理，要求我们“知止”的境界。要知进退、知取舍。当进则进，当退则退，当行则行，当止则止，当取则取，当舍则舍，该付出牺牲的，就要毫不犹豫地为你崇高的理想而献身。

“止”，在《说文解字》中的解释是：止，下基也。像艸木出有址，故以止为足。凡止之属皆从止。

释文：止，底下的基础。像草木长出来有根榦基址，所以用“止”来表示“足”。凡是止的部属都从止。

注释：草木初生根干也。部中字皆人之足。有足迹，文作止，正像足趾之形。

“止”，在《辞海》中的解释是：一，止，足也。二，至；到。三，停止；平息。四，居住；栖息。“邦畿千里，维民所止。”“民蛮荒鸟，止于丘隅。”五，留住；扣留。六，禁止；阻止。七，容止；举止，特指守礼法的行为等。

正如上节所言，“止”，就如草木生长的根，就如一座大厦的根基，就如人的足迹，就是自己选择要去的地方，就是自己要栖息和选择的住所，就是自己一生追求的终极目标和终极目的地，就是儒家所说的“在止于至善”的终极理想的境界。

“止”，是知道自己要达到的终极目标

但是，这种神圣而伟大的终极目标，令大多数人望而却步，又有几人能够做到“内圣”、“外王”、“平天下”的境界？回答是肯定的，没有几人！正因为没有几人能够做到这神圣而伟大的目标，才需要我们去努力奋斗，才需要我们“天行健，君子以自强不息；地势坤，君子以厚德载物”。

一个人有青云之志，立不世之功，需要天时地利人和的配合，缺一不可。否则，就是你有天大的能力，地大的本事，也未必能够遂愿。但只要你定的目标适当，定位准确，量力而行，并不是没有希望。比如，要做一个好人，一个高尚的人，一个有学问的人，一个有益于人民的人，是没有人能够挡得住的。

一个人在现实生活和工作中，有时往往会陷入进退维谷或踌躇不决的两难境地，是进还是退，是抗争还是坚忍，左右为难，举棋不定，不知如何是好。这个时候就需要自己权衡利弊，冷静思考，是决定承担风险前进，还是保证安全后退。其实人的一生，就是一连串不断选择、不断取舍的过程，选择取舍对的概率多，就会取得较好的成功率，反之亦然。

韩愈在《治家格言》中写到：“大丈夫成家容易，士君子立志不难；退一步自然潇洒，让三分何等清闲；忍几句无忧自在，耐一时快乐神仙。”人生在世，路途遥远，曲折不平，风雨雷电，险象环生，该进则进，该退则退，当舍则舍，当得则得。正确的选择和取舍，全在于你自己的综合素质和自身修养，以及你及时所做出的选择、取舍、判断。

每一个人所选择的目标，要切合自身具备的条件，你想要什么？你自己有什么？你需要弥补什么？需要你弥补的因素和条件自己是否能够做到，如果能够做到，就应该去努力争取，否则，你就降低标准和目标，这样才有利于自身的发展。

儒家所提倡的“在止于至善”的最高境界，并不是强调每一个人都能够做到，如按此标准来要求，儒家所谓的圣人，没有一个人做到，孔子被后世称之为圣人，而孔子自己不敢承认。何况，儒家没有一个人做到“外王”，没有一个人做过诸侯，更别说好的帝王。儒家所谓的圣人都没有达到的，你来有求普通众生要达到这么高的标准，不是难为人吗？不是空话吗？不是，其实儒家要求的是你根据自身具备的条件，做到力所能及就行了。

我们大家熟悉的诸葛亮千载流传的《后出师表》：

“臣本布衣，躬耕於南阳，苟全性命于乱世，不求闻达于诸侯。”通篇都凝聚着诸葛亮公忠体国，励精图治的精神品格，无处不展现他北定中原、谋求统一的坚定信念，言出肺腑，情真意切，发人深省，感人至深。正因为如此，此表传诵千古，光照千秋。

诸葛亮初出茅庐，一介村夫，从27岁出山，到54岁病逝北伐前线五丈原，他短促而又不平凡的一生，处处彰显他了高尚而伟大的情操，超人的智慧和杰出的才干。他辅佐刘备，鼎立三国，忠心事主谋国，知其不可为而为之，鞠躬尽瘁，死而后已，做出了一番轰轰烈烈的事业。

诸葛亮生前没有封王，而死后却被历代统治者封王封圣，生前他是刘备的军师、丞相、臣下，死后刘备的陵墓却成了成都武侯祠的一个配殿。公元222年3月，刘备白帝城病危托孤：“君才胜过曹丕十倍，必能安邦定国，成就大业。若是刘禅可辅，则辅之，如其不才，可取而代之。”刘备死后，诸葛亮竭尽全力，呕心沥血，辅佐刘禅。正是诸葛亮深谙“知止”的境界，才留得生前死后的万古英名。

我们敬爱的周恩来总理离开我们已经三十多年了，他崇高而伟大的形象却永远矗立在人民的心中，他全心全意为人民服务的精神，他鞠躬尽瘁，死而后已的高尚情操，永远激励着人们，永远成为全国领导干部的楷模。至今，许多年纪大一点的人，仍还是一谈国事忆总理，每念总理泪先流。

周总理甘居副手的位置，从不越权，从不想当一把手。其实，他一生有好几次机会作一把手的，但他从不。这并不是有些人所说的总理不具备一把手的素质，后辈多少人具备一把手的素质？不都干的挺好的吗！据说他在延安时期，曾拜谒过张良、萧何墓，从不拜谒皇帝陵。这说明他早年就给自己定准了自己心中的位置，虽然他离一把手的位置仅需换坐一把椅子，但他从不多想。

按照梁衡在《〈觅渡〉大有大无周恩来》的说法：

周总理的惊人之无有六：一无，是死不留骨灰；二无，是生而无后；三无，是官而不显；四无，是党而不私；五无，是劳而无怨；六无，是死不留言。周恩来的六个“大无”，说到底是一个心地无私。“我敢大胆说一句，150 年来，实践《共产党宣言》精神，将公私关系处理得这样彻底、完美，达到如此绝妙之境界者，周恩来是第一人，因为即使如马克思、列宁也没有他这样长期处于手握党权、政权的诱惑和身处各种矛盾的煎熬。总理在甩脱自我，真正实现‘大无’的同时却得到了别人没有的‘大有’：有大智、大勇、大才、和大貌——那种倾城倾国、倾倒联合国的风貌，特别是他的大德大爱。”

“他爱心博大，覆盖国家、人民及整个世界。”

“他的大德，再造了党，再造了共和国，并将一个共产主义者的无私和儒家传统的仁义忠信糅合成一种新的美德，为中华文明提供了新的典范。如果说毛泽东是中国共产党和中华人民共和国的缔造者，周恩来则是党和国家的养护人。他硬是让各方面的压力，各种矛盾将自己压成了粉，挤成了油，润滑着党和国家这架机器，维持着它的正常运行。50 年来他亲手托起党的两任领袖，又拯救过共和国的三次危机。遵义会议他扶起了毛泽东，‘文化大革命’后期他托起邓小平。作为两代领袖，毛邓之功彪炳史册，而周恩来却静静地化作了那六个‘无’。建国后，他首治，战争创伤，国家复苏；二治，大跃进灾难，国家又中兴；三抗，林彪江青集团，铲除妖孽。而他在举国欢庆的前夜却先悄悄地走了，走时连一点骨灰也没有留下。”——梁衡《〈觅渡〉大有大无周恩来》（梁衡，原新闻出版署副署长，原人民日报社副总编）（中国人民大学出版社）

《共产党宣言》的第一句话就是：“一个幽灵，共产主义的幽灵，在欧洲游荡。”这个“幽灵”的缔造者马克思，在无产阶级革命的前夜为了寻找革命的方向，马克思耗费了 40 年的心血，为了写作，前后研究了 1500 种书籍，写出了 160 万字震撼世界的《资本论》，出版了 70 多种文字 1000 多种版本。当时的世界格局和大的环境，还没有达到马克思可以直接领导世界人民起来革命的时候,马克思此时选择了著书立说,成为全世界革命的伟大导师。

焦裕禄,只不过一个贫困地区的县委书记,他忍着病痛,带领兰考人民战胜沙灾,植树造林,成了全国干部的楷模,县委书记的典范。

张海迪,身患残疾,知道不能够和正常人一样工作和为人民服务,他就选准自己的位置,靠写作和有效的社会活动,来为国家和人民作贡献,成为全国人民身残志坚的榜样。

所以说,一个人不在乎你能否"内圣"、"外王",只要你"知止",选准了自己奋斗和努力的方向和要达到的最终目的和最终目标,就是懂得和理解了"知止"的真谛。"知止"和"定",在某些方面来说是因果关系,"止"是"定"的因,"定"是"止"的果。也可以说,"止"是"定"的前奏,"定"是"止"的成效。

"止",就是一个人做一件事情给自己设定的目标;就是一个人一生给自己设定的终极目标。

"定",就是已经找到并认定了目标;而且已经从这个目标出发,勇敢地踏上实现最终目标的伟大征程。尽管在通往总目标的万里征程中,有雪山和草地,有艰难和险阻,有诽谤和打击,有造谣和中伤,有挫折和失败,但为了实现心中的那个目标,甩一把汗水,擦一把眼泪,怀一腔热血,忍一腹委屈,扎一下伤口,为了实现这个信念,正像毛泽东所说的那样:下定决心,不怕牺牲,排除万难,去争取胜利!

"知之而后有定":

"定",在《说文解字》中的解释是:安也。从"宀干"从正。

释文:定,安定。由"宀干"、由正会意。

注释:按《周易·家人》:"正家而天下定矣。"

定,在《辞海》中的解释是:一,安定;定当;平定。如:坐定;商定;心神不定。二,决定;肯定。三,规定。如定时;定量。四,约定。如,订货;订婚。五,停留;静止。六,一定;必定。七,究竟。佛教名词:聚精会神,精神专注的状态。佛教以此作为取得确定的认识,作出确定判断所应具备的心理条件。定势:由一定的心理活动所形成的准备状态。它决定同类后继心理活动的趋势。定居:在一个地方固定居住下来;安居。"定,止也。……不敢止而居处自安也"。

“定”，是量力而行后给自己一个准确的定位

综合《说文解字》和《辞海》的意思，笔者认为：

定，就是量力而行后给自己一个准确的定位；就是丢掉光怪陆离的幻想，准备战斗；就是根据自身的实际条件，给自己作一个基本准确的定位，认识到我是什么！我具备什么！我能够做什么！这叫做知己。对于未来所追求的总路线，总目标，总方向，有个大的基本准确的定位，在实现总目标的过程中，再根据实际情况，不断地修正目标，这就叫做知彼。只有做到知己知彼，方能百战百胜。当然了实现这个总目标的前提是自己有个固定安稳的家做后盾，这个家就是战争前线的大本营。

以上我们讲了“知止而后有定”的含义和修养，接下来我们再来了解“定而后能静，静而后能安”两句话中“静”和“安”的含义和道理。

“静”，在《说文解字》中的解释是：審也。从青，争声。

释文：静，明审。从青，争声。

注释：从青：许锴《繫传》：“丹青明审也。”

按，王筠《句读》：“采色详审得其宜谓之静。”

注释：静：当依《段注》作“竫”，又，“静者审也，非其义。”“竫者亭安也，与此为转注。”从女句：桂馥《义证》引《六书故》：“室家之内，女所安也。”按《诗经·小雅·棠棣》：“丧乱既平，既安且宁。”

“静”在《辞海》中的解释是：一，平静；静止。与“动”相对。如：树欲静而风不止。二，没有声响。如：夜深人静。安详；贞静。《论语·雍也》：“仁者静。”《诗经·邶风·静女》：“静女其姝。”四，通“净”。清洁。《诗经·大雅·既醉》：“笾豆静嘉。”五，见“静言。”

“竫”，在《辞海》中的解释是：一，安静。《吕氏春秋·贵因》：“竫立安而至者，因其械也。”二，编造。“竫犹撰也。”“撰者，巧言之人，凭空结撰，易以动人。”

“静”，是大自然中万物繁荣昌盛，万类长天竞自由的状态

综合《说文解字》和《辞海》中的意思，笔者认为：

“静”，是春回大地，流水潺潺，草木青青，百花齐放，百家争鸣，争奇斗艳，五彩缤纷，万紫千红的和谐自然状态，万物共生共存共荣的自然本色。

（“青”，具有茂盛生长的意思，而和谐一致与和平安宁是它的引申义。）

“静”，是心不妄动，平心静气，全心全意，聚精会神，全神贯注的神态；

“静”，是生生不已，绵绵不绝，无声无息，树欲静而风不止的状态；

“静”，是宇宙在转动，快速无限而却像缓慢而徐徐渐进平静的动态；

“静”，是坐地日行八万里，巡天遥看一千河。你坐在飞机上，飞机每小时上千公里的速度，你感到动了吗？宇航员在空间站，每小时数万公里的速度，宇航员感到动了吗？

“静”和“动”是相对的，正如“阴”和“阳”，“空”和“有”，“生”和“灭”，“大”与“小”，“上”与“下”，“里”与“外”是相对的一样。没有静就没有动，没有阴就没有阳，没有空就没有有，没有生就没有灭——这是宇宙万事万物变化的总规律。万事万物只有顺从这个规律，才可以生存发展；人类只有遵循这个规律，才可以生生不息；追求“在止于至善”的理想境界，只有遵照顺势发展的规律，才可以达到事半功倍的理想效果。

“静”，是顺天而行，顺时而动，顺势而为，顺水行舟，只有达到“静”的境界，才可以做到“静而后能安”。

“安”，在《说文解字》中的解释是：静（竫）也。从女在“宀干”下会意。

释文：安，安宁。由“女”在“宀干”下会意。

安，在《辞海》中的解释是：一，安全；安稳。如《国策·齐策六》：“今国已定，而社稷已安矣。”杜甫《茅屋为秋风所破歌》：“风雨不动安如山。”二，安适。如：心安理得。《孟子·离娄下》：“君子深造之以道，欲其自得之也；自得之，则居之安。”三，安逸；苟安。四，习惯。五，安放；设置。六，哪里；如何。七，犹“乃”、“于是”，等。安心：心情安定；安然自足，别无所求。存心；居心。如《红楼梦》：“他为的是大爷不在家，安心和我过不去。”安定：安静稳定。如：社会秩序安定。安居：生活安定。安泰：安定太平。如，国泰民安。安逸：舒服；逸乐。安身：容身；立足。安宁：安定；宁静。安康：平安健康。安详：语言行动自如。安步：缓缓步行。安步当车。安民：安定人民生活。安分：守本分。安分守已。安置：安放；安顿。

综合《说文解字》和《辞海》的解释的意思，笔者认为：

安，的本意是自己有一座房屋，房屋里有一个女人，这个女人就是自己的老婆，老婆再生几个孩子，从此就会得到安宁。

安，的引申义是，安定、安稳、安逸、安适、安好、安放、安心、安静、安身、安康、安详、安步、安民、安分、安置、安顿、安全等等。

安，就是选好适合自己的家庭，一家人安宁安康地生活；选准的目标，安稳不动如山；选择的目的，安心孜孜以求；选准的路线，安步当车实现；面对现状，安适地面对；对于未来，安静的思考；最终的目的，使民安逸地享受；最终的结果，安详地承受。

安，是安稳不动如山的追求“在止于至善”的境界

“虑”，在《说文解字》中的解释是：虑，谋思也。从思，虍声。

释文：虑，图谋周密的思考。从思，虍声。

注释：按，《尔雅·释诂上》：“虑，谋也。”《古今韻会举要·御韻》：“虑，思有所图曰虑。”

“虑”，在《辞海》中的解释是：一，思考；谋划。如《史记·淮阴侯列传》：“臣闻智者千虑，必有一失；愚者千虑，必有一得。”二，忧。杜甫《羌村》诗：“无虑吾农事。”高诱注：“虑，犹乱也。”

综合《说文解字》和《辞海》的解释的意思是：

“虑”，的引申义是处于安逸、安静、安详、安稳、安适、安闲的状态下，对过去、现在、未来，上下左右前后周密细致的思考，安详地谋划，客观地预测，正思明见、反思卓见，深思远见。

“虑”，是对于在实现终极目标的过程中周密严谨地谋划，客观公正的决策，安全安静地解决前进中的困难，安适安稳地化解阻力和矛盾，安稳安静地接受终极的现实和结果。

“虑”，是谋化周密的思考，为了达到目的周密严谨的谋划

“得”，在《说文解字》中的解释是：得，行有所得也。

释文：得，行走而有所得。

注释：按，罗振玉《增订殷墟书契考释》注：取也，从见，从寸。邵瑛《群经正字》：得，今经典变“见”为“旦”，作得。

“悳”，外得于人，内得于己也。从直，从心。

译文：悳，身外对人使有所得，身内对己也同样有所得。由直、由心会意。

注释：外得二句：《段注》："外得于人，谓惠泽使人得之也。""内得于己，谓身心所自得也。""俗字假德为之。德者，升也。""悳，今通用德。""德行。"

得，在《辞海》中的解释是：一，取得；获得。如《孟子·告子上》："心之官则思，思则得之，不思则不得也。"二，贪得。《论语·季氏》："戒之在得。"三，得意。《史记·管晏列传》："意气洋洋，甚自得也。"四，中意；合适。如相得；得用。如："聚精会神，相得益彰。"五，完成。如《红楼梦》："已经传人画样去了，明日就得。"六，能，可。如《孟子·梁惠王上》："王之所大欲，可得闻与？"《后汉书》："田为王田，买卖不得。"七，怎得；得无。杜甫《次晚洲》："中原未解兵，吾得终疏放？"八，通"德"。感恩之意。《孟子·告子上》："所识穷乏者得我与？"

"得"，是在"外得于人，内得于己"过程中的行有所得

综合《说文解字》和《辞海》中的解释是：

"得"，引申义为：经过努力奋斗之后，有所获得，有所收获，最终（达）得到"至善"的境界。

"得"，另一层意思是"外得于人"，就是恩泽众人，达到"亲民"，"外王"的境界；"内得于己"，就是修身于己，达到"内明"，"内圣"的境界；最终达到"在止于至善"的崇高境界。

综合这节"知止而后有定，定而后能静，静而后能安，安而后能虑，虑而后能得。"就是承接和印证上文"大学之道，在明明德，在亲民，在止于至善"的四大纲领。这《大学》的七证："知、止、定、静、安、虑、得"，是心理活动，是内心定位，属于思维和精神范畴通往"在止于至善"终极目标必备的心理素质和条件；而以下所讲的"八目"，是属于身体力行的个人实践和社会实践的必备素质和条件。

十四、物有本末，就是不能本末倒置

“物有本末，事有终始，知其先后，则近道矣。”

就是说：万物都有本末轻重，万事都有先后终始。知道了如何摆正事物的先后轻重次序，那就接近掌握大学的纲领了。

“物”，在《说文解字》中的解释：“物”，万物也，牛为大物；天地之数，起于牵牛，故从牛。勿声。

释文：物，万物。牛是万物中的大物；天地间的事数，兴起于牵牛而耕，所以物从牛。勿表示读音。

注释：天地句：张舜徽《约注》：“数犹事也，民以食为重，牛资农耕，事之大者，故引牛而耕，乃天地间万事万物根本。”

按，物的本义是杂色牛，即今人说的花色牛。

“物”，在《辞海》中的解释是：事物。内容；实质。人；公众。杂色牛。在法学上，指依法成为民事法律关系客体并能为人所支配的一切物资质料。物与心相对。中国古代哲学概念。老子以“物”与“道”相对，提出“道者万物之奥。”孟子以“物”与“我”相对。提出“万物皆备与我矣”，认为精神凌驾于物之上。管子认为：“万物以生，万物以成，命之曰道。”认为物在精神之前而自然存在。荀子说：“天地合而万物生。”认为物不是由精神产生的。

综合《说文解字》和《辞海》的解释，结合本文的意境，我认为：物，是万物，牛是万物中的大物；天地间的事数，兴起于牵牛，所以物从牛。这个解释应该是正确的，因为在上古时期，野生动物刚刚被驯化为家畜，而牛是所有家畜中形体最大，在农耕社会中的用处最大，所以，牛是物的代名词和牛为大物是名副其实的。

农耕社会，民以食为天，吃饭第一的观念直到现在还是适应的。既然吃饭是人类的头等重要大事，那么，牛在人类耕种不可取代的作用不言而喻。所以说牛代表物,代表万物之首,代表天地间万物万事的根本。

“物”的本义是牛,引申为宇宙间万事万物的总和

物,的引申义是:因该是宇宙间万物万事一切存在的总代表。在传统的古代人眼里,牛是万物万事的总代表,在现代人眼里,物的含义无限扩大,延伸。物,又是辩证的。宇宙间万事万物都有其本末终始,都有其生老病死,生长存毁,大至看不尽的宇宙天体无外,小至看不见的微生物无内都是如此。

“本”,在《说文解字》中的解释是:“本”,木下曰本。从木,一在其下。

释文:本,树木下部叫本。从木,记号“一”标识在树木的下不。

注释:按,许锴《系传》:“一记其处也,与末同义,指事也。”

“本”,在《辞海》中的解释是:“本”,一,草木的根或茎干。二,事物的根源或根基。如:索本穷源。《论语—学而》:“君子务本,本立而道生。”三,重要的;中心的。如:本部;本题。四,指自己或自己方面的。如:本乡。五,这;那。六,本来;原本。七,本钱;母金。八,本业。九,今。如:本年;本日。十,根据。十一,奏章;奏本。十二,宇宙的本原或本体。

一、“本末”,树木的根和稍,比喻事物的根源和结局。引申为主次,先后。如:本末倒置。二,指事实的始末详情。三,中国历史上对农工商诸经济部门的一种划分。“本”,即“农业”,又作“本务”或“本事”;“末”,即“末业”,又作“末作”、“末事”或“末产”。

本分,本身应尽的责任和义务。本色,本来的面目。本事,真实的事迹。本质,本来的品质或质地。

综合《说文解字》和《辞海》中的解释是:本,的原意义是树木的根部。引申义为草木的根或茎干;事物的根源或根基;重要的,中心的的东西;本原;根据;宇宙的本原或本体等等。

“本”的本义是树木的根部,引申为事物的根源或根基

“末”,在《说文解字》中的解释是:“末”,木上曰末。从木,一在其上。

释文:末,树梢叫末。从木;一标识在树木顶上。

注释:按,《左传·昭公十一年》:“末大必折,尾大不掉。”

“末”,在《辞海》中的解释是:“末”,一,树梢引申指物的末梢。二,四肢。

三,尽头;最后。四,事情的终结。五,微不足道。

"末",综合《说文解字》和《辞海》中的意思是:"末",的本义是树梢。引申义是事物的末梢和终极,同时也是最终的结果或最终的目标。

"末"的本义是树梢,引申为事物的末梢和终级,最终的目标和结果

"事",在《辞海》中的解释是:事情;事故;从事;侍奉。

"事",就是人类的一切事物

"终",在《说文解字》中的解释是:"终",絿丝也。

释文:终,缠紧丝。从丝,冬声。

注释:求丝:章太炎《文始》:"絿训急,则为缠丝急也。"

按,林义光《文源》:"(甲骨文)两端有结形。"

"絿":急也。释文:絿,纠缠得急。《诗经》说:"不竞争,不急躁。"

"终",在《辞海》中的解释是:"终",一,最后;结束;末了。如:终点;有始有终。二,死。如:送终。三,到底。如:终归;终究。四,古以十二年为一终。五,竟;尽。六,既。

综合《说文解字》和《辞海》中的意思是:终的本义是丝线缠到最后打的结;引申为最终的结果,也是最终的目的。

"终"的本义是丝线缠到最后打的结,引申为结果和最终目的

"始",在《说文解字》中的解释是:"始",女之初也。从女,台声。

释文:始,女子的初生。

注释:女之初:桂馥《义证》:"言初生也。"

《释名》:'始,息也。'言滋息(生)也。

按,《段注》:"《释诂》曰:初,始也。此与为互训。"

"始",在《辞海》中的解释是:"始",一,初;最早。与"终"、"末"相对。见"始祖"、"始愿"。二,开始。如:周而复始。《公羊传·隐公元年》:"春者何?岁之始也。"三,初时;当初。四,方始,才。五,尝;曾。如:未始不可。

"始",的本义是:女子的初生。引申义为最初的开端,最初的原因。《说文解字》对于始的解释,为人们争论了不知多少年先有男还是先有女的疑难问题给出了一个结论，认为女子的初生为始，尽管不一定正确。按照《易经》的说法，其实任何事物都是阴阳同时存在的，阴中包含着阳，阳中包含着阴，可能并没有先后之分。但《说文解字》的解释并不是没有一定的道理。

“始”的本义是女子的初生，引申为最初的开端和原因

“知”，晓得；知道等。在这里的意思是知道，懂得的意思。

“先”，在《辞海》中的解释是：次序或时间在前。与后相对。首要的事情；祖先、先人；对已去世者的尊称；先导；先行致意等。

“后”，帝王的正妻；君主；诸侯；方位。与前相对；落在后面；后代；后土，古代称大地为“后土”，称天为“皇天”。

先、后，就是先后主次的意思。

以上所讲的“大学之道，在明明德，在亲民，在止于至善”，可能是《大学》全书最难讲的一节，而这节“物有本末，事有终始，知其先后，则近道矣”，可能是最好懂的的一节。但是，好懂并不一定在具体生活和社会实践中能够正确运用。

人们都知道物有本末，事有终始、先后、缓急之分，但是又有几人能够弄懂并在现实中做到呢？

宇宙万物，以道为本；地球运转，以太阳为本；万物生长，以自然为本；世界和平，以和谐为本；邻国之间，以友善为本；国家兴衰，以民为本；取得民众，以民心为本；企业发展，以创新为本；煤矿生产，以安全为本；家庭和睦，以齐心为本；为君之道，以仁为本；为臣之道，以敬为本；领导之道，以关爱为本；为人部下，以敬业为本；为人子女，以孝顺为本；为人父母，以慈爱为本；为人夫妇，以包容为本；选择对象，以人品为本；为人兄弟姐妹，以宽忍为本；与人交往，以诚信为本；教育子女，以身教为本；对待对手，以宽容为本；对待敌人，以惩罚为本；对待万物，以平等为本；对待事物，以顺其自然为本；对待自己，以善待为本；食为人本，人为国本，国为君本。

宇宙万物，以道为本。但人们在日常生活中又有几人能够做得到呢？宇宙万物都有其生存运转之道。人类为了眼前的利益，过度地开发利用，过度地排放废气，破坏了生态平衡，破坏了臭氧层，污染了环境。其结果，致使冰山融化，海平面上涨，沿海岛屿危机，酸雨不断，人类生存环境恶化，遭到了大自然的报复,如果全球不及时携手解决,人类将会遭到更加强烈和严重的报复。

世界和平,以和谐为本。但有些大国强国,为了本国的利益,妄图称霸全球,指挥世界,领导人类,有谁不听指挥,不符合自己的标准要求,动不动就制裁,干扰别国内政,颠覆别国政权,到别国边境挑衅,甚至以非常好听的名义,入侵别国。这种霸权主义,到头来恐怕也是众叛亲离,变成孤家寡人。

邻国之间,以友善为本。翻一下古今中外史,看一下当今世界,有多少不是以邻为壑,以邻为敌,以邻为对手。在边境线上,不断地挑起事端,不断地搞所谓的军事演习,直接干扰和破坏了邻国友善的平等关系。

国家兴衰,以民为本。但是古今中外有几个皇帝君主能够做到。他们严刑苛政,不顾人民死活,欺压百姓,到头来不得不被人民起来反抗,推翻其政权。

企业发展,以创新为本。但是有很多企业,只顾眼前利益,到头来不得不破产了事。

煤矿生产,以安全为本。但煤矿的事故连连不断,煤矿的工人弟兄的生命得不到保证,事故不断,悲剧连连,使多少个美好温馨的家庭家破人亡,妻离子散。

家庭和睦,以心齐为本。但又有多少个家庭,三心二意,同床异梦,整天弄得鸡飞狗跳,父子反目,兄弟成仇,妻离子散。

为君之道,以仁为本。仁爱天下苍生,是君主本分,然而,古今中外数千年的历史,又有几个皇帝、君主把臣民当人看,对大臣稍不满意,轻则当庭羞辱廷杖罢官免职,重则抄家灭门祸及九族。满朝文武惶惶不可终日,“伴君如伴虎”;天下百姓受苦受难,终生苦不堪言。

为臣之道,以敬为本。但现实之中能够忠君爱国的忠臣良将,贤臣护国的又有几人。十年寒窗苦,做得人上人,一朝权在手,便把私来谋。结党营私,拉帮结派,为虎作伥,鱼肉百姓,贪污受贿,卖官鬻爵。最后只落得个罢官囚徒,妻离子散的悲惨下场。

为官之道,以关爱为本。但现实之中的有些官员,在没登上领导岗位之前,还算可以,一旦成为领导,不能保持本色,密切联系群众,忘记了共产党的干部是人民的公仆。而是一当官,脸就变,自以为是,刚愎自用,脱离群众,官架子十足,生怕别人不知道自己是领导,只关心自己的尊严、升迁,心为己所想，情为家所系，权为私所用，利为子所谋，对于群众的切身利益充耳不闻，视而不见，更别说关爱群众，为群众排忧解难。这样的领导不是以关爱群众为本，而是以关爱领导为本，行贿受贿，溜须拍马，任人唯亲，唯命是从，走后门，跑关系，拉山头，接帮派，营私利，搞面子工程，群众的老爷，上级的奴才。其结果是为党纪国法所不容，丢官免职，声名狼藉，身陷囹圄。

为人部下，以敬业为本。但在现实中，一些人不思进取，不求上进，不钻研业务，不谋求创新，不珍惜来之不易的工作岗位，而是吊儿郎当，得过且过，当一天和尚撞一天钟，甚至当和尚也不撞钟，整天浑浑噩噩过日子，耗费了青春年华宝贵的生命，一生无建树，反而整天觉得自己生不逢时，怀才不遇，怨天尤人，恨天不公，不反思自己的不思进取，反而觉得全世界的人都欠他的，一个人一生的大好时光，在这样怨声载道中消失殆尽。

为人子女，以孝顺为本。但在现实社会和现实生活中，不孝顺父母长辈，已经不是个别现象，前边已讲，不再赘述。农村有不赡养父母的不孝子孙，城市有不敬养父母的“啃老族”。更有甚者，不以“啃老”为耻，还带着子女啃老，真不知你自己年老时该如何？父母含辛茹苦生你养你，耗尽心血，教你成人，到老来还要把自己大半生的心血换来的微薄养老金，用来养活年富力强的儿女。

为人父母，以慈爱为本。可怜天下父母心，在中国表现的淋漓尽致。父母关心爱护帮助子女本来无可非议，父母心疼慈爱孩子本来值得称赞。但有相当一部分父母对于子女，溺爱放纵过多，教育规范引导过少，父母的教育失当，过分的疼爱溺爱，变成了罪爱，害了孩子，使望子成龙，盼女成凤的殷切期盼之心，如涓涓之水，流向大海，贻误孩子的一生。“养不教，父之过”的苦果，到头来只有父母独自品尝。

为人夫妇，以包容为本。可在现实中，不少夫妇，针尖对麦芒，得理不让人，无理搅三分。一对儿年轻人热恋时，荷尔蒙使之鬼使神差，爱得昏天黑地，海誓山盟，海枯石烂，永不变心，非你不娶，非你不嫁，在天愿做比翼鸟，在地愿做连理枝。对于父母的忠告，朋友的提醒，犹如耳旁风，听不进半句真话。热恋时情人眼里出的西施白马王子，满眼的赏心悦目，把缺点当特色，草率结婚。一旦结婚成家，面对两个家庭新的环境和人际关系，缺乏必要的心理调整和环境的适应，揭开了爱情朦胧卿卿我我的面纱之后，是赤裸裸的个体和现实，是繁琐而现实的洗衣、做饭、擦地的家务,是每日必不可少的柴米油盐酱醋茶,响起了锅碗瓢盆交响曲。所谓的三年之痒,七年之痛,往日的西施白马王子,成了咋看咋不顺眼的路人,不想改变自己适应对方,老想改变对方适应自己,昔日的赏心悦目,视而不见听而不闻,昔日的特色还原为厌恶的不可饶恕,不理解爱人的一片苦心,缺少了必要的包容理解,忘却了往日的恩爱扶持,动不动就提出分手离婚。闹得鸡犬不宁,家庭支离,感情破碎,婚姻终结,一个苦难的女人,一个伤心的男人,一个无奈无辜无助的孩子,两个不和不安的家庭。

选择对象,以人品为本。这是千古不变的道理。可看一看媒体上的征婚广告,看一看现实生活中的男男女女,男的追求女的年轻漂亮,女的追求男的完美帅气,有地位、有学历、有房子、有车子、有个子,有个好家庭,有个好背景。往往忽视了你选择对象的人品如何,综合素质如何,发展前景如何。短视造成了婚后的不稳定性,一旦女人失去年轻貌美的年华,一旦男的地位有所变化,婚姻就出现了裂痕,以解体离婚了事。

为人兄弟姐妹,以宽忍为本。兄弟姐妹,一奶同胞,本应"兄宽弟忍,兄友弟恭",相亲相爱,兄弟齐心,其利断金。然而,在现实社会和现实生活中,为了几句不顺耳的话语,为了一点点的蝇头小利,为了微不足道的些许小事,兄弟反目,姐妹绝交,妯娌骂街,视兄弟姐妹为路人,自毁家庭和美和睦,自断兄弟手足,自找烦恼忧愁,使含辛茹苦满头银发的父母痛心,令亲戚朋友惋惜,让街坊邻里耻笑,"本是同根生,相煎何太急",兄弟之间,退一步天高地阔,让三分心平气和,何乐而不为呢?

与人交往,以诚信为本。诚信,本是我们中国人和中华传统文化的优良传统。然而,在现实社会和现实生活中,诚信二字显得那么弥足珍贵。

有的广告真伪难辨,虚实难分,你要想选购一种商品,必须先做一下功课,把自己弄成半个专家,否则,你难免上当受骗。人人自危,个个害怕上当受骗,掉进陷阱,骗子比比皆是,这个社会怎么了?

教育子女,以身教为本。中华民族五千年的文明史证明,中国人对于子女教育重视的程度远远超过其他民族和国家。几乎每一个做父母的都希望自己的孩子,出人头地,这本无可厚非。但有些家长,不切实际,给自己的孩子定的目标过高,无论孩子怎样努力,也达不到父母的目标,做不到使父母满意,害得孩子整日忧心忡忡。这些家长,教育孩子要有出息、要上进、要达到什么目标,而自己只停留在给孩子提供金钱和物质的帮助，很少能与孩子共同进步，以自己进取的具体行动，给孩子做出榜样和典范。自己整天网聊、喝酒、打麻将，却要求孩子刻苦学习，天天向上，拿到好的成绩；自己整天不务正业得过且过混日子，却要求孩子出类拔萃，这是不切合实际的幻想。父母是孩子的第一任老师，父母是孩子的现实榜样。种瓜得瓜，种豆得豆。没有耕耘，哪来的收获！

对待对手，以宽容为本。在现实生活工作中，一个人不可能没有对手，如果真的没有对手，要不你是一个傻子，要不你是一个非常平庸的人，因为，你连一个嫉妒你的人也没有。木秀于林，风必摧之，越是杰出的人才，挑你毛病和看不惯你的人越多，这是人性使然。也许有人给你使绊子、中伤你、攻击你、打击你，这都是再正常不过的了。如果你想干点事情，心想事成，顺风顺水，这是不可能的事情。

对于对手，要以宽容为怀，宽容为本，没有什么大不了的事情。我们要学会向对手学习和感谢对手，正是有对手的存在，我们才有可能不敢忘乎所以、妄自尊大、减少失误。你仔细想一想，你身边整天站着一个处处事事挑你毛病的人，你还敢犯错误吗？一个整天不服气你的人站在你的身边，你还敢怠慢事业工作学习吗？一个整天要想方设法超越你的人站在你的面前，你能够不奋力拼搏吗？一个乒乓球国手，假如没有同级别的对手，他很难成为世界冠军；一个象棋国手，假如没有相同级别的对手，也同样不可能成为世界冠军；一个相扑和拳击手，假如没有相应级别的对手，也同样不可能成为世界冠军；一个国家没有基本实力相当的敌国，也很难成为世界强国。所以，我不太反对有些国家给我们制造麻烦，也不太反对有些国家以高新技术制约我们。这样，可以唤醒我们民族的自信心。我们希望有外援，但不依赖外援，我们要自力更生，艰苦奋斗，发愤图强，坚持独立自主，自力更生的原则，踏踏实实走自己的强国之路，富民之路，有特色的社会主义之路。我们要靠中华民族的智慧和力量，毅力和恒心，巍然屹立在世界的东方，不愧对中华民族五千年优秀文化传统。

对待自己，以善待为本。都说人是自私的，但在善待自身的问题上，人很难做到。“人为财死，鸟为食亡”的俗语，很能说明人的一生。有人为了攫取财富，不惜以身试法；有人为了沽名钓誉，不惜弄虚作假；有人为了升官发财，不惜阿谀奉承；有人为了贪图享受，不惜贪污受贿；有人为了欲壑难填，不惜卑鄙无耻，这些反面的典型，最后身败名裂是必然的。然而，正人君子和我们平常的人，其实也很难做到善待自己。为了追求利益，把身体搞垮的不在少数。

知识分子为了追求学术上的卓越，为了名，忘记了自身的健康；企业家为了追求财富的超越，为了利，弄得浑身是病；白领为了追求更上一层楼，为了虚荣，不惜把年纪轻轻的身体弄成了亚健康；体力劳动者为了多些收获，为了殷实，积劳成疾。人人都懂得生命是最重要的，身体的健康是第一位的，但到自身具体的问题身上，往往很难做到。有些人已经非常成功，但人心不足蛇吞象，为了更高的追求，搞垮了身体的人比比皆是；贪官污吏更是为了追求奢侈腐化，贪欲贪婪，贪污受贿，跑官卖官，以权谋私，落得个身败名裂，身陷囹圄，甚至丢了身家性命，家破人亡，妻离子散的悲惨下场。

其实，人生并不一定把自己美好的理想全部实现，只要你认为自己努力奋斗了，尽心尽力了就好。鼹鼠饮江，不过满腹，宇宙之大，睡觉只不过五尺，人生是个过程，只问耕耘，不问收获，享受耕耘过程中的幸福和满足也就够了。欲壑难填，人心不足蛇吞象，人的欲望是无休止的，欲望是填不平的，人的享受更是满足不了的。

让我们在日复一日的自我流放和迷失中，坐下来休息一会儿，想一想我们真正需要什么？一个驶过时光之河的人，犹如宇宙的匆匆过客，一人沉落万物生长，陪伴你终生的是自己的身体和亲人友人。人不知有否来生，所以要善待自己，因为人生不长；要善待亲友，即使有来生，还能否遇着？要学会忙里偷闲，享受人生，留一份闲适，品一味清茶，喝一杯小酒，读一本好书，邀几个知己，觅一处幽静，回味一席中记忆中的朋友，笑看岁月中的成败得失，享受一年又一年的花开花落，欣赏一日又一日的云卷云舒，惟真情透着最初的本色。忙碌中别忘了关爱自己，你就是清风明月的主人，大自然的美丽景色正在为你绽放，在享受人生过程中，体现知足常乐的真谛。不要像《红楼梦》中所讽刺的那样：

“世人都晓神仙好，只有功名忘不了！古今将相在何方？荒冢一堆草没了。”

“世人都晓神仙好，只有金银忘不了！终朝只恨聚无多，及到多时眼闭了。”

“世人都晓神仙好，只有娇妻忘不了！君生日日说恩情，君死又随人去了。”

“世人都晓神仙好，只有儿孙忘不了！痴心父母古来多，孝顺子孙谁见了？”

《红楼梦》的观点虽然颓废了一些，但并不是没有道理。善待自己是本，身体是一，其他都是零，有个好的身体，可以在自己的身后加上许多零，没有了身体这个一，一万个零也是零，怎么聪明智慧睿智的人们，往往忘记了身体这个最根本的根本。

话又说过来了，在《大学》里的“物有本末，事有终始，知其先后，则近道矣。”的意思是什么？任何时候，本末都是相对的。对于“物有本末，事有终始”，我好长时间都认为写错了，认为应是“物有本末，事有始终”，我翻遍了《大学》的五个版本，都是一样的，才感觉应该是对的。

比如生死是人生命的两端，是相辅相成的一对矛盾体。把握人生，深刻了解人生的价值，就必须懂得什么是死。生是偶然的，死才是必然的。明代学者陈继儒认为：“人常想病时，则尘心全减；人常想死时，则道念自生。”

“事有终始”就是人们作任何事情，都应该先知道我们做事的目的是什么？最终想达到什么结果？最终的目的目标是什么？而不是没头的苍蝇乱撞、盲干，只知道自己在做什么，而不知道我们为什么！那么《大学》中这句话的意思是：万物都有本末轻重，万事都有先后始终。知道了如何摆正事物的先后顺序，那就接近掌握大学的纲领了。

我认为，在“大学之道，在明明德，在亲民，在止于至善”的纲领中，“在明明德”应是“在亲民”的本，而“在亲民”应是“在止于至善”的本。一个人只有先修炼好自己，自己做到“三达德”和“内明”最后达到“内圣”，才便于和有资格去“亲民”。假如你自己一无所成，你拿什么去亲民？你有什么资格去亲民？这里“明明德”是本，“亲民”是末，而“亲民”对于“在止于至善”来说，“在亲民”又是本，“在止于至善”是末。“在亲民”的最终目的是达到“外明”，做到全心全意为人民服务，最后达到“外圣”的目的，“内圣”和“外圣”的目的是最终实现“在止于至善”的最佳、最理想、最高尚的美好境界，这个境界就是“同舟共济，共创未来”，“天下为公，世界大同”的和谐世界，求同存异和求同化异的理想世界。

十五、格物之道，是探索运用万事万物规律的过程

"格物"，就是逐步了解、认识、接近、把握、运用万事万物的规律。而逐步达到格物的方法有五个步骤，就是《中庸》中所说的："博学之，审问之，慎思之，明辨之，笃行之"。

以上讲了"大学之道，在明明德，在亲民，在止于至善。"的"三纲"和"知止而后有定，定而后能静，静而后能安，安而后能虑，虑而后能得"的"七证"以及"物有本末，事有终始。知所先后，则近道矣"。

这一节是总结上面两节的意思，主要是告诉人们，在进行自身修养时，必须抓住事物的根本，懂得物有本末先后，事有轻重缓急，一切事物从根本做起，捋顺关系，抓住重点，才能提纲挈领，循序渐进，最后有可能达到预期的目的，绝不可本末倒置，这是《大学》的又一个重点。

现在让我们来探讨《大学》：

"古之欲明明德于天下者，先治其国；欲治其国者，先治其家；欲齐其家者，先修其身；欲修其身者，先正其心；欲正其心者，先诚其意；欲诚其意者，先致其知；致知在格物。"

今译：古代那些想把自己的美德彰明于天下的人，首先要治理好自己的国家；要想治理好自己的国家，必须先要管理好自己的家庭和家族；要想治理好自己的家庭和家族，先要修养好自己的本身；要想修养好自己本身，先要端正好自己的思想；要想端正好自己的思想，先要使自己意念真诚；要想使自己意念真诚，就必须先获得知识，要想获得知识，就在于穷究事物的根本道理（抓住事物的规律）。

"物格而后知致，知至而后意诚，意诚而后心正，心正而后身修，身修而后家齐，家齐而后国治，国治而后天下平。"

今译:研究了解事物的规律之后,就要逐步掌握了事物的规律并逐步接近真理,接近了真理之后,意念(思想)自然就真诚诚实了(因为在真理面前来不得虚伪),意念(思想)诚实之后,心态(思想)自然就端正了,心态(思想)端正之后自身就修养好了,自身修养好之后家庭家族就可以治理好了,家庭家族治理好之后,就可以治理国家了,治理好国家之后,就可以平天下了。

"自天子以至于庶人,一是皆以修身为本。"

今译:从天子到普通老百姓,一切都要以修养自身作为根本。

"其本乱而末治者,否也;其所厚者薄,而所薄者厚,未之有也。"

"此谓知本,此谓知之至也。"

今译:如果修身的这个根本都搞乱了,而家庭、国家、天下要治理好,是不可能的。不分轻重缓急,本末倒置,却想要把事情做好,从来没有过。

今译:这就叫做懂得了根本。这就叫做达到了认识的极致,既进入了"知"的最高境界。

这一节主要说要想达到儒家"外王"的标准,必须先达到"内圣"的标准,而达到"内圣"的具体途径,首先要做到:"格物、致知、诚意、正心、修身","修身"达到"内圣"之后;再逐步达到"亲民",就是"齐家、治国、平天下"的"外王"的标准。

"格物、致知、诚意、正心、修身、齐家、治国、平天下"被认为是《大学》的"八目"。只有依照次序踏踏实实地一步一个脚印,才能够完成这八项条目,才能够"在明明德","在亲民",最后达到"在止于至善"的境界。下面我们探讨修身的第一个途径,"格物":

"格",在《说文解字》中的解释是:木长儿。从木,各声。

释文:格,树木(枝条)长的样子。从木。各声。

注释:木长儿:王筠《句读》:"盖谓枝条长也。"

按,许锴《繫传》:"亦谓树高长枝为格。"

"格",在《辞海》中的解释是:方框;支架;一定的标准或式样;品质,风度;度量;纠正;受阻碍;抵敌;击打;推究;格致,"格物致知的省称。"来,至;树木的枝条;古时一种极残酷的刑具;中国古代规定官署办事规则的行政法规;抽象代数的重要概念;语法范畴之一;姓;格格。

格物致知:简称“格致”。中国古代认识论的命题。《礼记·大学》:“致知在格物,格物而后致知。”东汉,郑玄注:“格,来也;物,犹事也。其知于善深,则来善物;其知于恶深,则来恶物,……此致或为至。”宋,以后儒者对格物致知的解释颇多分歧。如宋程颐、朱熹等释为“言欲致吾之知,在即物而穷其理也”,承认接触事物(“格物”),是获得知识(“致知”)的方法,但把这仅看做是启发内心直觉达到“一旦豁然贯通”的手段;明王守仁则认为:“天下之物本无可格者,其格物之功,只在身心上做”,所谓格物致知者,致吾心之良知于事事物物也。清颜元则解释“格物”为“犯手(动手)实其做事”,并说“手格其物而后知至”,肯定了行先于知。

“格”在《辞源》中的解释是:来至;感通;纠正;穷究;打击;被阻遏;风格,度量;法式,标准;法律之一种;古代酷刑的一种刑具;支架;方框;姓。如,格天,古代统治者自称受命于天,凡所作为,感通于天,叫格天。格物,推究事物的原理。《大学》:“致知在格物,物格而后知致。”纠正事物之所不正。

“格物”,二字,古人有若干不同的解释,争论不休,宋明以前的解释“格”有两大派。一则解释“格”为“至”。《尔雅·释诂》:“格,至也。”《毛诗·烝民传》:“物,事也。”说穷至事物之理,而知无不尽。程颐一派主张这个观点,其言论如下:

“《大学》右传之五章,盖释格物、致知之义,而今亡矣;间尝窃取程子之意以补之。曰:所谓致知在格物者,言欲致吾之知,在即物而穷其理也。盖人心之灵,莫不有知,而天下之物,莫不有理。惟于理有未穷,故其知有不尽也。是以《大学》始教,必使学者即凡天下之物,莫不因其已知之理,而益穷之,以求至乎其极。至于用力之久,而一旦豁然贯通焉。则众物之表里精粗无不到;而吾心之全体大用无不明矣。此谓物格,此谓知之至也。”

翻译成现代文就是:朱熹说:上边是“《大学》右传文第五章,是解释格物致知的道理,现在却已经遗失了;我曾在私下采取程子的意思,做了一章补上。我是这样说的:经文上所说的致知在格物,是说要想穷尽我已经知道的知识,便要就每件事物用心穷究它们的道理。因为人心是这样灵敏,人心无不具有天赋的感觉,同时天下的各种事物,也没有一件不具有事理与物理的;因只在事理和物理上不曾用心研究,他的所知就很有限,不能够彻底明白了。所以说《大学》开始教人,一定使为学的人就一切天下事物,没有不借着已知的道理出发的,加倍用心去穷究它,希望能造诣到极顶,经过长时期经久不懈的努力,自然有一天能够豁然开朗,一切道理都能够贯通起来,那么,天下各种事物的表面和里面,细的和粗的,就没有一样想不到,同时吾心清明的本体和最大的作用,也就没有不明白的了。这就叫做格物,这就叫做致知。"

一则解释"格"为"正",《尚书》:"格其非心。"就是格去其非僻之心也。格之,就是正之也。就是格去物欲之私,而天理自见。阳明一派主张这个观点。然而《大学》所云"格物"本属踏实之功夫,初非专门依赖领会与体验。人类生活,不能够离开事物。假若排除物欲,就是从根本上否定人生。所以有很多人怀疑阳明之说。至于前一派的解释,必穷至事事物物之理,欲其极处无不到,则颇合乎科学研究的精神。

清代学者陈澧《东塾读书记》卷九:"格物但当训为至事;至事者,犹言亲历其事也。天下之大,古今之远,不能亲历,读书即无异亲历也。故格物者,兼读书阅历言之也;致知者,犹言增长见识也。"

综合以上观点,格物,就是推究事物的原理,追根求源,了解、认识、把握、运用万事万物的规律;就是通过读书学习获得知识;就是在实践劳动中获得知识;就是在艰难困苦中感悟获得知识;就是对于事物加以观察、区分、解析、度量、比较、归纳、整理中获得知识;就是通过深入地接触事物"格物",是获得知识"致知"的方法;就是穷究万事万物之后,通过局部看全体,通过区域看全局,通过现象看本质,一滴水可以折射一个太阳,一个 DNA 可以分辨一个万年的家族,在纷繁的具体事务中,找到事物内在的基本规律,并运用规律做到知行合一,理论联系实际,以达到事半功倍,举一反三,见一知千的效果。

那么,怎样才能够做到事半功倍,举一反三,见一知千的效果,在纷繁复杂的万千事务中发现规律,找到规律呢?

"格物"的最好方法,是"博学之,审问之,慎思之,明辨之,笃行之"

子思在《中庸》中所说,"致广大而尽精微,极高明而道中庸",就是最好的方法。《中庸》说:"博学之,审问之,慎思之,明辨之,笃行之。有弗学,学之弗能,弗措也。有弗问,问之弗知,弗措也。有弗思,思之弗得,弗措也。有弗辨,辨之弗明,弗措也。有弗行,行之弗笃,弗措也。人一能之,己百之;人十能之,己千之。果能此道矣,虽愚必明,虽柔必强。"

翻译成现代文就是：广博地学习，详细地研究，慎重地思考，清楚地辨析，忠实地贯彻。

要么不学，学了没有掌握就不中止；要么不询问，问了还不明白就不中止；要么不去思考，思考了没有结果就不中止；要么不去辨别，辨别了还不清楚就不中止；要么不做，做了却不彻底就不要停止。别人一次能做好的，我要用百倍的努力；别人十次能做好的，我要用千倍的功夫。果真能按照这种方法去做，即便是一个愚蠢的人也一定会变得聪明，即使是柔弱的人也会变的刚强。

“博学之，审问之，慎思之，明辨之，笃行之”看是五个阶段，其实是两个层面。前四个是“知”的部分，后一个是“行”的部分，只有做到了知行合一，理论知识与社会实践相结合，才能够达到了解、掌握并正确运用事物规律，才能够达到理想的效果。那么我们怎样博学：

“博学之”，力求了解、认识、掌握宇宙间万事万物更多的知识

什么叫博学？博学者，就是关于知识材料收集之广博，力求学问博大精深，没有遗漏，有独特的见解。博学，就是经、史、子、集无所不读，无所不通。

博学，在《辞海》中的解释是：博：大；广，通，如：博学多闻；博古通今；众多；丰富：如：地大物博；换取，取得；如：聊博一笑；以博欢心。博学：学问广博。《论语·子罕》：“大哉孔子，博学而无所成名。”

孙中山说：“知识之范围甚广。宇宙之范围，皆为知之范围。”又说：“吾人之在世界，其知识要随事物之增加而同时进步。”

就是说，宇宙间的万事万物，都是我们应该了解和掌握的知识和材料，并且知识要不断更新，与时俱进。

那么什么是宇宙呢？根据《淮南子·齐俗训》：“上下四方之谓宇，古往来今之谓宙。”段玉裁《说文解字》并引《文字》与《三苍》。上下四方，为空间之第三进向；往古来今，为时间之第四进向。可能说的就是今天所说的三维空间和四维空间的意思。动，不断之功，方有空间与时间之产生。

宇宙：宇，是空间的总和；宙，是时间的总和。宇宙：是时间和空间的总和。简言之：时空。

博学的范围遍及宇宙，是穷极一生也很难了解和认识的世界，所以我们要抓住做人的根本，按照《中庸》作者子思的观点：“诚者，天之道也。”诚是天地自成,万物化育的道理,诚是永久不息的。宇宙,就是上下四方,古往今来靠的是诚的支撑才能运转,假如失去诚信,就是规律,宇宙早已解体。所以做人的根本也是一个诚字。这就抓住了根本,掌握了规律。诚,就是博学之本。在实践中及时总结经验教训是学习,在困境中感悟原因是学习,和朋友师长的交往中是学习。通过书本学习,以古为镜,可以知兴替,以人为镜,可以知得失,考察过去,可以知现在,总结现在,可以推知未来,都是学习。

古今中外不乏博学之人,中国古代圣贤都是博学之人。中国如:伏羲、神农、黄帝、文王、管子、老子、孔子、墨子、庄子、孟子、孙子、荀子、韩非子;外国如:苏格拉底、柏拉图、亚里士多德、培根、康德、黑格尔、尼采、马克思等等。古今中外的先贤的博学,都对人类做出了杰出的贡献,对于人们学习和认识真理,起了无可估量的伟大作用。

中国的圣贤先哲如伏羲根据自然现象和规律总结出的"八卦",神农"尝百草滋味"发明中药治病救人,周文王在"八卦"的基础上,根据实际情况的发展,演绎出的"六十四卦"以及《易经》,指导人类七千多年来而不衰,成为中华思想文化的源头和总根源。孙武的《孙子兵法》,总结战争规律,几千年来被认为是世界兵家宝典。老子的《道德经》和孔子的《论语》等,更不用在这里重述。

外国古代的先哲如:大家比较熟悉的苏格拉底,他生于公元前469年卒于公元前399年。是古希腊伟大的哲学家。与耶稣、释迦牟尼、孔子一起,被称为世界四大圣哲。据说幼时,苏格拉底家境贫寒,完全通过自己的努力,掌握了当时古希腊的各流派哲学,成了当时最富有智慧的哲人。

苏格拉底生活在一个充满各种纷争的动乱年代,饱经战乱。在理论上,各种诡辩论、怀疑论、感觉论,纷纷出笼,好似时代发出的声声叹息。

这时苏格拉底降生了,他为这个时代生,又为这个时代死。他认为,最重要的问题不是人之外的自然,而应当是人的灵魂。正如西塞罗所说,苏格拉底把哲学从天上带到人间。对人,对世界,苏格拉底提出了全新的观念,在哲学史上构成了重大转折。

他认为,一个人不断认识自己,向自己内在的心灵世界求索,这样获得的认识就是善的认识,按照这种善的认识行事,就是善的行为。善就是理性的原则,美德就是知识。就这样,苏格拉底为迷途的雅典人提供了一个完整的价值体系。

苏格拉底以自己的理论不知疲倦地教导着雅典人,而且,他以自己的一生实践其理论主张。在西方思想史上,苏格拉底一直以其崇高的道德彪炳千秋。

苏格拉底道德的伟大在于他被他的雅典同胞判处死刑时达到了高峰。当时,雅典当局认为他腐蚀青年,影响社会安定,所以判他死刑。面对死亡,他毫不畏惧,他说:"死并不是什么坏事……(只是)他们存心加害于我,所以必将受到谴责。"他拒绝了学生为他安排的逃亡,为了维护国家的尊严,他情愿牺牲自己的生命。

他的名言"认识你自己",是他哲学思想的集中表达。就是说,人应该关心自己的灵魂,去认识"真正的自我"。人之所以区别动物,是因为人具有能动的理性心灵。认识自己,从内心求索理性,就能获得认识的真理,就能成为一个具有善的品德的人。

他的"美德就是知识"与"认识你自己"相联系,教导人们关心自己的灵魂,掌握善的知识和概念,只有这样才能成为具有美德的人,做出善的事情。他这一名言,把伦理与知识结合起来,在欧洲思想史上产生了重大影响。

柏拉图是古希腊伟大的哲学家,在西方人眼中是不朽的"哲学家之王",是永恒的宇宙与人生意义的精神导师。柏拉图生于公元前 428 年,卒于前 374 年,出生于雅典一个世代显赫的家族。是苏格拉底的学生。为了探求世界之真理,人生之真谛,他开始了长达 12 年的游学生涯。在学习和实践中,创建了自己的理论体系。

他在理论上,对人类有两大贡献。首先是他提出了"理念世界",使人的认识产生了一次巨大的飞跃。标志着人的认识已由对世界的感性认识升华为理性认识。他的另一贡献是对社会、对人生的深刻了解。他在人类思想史第一次系统地研究了善、正义等观念,提出了建立正义的国家和实现至善的人生理想的基本原则。他不朽的《理想国》为人类提出了第一个乌托邦社会。他心目中的崇高目标,就是建立一个争议社会。英国现代著名哲学家怀特海曾意味深长地说:"欧洲几千年的思想发展,都不过是柏拉图的注脚而已。"

柏拉图的思想后来成为基督教的基本思想来源。如果说西方文明是基督教文明的话,那么,柏拉图就是西方文明的圣人、奠基者。

他的:"人类灵魂的车夫赶着两匹马,一匹马是高尚的,具有高贵的教育,而另一匹却是卑劣的,教育极差。所以,驾驭人类的马车是一件异常困难的艰苦工作。”

另外还有亚里士多德的:“求知是人类的本性”;“遵循理智的生活是最幸福的生活”。培根的“知识就是力量”;“真理是时间的女儿,不是权威的女儿”;“读史使人明智,读诗使人聪慧,演算使人精密,哲理使人深刻,伦理学使人有修养,逻辑修辞使人善辩。”总之,“知识能塑造人的性格”。以及哥白尼400多年前冒着被教会处死的危险,在他所著的《天体运行论》中说:“日心地动说”;“地球是动的”,使自然科学从神学中解放出来,为促进自然科学的发展起了极为重要的作用。还有牛顿在伽利略等人的基础上总结出力学运动的三个基本定律。发现了万有引力定律。在光学方面,创立了“微粒说”等等。

博学的人大都认为自己无知,正如苏格拉底所说:“自知自己无知”,正是苏格拉底的智慧所在,他不把自己称为智者,而称为爱智者。学问是无止境的,越学越觉得自己懂得太少,越研究越觉得自己浅薄,所以要终生不懈地努力学习探讨,不以博学者自居,像苏格拉底那样,做个爱学者,爱智者,乐智者。

“审问之”,详尽、周密、慎重地追根求源

什么叫审问,按照《辞海》中的解释是:详知;明晰。正如《淮南子·说山训》所说:“万事由此所先后上下,不可不审。”引申为详尽细密之意。还有详查;细究,周密和慎重之意。

学问,就是边学边问,又学又问。仅有“学”没有“问”的知识是不够的,而仅有“问”没有“学”的知识也是不够的。知识的来源,主要是来源于“学”、“问”。

学,要求博学;问,要求审问。什么是审问?就是详知、详查、细究、明晰、周密、慎重的意思。对于宇宙间的万事万物,对于我们所要了解和掌握的材料、知识审慎地探讨、询问,力求完备和周详细致,甚至追根求源,弄通弄懂,仔细推敲研究,获取知识,了解并掌握事物的规律,审问和博学一样,是通向格物的必经途径。

在日常生活和工作学习以及社会实践中,遇到不懂或者不甚明白的事情要审问;对于虽然基本了解和明白,但还有疑问之处,也要审问;对于已了解局部不了解全局的也要审问;对于已有结论,而自己又有新的发现的也要审问。

尽信书不如不读书,要不唯上,不唯书,不唯权威和定义,相信实践是检验真理的唯一标准。要敢于审问,要敢于怀疑,要敢于否定,在怀疑和审问及否定中,获得真正的知识、理论及智慧,在社会和生活实践中,了解真理和发现真理,验证真理,实践真理,最后达到通往格物的途径。

《论语》中有问仁、问孝、问政、问士,等等;屈原有问天等。中国人有“痛则喊妈,怒则问天”的思维习惯;所有的科学家都是在审问的基础上,对已得出的结论提出疑问,经过长期反复的论证,才得出正确的结论及定理。

审问和疑问是推动社会历史前进的动力。社会就是在一个个否定中前进的。但审问也要慎重,不要轻易疑问、审问,审问的目的是为了了解和获得知识及真理,而不是为了疑问而疑问的、审问而审问,不是怀疑一切论,而是有目的、有重点地怀疑审问,审问是为了解决问题和追求真理。

审问要和博学互用,审问要和慎思、明辨互用,审问要和笃行互用,博学之,审问之,慎思之,明辨之,笃行之,这五者是知行合一的关系,是学以致用的关系,是理论联系实际的关系,是实践是检验真理的惟一标准的关系。

管仲在《管子 · 宙合》中说:“听不审,不聪,不审不聪则缪;视不察,不明,不察不明则过;虑不得,不知,不得不知则昏。”

就是说:听到了不认真分析就不明了,不分析不明了就会产生谬误;看到了不认真调查就不会清楚,不调查不清楚就会产生过失;思考了不认真体会就没有认识,不体会不认识,就会糊涂。

古今中外没有一个人是全知全能的圣人,也没有一个人是全无知全无能的愚人。孔子问礼与老子,孟子问学于子思,庄子得益于老子。而且孔子说:“吾不如老农”,“吾不如老圃”。每一个人的知识都是有限的,每一个哲学家、科学家、圣人都受时代和环境的局限性,人类的认识论永远是不会停止的。何况还有“智者千虑,必有一失,愚者千虑,必有一得”的说法。

《易经》上说:“谦受益。”就是说,谦虚谨慎能够使人受益。

曾子曰:“以能问于不能,以多问于寡;有若无,实若虚;犯而不校,昔者吾友尝从事于斯矣。”

就是说:有能力的人却向没有能力的人请教,知识多的人却向知识少的人请教;有学问的就像自己没有学问一样,满腹经纶却向空无所有的人一样;即使被欺负侮辱,也不计较,过去,我有一位朋友就这样做的。

视有若无，方不自欺；视实若虚，方不自满；犯而不校，方能捐除我执，接受他人之意见。这些都是进德修业的秘诀。

《老子》："知者不博，博者不知。"就是有真才实学的人不炫耀自己的博学，炫耀博学的人自己没有真正的知识。

《吕氏春秋》："善学者假人之长以补其短。"就是善于学习的人，总是汲取别人的长处来弥补自己的短处。

《淮南子·道应训》："多闻博辩，守之以陋。"就是说，虽然自己学问渊博，学富五车，才高八斗，但还是认为自己浅陋无知似的。

学与问是相辅相成的，好学的人没有不好问的，好问的人没有不好学的，好学好问的人没有不谦虚谨慎的。

子曰："敏而好学，不耻下问，是以谓之文也。"虚心学习，勤学好问，"三人行必有我师焉"，"勤能补拙是良训，一分辛苦一分才"就是这个道理。

国际歌中说：没有救世主，没有神仙皇帝，全靠自己；尼采说：上帝死了。这都是大胆地审问和大胆地怀疑及疑问。

审问，要有强烈的求知欲望；审问，要有诚恳的学习态度；审问，要有谦虚的博大胸怀；审问，要有高尚的道德品德；审问，要有坚忍不拔的进取精神；审问，要有敢冒风险的大无畏勇气。

十六、慎思之道，是谨慎细心持重，力求正确无误

慎思之的“慎”是什么意思？《辞海》中“慎”的意思是：谨慎；当心。就是要慎思、谨慎、慎重、当心、小心、细心。要谨慎细心持重。《新唐书·仪卫志》：“必备物而后动，盖所以慎重也。”

“慎思之”，对已掌握的知识要谨慎地思考，细心地推敲，力求正确无误

慎思之，就是要在日常生活中，对于了解、接触和考察审视的知识材料要慎重地对待，谨慎地思考，细心地推敲，当心出差错，力求稳妥、严密真实可靠正确无误。

古人云：做事要三思而行。三思：正思明白，反思卓越，深思超越。

《围炉夜话》中说：“读书无论资性高低，但能勤学好问，凡事思一个所以然，自有义理贯通之日；立身不嫌家世贫贱，但能忠厚老成，所以无一毫苟且处，便为乡党仰望之人。”

就是说：读书人无论你天赋的资质高还是低，只要能够用功，不断地学习，遇有疑惑或不懂之处，肯虚心向人请教，任何事都把它想个透彻为什么会如此，终有一天就能够通晓书中的道理，在社会上立身处世，不怕自己出身贫贱低微，只要为人忠厚老实，做事稳重踏实，行为没有一丝随便或违背道义之处，便足以为家乡的父老乡亲所看重，而成为众人学习的榜样。

德国哲学家康德说：“有两种东西，我们对它们的思考越是深沉和持久，它们所唤起的那种越来越大的惊奇和敬畏就会充溢我们的心灵，这就是头上众星的天空和心中的道德律。”

康德说：既要认识自然（头上的星空），又要认识人生（心中的道德律），运用科学去为人类谋求幸福，运用道德来约束自己的欲望。这一名言充分表现

了康德要以理性的权威来增强人的尊严和价值的崇高理想，展示了他高远的胸怀，激励了后来无数探求真理高峰的人们。

康德还说："自己思维，自己探索，用你自己的脚站着。"

这是康德在讲课时向学生提出的忠告。人们在学习哲学和其他知识时，往往只学会一些现成的结论，康德针对这种学习方法，指出这样绝不能把哲学学到手，只有学会如何进行哲学思维，学会如何独立思考，才能有所成就。这句话表明了康德培养既能独立思考又具有正直品质的学生的教育理想。这一思想对他的学生和后人产生了重大影响。这一名言所表现出的思想境界，永远值得人们去追求。

慎思，在中国古代经典中的出现举不胜举：孔子在《论语·为政》中说："学而不思则罔，思而不学则殆。"

孔子说：只是一味地学习，不去好好地思考，就会迷茫而不得明白和要领；单凭空想，不去认真踏实地学习，那更是危险的事情。

孔子曰："君子有九思：视思明，听思聪，色思温，貌思恭，言思忠，事思敬，疑思问，忿思难，见得思义。"

孔子说：君子有九种事情需要考虑：观看事物的时候，要考虑自己看明白了没有；听别人的言论，要考虑自己听清楚了没有；面对别人，要考虑自己的脸色是否温和；面对师长，要考虑自己的容貌态度是否恭敬；面的朋友，要考虑自己的语言是否忠实；面对重要事务，要考虑自己做事是否严肃认真；遇到问题时，要考虑怎样向人请教；自己发怒时，要考虑会不会留有后患；看见可得的东西，要考虑是否应该自己得到。

孟子曰："耳目之官不思，而蔽于物。物交物，则引之而已矣。心之官则思，思则得之，不思则不得也。此天之所与我者。先立乎其大者，则其小者弗能夺也。此为大人而已矣。"

孟子说：耳朵，眼睛这些器官不会思考，常常被外物所蒙蔽。有时亲眼所见和亲耳所听到的不一定是事实的真相，世上万事万物之间，有着及其复杂的内在关系和千丝万缕的联系，耳目往往被假象迷惑，甚至引向歧途。"心"这个器官会思考，思考之后便有心得体会，不思考就会一无所得。"心"是上天专门赐予我们人类的。先把这个器官的作用树立起来，那么次要器官便不能把思考的作用夺取了。这样便成了君子。

“心之官则思”若能运用得好，则“天之高也，星辰之远也，苟求其故，千岁之日至，可坐而致焉”。不用心去思考，则很有可能被具体事物的假象所迷惑，以至于做出错误的判断和决策，给事业造成不可弥补的损失，后悔无穷。

慎思，包含着勤思。《孟子·尽心下》中，孟子谓告子曰：“山径之蹊，间介然用之而成路；为间不用，则茅塞之矣。今茅塞子之心矣。”

孟子对告子说：山间的小路本来很窄，经常走它就变成了路，短时间没有人走它，又会被茅草堵塞。现在茅草也把你的心堵塞了。

孟子对告子的批评，说明了一个问题，就是“心”要常用，要经常思考，才不会被茅草堵塞了思路，头脑才不会僵化。

《论语·子张》中，子夏曰：“日知其所之，月无忘其所能，可谓好学已矣。”“博学而笃志，切问而近思，仁在其中矣。”这是在讲勤思的重要性。

子夏说：每天能学到未曾知道（新的知识）的东西，每月能不忘已经掌握的东西（知识），这就可以说是好学习了。他又接着说：广博地学习，而且专心致志；对还没有彻底了解的事情恳切地求教。又认真考虑当前的问题，仁德便在其中了。这是在讲学与思的辩证关系。

古今中外的政治家、哲学家都强调了慎思的重要性。慎思之，在“博学之，审问之，慎思之，明辨之，笃行之”中，起着承上启下的重要作用。

“明辨之”，明察秋毫，明辨是非对错，去伪存真，透过现象看本质

什么是明辨之？天下事无非是“利害、是非、对错、同异、正反、真伪、好坏、善恶、忠奸”而已。明辨之，就是明辨“利害、是非、对错、同异、正反、真伪、好坏、善恶、忠奸”。

明辨之，就是明察秋毫，把大小问题都弄清楚；就是明断是非，明确地辨别案件或纠纷的是非对错，做出公正的判决或判断；就是明达事理，面对纷繁的事理，有明确透彻的认识，抓住事物的根本和实质。

明辨之，就像马克思所说的那样：“少发些不着边际的空论，少唱些高调，少来些自我欣赏，多说些明确的意见，多注意一些具体的现实，多提供一些实际的知识。”

马克思还说：“哲学家们只是用不同的方式解释世界，而问题在于改变世界。”

明辨的目的，是为了更深一步的认识世界和改造世界，不是空谈世界；明辨的目的，是为了辨明纷繁事物的真伪，找到问题的实质，然后再解决问题。

博学之，是为了穷尽天下之理，博学而后能知，博学是为了在宇宙万事万物之中，经过博学之后的类比，透过现象看本质，透过本质了解事物的规律；

审问之，是在博学的基础上，站在高处，俯视和审问自己所获得的知识是否正确无误，经过追根求源，而后认识事物的规律；

慎思之，是经过正思的明白，反思的卓越，深思的超越之后的力求稳妥，确保自己获得的知识和掌握的材料确凿无误，在通往了解和认识事物规律的途径中减少失误；

明辨之，就是去伪存真，确保自己已掌握的知识和掌握的材料，是真实正确无误有用的，自己了解把握的规律是真实客观的，没有被假象所迷惑，避免差之毫厘，谬之千里的失误，为最后的笃行之，把好最后的关口，可以让笃行之放心大胆地去实践。

明辨，是以博学为基础的，没有博学，没有丰富的知识，是很难做到明辨的；明辨，是需要丰富的社会实践知识的，没有丰富的社会实践知识，很难辨清是非、利害、对错、同异、正反、真伪、好坏、善恶的；明辨，是需要法律依据的辨明是非，是要以事实为根据，以法律为准绳，不是想当然的。为什么幼儿容易犯错？小孩子容易上当受骗？是因为他们没有丰富的知识和丰富的社会实践经验。

要辨别清楚什么是利，首先要知道什么是害；要辨清楚什么是是，首先要知道什么是非；要辨清楚什么是错，首先知道什么是对；要辨清楚什么是异，首先知道什么是同；要辨清楚什么是反，首先要知道什么是正；要辨清楚什么是伪，首先知道什么是真；要辨清楚什么是坏，首先知道什么是好；要辨清楚什么是恶，首先知道什么是善；要辨清楚什么是奸，首先知道什么是忠。

要辨清楚这些，一要具有渊博丰富的理论知识和丰富的社会实践经验，以史为鉴可以知兴替，以铜为鉴可以正衣冠，以人为鉴可以知对错；在博学的基础上，要审问之，慎思之，才可明辨之。

明辨是非，要依靠天理、国法、人情、常规、逻辑、规律和正确的社会实践经验，不是凭空想象的拍脑袋和眉头一皱计上心来。明辨，是一个系统工程，不是一朝一夕便可以很容易掌握的，非得下大力气不可。

子曰："恶紫之夺朱也，恶郑声之乱雅乐也，恶利口之覆邦家者。"

紫之夺朱：朱，大红色，古代称之为正色。但春秋时期鲁桓公、齐桓公喜欢穿紫色衣服，使紫色渐渐代替了红色，成为诸侯衣服的正色。郑声：郑国的民间地方音乐。雅乐：用于郊庙朝会的正统音乐。孔子在《卫灵公》篇中曾有"郑声淫"之语。

孔子说："我憎恶用紫色夺取了朱红正色的光彩和地位，我厌恶郑国的通俗音乐扰乱了先王典雅的标准音乐，我厌恶那些能说会道、花言巧语，颠倒是非、颠覆国家的坏人。"

孔子的判断标准是以《礼记》的标准来衡量正确与否的。

宇宙间万事万物，纷乱复杂，混淆是非，颠倒黑白，真伪难分，忠奸难辨。赵高指鹿为马，好辩，但迫于权势不敢辨。有时忠奸难辨，是真难辨。大奸似忠，如王莽之流，如果不是他后来篡位，是很难辨别清楚的；有的被冤枉致死，如明代的爱国将领袁崇焕，如果不是被清朝皇帝平反昭雪，也许会长久地被当做叛国的罪人。

孟子曰："尽信《书》，则不如无《书》。吾于《成武》，取二三策而已矣。仁人无敌于天下，以至仁伐不仁，而何其血之流杵也？"

这里的《书》，指《尚书》。《成武》指的是《尚书》的一篇，属于伪古文。策：指竹简。以至仁伐不仁：至仁，指周武王；至不仁，指商纣王。

孟子说："完全相信《尚书》上的记载，还不如没有《尚书》这部书。我对于《成武》一篇，不过是取两三章罢了。仁者天下无敌，武王以天下最仁道的人去征伐商纣王天下最不仁道的人，怎么会使血流成河，把木锤都飘起来呢？"

孟子根据"仁者无敌"的论点，经过审问、深思、明辨之后，认为《尚书》这篇文章所记载的"武王伐纣王血流漂杵"是不真实的。要么武王不是至仁者，要么纣王不是荒淫无道的至恶者，如果是，则《尚书》的记载是假的。

《孟子·尽心下》中：万章曰："一乡皆称原人焉，无所往而不为原人，孔子以为德之贼，何哉？"

曰："非之无举也，刺之无刺也，同乎流俗，合乎污世，居之似忠信，行之似廉洁，众皆悦之，自以为是，而不可与人尧舜之道，故曰'德之贼'也。孔子曰：'恶似而非者；恶莠，恐其乱苗也；恶佞，恐其乱义也；恶利口，恐其乱信也；恶郑声，恐其乱乐也；恶紫，恐其乱朱也；恶向原，恐其乱德也。君子反经而已矣，经正，则庶民兴；庶民兴，斯无邪慝矣。'”

万章说：“全乡的人都说他是好人，他也处处表现出是大好人，孔子竟说他是破坏道德的人，这是为什么呢？”

孟子答道：“这种人，要指责他，却又举不出大错来；要责怪他，也挑不出什么大的毛病，他只是迎合流俗，为人好像忠厚老实，行为好像端正清廉，人们都喜欢他，他自己也以为正确，但是与尧舜之道完全相背，所以说他是破坏道德的人。孔子说过，厌恶那种表面相似而实质根本不同的东西；厌恶狗尾草，担心它会搞乱了禾苗；厌恶有才无德的人，担心他搅乱了义；厌恶夸夸其谈的人，担心它搞乱了真实；厌恶郑国通俗的乐曲，担心它搞乱了雅曲；厌恶紫色，担心它弄混了朱红色；厌恶好好先生，担心他破坏了道德。君子使一切事物回到正常轨道就行了，正道不被歪曲，百姓就会兴奋振作；百姓兴奋振作，就没有邪恶了。”

世间万事万物，纷乱复杂，千头万绪，像一团乱麻，不抓住事理的根本和逻辑，不认真去分析和推敲，不去伪存真，不拨乱反正，追根求源，有时很难分清是非对错，良莠忠奸。大奸似忠，大伪似真，黑白颠倒，混淆是非，以假乱真，紫朱难辨，良莠难分。“老好人和真好人，伪君子与真君子，伪君子与真小人”，“假作真时真亦假，似还有时有还无”。

毛泽东在中国革命战争的战略问题中说：“指挥员的正确的部属来源于正确的决心，正确的决心来源于正确的判断，正确的判断来源于周到的和必要的侦查，和对于各种材料的连贯起来的思索。……将各种材料加以去粗取精、去伪存真、由此及彼、由表及里的思索，然后将自己方面的情况加上去，研究双方的对比和互相关系，因而构成判断，定下决心，做出计划，——这是军事家在作出每一个战略、战役或战斗计划之前的一个整体的认识情况的过程。”

毛泽东还说：“读书是学习，使用也是学习，而且是更重要的学习。……常常不是先学好了再干，而是干起来再学习，干就是学习。”

毛泽东强调了明辨和慎思的辩证关系，并进一步强调了干，也就是笃行的重要性。这些观点，充分反应了毛泽东重视理论联系实际的重要性，强调了知行合一和笃行的重要性。

明辨之，必须建立在博学之上，审问之，必须以慎思之做基础，再根据自己的综合知识和实践经验，经过多方面的观察、分析、比较、度量，才能得出比较正确的结论,有时所得出的结论当时看似正确,还要经过社会实践论证和历史的检验,因为实践是检验真理的唯一标准。

“笃行之”,理论联系实际、知行合一、运用规律解决实际问题的过程

什么是笃行之?笃行之,就是学以致用,知行合一,理论联系实际,勇于实践,勇于探索,坚韧地执行力;笃行之,就是忠实地、全心全意地、坚定不移勇敢地去履行、实践已掌握的理论知识。

博学之,审问之,慎思之,明辨之是获得知识、理论、智慧的必经之路;而笃行之,是学以致用的过程,是知行合一的过程,是理论联系实际的过程,是用于了解事物规律的过程,是不断探索实践寻找真理的过程,是运用规律和真理,解决实际问题的过程。

没有知的笃行,是盲干和冒险,是没头的苍蝇乱撞,是瞎子摸象,是只顾埋头拉车,没有抬头看路,走错了路,选错了方向,办错了事,犯了错还茫然不知;没有笃行的实践,是口头革命派,是空头理论家,是两脚书橱,是知识呆子,是百无聊赖,秀才造反十年不成无用的书生,再多的知识和理论,也是纸上谈兵,空对空的理论,与己无补,与人无补,于事无补,甚至还会造成事与愿违严重的后果。

“博学之,审问之,慎思之,明辨之,笃行之”,是知行合一的最佳方式,是学以致用的最好结合,是理论联系实际的最佳途径,是勇于实践的最佳探索,是掌握规律的最佳方法,是探索真理的必经之路,是实践是检验真理的惟一标准,是识别庸才和人才的分水岭,试金石。学是为了用,用离不开学,知行合一,理论联系实际,方能获得真知灼见,方能称之为“格物”,方能培养、磨练、锻造出真正的人才——国家的栋梁之才。

古今中外哪一个有伟大成就的旷世之才,不是知行合一,学以致用,理论联系实际“笃行之”的典范。如新中国的开国总理周恩来等:

周恩来说:“为中华之崛起而读书!”

周恩来自小立志发奋读书学习,报效祖国,辛亥革命爆发的消息传来后,他异常兴奋,第一个在学校里带头剪掉辫子。一次,魏校长在课堂上提问关于读书的目的问题时,13 岁的周恩来站起来庄重地回答:“为中华之崛起而读书!”一个少年发出了声震寰宇之声。

周恩来还说:“坐着谈,何如起来行!”

周恩来在欧洲留学期间,他深入实际,到工人群众去,结合革命实践对社会作了深入实际的调查。他决心把自己的知识和全部精力,投入到改造贫穷落后的国家中去,用自己的鲜血和生命实现伟大的革命理想。他言行一致,反对空谈,“坐着谈,何如起来行!”生动地表现了他一生的革命实干精神。

周恩来对党和人民无限忠诚,鞠躬尽瘁,死而后已,为中国人民的解放事业和共产主义事业,无私无畏地贡献了自己的一切,建树了不朽的功勋,赢得了全国人民和世界人民的尊敬和爱戴。周恩来在党的建设、政权建设和军队建设,在白区工作和根据地工作等方面,运用马列主义的普遍真理解决中国的实际建设问题,对于毛泽东思想的形成和发展,作出了杰出的贡献,他是现代、当代知行合一、理论联系实际的典范,也是古今中外少有的“笃行之”的楷模。

周恩来是当代“笃行之”的典范,那么中国古代另一位典范应该是大家十分熟悉的诸葛亮。

汉末三国时期的历史,波澜壮阔,人才辈出,涌现出了一批杰出的历史人物,诸葛亮就是这其中最杰出的代表。他去世几十年后,还受到蜀中一带“国人歌思”的无限怀念;到了唐代,那里还依然“歌道遗烈”的缅怀颂扬;人民缅怀和追念他的丰功伟绩,人民歌颂和敬佩他的高风亮节;直到今天,中国、日本和东南亚一些国家,还有许多人以诸葛亮为榜样、为楷模、为神灵,常追思不忘,武侯祠前香火缭绕,常追念忠魂不已。可见诸葛亮的伟大和对后世影响的深远广大。

前半生是他立志用世的准备阶段,结庐隆中,因志成博学;后半生则是勇于笃行,忠勤操劳,“两朝开济老臣心”的用世之期。因为他前半生立志立得坚决,准备用世的知识、才干又准备得充分,所以他后半生才以其操守坚贞,才智卓越,用于笃行,才在当时的历史条件下,做出了一番轰轰烈烈的事业,赢得了“名垂寰宇”的崇高声誉。

在著名的《隆中对》中,诸葛亮向刘备提出了进取荆州、益州,革新政治,积蓄力量,准备条件,统一全国的建议,表现了他对当时天下形势的清醒认识和深刻卓越的分析。他帮刘备由站无立锥之地到建立蜀国,两代任相,长期主持蜀汉的军政要务,推行汉治路线,对于西南地区的政治、经济的发展,作出了杰出的贡献。他重视“耕战”,大力发展农业;采取设立盐司校尉等一系列措施，做到了国强民富；他审时度势，清楚地知道谁是我们的朋友，谁是我们的敌人，联吴抗曹，并注意联合少数民族；他治军有方，使军队训练有素，作战时注重调查研究，知己知彼，以弱胜强。他的知识、智慧、才干和谋略的运用，达到了出神入化的程度，令对手和敌人也佩服得五体投地，不但在当时的历史舞台上演出了威武雄壮、有声有色、可歌可泣的历史话剧，而且对于后世的政治、经济、军事、外交、民族政策等也产生了极其深远的影响。

诸葛亮身后的蜀国，继任者蒋琬、费祎相继去世后，也就一天天走向衰落了，的确使人感到"人亡政息"。人民关注国家的命运，怎么能不怀念敬爱的诸葛丞相？连魏国征西将军钟会统兵攻破蜀国到汉中时，也亲往诸葛亮庙中祭奠英灵。蜀国亡后，诸葛亮的名声反而更大。晋王司马昭在灭蜀以后，立即就叫陈勰学习诸葛亮兵法，其子晋武帝司马炎还亲自向蜀汉降臣樊建请教诸葛亮治国之方。而司马懿很早就佩服诸葛亮为"天下奇才"了。对诸葛亮的推崇，敌国或者说对手的晋国，也就是晋代开国的司马祖孙三代算是给后世开了先河。

从晋代开始，历代都在给诸葛亮升官、进爵、赐庙、加封号。晋封为武兴王；唐封为武灵王，并赐庙；宋赐"英惠庙"，加号"仁济"；元代则更追封为"威烈忠武显灵仁济王"，明代朱元璋钦定为"帝王庙"；清代不但把许多纪念诸葛亮的胜绩古祠加以整修建新，供人瞻拜，而且每年春秋祭孔庙时还以诸葛亮从祀。

历代统治者更是对诸葛亮推崇备至。晋武帝对诸葛亮的治国之法很是称道，感叹地说："我要是有诸葛亮辅佐，怎么会像今天这样劳累啊！"唐太宗李世民曾多次向臣下称道诸葛亮治国的忠勤，他认为诸葛亮治蜀"十年不赦，而蜀大化"的根本原因在于有"贤相"诸葛亮为政"至公"，要房玄龄等大臣效法诸葛亮"公平"治国。宋代大学者朱熹认为："论三代而下，以义为之，只有一个诸葛亮。"清代康熙帝赞叹说："诸葛亮云：鞠躬尽瘁，死而后已。为人臣者，惟有诸葛亮能如此耳。"乾隆帝亲撰的《蜀汉兴亡论》，大发"用贤与不用贤，关系国家存亡"的议论，对诸葛亮推崇备至。至于各朝文人骚客，武将名流，争相为诸葛亮著书立说作传，歌功颂德，更是蔚然成风。

历代封建统治者对诸葛亮的颂扬，自然有着他们本身的政治目的，但是，诸葛亮作为中国封建社会人治较为完备的成功者，有两点是被后世公认的：一是他忠于信念，矢志不移；二是他谦虚谨慎、克己奉公。前者反映他积极进取的精神品格；后者表示他鞠躬尽瘁，死而后已的思想作风。这是笃行的最好榜样，也是后人永远缅怀和学习效法的典范和楷模。

“纷纷世事无穷尽，无数茫茫不可逃；鼎足三分已成梦，后人凭吊空牢骚。”往事越千年，诸葛亮所处的三国乱世早已成为历史的昨天，但诸葛亮作为伟大的政治家、军事家、外交家，却是永垂后世，他的运筹帷幄、神机妙算的谋略大家的伟大形象永远活在人们心中。

十七、致知之道，是探索、追求、接近、把握、运用真理的过程

致知之道，就是探索、追求、了解、认识、接近、把握、运用真理的过程。最主要的方法有九知，就是：知天和天时，知地和地利，知人和人和，知命和命运，知性和人性，知道和天道，知德和德行，知教和教化，知物和物本。

“致知”的之“致”，在《说文解字》中的解释是：送到。在《辞海》中的解释是：送达。“致知”，《辞海》引用东汉郑玄注：“知，谓之善恶吉凶之所终始也。”“此致或为至。”朱熹注：“致，推极也；知，犹识也。推极吾之知识，欲其所知无不尽也。”明，王守仁谓：“致”即行，以论证其“致良知”和“知行合一”。《现代汉语词典》中的解释是：“达到；实现”。

综上所述，“致知”，就是从“博学之，审问之，慎思之，明辨之，笃行之”的“格物”之后所获得的知识达到极点，推向极致；就是逐步囊括宇宙万事万物所有的知识，不断地更新知识，与时俱进，充实提高自己的综合素质；就是透过现象看本质，透过本质找规律，透过规律追寻接近真理的过程。

如果说“格物”是为了把握事物的本质，从事物的本质中找到事物规律，并掌握和运用规律；那么“致知”就是了解事物本质和把握事物规律之后，透过“致知”，逐步追求真理，接近真理，了解真理，把握和运用真理的过程。

掌握和运用“格物”、“致知”，是《大学》的基本功；是《大学》的最基础、最要紧、最重要的环节；是《大学》的核心；是一个人通往成功途径的必经之路。没有“格物”、“致知”，就谈不上之后的“诚意、正心、修身、齐家、治国、平天下”的“八目”；更谈不上有“大学之道，在明明德，在亲民，在止于至善”的“三纲”。

人的知识从那里来？子思在《中庸》中说：“或生而知之，或学而知之，或困而知之，及其知之一也。”

子思说:有的人生下来就知道这些道理,有的人经过学习才知道,有的人经过艰难困苦,在困惑的探索中,在艰难的困境中感悟之后才懂得这些道理。他们终于都懂得了这些道理的结果是一样的。

什么是“生而知之”?这就是人的本能、人的本性。什么是人的本能、本性,就是孔子所说的“食色性也”。如婴儿生下来不久就会吃奶,及到少年就对异性产生兴趣;就如动物初生下来就会站立、行走等等。

什么是“学而知之”?就是通过读书学习教育获得的知识、能力和智慧。

什么是“困而知之”?就是在社会实践和困境逆境中获得的感悟和知识。

“生而知之”是人的本能,但每个人不太一样,有高低强弱之分。这就是人们所说的秉性、智商、天赋,这其中包含有重要的基因遗传,不是人力所能左右和作为的,比如有些少年天才和许多科学家、画家、艺术家、作家、诗人等特有的素质。

“学而知之”其实就是格物,是人人都可以得到的,只要你好好学习,认真读书,勤学好问,勇于实践,就可以得到并掌握知识,就可以提高自己的知识能力和智慧。

“困而知之”主要是靠人的悟性,有的人在社会实践中获得知识;有的人在艰难困苦的逆境中感悟出智慧,获得书本上学不到的知识,而有些人则“困而不学”,这其中也有天赋的因素存在。

正如毛泽东在《实践论》中所说:“人们经过失败之后,也就从失败取得教训,改正自己的思想使之适合于外界的规律性,人们就能变失败为胜利,所谓‘失败者成功之母’,‘吃一堑长一智’,就是这个道理。”

毛泽东还说:“马克思主义的哲学辩证唯物论有两个最显著的特点:一个是它的阶级性,公然申明辩证唯物论是为无产阶级服务的;再一个是它的实践性,强调理论对于实践的依赖关系,理论的基础是实践,又转过来为实践服务。……真理的标准只能是社会实践。”

毛泽东强调实践的重要性,他说:“知识的问题是一个科学问题,来不得半点的虚伪和骄傲,决定地需要的倒是其反面——诚实和谦虚的态度。你要有知识,你就得参加变革现实的实践。你要知道梨子的滋味,你就变革梨子,亲口吃一吃。……所以,一个人的知识,不外直接经验的和间接经验的两部分。”

“理性认识依赖于感性认识，感性认识有待于发展到理性认识，这就是辩证唯物论的认识论。”

毛泽东在《实践论》的结尾说：“通过实践而发现真理，又通过实践而证实真理和发展真理。从感性认识而能动地发展到理性认识，又从理性认识而能动地指导革命实践，改造主观和客观世界。实践、认识、再实践、再认识，这种形式，循环往复以至无穷，而实践和认识之每一循环的内容，都比较地进到了高一级的程度。这就是辨证唯物论的全部认识论，这就是辩证唯物论的知行统一观。”

毛泽东的论述是十分精辟的，他强调了实践的重要性，强调了知识应主要来源于社会实践，强调了从失败的教训中，也就是困境中学习的重要性，强调了通过实践发现真理、证实真理、发展真理的重要性、指导革命实践、改造主观世界和客观世界，最后达到知行合一的统一观。

人的知识是“生而知之”、“学而知之”、“困而知之”的总和

人所有的知识，是“生而知之”、“学而知之”、“困而知之”的总和。天赋好的，加上后天的努力学习和悟性，可以成为天才；天赋好的，不努力学习，也不会有大的成就；天赋一般的，只要努力学习，认真实践，加上悟性，成才的比例应该是大多数。因为天生天才的人太少，而且天生天才的人，大都不太努力学习和参于社会实践，成才比例反而不高。有些人学习并不努力，而因偶然的机遇，身陷困境，在困境中顿悟、在逆境中觉醒，奋起直追，最后成就大才的比比皆是。

人类认识自然和自身的全部是非常困难的，并且随着社会的变迁和不断地变化，人类的知识要不断地更新和与时俱进。“学问如逆水行舟，不进则退”就是这个道理。所以人要活到老，学到老，知识不断更新，学问要与时俱进，才能不被社会和历史所淘汰，才能对社会和人民有所贡献。

现在有句俗语：读万卷书不如行万里路，行万里路不如高人指路，高人指路不如顿时觉悟。这句俗语也说明了书本的学习不如社会实践中的学习，社会实践中的学习，不如高人指路点播的学习，高人指路的学习不如在困境中的觉悟的学习。仔细品味，但不无道理。

在知识浩瀚的海洋里，要“格物而后知至”。这个“知至”，就是本篇开头所说:知天和天时,知地和地利,知人和人和,知命和命运,知性和人性,知道和天道,知德和德行,知教和教化,知物和物本。

致知之道,首先要知天和天时:

那么什么是天?天就是浩淼的宇宙太空。什么是天时?天时就是宇宙时空和世界的大环境。

子思在《中庸》中说:"思知人,不可不知天。"

就是说:要想知道人,就不能不知道天。

那么我们首先要知道什么是人?人"惟天地万物父母,惟天地万物之灵"的高级动物!那么人生是什么?

人生是什么?人生就是生活着的人

人生是什么?人生就是生活着的人。人有不同的民族,不同的国家,不同的人种,不同的信仰,不同的文化,不同的阶层,不同的环境,不同的追求,不同的活法。所以各种状态生活着的人,构成了千姿百态,林林总总的的生活方式和生活追求,形成了求同存异熙熙攘攘的大千世界。

人生的目的是什么?就是要好好地活着

俗话说:人过一百,形形色色。人各有志,信仰不同,追求不同,但绝大多数人所追求的人生目的,就是要好好的活着,好好的过日子,好好的生儿育女传宗接代,好好地享受人生。

学习的目的是什么?就是要更好、更充实、更自由、更有尊严地活着

学习的目的是什么?就是要更好、更有尊严的活着,不仅自己能过上好日子,也要让别人也过上好日子,就是"穷则独善其身,达则兼济天下",就是"大学之道,在明明德,在亲民",最终达到"在止于至善"最理想的境界。要想达到这个目的,就必须知人,就是要了解自己和别人,以至于了解人类、人性和人类所处的大环境。人类所处的大的环境是什么?——是天,那么天是什么?

天,人类所处的大环境,是不可思议改变人命运的力量

孟子在《孟子·万章上》中说:"莫之为而为者,天也;莫之致而至者,命也。”

孟子说:没有人想到会这样做或想得到这样的结果,但却自然而然地发生并得到了,这就是天意;没有人叫他这样做或想得到这样的结果,但却自然而然的来了并得到了,这就是命运。

天,一般指人类所处的大环境,大的自然环境,大的社会环境,大的人文环境。凡是不可思议的力量,足以支配人者,就是天。

天时,指自然变化的时序。如《易经·乾卦·文言》:“先天而天弗违,后天而奉天时。”也指有利于农作、攻战等的天气、气候、阴晴、寒暑的变化。孟子说:“天时不如地利,地利不如人和。”还指天命,运会。如《三国志·蜀志》:“曹(曹操)遂克绍(袁绍)以弱为强者,非天时,抑亦人谋也。”

命,左右人命运的大趋势,是不可思议左右人命运的力量

孟子说:“莫之致而至者,命也。”命,就是没有想到的结果。

天命,上天的意志和命令,能致命于人,决定人类的命运。天命观念最初发生于殷周时期。当时统治者自称“受命于天”,或把自己的意志假托为上帝的命令,称之为“天命”。周人已对天命有所怀疑,一些先进的思想家如叔兴、子产等已不相信天命。但是天命观点仍长期存留。天命,还指先天自然的禀赋。如《中庸》:“天命之谓性。”

天性,先天的本性。荀子说:“是非天性也,积靡使然也。”

天视,古代认为天有意志和知觉。因此称上天的临视为“天视”。《尚书·泰誓中》:“天视自我民视,天听自我民听。”

这是儒家对于“天命”的解释和理解。那么客观的理解是什么呢?

《辞海》中的解释是:一,天:犹“颠”;人头。《山海经·海外西经》:“刑天与帝至此争神。帝断其首,葬之常羊之山,乃以乳为目,以脐为口,操干戚以舞。”刑天,神话人物。二,指天空。三,指天帝,人们想象中的万事万物的主宰者。如,天意;天助。《尚书·泰誓上》:“天佑下民。”四,指所依存依靠。如《汉书·郦食其传》:“王者以民为天,而民以食为天。”旧时君主、父亲及夫君的代称。五,中国古代唯心主义哲学家所说的世界精神的本原。如《孟子·尽心上》:“尽其心者,知其性也;知其性,则知天矣。”朱熹也说:“心者,人之神明,所以具众理而应万事者也;性则心之所具之理,而天又理之所从出者也。”

说人心所具之观念(理)皆出于天,把天,解释为精神实体。六,天然;出于自然的。如:天工;天灾。七,泛指物质的、客观的自然。《荀子·天论》:“列星随旋,日月递照,四时代御,阴阳大化……是之谓天。”还有:天气;季节;时令;昼夜等。

知天,还要知“天人”,古代指天和人、天道和人道或自然和人为。《荀子·天论》:“明于天人之分,则可谓知人矣。”《汉书·司马迁传》:“亦欲以究天人之际,通古今之变,成一家之言。”也指“天意”和“民意”。道家指能顺其自然之道的人。

天,指大环境,在知天的同时,还要知“天时”、“天运”、“天命”“天理”、“天性”的小环境等。

“天运”,指天命。如《六韬·武韬·顺启》:“事而不疑,则天运不能移,时变不能迁。”

“天命”,指上天的意志和命令。能致命与人,决定人类的命运。还指自然界的必然性。如《荀子·天论》:“从天而颂之,孰与制天命而用之。”又指先天自然的禀赋。如《中庸》:“天命之谓性。”

“天性”,指先天的本性。

天时、地利、人和,是取胜的重要保证。《孙子兵法》中说:“知天知地,胜乃天究。”所谓得天时,就是要了解自然、把握自然、利用自然、顺应自然,在最适宜的自然条件下,制定战略规划和作战计划,采取行动,利用自然界的规律为自己服务,以取得最佳的效果。

为什么要知天?《易经》上说:“天行健,君子以自强不息;地势坤,君子以厚德载物。”

天,这个大环境也是按照自己的规律强劲有力而刚健地运行着的,君子具有高天的美德,因此能够奋发图强,自强不息,但是,绝不能逆天这个大环境而动。古今中外逆天而动的人,不管你有天大的本事,地大的能耐,也注定要失败的。地,大地的气度宽广、包容、厚实而和顺,君子具有大地的气度,因此能够增厚美德,容载万物,但是,你也要适可而止,不可逆地而行,否则,也是注定要失败的。

任何一个人,要想取得较大的成功,绝不能不了解大的环境,绝不能逆天而动,逆地而行。要想有所成就,就必须根据自己的学识、胆识、能力、主客观条件,适应大的环境,制定自己的目标、计划和努力的方向。只有符合大的环境,顺势而为,顺势而动,才有可能达到事半功倍的效果。

如春生、夏长、秋收、冬藏是自然规律,也是大的环境,你顺时而动,可以省时省力,事半功倍。当然了,现在科技发达了,可以逆时而动,但逆时而动,也要创造符合自然规律的条件和环境,符合其规律,才可以有所作为。比如大棚种菜,营造适当的温度等。

诸葛亮为了实现匡扶汉室的理想,知其不可为而为之,虽有旷世之才,却无回天之力,只落得个"出师未捷身先死,常使英雄泪满巾"的结局。

《论语·颜渊》中子夏曰:"商闻之矣,死生有命,富贵在天。"

就是说:商,听孔夫子说过,一个人的死和生,都是命中注定的;富和贵,都是上天的安排。

孔子所说,虽然有先验论和宿命论的嫌疑,但我们也不能强求他在两千五百多年前就有现在人的观点,更何况现在也没有弄清楚这个问题。

中国人常常"痛极则喊妈,怒极则呼天"。"痛极则喊妈",是说一个人在疼痛的时候,不由自主地喊妈、妈呀!这说明中国人在最本能的时候,第一个想到救援自己的就是母亲、妈妈,妈就是依靠,就是温暖,就是战胜痛苦和疼痛的力量;一个人在悲愤欲绝的时候,常常本能的怒喊:"天哪!""苍天哪!""苍天啊,你睁眼看看!你为什么不公?"怒极则呼天,中国人在骨子里有相信天、相信天的公平公正和不由自主的崇拜天的情结。

所以,"致知"的首要条件是知天和天时。

天时,就是大环境、大趋势、大形势、大潮流,如国家的、世界的。要认识大环境、大趋势、大形势、大潮流;要尊重大环境、大趋势、大形势、大潮流;要顺应大环境、大趋势、大形势、大潮流。只有与天时和谐相处,与大自然和谐相处,顺应天时做些力所能及的事情,方可事半功倍,达到预期的效果,否者,你逆天而动的结果,是徒劳无功的,弄不好还会身败名裂。

知天和天时,是指了解大的环境,而仅仅了解大的环境还远远不够的,知天,还必须"知地和地利"。

地利,指所居住、生存、发展空间的有利环境

要知地和地利:

地利，指所居住生存发展的空间和具体环境及有利地势，相对于天时来说，地利就是小环境。

地，一，指地球的表面层；地壳。二，指地区，国土。三，土地，田地。四，地位，境地。五，地步。如留有余地。七，心意活动的领域。如，心地；见地；识地等。知地，主要指“地利”。

地利，相对于天这个大的环境，就是小环境，具体环境，有利的环境。

“地利”，土地生产的财富。《管子·牧民》：“不务天时，则财不生；不务地利，则仓库不盈。”还指战略上的有利地势。《孟子·公孙丑下》：“天时不如地利，地利不如人和。”

夫兵不可出者三：不和于国，不可以出军；不和于军，不可以出阵；不和于阵，不可以出战。故孙子曰：“一曰道。道者，令民于上同意者也。故可与之死，可与之生，而人不畏惧。”“二曰天时。天时者，阴阳、寒暑时制也。”司马法曰：“冬夏不兴师，所以兼爱。”“三曰地利。地利者，远近、险易、广狭、生死也。敌不知山林险阻、沮泽之形者，不能行军。不用向导，不能得地利。故用兵有散地、有轻地、有争地、有交地……”等九地。

管子曰：“天以时为权，地以财为权，人以力为权，君以令为权。失天之权，则人地之权亡。”

管子说：天以时为有利的形势，地以财为有力地形势，人以力为有利的形势，君以令为有利的形势。失去了天时的有利形势，人和地的有利形势就没有了。

管子还说：“凡兵主者，必先审地图。……地形之出入相错者，尽藏之。然后可以行军袭邑，举错知先后，不失地利，此地图之常也。”

管子说：会打仗的人，必须善于利用地形。要想谋取胜利，必须了解有利的地势和地利，研究地利，制定行动计划，方能奠定胜利的基础。

《孙子兵法》中说：“地形者，兵之助也。”

地利，相对于天时来说，它是小的环境和趋势，但对于个体和局部来说，是大的环境和趋势。地利，对于一个人，就是你的单位；对于一场战争，就是整个战略的有利地形和有利形势；对于一项事业，就是目前的形势、环境和政策；对于局部，就是整体；对于国家，就是世界；对于世界，就是宇宙。要想取得大的成绩、大的业绩和大的政绩，不占有好的地利条件，是非常之难的。

三国时期三足鼎立的格局，就是很好的例证。

《三国演义》中描写刘备见孔明时的一段话，孔明曰："自董卓造逆以来，天下豪杰并起。曹操势不及袁绍，而竟能克袁绍者，非唯天时，抑亦人谋也。今曹操拥百万之众，挟天子以令诸侯，此诚不可与争锋。孙权据有江东，已历三世，国险而民附，此可用为援而不可图也。……今刘璋暗弱，民殷国富，而不知存恤，智能之士，思得明君。将军既帝师之胄，信义著于四海，总揽英雄，思贤若渴；若跨有荆州，保其岩阻，西和诸戎，南抚彝越，外结孙权，内修政理，待天下有变，则命一上将将荆州之兵，以向宛洛，将军身率益州之众，出秦川，百姓有不箪食壶浆以迎将军者乎？诚如是，则大业可成，汉室可兴矣。此亮所以为将军谋者也，唯将军图之。"

言罢，命童子取出画一轴，挂于中堂，指谓玄德曰："此西川五十四州之图也。将军欲成霸业，北让曹操占天时，南让孙权占地利，将军可占人和。先取荆州为家，后取西川建基业，以成鼎足之势，然后可图中原也。"只这一席话，乃孔明未出茅庐，已知三分天下。

诸葛亮虽有神机妙算，旷世之才，但他不具备天时、地利的条件，也只能谋得个鼎足三分天下的结果。

人和，是民心所归，与民同乐，同心同德，团结一致，和谐发展，荣辱与共

要知人和知人和：

人和，就是指自己所居住、生存、发展的具体环境和趋势，相对于命的大趋势来说，就是小趋势。

子思在《中庸》中说："思知人，不可以不知天。"所以知天的目的在于知人。

孔子在《论语·尧曰》中说："不知命，无以为君子也；不知礼，无以立也；不知言，无以知人也。"

所以知命的目的是为了如何知人；知言的目的也是为了如何知人。观其人，听其言，观其行，看其果。言而有信，言行一致者，就是君子；巧言令色，言而无信，就是小人。知性的目的，在率性与尽兴，是为了知道如何与人相处之道。明道、明德的目的，是为了"己欲立而立人，己欲达而达人"和"己所不欲，勿施于人"。明教的目的，是教人如何受教。所有的致知，最重要的目的，都是为了更进一步知人和识人,所以孔子答樊迟问知,曰知人。

樊迟闻知……曰:“知人。”

樊迟问什么是智?孔子说:“就是知人,认识人。”

子曰:“不患不知己,患不知人也。”

孔子说:不要怨恨别人不了解自己,而应该忧虑的是自己不了解别人。

其实,天底下最难弄懂的事,就是知天和知人,而人又是最难了解的。了解人要首先知道人是什么?了解人事、人命、人性、人情、人伦,人的性情是什么?

人,在《辞海》中的解释是:一,人类。《尚书·泰誓上》:“惟天地万物父母,惟人万物之灵。”二,指某种人。如工人;客人。三,没人;人人。四,别人;他人。五,成年人。六,泛指民众。七,人才。八,指人的品行行为。如《孟子·万章下》:“颂其诗,读其书,不知其人可乎?”九,人事,人世间的事情等。

知人,就是“知己知彼,百战不殆”;还要知人和知人事、人命、人性、人情、人伦、性情等。

《孟子·公孙丑下》:“天时不如地利,地利不如人和。”人和,就是得民心之和乐也。人和,就是深得民心,与民同乐。

知人和人和,就是要了解、把握、熟悉自己周围的人和事,自己团队人员的状况,团队人员的素质,团队人心的相背,团队的精神风貌。

人事,就是人情事理;人世间的事情。做事要通情达理,和民情,懂人事,尽人力。

人命,就是人的命运和人的生命,以及命运的走向和生命的过程。

人性,就是人区别于其他动物的共性。对于人性的认识,历史上产生过多种学说。马克思主义认为,人性是人的自然属性和社会属性的统一,它不是抽象的,而是现实的、具体的。一定的社会关系是形成人性的决定因素。它在历史上是不断演变的。在阶级社会里,人性往往打上阶级的烙印,世上没有无缘无故的爱,也没有无缘无故的恨。

人情,就是人的感情。《礼记·礼运》:“何谓人情?喜、怒、哀、惧、爱、恶、欲,七者弗学而能。”人之常情等。

人伦,中国古代指人与人之间的关系和应当遵守的行为规则。

《孟子·滕文公上》："使契为司徒，教以人伦：父子有亲，君臣有义，夫妇有别，长幼有序，朋友有信。"还指各类人。

如《荀子·富国论》："人伦并处，同求而异道，同欲而异知，生也。"

十八、要知人和人性，知天和天命

性情，就是指人的本性，人的禀赋和气质，也就是人们常说的秉性脾气。还指人的性格以及性与情的关系。

董仲舒认为：性有善恶，性为仁，性中之恶者为情，情为贪。

刘向认为：性有善恶，情亦有善恶，但“性情相应，性不独善，情不独恶。”

韩愈将“性”与“情”分为互相对应的上、中、下三品。

李翱则认为性善、情恶，认为“人之所以为圣者，性也；人之所以惑其性者，情也。”（《复性书》）

王安石认为：性无善恶而情可善可恶，并强调“性情一也”。

对于如何知人、识人和了解他人，唐代学者赵蕤在所著的《反经》中有比较详尽的论述。知人是善任的基础，不知人何谈用人。常言道：“画龙画虎难画骨，知人知面不知心。”可见，知人是困难的，因此知人要通过一定的实践过程来考察，也要从古人为我们提供的丰富经验中去借鉴、去吸收。

《反经·知人·第五》开篇：“臣闻主将之法，务览英雄之心。然人未易知，知人未易。汉光武聪听之主也，谬于庞萌；曹孟德知人之哲也，蔽于张邈。何则？夫物类者，世之所惑乱也。故曰：狙（古书里指一种猴子）者类智而非智也，愚者类君子而非君子也，戆（傻、楞）者类勇而非勇也。亡国之主似智；亡国之臣似忠；幽莠之幼似禾；骊（纯黑色的马）牛之黄似虎；白骨疑象；碔砆（像玉的石块）类玉。此皆似是而非也。”

《反经·知人·第五》开篇：“我听说统领将帅的方法是，一定要了解手下英雄的内心世界。然而，人是不容易了解的，要了解人的内心就更难。光武帝刘秀是善于听其言、知其人的皇帝，却被庞萌迷惑；曹操是知人善任的高手，还是被张邈骗了。这是为什么呢？因为事物的表面现象虽然相似，但实质不同，所以容易迷惑人，使人上当受骗。狡猾的人看样子很聪明，其实并不聪明；愚蠢的人看上去像正人君子,其实不是君子;鲁莽的人好像很勇敢,其实并非如此。历史上的亡国之君大多给人一种很智慧的印象,其臣子也是忠心耿耿的样子;混杂在禾苗里的莠草与幼苗几乎没有区别;黑牛长上黄色的花纹很像老虎;白骨好似象牙;色泽如玉的石头很容易与玉石混淆。这都是似是而非,以假乱真的情况。"

以上是唐代学者赵蕤论知人之不易,并列举了刘秀、曹操这些识人高手和聪明睿智的帝王,也曾受到过奸人的蒙蔽。所以本文中提到要想驾驭臣子,必须揣摩他的心志,在知其情的前提下,能更深入地了解对方。之所以有些人经常上当受骗,遭受欺骗蒙蔽,就是因为只知其表,不知其里,不能够透过现象看本质,而误信他人的花言巧语,上当受骗。所以:

孔子曰:"凡人心险于山川,难知于天。天犹有春夏秋冬旦暮之期,人者厚貌深情,故有貌愿而益,有长若不肖,有顺怀而达,有坚而缓,有缓而釬。"

孔子说:"人心比山川更险恶,知人比知天还难。天还有春夏秋冬和早晚之分,但人表面看上去都个个好像很老实,但内心世界却深藏不露,有谁能知其内心呢!有的外貌温柔和善,但行为骄横傲慢,非利不往;有的貌似长者,其实是卑鄙小人;有的外貌圆滑,但内心则刚直;有的看似坚强,实际上性格散漫;有的看上去镇定自若,但内心却总是焦躁不安。"

太公曰:"士有严而不肖者,有温良而为盗者,有外貌恭敬心中欺慢者,有精精而无情者,有威威而无成者,有如敢断而不能断者,有恍恍惚惚而反忠实者,有倭倭拖拖而有效者,有貌勇狠而内怯者,有梦梦而反易人者。无使不至,无使不遂,无下所贱,圣人所贵,凡人莫知,惟有大明,乃见其标。""此士之外貌,不与中情相应者也。"

姜太公说:"有看似庄重,而实际上不正派的人;有看似温和敦厚,却暗中做盗贼的人;有外表对人恭敬,而心怀敌意的;有貌似专心致志,其实心猿意马的;有表面忙得风风火火,实际上却一事无成的;有看上去果敢明断,而实际上犹豫不决的;有外表稀里糊涂,实际上忠诚老实的;有看上去拖拖拉拉,但办事卓有成效的;有貌似心狠手辣,而内心胆小懦弱的;有自己迷迷糊糊,反而看不起别人的。有的人无所不能,无所不知,却被天下人瞧不起,只有圣人推崇他,一般人不能真正了解人,非常有见识的人才能看清他的真面目。"以上这些,都是人的外貌和内心不统一的表现。

通过以上的论述，考察人应该从多方面全方位考察，且不可以点盖面，以偏概全。知人识人是一个长期的过程，需要我们在日常生活实践中慢慢地观察了解。古人云："人不可貌相，海水不可斗量。"不可轻信人言，不可单凭自己的固有的思维和习惯去判断一个人。只有把所用之人放到一定的环境中去测试，才能真正认识到对方品德如何，能力的高低，为人的真伪。知人识人的方法是通过长期的实践得来的，对我们有着重要的借鉴意义。

那么如何能够知人、识人？

古人云："知士者而有术焉：微察问之，以观其辞；究之以辞，以观其变；与之间谋，以观其诚；明白显问，以观其德；远使以财，以观其廉；试之以色，以观其贞；告之以难，以观其勇；醉之以酒，以观其态。"

《庄子》曰："远使之而观其忠，近使之而观其敬，烦使之而观其能，卒然问之而观其智，急与之而观其信，杂之以处而观其色。"

《吕氏春秋》曰："通则观其所礼，贵则观其所进，富则观其所养，近则观其所好，习则观其所言，穷则观其所不爱，贱则观其所不为，喜之以验其所守，乐之以验其僻，怒之以验其节，哀之以验其仁，苦之以验其志。"

《诗经》曰："任宠之人，观其不骄奢；废之人，观其不背越；容显之人，观其不矜持；隐约之人，观其不慑惧；少者，观其恭敬好学而能悌；壮者，观其廉洁务行而胜其私；老者，观其思慎，强其所不足而不逾。父子之间，观其慈孝；兄弟之间，观其知友；乡党之间，观其信义；君臣之间，观其忠惠。"此之谓观诚。

《人物志》曰："骨植而柔立者，谓之弘毅。弘毅也者，仁之质也。气清而朗者，谓之文理。文理也者，礼之本也。体端而实者，谓之贞固。贞固也者，信之基也。筋骨而精者，谓之勇敢。勇敢也者，义之决也。色平而通畅者，谓之通微。通微也者，智之原也。五质恒性，故谓之五常。故曰：直而不柔则木，进而不精则力，固而不端则愚，气而不清则越，畅而不平则荡。"

以上的论点是，就是观察一个人或者说知人识人的最好的方法，要从多方面全方位长时期来观察和考察他，就是要听其言，观其行，看其果。是言而有信，言行一致的君子，还是巧言令色，言而无信的小人。忠勇怯懦奢廉、仁爱虚伪愚智、贪腐孝慈信义等诸多方面究竟如何？在长期的相处和社会实践中是能够看清楚的，因为一个人能够装一时，不能够装一世，能够骗得了一个人的一世，骗不了所有人的一世，骗得了所有人的一时，骗不了所有人的一世，时间长了，就会原形毕露。

观察一个人的最简单的方法，就是看他对自己的亲人如何？对朋友如何？对身边的人如何？对不相干的人如何？不要看他对你自己如何！一个对亲人、朋友、身边的人和不相干的人都不错的人，一般情况下，应该是个好人，否则，很难说他是个好人或者说是君子。

知人和识人的目的是什么？就是知人善任和相处。作为一个普通的人，要想取得成功，要有一个良好和谐的人际关系和人际环境；对于一个领导者，知人和识人的目的是什么？是为了知人善任，只有知人善任，才能选贤任能，才能亲君子远小人，才能广开言路，发挥每一个人的智慧，你的事业才能成功。知人和识人的目的，也是为了人和！

人和就是众心所归，民心所向，同心同德，齐心协力，团结一致，求同存异，同舟共济，荣辱与共，和谐相处，共谋发展，共赢未来。

知人是善任的基础，善任是成功的前提，知人善任是治国的必备条件，爱民公心是取得民心的重要保证。

对于如何治理国家天下和获得民心？

管子说："治国不难，爱民而已！"古人说："得民心者得天下，得其心者满其欲。"一个人只要能够做到"己所不欲，勿施于人"和"己欲立而立人，己欲达而达人"，关心人、爱护人、帮助人为民兴利除害，造福于民，就可以获得民心，做到人和。

天命，人对之以为无可无奈何的必然性命运

要知命和知天命：

命，就是生命；性命；天命。《汉书·董仲舒传》："天令之谓命。"指天命。还指吉凶祸福、寿夭贵贱等命运。天命，即人对之以为无可奈何的某种必然性。《论语·颜渊》："生死有命，富贵在天。"主张"知命"。墨子提出"非命"，反对听任命运。孟子主张"立命"，强调努力尽人的本分。庄子主张"安命"，"知其不可奈何而安之若命，德之至也。"明清之际的王夫之提出"造命，认为认识和遵循事物的必然性，人就可以主宰命"等。

综上所述的"天命、知命、非命、立命、安命、造命"等各有其理。天命观，是要客观的认识天命；知命观，是要顺天命；非命观，是反对听任命运的安排；

立命观，是尽人的本分争取；造命观，是人可以主宰命运。所以有以下论述：

《论语·尧曰》曰："不知命，无以为君子。"

孔子说："不知天命只知利害的人，是不可能成为君子的"。

那么什么是命？

《孟子·万章上》曰："莫之为而为之，天也；莫之致而至者，命也。"

孟子说："没有人想到会这样做，但却这样做了，这便是天意、天命；没有人叫他这样做，而竟然这样来了，这便是命运。"

也可以说，没有经过努力奋斗而达到了意想不到的好效果，这就是天命；没有做什么伤天害理的事情，却遭遇到非常不好的结果，这就是自己的命运。所以人们在感叹自己命运时，常常抱怨上天不公的感叹！

天命，是人们认为自己无可奈何的某种必然性的命运，是冥冥中不可逆转的趋势。天，指大的自然、社会、人文环境；命，指大的趋势、潮流、人心相背。在大的趋势、潮流、人心向背中，你顺势而为，虽努力不多，却可以得到事半功倍，获得意外的效果收获，这就是命，命运。

命运，要循天理，应人情，和潮流，遂趋势，顺民意。顺之则成，逆之则败；顺之则事半功倍，逆之则事倍功半。世界潮流，浩浩荡荡，顺之则昌，逆之则亡，就是这个道理。大的趋势，没人能够逆转，假如一意孤行，到头来则碰得头破血流，身败名裂。

《尚书·康诰》曰："'惟命不于常。'道善则得之，不善则失之矣。"

《尚书·康诰》说："'天命是没有一定的。'做得好便得天命，做的不好，就要失去天命。"

天命，是指大的趋势，在大趋势的潮流中，也有小的趋势，如果你把握的好的机遇，也不是一成不变的，如果你把握得当，就会得到天命的眷顾，如果丧失机遇，就很难成功，如果你逆天而动，就会得到天命的惩罚。

所以孔子在《论语·季氏》曰："君子有三畏：畏天命，畏大人，畏圣人之言。小人不知天命，而不畏也。狎(轻侮，亲近而不庄重)大人，侮圣人之言。"

孔子说："君子要害怕和敬畏三件事：敬畏天命，敬畏和害怕权贵的大人物，敬畏和惧怕圣人的言论。小人不知道有天命，所以不知道害怕，任意轻视权贵人物，藐视圣人的言论。"

这就是说，君子要对于大的环境"天"，大的趋势"命"怀有敬畏之心，惧怕之情，像尊重、敬畏伟的大人物和圣人一样，就会减少许多灾难和不测；小人则不然，不知天高地厚，藐视天命、大人物、圣人言，我行我素，一意孤行，任意胡为，到头来必然以失败告终。

《孟子·尽心上》曰："莫非命也，顺受其正，是故知命者，不立于岩墙之下，尽其道而死者，正命也。桎梏死者，非正命也。"

孟子说："吉凶祸福，无一不是命啊！要顺应承受它的是正命。所以懂得命运的人不站在倾斜要倒塌的危险墙壁之下。尽力行道而死的人，承受的就是正命；犯罪戴镣铐而死的人，就不是正命。"

这就是说，人的规律是生老病死，吉凶祸福，顺其自然趋势，就是"生死有命"，顺势而为的生死，就是"正命"，逆势而为的胡作非为的死，是非"正命"，就是"死于非命"。

天下万事万物都有阴阳、正负之分，阴阳、正负都是在不断地变化的，而且都有其自身变化的规律和趋势，了解和把握这些自然规律和自然法则，了解把握这些变化规律和演变趋势，顺势而为，顺势而变，顺势而动，顺势而作，就是"知天命，尽人力"了。

《孟子·尽心上》曰："尽其心者，知其性也。知其性者，则知天矣。存其心，养其性，所以事天也。天寿不贰，修身以俟(等待)之，所以立命也。"

孟子说："能尽自己最大的能力去行善，这就是懂得了人的自然本性。懂得了人的自然本性，就是懂得了什么是天命了。保持人的一颗善良之心，培养人的善良本性，就是对待天命最好的方法。无论生命长短，我都不三心二意，认真修养好身心，以待那不可知的天命，这就是安身立命之道。"

对于"命"和"命运"有或无话题的论述，唐代学者赵蕤在《反经》中引用了许多不同的看法，有人认为有，有人认为无，没一个人能说得清楚。唐代学者赵蕤认为"善恶有报是正理，善恶不报是偶然"。但报应并不取决于天地鬼神，而取决于个人的行为。祖先行善，后代得福；祖先作恶，后代受报。劝人行善积德永远是值得肯定的。命运虽然不可捉摸，但事在人为，只要保持积极乐观的人生态度，总会创造出美好的生活和美好的未来。

赵蕤在《反经·以德论命·命有德定》中说："夫天道性命，圣人所希言也。虽有其旨，难得而详。然校之古今，错综其纪，乘乎三势，亦可以仿佛其略。何以言之？"

就是说:“对于天道、性、命等问题,孔子很少谈及这些。孔子不是不明白这些道理,但他也难以说清楚。如果考察古今错综复杂的记载,单凭‘三势’也可获知个大概。为什么呢?”

《易》曰:“有天道焉,有地道焉,有人道焉。”言其异也。“兼三才而两之。”“言其同也。故天地之道,有同有异。据其所以异,而责其所以不同,斯则惑矣。守其所以同,而求所以异,则取蔽矣。迟速深浅,变化错乎其中,是故参差难得而均也。天地人物之理,莫不同之。故君子尽心焉,尽力焉,以邀命也。”

《易》曰:“穷理尽性以致于命。”此之谓也。

《易经》中说:“有天道,有地道,有人道。”这是讲道的不同。又说:“天、地、人三道兼而有之,即天有阴阳,地有柔刚,人有仁义。”这就是道的相通之处。如根据道的不同性质就否定相通之处,也就太糊涂了。如固守相通之处而否定差别,也是有害无利的。道的快慢,深浅等种种变化存在于大道中,很难表现得那么均衡、明显。天、地、人三道都是如此。所以君子应尽心尽力去追求行善,获得善命。

《易经》中说:“要想探求天下之理,一定要尽己所能,以实现最好的命运。”说的就是这个意思。

人人都想做命运的主人,不甘做命运的仆人,但面对命运我们又如何把握呢?看到别人成功了,便说人家命好;自己失败了,就感叹自己命不如人。其实,命,就是规律;运,就是势的推移。规律是要去认识、去把握;势,要顺势,要驾驭。事在人为讲的就是不能仅听从命运的安排,而是积极主动地创造成功的条件,随着时间的推移,命运总是有所改变的时候。这就告诉我们:命运是可以把握的。当我们身处逆境时,不要气馁失望,更不要丧失斗志,只要相信自己、把握自己,成功和胜利早晚会到来的;当我们身处困境之时,也不要忘记命运多变,时刻保持着安贫乐道的精神和迎接困难的准备,我们便不易被突如其来的厄运所击倒。

至于如何看待“善有善报,恶有恶报”的说法,就不如以司马迁所言为参考:善有善报是正理,恶有不报或报应相反的话,那只是偶然而已,切不可因为偶然的善无善报便不再行善,甚至去胡作非为。相信积德行善、奉献爱心是赢得天下人们拥护与爱戴的根本,只要坚持行善积德,总有一天会得到他人的认可并获得相应回报的,而为非作歹,胡作非为之徒,总有被绳之以法的那天,正像陈毅元帅所说:“善有善报,恶有恶报,不是不报,时机不到,时机已到,一切全报。”

人的命运不是一层不变的,更不是以人的主观意志为转移的,所以客观条件就成了机遇,要善于抓住机遇,机遇对任何人都是平等的,机遇是给有准备的人准备的,能否抓住机遇,就要看你自己的主观条件准备的如何。

还有一些人不相信命运,不相信命运的人就不如珍惜当下,认真地做好当下应该做的每一件事,无需为将来的未知而烦恼。活着一天,就是有福气,就应该珍惜一天,不要怨天尤人,自找气受,要有比上不足,比下有余的心态,当有人哭泣自己没有鞋子穿的时候,却发现还有人没有脚。

人性,指人类的本能、本性、本色、本质

要知性和知人性:

要知性和人性,首先要知道什么是性?

性,就是指万事万物本身内在的性质和所具有的特点、本质、本色、本能、本性。如人向高处走,水向低处流,和人的趋利避害,就是人和水的特点、特性。

人性,就是指人类的自然性质、特点,人所具有的本质、本能、本色、本性。如人和动物有不学自有,无师自通的食、色的本性和本能等。

战国时期的告子主张:性无善恶论的性论与学说。告子提出了“生之谓性”,“食色,性也”的论点,认为人出生来之后,只有本能的追求生存和生殖的两种欲望,所以性是“性无善无不善”,“人性之无分善与不善也,犹水之无分东西也”。和孟子的关于天赋道德的观点对立。人的本能、本色、本质、本性,没有善于不善的区分,就好像水的流向分东西南北一样。

告子说:人天生下来,不学自有,无师自通的本能、本色、本质、本性,就是人性。追求生存和饮食男女的欲望,就是人的本能、本质、本色、本性。

《孟子·告子》中说:告子曰:“性无善无不善。”或曰:“性可以为善,可以为不善。”

告子说:人的本性无所谓善良,也无所谓不善良。也有人说:本性可以使它善良,也可以使它不善良。

孟子反对告子的说法和观点，而赋予“性”以道德属性，提出“性善”说，孟子认为，人性本来是善的。

孟子曰：“乃若其情，则可以为善矣，乃所谓善也，若夫为不善，非才之罪也。恻隐之心，人皆有之；羞恶之心，人皆有之；恭敬之心，人皆有之；是非之心，人皆有之。恻隐之心，仁也；羞恶之心，义也；恭敬之心，礼也；是非之心，智也。仁、义、礼、智，非有外铄我也，我固有之也，弗思耳矣。”

孟子说：“从天生的资质看，可以使他善，这就是我说的人性善。至于有些人不善良，不归罪于他天生的资质。同情之心，每个人都有；羞耻之心，每个人都有；恭敬之心，每个人都有；是非之心，每个人都有。同情之心属于仁，羞耻之心属于义，恭敬之心属于礼，是非之心属于智。仁义礼智，不是别人授予我的，而是本来就有的，只不过是没有探求它罢了。”

孟子认为，封建伦理道德是天赋予人的本性。这是他“仁政”学说的理论根据。孟子的“性善论”，后来成为宋、明理学正统的人性学说。对于孟子的“性善论”，后来受到荀子的批判，荀子认为人性是恶的。

荀子在《荀子·性恶》中说：“人之性恶，其善者伪也。”认为人的本性是恶的，善是伪装来的。他还认为人的天性都有“好利”、“疾恶”、“好声色”等情欲，所以“从人之性，顺人之情，必出于争夺，合于犯分乱理，而归于暴。故必将有师法之化，礼仪之道，然后出于辞让，合于文理，而归于治”。荀子为其为礼法兼政治主张的理论根据。

而庄子认为“性者，生之质也”的观点，以性为人所具有的素质。

对于性的认识和论述，特别是对于人性的论述，数千年来争论不休，没有定论。

宇宙间万事万物各有自己生存的本性，性与生俱来，这种与生俱来的，不用教与学的本能和本性，就称之为性，就是天理，就是自然之理。所以子思在《中庸》中说：“天命之谓性。”天命，就是天理，就是自然之理；性，就是本能、本性，自然规律。

十九、道为大路，德为行路，天道是人类共生共存共发展之路

万事万物都有自己的本质、本能、本色、本性。人的本质、本能、本色和本性是什么？

告子曰："食色，性也。"就是说：饮食男女的欲望，是人的本质、本能、本色和本性，是天生之理，是自然之理。饮食男女，人之大欲存焉。人若仅仅知道满足饮食男女的本能和本性，那与禽兽和植物有什么区别呢？所以《尚书·泰誓上》曰：人乃"惟天地万物父母，惟人万物之灵。"

人，是指人类，人是万物之灵，是高级动物，属于灵长目类。人，一般指更新世以来的人，通常只包括智人。其特点是：具有完全直立的姿态，解放了的双手，复杂而有音节的语言和特别发达，善于思维的大脑；并有制造工具、能动地改造自然的本领。总之，人类是社会劳动的产物。

知道了什么是人，然后要知道什么是人性？

人性，是区别于其他动物的共性。对于人性的认识，历史上产生过多种学说。马克思主义认为，人性是人的自然属性和社会属性的统一，它不是抽象的，而是现实的、具体的。一定的社会关系是形成人性的决定因素。它在历史上是不断演变的。在阶级社会里，人性往往打上阶级的烙印。

人，第一有食色的本能、本性；第二有社会属性；第三有丰富的感情，也就是人情。

人，是从动物演化而来的，当然，人具有动物的本能，而且人几乎具备动物的所有本能。所以说，追求生理快感，是人类最基础的生物本能，而控制和约束过多的欲望，才是人类超乎动物之上的根本所在。

所以人有"七情"和"六欲"。

"七情"是什么？就是人的七种感情。正如《礼记·礼运》中说："何谓人

情？喜、怒、哀、惧、爱、恶、欲，七者弗学而能。”这就是人的感情，也就是人情，这七种感情，人不用学习和教导，就天然存在。

“六欲”是什么？就是人的各种欲望。如《吕氏春秋·贵生》中说：“所谓全生者，六欲皆得其宜也。”就是说：所谓人生的完满，就是使六种欲望得到满足。那么“六欲”指什么呢？就是指“生、死、耳、目、口、鼻”之欲。就是说，人有求生存的欲望，有贪生怕死的心理，有聆听美好声音的欲望，有欣赏美景的欲望，有大饱口福的欲望，有闻到美好味道的欲望。

所以说，人之本能，是饮食男女；人之本性，是贪生怕死；人之本质，是贪心贪婪；人之本色，是纵欲懒惰；人之常情，是趋利避害；人之常欲，是追求幸福和享受；人之常理，是追求公平和自由；人之常恶，是贫穷、疾病、恐惧和死亡。

以上就是人的本质、本能、本色、本性，这既是人的个性，也是人的共性。只有了解、认识了人的个性、本性之后，才可以了解人的共性，也就是人性，只有了解了人性之后，才便于与人相处、融合、团结、引导、教育、共生、共存、共发展。

地球从46亿年前诞生，六千万年前出现灵长类动物，300万年前人类的出现，长期处于弱肉强食丛林规则的时期，直到数千年前，人类文明才得以实现。在300多万年的人类生存、进化、演变、发展过程中，人类与兽为伍、人兽共舞。弱肉强食的丛林游戏规则，300多万年漫长的优胜劣汰，适者生存的发展过程，人类在斗争中逐步学会生存、进化、发展，又逐步延续发展到今天有组织、有秩序、有纪律、有规则的文明时代。

人类为了生存、延续、发展，需要不断地繁衍，扩充自己的人群的数量，以延续人类的生命群体，与野兽有效的抗争，在漫长的与野兽无休止地争夺食物和生存的空间、地域、领地的同时，人类文明一枝独秀，进化为“惟天地万物父母，惟人万物之灵”。

人类从动物演化为高级动物，得益于人类智慧的不断发展、充实、提高。这种发展、充实、提高，又得益于人类不断学习和善于学习的结果。人类懂得了学习、提高之后，又懂得了改变、约束、教育、引导、规范人类自己的本性。所以，人类才可以区别于动物，独自逐步走进文明时代。这种过程，就是学习、教育、引导、约束、规范多种形式的过程。

我们研究人类，要充分了解、认识人的本能、本性和欲望，要充分尊重人的本能、本性，要充分发挥人的本能、本性，就是所谓的尽性。尽性，就是尽人之性，充分尊重人的本性。然而，仅仅尊重人性，使人人尽其兴是不行的，你自己尽其性了，侵占了别人的生存空间，妨碍别人的生存和发展，别人也会以其人之道，还治以其人之身，这样天下会无休止争夺、征战，最终会导致天下大乱，谁也别想尽其性，也不能尽其性，因为人的本性充满着贪欲贪婪，为了能共同生存、发展，所以要节制人的本能、本性，这就叫做忍性。但忍性，又不能像理学家们所推崇的"存天理，灭人欲"，就是要尽可能地顺应人的本能和本性，找到一个人类共生、共存、共发展的道路，这就是率性。

人类尽可能地在尽性、忍性、率性矛盾的统一体中选择较好的和平共处，同舟共济，和谐共生的处事方法和规则，正如子思在《中庸》中所说："天命之谓性，率性之谓道，修道之谓教。"

子思说：上天所赋予的本能就是性，能够依顺人的本性而行动的就是道，能够依顺人的本性并能够约束、规范自己的欲望去修身养性并勇于实践的就是教。

性与命是人的一个整体的两个方面，性命，又常以生命所代替。所以有时说"性命攸关"，有时说"生命可贵"。性，为天赋于人类的生存本能本性；命，为生命过程中的趋势。

性命其实就是生命。嵇康在《养生论》中说："导养得理，以尽性命。"性命，也指性与命的关系。《易经·乾卦》中说："乾道变化，各正性命。"古代哲学家中，有的人认为人物之性都是天生的，人性是天道或天理在人身上的体现。如《中庸》中说："天命之谓性"；孟子也说："存心"以"养性"和"修身"以"立命"的主张；程颐认为"心即性也。在天为命，在人为性，论其所主为心，其实只是一个道"。都是从唯心主义的角度来谈性与命的关系。王夫之说："天所命人所而为性者，则其一阴一阳之道成之。"戴震在解释《礼记》中说："分于道谓之命，形于一谓之性"，说"分于道者，分于阴阳五行也"，都从唯物主义的角度来谈性命关系。

尽其性，是为了满足人类的基本欲望和人的基本生存本能本性；忍其性，是为了限制人类的过多的欲望，节制欲望，防止纵欲，干扰别人和社会；率其性，是为了是人类在正常的生存条件下，透过恰当地节制、约束、规范自己的本性，而能与别人和社会求同存异，和平共处，同舟共济，和谐发展，共赢天下。

所以孟子说："性也有命焉"，"命也有性焉"。惟君子为能知命与尽性，故能明辨二者之精微。

孟子曰："口之于味也，目之于色也，耳之于声也，鼻之于臭也，四肢于安逸也，性也，有命焉，君子不谓性也。仁之于父子也，义之于君臣也，礼之于宾主也，知（智）之于贤者也，圣人之于天道也，命也，有性焉，君子不谓命也。"

孟子说："口舌喜欢美食，眼睛喜欢美色，耳朵喜欢美音，鼻子喜欢美味，四肢喜欢安逸，这都是人的天性，能否得到，得由命运决定，所以君子并不认为是天性的必然。仁对于父与子，义对于君与臣，礼对于宾与主，智慧对于贤者，圣人对于天道，有命运的不同，但也是天性的必然，所以君子不要过于强调命运。"

我们对于性的研究和探讨，主要是为了了解人类的本能、本性和生存之道，要做到知其性，并在"尽性、忍性、率性"三者之间的和谐和睦的平衡，不偏不倚的中庸。能够了解认识把握人类的共性，在具体环境和处理具体事务中，了解个体的个性，对症下药，尽可能满足其正当的欲望和要求，便于赢得民心，团结他人，与别人和平相处，和衷共济，和谐发展，共生共存共发展。

要知己性，则懂得如何修身；知人性，则懂得如何处世；尽其性，则懂得不放纵贪婪；忍其性，则懂得不失潇洒自由；任其性，则懂得不故固执己见；率其性，则懂得不天马行空。

古人云："得民心者的天下，得其心者满其欲。"正如管子所说："治国不难，爱民而已。"作为一个执政者，要想治理好国家，就得爱民，爱民的具体措施，就是满足广大老百姓生存的基本欲望和合理要求，过上好日子，并随着社会的发展，逐步提高老百姓的生活水平和生活质量，使老百姓的生活、生存、生命，有保证，有情趣，有尊严，有自由，有成就感，有荣誉感。

天道，就是人道，人类共生、共存、共发展之道

要知道和知天道：

天道，就是人道，人类同舟共济，荣辱与共，求同存异，和谐相处，共谋未来，共生存发展、共赢天下的大道，就是通往"天下为公，世界大同"的理想之道。

要知道和知天道。古时有天人和天道之说，天和人、天道和人道或自然和人为。《荀子·天论》:“明于天人之分,则可谓至人矣。”司马迁说:“究天人之际,通古今之变,成一家之言。”天人、天道,也指“天意”和“民意、民心”。老子说“人法地,地法天,天法道,道法自然。”天道,指自然之道。

天道与人道相对,道,原指道路。天道,最初包含有日月星辰等天体运行过程和用来推测吉凶祸福的两个方面,亦即包含有天文学知识和关于上帝、天命等迷信的天道观。孔子不喜欢谈“性与天道”,对神鬼表示怀疑,但同时也信仰“天命”。荀子提出唯物主义的天道观,主张控制自然为人所用。明清之际王夫之比较全面地论述了天道与人道的联系和区别,认为“人之道,天之道也;天之道,人不可以之为道也”。

综上所述,天道就是人道,是人类共生存、共演变、共发展、共赢天下的大道,就是人类共同前进之道。

人类要想生存和发展,就得发挥自己的天赋,也就是人的本能,本性,以求生存发展。人人都在争取更好的生存发展空间,以满足自己的生存、发展的基本条件和无限欲望,但由于人类本身技能和条件的限制,加上社会资源的不足,人人想占有的欲望又得不到限制,所以,在争夺资源的过程中,充满着血腥、恐怖、残忍,不断挑起争斗、战争、甚至是世界大战,以弥补自己占有的能源和社会资源的不足,更有甚者,是为了填补无休止的欲望和占有欲。

这是人类有史以来战争不断的主要因素,也是一个家庭,一个单位矛盾不断的主要因素。要想避免战争和世界大战,要想避免内部矛盾和内部战争,要想避免家庭矛盾和睦共处和谐共生,就得有一套切实可行的,大多数人接受认可的方法和规则。这在当今,就是联合国宪章,在国家,就是国家宪法,在单位部门,就是规章制度,在家庭,就是家法、家规,在学校,就是校规等等。

而我们中华民族的文化、文明,则在几千年前,就有一整套比较完整的哲学体系,这就是《中庸》中所说的:“率性之谓道。”不违人性,依顺人的本义、本性的行动,自觉接受道德、法律、行为约束的行动,就是率性,就是中华民族文化的大道。

这个道,就是孔子所说的“忠恕之道”;《大学》中所说的“絜矩之道”;《孟子》中所说的:“仁也者,人也;合而言之,道也。”意思是说,只要两个人在一起,就不能没有仁,而仁,只能在人与人之间产生。“仁,就是人。仁与人合起来就是道。”

合起来的道是什么？就是孔子所说的："己所不欲，勿施于人"的"恕"和"己欲立而立人，己欲达而达人"的忠。忠恕之道，就是人类共生、共存、共发展、共赢天下的大道。而且说道并不是神秘的，而"道不远人"。

《中庸》中说："道也者，不可须臾离也；可离，非道也。是故君子戒慎乎其所不睹，恐惧乎其所不闻。莫见乎隐，莫显乎微。故君子慎其独也。"

就是说："道，是不可片刻离开的。如果可以离开，那就不是道了。所以君子在别人看不到的地方也是谨慎警戒的；在别人听不到的地方也是畏惧小心的。隐蔽的东西没有不被发现的，细微的东西没有不显露出来的。所以君子在独处时要谨慎。"

《大学》中所说的"絜矩之道"："所谓平天下在治其国者：上老老，而民兴孝；上长长，而民兴弟；上恤孤，而民不倍。是以君子有絜矩之道也。所恶于上，毋以使下；所恶于下，毋以事上；所恶于前，毋以先后；所恶于后，毋使以前；所恶于右，毋以交于左；所恶于左，毋以交于右。此谓絜矩之道。"

就是说："絜矩之道"："所说的要使天下太平，在于首先治理好国家，说的是在上位的人尊敬老人，民众便会兴起讲孝道之风；上位的人尊重长者，民众便会兴起讲悌道之风；上位的人体恤孤儿，民众便不会背离。所以君子有'絜矩之道'。厌恶我的上级这样对待我，我就不去这样对待我的下级；厌恶我的下属这样对待我，我就不去这样对待我的上级；厌恶我前面的人这样对待我，我就不去这样对待我后面的人；厌恶后面的人这样对待我，我就不去这样对待我前面的人；厌恶我右边的人这样对待我，我就不去这样对待左边的人；厌恶我左边的人这样对待我，我就不去这样对待我右边的人，这就叫做'絜矩之道'"

德行，道为大路，德为行路。德行，是人生路上一往无前的笃行和实践精神

要知德和知德行：

德行，是人生路上一往无前笃行的实践精神。

道为大路，德为行路。故曰：行道而得之于心者谓之德。道待人而行。

子曰："人能弘道，非道弘人。"

孔子说："人的才能能够把道发扬光大，不是道可以把人的才能发扬光大。"

德,既为大道的实行、实践和发扬光大。由此可见,明明德,就是人生的头等大事,所以为《大学》三纲之首,因在"明明德"篇中已经详细论述,这里不再多说。

前面已经说过:德,就是满腹经纶,学富五车,智慧超群的"知(智)";和"仁者爱人","己欲立而立人,己欲达而达人","己所不欲,勿施于人",博爱众生的"仁";以及大智大勇,无私无畏,有胆有识,勇往直前的"勇"三者之间最有机的结合;是知性合一的最佳配合,是理论与实践的最好联系。

"德",是"道"最好的社会实践;德,是在道这个高尚光明的大道上勇往直前的健步行走,经过爱民、亲民的社会实践,最后到达"在止于至善"人类最理想的境界。

要知教和知教化:

《中庸》曰:"天命之谓性,率性之谓道,修道之谓教。"

前面已经讲过,上天赋予人的本能就是性,能够依顺人的本性而行动的就是道,能够依顺人的本性并能够约束、规范自己本性的欲望去修身养性并勇于实践的就是教。

人的本性是贪婪和多欲的,是需要约束和规范的。人和小树一样,任其生长是不会成材的,所以,在成长的过程中,不仅需要浇水、施肥、锄草等精心的维护,还需要不断的剪枝、打叉、修理、整治、规范、约束它才能够成材。

教,分自教、内教、外教三种。自教,就是靠自己读书学习感悟修身养性;内教,就是靠家庭家族的教育,特别是父母祖父母的言传身教;外教,就是接受外部正规学校和外部环境的教育。

道,即是人类共生、共存、共发展、共赢天下的大道。一个人要想终生在这个大道上不偏不倚,不快不慢,有次序,有动力,有后劲,可持续发展的勇往直前,就得"修道"。这个修道就是通过学习、教育、磨炼、醒悟、修身、养性,达到教的目的,这种自觉地接受教育和修身养性,就是教。

修,就是用自己所掌握的理论知识来修饰自己;用社会主流或儒家的道德伦理来规范自己;用国家的法律制度约束自己。修的目的,就是使自己能够达到一定的修养水平,逐步养成良好的生活习惯,增进涵养的功夫,陶冶高尚的情操,力行良好的操守,培养高尚的道德品质,找到较好的方法,在为人处世,安身立命的过程中,修身于己,造福于人,完成崇高的使命。做一个高尚的人,一个有益于人民的人。

教,一般指教育、教诲、教训、教导、教化、教习、教养等。

教育,主要有广义的教育和狭义的教育。广义的教育是指以影响人的身心发展为直接目的的社会活动;狭义的教育是指由专职人员和专门机构进行的学校教育。狭义的教育还包括家庭教育、社会教育、实践教育、困难教育、挫折教育、自我教育等等。

徐特立先生说:"教育的作用是按照一定的社会形式,培养一定的人格,为一定的社会服务。""教书不仅是传授知识,更重要的是教人,教育后一代具有共产主义思想品质的人。"

教育随着社会的产生而产生,是作为个体与社会发展必不可少的手段,为一切社会所必须,教育又随着社会的进步而发展;受社会政治、经济、文化等方面的制约,也受社会环境及其多方面的影响。教育还受制于个体的身心发展规律。教育具有阶级性,在阶级社会里,一切统治阶级都利用教育来巩固自己的政权。每一个社会团体、家族、家庭、个人的教育,都具有其明确的目的性,都是为了本团体的利益服务。

教育,是促进个人的全面发展有力的工具,是提高自己综合素质的重要方法,是通往成功的必经之路。

具体的教育一般要有教学纲领,要按照学科以纲要形式规定教学内容、教学活动和基本要求,包括教学目的、任务、知识、技能的范围、深度和结构,教学进度以及讲授、实习、实验等教学时数的分配等。

具体的教学目的,就是把受教育者,培养成为一定社会需要的人的总要求。按一定社会对人的要求和受教育者身心发展状况决定,是教育工作的出发点和最终目标,也是确定教育内容、选择教育方法、检查和评定教育效果的根据。

教育的目的正如卢梭所言:"问题不在于告诉他一个真理,而在于教他怎样去发现真理。"

教育与教化、教导、教训、教养分不开。教化,也叫政教风化,就是对受教育者的教育感化。如《诗经》中说:"美教化,移风俗。"就是这个道理。教育受社会环境的影响,如《史记》:"传曰:'蓬生麻中,不扶自直;白沙在泥中,与之皆黑’者，土地教化使之然也。”

教育与教导有关。教导，就是师长的训诲开导。如教导有方。《淮南子·人间训》：“孔子以三代之道，教导于世。”如《汉书》：“教导以礼，至于成人。”如《左传》：“颛顼有不才子，不可教训。”

教育与教训有关。教训，就是教育、训练和汲取教训等。如《左传》：“越十年生聚，而十年教训，二十年之外，吴其为沼乎！”

教育与训诲有关。一个人能够从自己失败或错误中汲取教训，改正自己的错误，取得正确地认识，轻装上阵，继续前进。

教育与教养有关。教养有两层意思：一是养，就是把儿孙养大成人，教，就是把儿孙教育成才；二是，对儿孙的培养教育，和对自身学识德才的修养。如《礼记·学记》：“玉不琢不成器，人不学不知道。”就是说：玉的本质虽好，但不经过精雕细琢，就不能成为精品的玉器。还如嵇康《与山巨源绝交书》：“今但愿守陋巷，教养子孙。”就是说：宁愿守在贫穷的陋巷来教育自己的儿孙。

教育要教学相长。如《礼记·学记》：“是故学然后知不足，教然后知困。知不足，然后能自反也。知困然后能自强也。故曰：教学相长也。《兑命》：‘学学半。’其此之谓乎！”

就是说：因为学习以后才知道自己的知识不足，教人之后才知道自己的知识欠缺和窘迫。知道自己的不足，这样以后就能够要求自己省察与觉悟；知道窘迫，这样以后就能够努力向上，丰富知识。所以说，教和学是互相促进增长的。《兑命》说：教别人的同时，自己也能收到学习的一半效果，就是这个意识。教师自身通过“教”和“学”可以相互促进，师生之间相互学习，共同提高。

《礼记·学记》曰：“凡学，官先事，士先志。”其此之谓乎！

就是说：“凡是学习，做官的人，先要学好管理事情，做学问的人要先坚定志向。”说的就是这意思。

《礼记·学记》：“大学之法，禁于未发之谓豫，当其可之谓时，不陵节而施之谓孙，相观而善之谓摩。此四者，教之所由兴业。”

就是说：“大学教人的方法是，在欲望还没有产生之前就加以禁止，叫做预防；正逢可以教育的时机加以教育，叫做适时；不超越等级进行教学，叫做顺应；互相观摩学习而得到好处，叫做切磋。这四种就是使教育兴盛的方法。”

《礼记·学记》：君子曰：“大德不官，大道不器，大信不约，大时不齐。察于四时者,可以有志于本矣。”

就是说:“高尚的品德,不偏治于一种职务;至高的道理,不局限于一种事物;最大的诚信,无须任何盟誓的要约;天时四季,不曾齐一。考察了这四种情形,就可以有学习的志向了。”

教育要有原则。教学原则,就是把握教学规律,反映教学实践的真实情况。古代教育家提出因材施教,循序渐进的教学原则。随着教学实践的发展,教学原则不断被认识和发展。教育是科学性与思想性统一的原则、理论联系实际的原则,教师主导作用与学生自觉性相结合的原则,统一要求与因材施教相结合的原则。

《论语·述而》:“子以四教:文、行、忠、信。”

孔子从四个方面教育学生:文化知识,社会实践,忠心耿耿,坚守信约。孔子坚守教育的目的主要是“文、行、忠、信”。而荀子则强调“学、思、行”,而且更侧重于行。

荀子则认为:“学至于行而止矣。行之,明也。”

荀子认为,人可以利用自然、改造自然,所以在学、思、行中更注重行。如果学后不能“行”,则在认识改造自然中就不能发挥作用,因而是无用的。他还把“行”作为人认识的根据和检查认识正确与否的标准。教育的目的是为了行。

要知物和知物理:

要知物和物理,就要先知何为物?

对于物,在前面的格物篇中已经论述的比较详细,现在仅把物的分类简要介绍一下。

知物是为了知本,所以有“物有本末,事有终始”之说;还有“知物知本”为中华文化所重视。如“君子务本,本立而道生”和“天下之本在国,国之本在家,家之本在身”以及“自天子以至于庶人,一是皆以修身为本”、“德者本也,财者末也”等等。现将前人所积累的经验,举例如下:

1. 知物有本末。本末是相对的,没有本就没有末,反之亦然。如:

“德者本也,财者末也。外本内末,争民施夺。是故财聚则民散,财散则民聚。”

就是说:“道德是根本,财富是末节。远离根本而亲近末节,就会于民争利和实行掠夺。因此，聚敛财富就会失去民心，分散财富于民就会凝聚民心。”

2. 知物有大小。大小也是相对的，没有大也就没有所谓的小。如：

子曰：“巧言乱德，小不忍则乱大谋。”

孔子说：“花言巧语会败坏道德，在小的事情上不能忍耐，则会坏了大的事情。”

孟子曰：“体有贵贱，有小大。无以小害大，无以贱害贵。养其小者为小人，养其大者为大人。”

孟子说：“人的身体有重要次要之分，也有大小之分。不要因小而损害大，不要因次要的部分而损害重要的部分。只注意保养小的部分就是小人，注重保养大的部分就是君子。”

3. 知物有轻重。轻重也是比较而来的。

孟子曰：“权然后知轻重，度然后知长短。”

权与度，是轻重、长短的标准。以权、度的标准来比较事物的轻重和物品的长短。意思是说，遇事要懂得权衡轻重，辨明利害，遇物要懂得度量长短，三思而后行，不要盲目下结论。

4. 知物有新旧。新旧也是相对而言，比较出来的。

《诗经》曰：“周虽旧邦，其命维新，是故君子无所其极。”

《诗经》说：“周虽然是旧的国家，但传到文王的时候，他的政令和诰命却是新的，所以有道的国君，没有一事不尽心竭力去做的。”

5. 知物有异同。宇宙间万事万物，有异有同，同中有异，异中有同。求同存异，求同化异，追求大同，是世界和人类和平相处的根本。

6. 知物有清浊。清浊也是比较出来的，物以类聚，人以群分，清者自清，浊者自浊，所以，君子小人是有分别的。

7. 知物有得失。天下事利害总相伴，世间万事万物，必有得失，得失取舍，在乎一心，懂得得失取舍，是人们成熟的标志。如：《大学》：“道得众则得国，失众则失国。”就是这个道理。

8. 知物有存亡。存亡与得失，存亡指事物的存在与消亡，而得失则不过是物换其主而已。有时的失，就是得，有时得就是失。如：“塞翁失马，焉知非福”就是这个道理。还有“顺天者存，逆天者亡。”是说，人们只有顺从天意，才能够存在，违反天意的人就要灭亡。这里的天意，就是民意。

9. 知物有损益。损益就是物质的增加与减少和对于自己的利害的比喻。如：

孔子曰："益者三友，损者三友。友直、友谅、友多闻，益矣。友便辟，友善柔，友便佞，损矣。"

孔子说："有益的朋友有三种，有害的朋友也有三种。同正直的人交朋友，同诚实守信的人交朋友，同见闻广博的人交朋友，便是有益了。同阿谀逢迎的人交朋友，同当面奉承，背后毁谤的人交朋友，同夸夸其谈、花言巧语、巧言令色的人交朋友，便是有害了。"

10. 知物有难易。事之难易，与自己的能力、经历、胸怀有关。如：

子曰："贫而无怨难，富而无骄易。"就是这个道理。

孔子说："贫穷而没有怨言很难做到，而富贵而不骄傲比较容易做到。"

11. 知物有厚薄。物有厚薄，人情更有厚薄，脸面也有厚薄。"江湖险，人心更险；春冰薄，人情更薄；登天难，求人更难"。与人相处，求人办事，要知轻重，要知进退，要知己的分量，交情不够分量的，最好不要开口求人办事，以免自己尴尬。

12. 知物有荣辱。荣辱也是相辅相成的。"求荣是人的本性，取辱是不得而已"。一般情况下，爱帮助人的人得到的荣多，爱损人利己者，得道的辱多，但在特殊情况和特殊环境中，辱有时是祸从天降，不得已而已。

13. 知物有穷达。穷达就是通塞的意思。穷则塞，达则通。得志为达，不得志则塞。故君子"穷则独善其身，达则兼善天下"。

14. 知物有贵贱，人亦有贵贱之分，但贵贱不是一成不变的，贵贱是可以相互转变的，有时是自己努力的结果，有时是命运的安排。人要做到"富贵不能淫，贫贱不能移，威武不能屈"。

15. 知人有贫富，贫富也是相互转化的，它和富贵一样。做人要做到"贫而无谄，富而无骄"。

16. 知物有毁誉。孟子曰："有不虞之誉，有求全之毁。"誉有时是偶然得之，所以孟子说："有预料不到的赞誉，也有过于苛求的诋毁。"一个人在别人赞誉你时，不要不知天高地厚，忘乎所以，因为你还是你；也不要受到别人的苛求和诋毁或者污蔑、诽谤你时，就茫然不知所措，因为你还是你。要正确对待毁誉荣辱，做到毁誉不动，荣辱不惊。

17. 知物有生死，人亦有生死。“生死有命，富贵在天”的论点不是没有一点道理。一个人有生便有死，正确对待生死，要在有生之年，尽可能地把自己想做的事做好。

要善待自己，因为你这一生的时间并不长；要善待亲人和身边的人，因为人未必有下辈子，就是有也不一定能碰得到你的亲人；要善待万物，因为大自然是人类赖以生存的母亲。

18. 知人有好恶。好恶是由于自己的情感的作用，有时判断是正确的，有时是不正确的。子曰：“众恶之必察焉，众好之必察焉。”要有自己的主见，不要人云亦云。

19. 知物有远近的距离，人也有远近之分，人还要有深谋远虑。子曰：“人无远虑，必有近忧。”就是这个道理。

20. 知人有义利。子曰：“君子喻于义，小人喻于利。”这里的“利”，代表一己私利，自己的利益；“义”，代表公利，大家的利益。君子谋利是为公，小人谋利是为私。

二十、诚意之道，就是不欺人，不自欺，慎独

前两章主要探讨了“格物”、“致知”之道。我们知道“格物”、“致知”是《大学》“八目”中的知识积累，理论提升，综合素质提高的阶段，也是学问和知识储备积累的阶段，更重要的是了解事物规律和接近真理的过程。

学问与道德，即是相辅相成的，有时也可能成为反比的，有人学问很高而道德低下。学问是越学越觉得自己懂得太少，所以说，学问是越演越繁；而道德为人类共生、共存、共发展、共赢的社会实践，是由繁到简，所以越讲越约。所以老子说“为学日进，为道日损”。

前几章我们探讨了“明道”与“明德”。知道了“道”，可以概括为“五达道”；“德”，可以概括为“三达德”；最后又总结为一个“诚”字，“所以行之者一也”。

《中庸》说：“诚者，天之道也。诚之者，人之道也。”就是说：“‘诚’，是上天赋予的道理，努力做到‘诚’，是为人处世的原则。”所以探讨的“诚”、“诚意”、“诚信”、“正心”、“修身”主要是思想道德提高的阶段。现在让我们来探讨“诚意”这章。

诚意的原文：“所谓诚其意者，毋自欺也；如恶恶臭，如好好色，此之谓自谦，故君子必慎其独也。”

就是说：保持内心的真诚，就是不要自己欺骗自己。就像厌恶腐臭的气味一样，又像喜欢年轻漂亮的女人一样，出自本能，发自内心。所以，品德高尚的人即使独处时，也一定谨慎自律，不敢有丝毫的放纵和懈怠。

我们先了解“诚”的意思：诚，其实就是真心实意，一心一意，开诚布公，坦诚相见，开心见诚，无所隐伏，无所隐瞒，的确、实在的意思。

诚，就是心裸、裸心。像比干一样，扒开胸膛掏出心，让人看个仔细、清楚、究竟、明白。

《中庸》认为“诚”这一精神实体起着化生万物的作用：“诚者，自成也，而道自道也。诚者，物之终始，不诚无物。”唐代李翱将“诚”视为“圣人之性”，是至静至灵寂然不动的“心”（精神）。北宋周敦颐用以为至高无上的宇宙本体：“诚者，圣人之本。大哉乾元，万物之始，诚之源也。”王夫之提出“诚，以言其实尔。”还有人认为：“诚者，天之道也，阴阳有实之谓诚。”用以指客观的“实有”，并作为宇宙的一般规律。

学问虽无止境，但归根结底是为了理论联系实际，知行合一，学以致用；道德为人类共生、共存、共发展、共赢天下的大道和行道；学问的应用和道路的前行，前行必须有一个终极目标，就是“止于至善”；在前进时必须有一种动力，这个动力就是“诚意”，这就是说“诚”，为宇宙间的动力。是万物万事生长前进的动力，也是人的生命的原动力。

诚，主要有“诚明”、“诚实”、“诚心”、“诚意”、“诚信”、等等。

中国古代哲学常用的术语有诚明。诚和明是两个部分。诚，主要指诚实无欺或真实无妄，真心实意，一心一意，开诚布公的意思；明，主要指光明、明亮、明白、清楚、公开、懂得、了解、视觉好、眼光正确等。正如《中庸》：“自诚明，谓之性；自明诚，谓之教。诚则明矣，明则诚矣。”认为人的本质具有诚实无欺、明白认识事物的本性，通过教育可以使人明白事理，真实无妄而恢复原有本性。北宋周敦颐提出“诚精故明”，把“明”作为宇宙本体“诚”的精深体会。明清之际的王夫之以“诚”为宇宙的一般规律，把“明”解释为对客观规律的认识和把握，以知行关系阐述诚与明的关系，认为“明诚合一，则其知焉者即行矣，行焉者咸知矣”，强调诚明（知行）的统一。

诚心：心，是人和高等动物身体内推动血液循环的器官，称心脏。心，也是中国哲学的一个概念，通常也指人的思想器官和思想、感情等。主观唯心主义者认为心是世界的本原，如南宋陆九渊说：“宇宙便是我吾心，吾心便是宇宙。”明代王守仁说：“天下无心外之物。”而唯物主义者则认为，有物才有心，无物即无心。王夫之说：“言心言性，言天言理，俱必在气上说，若无气则俱无也。”

佛教指心为一切精神现象。佛教认为，一切意识等精神领域的内容，都属于“心”的范围。心与色相对。也指心思、心意。

孟子曰：“至诚，未有不动者也。”做人做事要诚心诚意，言行一致，不务空言。诚意就是不自欺，不欺人，就是慎独。在与别人相处时谨守诚笃；在独处时也要谨守心灵的诚敬。内心诚挚，表现于外表就是诚恳。“诚于中形于外，故君子必慎独也”。要注重道德理想和动机的修养。子思曰：“不诚无物。”朱熹说：“诚意，修身为根本。”

中国人讲诚实，就是言行与内心一致，就是思想和行动一致，言行一致，不虚假；诚信，就是守信用，做人要以诚信为本；诚意，就是真心，用实际行动来表达诚意；诚心，就是诚恳的心意，一片诚意等。

古人云：“凡人之情，莫不爱于诚信。诚心者，即其心易知。”故孔子曰：“为上易事，为下易知。”“非诚信无以取爱于其君；非诚信无以取亲于百姓。故上下通诚者，则暗相信而不疑；其诚不通者，则近怀疑而不信。”

孔子曰：“人而无信，不知其可。大车无輗，小车无軏，其何以行之哉？”

輗：是牛拉的车的车辕与横木相连的关键（活销）。軏：是马拉的小车与横木相连接的关键（活销）。驾马车时必须使车辕与横木相连接处的輗或軏关上，否则就套不住牲口，车也无法行走。

孔子说：“作为一个人不讲信用，不知道他怎样可以立身处世。就好像大车子没有按装横木的輗（活销），小车子没有安装横木的軏（活销）一样，怎么能行车呢？”

《吕氏春秋》曰：“信之为公大矣。天行不信，则不能成岁；地不行信，则草木不大。春之德风，风不信则其花不成；夏之德暑，暑不信则其物不长；秋之德雨，雨不信则其谷不坚；冬之德寒，寒不信则其地不刚。夫以天地之大，四时之化，犹不能以不信成物，况于人乎？故君臣不信，则国政不安；父子不信，则家道不睦，兄弟不信，则其情不亲；朋友不信，则其交易绝。夫可与为始，可与为终者，其唯信乎？信而又信，重袭于身，则可以畅于神明，通于天地矣。”

《体论》曰：“君子修身，莫善于诚信。夫诚信者，君子所以事君上，怀下人也。天不言而人推高焉，地不言而人推厚焉，四时不言而人与期焉，此诚信为本者也。故诚信者，天地之所以守，而君子之所以贵也。”

《傅子》曰：“言出于口，结于心，守以不移，以立其身，此君子之信也。故为臣不信，不足以奉君；为子不信，不足于事父。故臣以信忠其君，则君子之道逾睦；子以信孝其父，则父子之情益隆。夫仁者不妄为，知者不妄动，择是而为之，计义而行之，故事立而功足恃也，身没而名足称孔。虽有仁智，必以诚信为本。故以诚信为本者,谓之君子;以诈伪为本者,谓之小人。君子虽殒,善名不减;小人虽贵,恶名不除。"

"所谓诚意者,毋自欺也。如恶恶臭,如好好色,此谓自谦,故君子慎其独也。"

这里的毋:就是不要。恶恶臭:前一个"恶",表示厌恶的意思;后一个念恶臭:难闻的恶臭气味。好好色:前一个"好",表示喜好,喜爱,作动词用;后一个"好",表示美丽的景色,如春天美好的景色;如九寨沟美好的景象;如西子湖畔美好的夜色;如年轻人美好的光景等。

好好色:色,指颜色、人视觉的基本特征之一,脸上的神色。好好色有两种解释:一是喜欢美丽的景色,二是喜欢年轻美丽漂亮的女色。如《论语·季氏》:"少之时,血气未定,戒之在色。"好好色,就是喜欢、喜爱美色,喜欢年轻美丽漂亮的女子。

谦:通慊,满足,快乐,惬意。

慎其独:在一个人独处时一定要严格要求自己,谨慎自律;也要谨守内心的诚笃。

慎,是谨慎、慎重、当心的意思。

慎独,在独处时也能小心谨慎,一丝不苟。如《中庸》:"莫见乎隐,莫显乎微,故君子慎独也。"郑玄注:"慎独者,慎其闲居之所为。"

就是说:"所谓使意念真诚者,就是说不要欺骗别人,更不要欺骗自己,要像讨厌恶臭的气味一样,要像喜欢喜爱美好的景色和年轻美丽漂亮的女子一样出于本能和真心。这样才能满足、快乐、惬意,心安理得。所以,品德高尚的人,即使一人独处时,也一样小心谨慎,严格自律,诚守内心的真诚,不敢有丝毫的放纵和懈怠。"

思想和行动是不可分割的,思想决定行动,行动表现思想。《大学》强调诚意,就是要求人要言行一致,行动和内心都是真诚的。

为人处世,为人真诚,做事内心纯正,没有半点私心杂念,不要欺骗别人,更不要欺骗自己,最好也不要被别人欺,与人为善,于己为善,实事求是。要不断提高自己的道德修养,做一个高尚的人,一个有用的人,一个脱离了低级趣味的人,逐步使自己达到遇到丑恶的东西,就像遇到腐朽恶臭的气味一样,发自内心本能的厌恶它们,远离它们,抵制它们;遇到善良美好的人和事,就像遇到美丽的景色和年轻美丽漂亮的女子一样，发自内心本能的喜欢它们，以求自己的内心得到满足、快乐和惬意，一切都是出于本能和率性，而符合高尚的道德品质的要求。

其实，真正能够做到诚信是非常艰难的，试问又有几人能够做到诚实无欺？一个人如果能够做到不自欺，不欺人就已经相当困难了，但也很难做到不被别人欺的和不被人骗。

一个人自欺的主要原因，往往是存在着侥幸心理；一个人欺人的主要原因，往往是认为别人都是傻子；一个人被欺的主要原因，往往是自己的私心贪欲作怪，所谓的“占小便宜，吃大亏”其实也是自欺。

我展开来说，一个人的幻想和梦想难免也有自欺的成分，但这个“自欺”有时也是需要的；一个人的“欺人”是要不得的，因为别人不是傻子；一个人“被人欺”有时是无奈的，但也不是没有预防的方法，这就是不管何时何地，都不要有贪欲的想法，否则，你就很难不上当受骗。

人，因为有了“自欺”，才会“欺人”，最后当然要“被人欺”。“自欺”和“欺人”主要是缺乏诚信造成的，而“被人欺”，则主要是自己贪心和无知造成的。

所以说，人要诚信、自尊、自爱，才能得到别人的信任、尊敬和爱戴。否则，整个世界缺乏诚信，你欺我，我欺你，大家一起欺，整个世界乱了套，变成了今天这个样子。

要说我们今天最缺少的是什么？就是诚信和诚意！今天都在埋怨这个世界缺乏诚信，整天生活在造假和欺骗的世界里，改变这种状况没有别的办法，最好诚信、诚意从自我做起。

我不自欺，净化了自己的心灵；我不欺人，净化了外部环境；我不被人欺，打击阻隔了欺人的骗局。只要人人能够从自身做起，我们这个世界还是有希望的。

一个人独处时，更要严格要求自己，不贪婪，不放纵自己，不要做坏事。一个人独处时所做的事，不管好坏，迟早会有人知道的，比如偷盗、贪污受贿，男盗女娼，都是十分隐秘的事情，怎么最后大都让别人知道。就是没有人知道，也要严格要求自己做好事而不做坏事，最起码获得良知良心上的安静和坦然。

“慎独”，一个人在无人监督、独处闲居时的严格自律和谨慎

慎独，是中国儒家的道德修养术语，意思是在无人监督的闲居独处时，对于自己的行为犹须谨慎，自觉遵守儒家的伦理道德标准。

《中庸》说：“莫见乎隐，莫显乎微，是故君子慎独也。”

郑玄注：“慎独者，慎其闲居之所为。”《大学》中也说：“诚于中，形于外，故君子必须慎其独也。”朱熹从理学的观点进行发挥，认为在对待惟己所知而不为人知的细微之事上，要谨慎不苟，才是“存天理，灭人欲”的重要方法，也成了宋代儒家学说的理论基础。

“慎独”作为一种修养方法有其合理之处，但也含有轻视社会实践，偏重内心修养的倾向，我们在理解、体会和实践中要注意。

慎独，是品德修养的重要部分，很多仁人志士都非常重视慎独的。一个人独处静室或他人看不到的地方，自己的所作所为，他人不知，除了良知和良心，没有第三只眼睛的注视。于是，就会有各种的欲望滋生和膨胀，在各种诱惑的驱使下，难免把握不住自己，有意无意间做了出格的事。这就要求我们平时要不断提高自己的修养，从本身、本质、本性上，修养到能够把握自己的程度，这是一个人很难做到的。因为人的本能充满着欲望，修养不到一定的程度是做不到的。

一个人如果想成就一番大的事业，就必须在慎独上下工夫，否则，你很难成就大事。独自静处，自己的所作所为，所思所想，体现的是一个人的真正的道德品质。每一个人都有独处的时候，这时往往由于寂寞，思想便活跃起来，总要想些什么，做些什么，从而会流露出人性的真实的一面，而那些平素里被理性剔除和规范的欲望会偷偷地跑出来，引诱着不甘心孤寂的心灵去流浪去沉沦去放纵。也许正是这一点，历代圣贤才对我们谆谆告诫：“君子必须其慎独也！”

然而，要真正做到“慎独”并不是一件容易的事。正是因为“独”，便会放纵自己，从而导致很多的不“慎”。既然没有人知道或看见，就会有侥幸之心，做了什么别人也不会知道，那么就自我放纵。于是，在一次次的不“慎”中，道德在滑坡，心灵被玷污，人格被扭曲，人性中丑陋的一面在扩大，欲望在膨胀，这么多危险的自我流放，能不“慎”吗？人世间万事万物的诱惑是多种多样的，它们总是在人们孤独的时候来临，敲扣着不甘寂寞的心灵。那些自我沦落的灵魂不正是由于没有经受住种种的潜伏和诱惑吗?

其实,“慎独”并不是为了别人,而是为了自己。在不为别人看见的时候,我们面对的是自己赤裸裸的灵魂。而此时也正是我们修养道德品行的最佳时机。只有通过“慎独”的不断修炼,我们才能获得真正高尚的道德修养,成为一个高尚的人,一个值得别人尊重的人。

独处静思,读书学习、听听音乐、整理一下自己忙碌时杂乱的思绪,总结一下人生的成败得失的经验教训,回顾一下别人对于自己的恩惠和帮助,怀有一颗感恩之心,放飞一下自己的思想,荡涤自己的灵魂,享受难得的宁静,感悟阳光的明媚,享受大自然的美景,江山明月本无常主,闲者便是主人;花好月圆本无常时,享受便是人生,这难道不是一种美好的乐趣吗!

“慎独”是否还有另一层意思,所有单位的一把手,是否要更加严格约束自己独断专行,独裁独断为好。我有切身的体验,因为我曾经做过好几个单位的一把手好多年,深知其中利害得失。

曾子曰:“小人闲居为不善,无所不至,见君子后厌然,揜(掩)其不善,而著其善。人之视己,如见肺肝然,则何益矣。此谓诚于中形于外,故君子必慎独也。”

闲居,是没人看见的地方或去处,也就是独处。厌然,躲躲藏藏见不得人的样子。厌,是堵塞,掩藏、掩饰的样子。揜,是掩盖、掩饰的意思。著,是使之明显的意思。独,是人所不知而自己独知的地方。

曾子说:“那些小人闲居独处时干尽坏事,见到君子之后却躲躲闪闪,企图把他们干的坏事掩盖起来,还故意装出善良的样子。其实别人看他们,就像看到他们的五脏六腑一样清楚,这种隐恶扬善有什么用处呢?不过是自欺欺人罢了。这就叫内心有什么想法,就会在外表和行动上表现出来。所以君子在一人独处时一定要小心谨慎,严格要求自己。”

儒家有君子小人之分。儒家所说的君子的行为要胸怀坦荡、行为光明磊落,做事敢当敢为,有担当精神,不争功诿过,是道德高尚的人;而小人则是指自私自利的人,行为诡诈,言行不一,争功诿过,阴险狡诈而不讲道德良知的人。

小人为了自己的一己私利,往往在阴暗处、别人看不见的地方做了坏事,却要在明处或在大庭广众面前充当好人,充当英雄,把话说得漂亮之极,以掩饰自己的卑鄙的恶行，这些小小的伎俩，实际上早已被别人看得清清楚楚，明明白白，就如解剖后见到他们的肝肺一样。因为一个人的言行是否一致，是掩盖不住的，人们都会透过形象看本质，透过言行看内心，透过为人处世看思想本质，言为心声，行为心表。正所谓“诚于中而形于外”，自己的所作所为，瞒得住人一时，瞒不住人一世；瞒得住一人，瞒不住大众。“纸包不住火，雪地里埋小孩，早晚有露出的一天”。群众的眼睛是雪亮的，一个人形迹和为人处世，在群众的眼里是十分清楚的。

古语云：“要想人不知，除非己莫为”，就是这个道理。每一个人的智商，有高有低，但是智商的高低并没有太大的差距，有的人听过你的话以后，当时就明白你这是在撒谎，只是别人不愿意当场揭穿你罢了；有的人当时没有反应过来，也许在一秒钟、一分钟、一个小时过后反映过来了，就是一时没有明白过来，回家睡一觉也会明白过来。

一个人看不明白你的虚伪，而大多数人能看不到你的虚伪？一时看不清你的虚伪，天长日久也看不出你的虚伪？古今中外的大奸臣，那个不是大奸似忠，大伪似真，那一个不是自欺欺人，到头来只落得个身败名裂，家破人亡，遗臭万年的下场。这就告诫人们，在修身养性时，一定要诚信对待自己的独处，不要耍小聪明害人害己，不要贪小便宜吃大亏，不要侮辱别人的智商，不要认为天下就只有你自己聪明人，别人都是傻瓜，因为你把别人当傻瓜的时候，你自己其实就是最大的傻瓜、笨蛋。

越是隐蔽的地方，越能显示出一个人的品质的高下。一个人独处时，在别人看不见你没人约束你的时候，你更要时时处处，小心谨慎地严格要求自己，要善于自省自律，自我完善，自我升华。诚诚恳恳做人，踏踏实实做事，不欺人，不自欺，不被别人欺，不透奸，不取巧，什么时候扪心自问，都对得自己的良心、良知，心安理得。

历代对于“慎独”有不同的解释，尤其对“慎独”的“独”有不同的解释。朱熹有“人所不知而已所独之地”之说。南朝—齐—刘昼《新论·慎独》：“故身恒居善，则内无忧虑，外无畏惧，独立不惭影，寝食不愧衾。”

历史上有很多“慎独”的例证。东汉时期，有“关西孔子”之称的杨振，以其“性公廉，不受私谒”而著称，一次杨振到地方巡视，一个下级官员夜里悄悄地走进他的住处，送了一份礼品，杨振拒收，这个官员说，没人会知道的，杨振说，怎么会没人知道？天知、地知、你知、我知！拒绝了下级的礼品，留下了“清廉诚四知”的典故。

明代曹鼎在山东做官时，曾押解一名绝色女贼，因天黑来不及赶回县衙，共宿荒山野庙。入夜后，女贼频频以美色引诱曹鼎。曹鼎情急之下，用纸写下“曹鼎不可”贴在墙上，警示自己，不为所动。

《论语》中提及的柳下惠是尽人皆知的正人君子。柳下惠，姓展名禽，一天夜里，远行投宿不至，夜宿于城郭门外。此时大雪纷飞，天寒地冻，忽有一女子也来投宿找不到旅店，和柳下惠同宿于一处，柳下惠害怕把女子冻死，让这位女子坐到怀里取暖，直到天亮，坐怀不乱。后被人传为美谈，从此，留下了“坐怀不乱”的典故。

其实，闲居还应该添上另一层意思。闲居，在我国古代农耕时期可能比较常见，而在当今高速发展和高度竞争的时代，闲居就是一个人难得的机遇和休闲。古今中外有成就的人，莫不是把自己每日暂短的“枕上、车上，厕上”的时间充分的利用，用来读书，以提高自己。鲁迅说：我哪里是天才，只不过把别人喝咖啡的时间用在读书上。我今天的读书写作，也不过是把别人下棋、聊天、钓鱼的时间用在读书写作上罢了。我们处在这个这样一个高度竞争的时代，一个人能够独处和闲居，也是一个难得的机遇，不管是独处和闲居是主动的还是被动的，我们都要充分利用好这天赐的良机。

我认为：一个人在闲居时，消极的办法是独处和闲居时不做坏事，对得起自己的良心良知，做一个好人；中级的办法是读读书，听听音乐，锻炼一下身体，享受一下人生的乐趣和家庭的温馨，调整一下自己的身心；高级的办法是借此难得的独处和闲居的大好时光，认真总结一下自己的成败得失，经验教训，把这难得的独处和闲居的宝贵时间，当成加油站，充电站，休整站，储备站，为未来的人生做好充分的准备。

曾子曰：“十目所视，十手所指，其严乎！”

“富润屋，德润身，心广体胖。故君子不诚其意”。

这里的润，是指滋养、滋润、使之美丽，使之年轻，使之充满活力；也就是装饰、修饰自己，使自己有光彩。心广体胖，是指胸襟宽广，体貌安详自然。胖，就是宽舒，舒坦的意思。

曾子说：“当你一个人独处时，也有很多只眼睛盯着你，很多只手指在指着你，这么严峻的现实，难道这不令人畏惧可怕吗！”

“财富可以修饰自己的房屋，高尚的道德可以休养自己的身心，心胸宽广，胸怀博大，使人身体安康，内心自然舒坦。所以，品德高尚的君子，一定要胸怀坦荡，意念真诚。”

“十目所视，十指所指，其严乎！”

这是曾子的学生引用曾子的言语，说明以上所说独处时的可怕。一个人独处时的所作所为，自以为别人看不见，无人监督，无人知晓，就可以胡作非为，岂不知“要想人不知，除非己莫为”的道理，“为人别做亏心事，头上三尺有神明”，“恶有恶报，善有善报，不是不报，时机不到，时机已到，一切全报”。

这是在进一步指出，一个人在独处时一定要严格要求自己，一定要小心谨慎严格约束自己，该做的事做，不该做的事不做，不要自以为是耍小聪明，不要认为自己所做的坏事别人不知道，看不见，会蒙混过关，其实不然，你的一举一动，都在众目睽睽的监督之下，好像有很多只眼睛盯着你，有很多只手指着你。

这里的“十目所视，十指所指”是个概数，不是实指。假如你在家里做了见不得人的事，就是十目所视，十指所指；假如你是一个村长，做了见不得人的事，就是千目所视，千指所指；假如你是一个县长，做了见不得人的事，就是数十万目所视，数十万指所指；假如你是一个国家领导人做了见不得人的事，就是数亿目所视，数亿指所指。

被目所视和被指所指的多少，取决于你的职务高低，官职大小以及知名度大小有关。一个电影明星，假如做了见不得人的事，所被指责的人数当然要比一个普通民众所受的指责要大得多得多。

独处时，要反思自己，要对自己所做过的坏事，不好的事，损人利己的事检讨一下，对自己所作的不太光明磊落的事，感到恐惧和害怕，在自己内心深处检讨自己，并改正错误，自觉地消除一切不良的念头和思想，不要有半点的侥幸和得过且过的心理。

要知道，大如窃国大盗，中如阴谋诡计，小如小偷小摸，还有弄虚作假，贪污受贿，都认为别人不会知道，结果，在群众的眼中，基本上都是很清楚的，只不过事发有个过程罢了。所以要尽可能地取消一些私心杂念，做一个高尚的人，一个脱离了低级趣味的人，一个有利于人民的人，只有这样的不断地修身养性，才可以使自己心宽体胖，才可以使自己有个较好的发展前程，尊重自己，就会得道别人的尊重;否则,你就会整日提心吊胆,胆战心惊,惶惶不可终日,就是你贪污有金山银山,又有什么意思!

“富润屋,德润身,心宽体胖。故君子心诚其意。”

曾子说:“人富贵了,便要装修和修饰自己的房屋,使自己的房屋富丽堂皇,华美好看;道德高尚了,美德滋润着自己的身心,便要增强自身的修养,人有美德气自华,最是诗书能致远,美德才华能使人光彩照人。心胸宽广,光明磊落,心底无私天地宽的人,就会感到身心康泰,心情愉悦,舒坦快乐。所以君子一定要使自己的意念真诚。”

以上的“十目所视,十指所指”主要是由外对内的要求,而这里的“富润屋,德润身”主要是由“诚意”到“诚中、形外”的功效。这里用富润身,德润身,作类比,假如一个人的财富多了就想办法要装修和修饰自己的房屋,把自己的房屋变得更华丽、更气派;同样的道理,当一个人真正做到道德高尚了,满腹经纶,才华横溢,修身养性到了一定的高度,真正向自修“内明”之学的“诚意”上做学问,这就自然而然地就是自己的道德行为了。

由自己高尚品质和高尚的情操以及满腹经纶,才华横溢的心理作用影响到自己的生理作用,自己的身体在不知不觉中跟着变化好转。日积月累,久而久之,慢慢地心胸开阔了,身心舒坦了,心情愉悦了,身体的疾病也减少了,身体也康健发福了。所以说,我读了五遍《道德经》,能够多活五年,就是这个道理。

用财富来修饰自己的房屋和用道德来修饰自己的内心和德行,事虽不同,但道理却相通。它告诉人们德行和财富一样重要,甚至德行比财富更重要。因为一个人有了财富可以装修和修饰自己的房屋,可以看得美观、漂亮和富丽堂皇,住的也会快乐、舒心,但毕竟是外在的东西,而道德高尚的人,不仅用美德滋润着自己的身心,使自己身体健康,心情愉悦,光彩照人,而且还会使自己心胸宽阔,光明磊落,有心底无私天地宽的感觉,得到别人的尊重、爱戴,心情好了,可以延年益寿。

所以,君子一定要使自己意念真诚,减少私心杂念,只有做到“心底无私天地宽”,才能够“坦坦荡荡做人,认认真真做事”,“仰不愧于天,俯不愧于人”,无心无愧,光明磊落的人。

前面在“致知”一章中探讨了知天,是为了法天、配天和胜天;知命,是为了立命、俟命、与革命；知性，是为了养性、率性与尽性；明道，是为了行道、弘道与修道；明德，是为了居于仁、由义与崇礼；知人，是为了明善恶；知物，是为了辨是非。这章的“诚意”，是为“正心”打前提，为修身打基础，为修道创造条件。懂得“诚”，为道德的源泉，“明”，为学问的贯通。两者相辅相成，进无止境。

二十一、正心之道，是不受私欲的支配，保持内心的客观公正

“所谓修身在正其心者，身有所忿懥，则不得其正；有所恐惧，则不得其正；有所好乐，则不得其正；有所忧患，则不得其正。”

这里修身的身，指的是身心和心情志向。忿懥，忿，被分裂了的心灵，被分裂了的认识和纷乱的心灵，就是心烦意乱。引申为分心的事，令人心烦意乱的事。

忿懥，指因极度不满的事情而产生的愤怒和仇恨情绪。

恐惧，指处于外部震慑而产生的惧怕心理和不安的情绪。

好乐，指由非理性激发起来的对于快乐的本能的喜欢和爱好。

忧患，对于艰难困苦的忧患和担忧。

正其心，确保理性认识的正确性，纠正错误的认识，达到正确的认识。

不得其正，就是不能处于恰到中正、中庸的状态。

曾子说：“之所以说修养自身的品行首先要端正自己的思想，是因为一个人内心怀有激烈愤怒的情绪，就不能够端正思想，不能够客观公正正确地对待人和事物；内心感到恐惧不安，思想就不能端正，不端正就不能客观公正地评判是非；心情正处在兴趣满足的快乐之中的人，就不能够客观公正地辨别忠奸；心情极度地忧虑，就不能够做出客观公正地决断。”

“正心”，是不受情感和私欲的支配，保持内心的客观公平公正

所以说“正心”，就是去掉私心杂念，保持心态平和，内心纯正的客观公正，就是保持内心的良知，不被个人的好恶情绪所左右，不受个人的情感、自私的欲望所支配，始终保持一颗公正、善良的心。

程颐说：“‘身有’之‘身’当做‘心’。”

朱熹说:“(忿懥、恐惧、好乐、忧患)盖四者,皆心之用,而人所不能无者。然一有之而不能察,则欲动情胜,而其用之所行,或不能不失其正矣。”

要使一个人能够客观公正地认识外界的事物,并能够认识的正确无误。儒家认为:关键要首先端正自己的思想,去掉个人的私心杂念,摒弃个人的好恶倾向,排除个人的“喜、怒、哀、惧、爱、恶、欲”,“七情”;“耳、鼻、口、舌、身、触”,“六欲”的干扰,怀有一颗善良之心,客观公正地分析问题、看待问题和处理问题,这就叫做“正心”,也叫“公心”。

古人云:天无私覆,地无私载。日月无私烛,四时无私为。忍所私而行大义,可谓公矣。智而用私,不若愚而用公。

“所谓修身在正其心者”,就是修身,首先要端正自己的思想。修身的具体要求,就是遇事要出于公心,不怀私心,为人处世、待人接物要谦虚谨慎,言辞、姿态、仪表要很合乎道德规范。

修身的目的,就是用自己的真情实感,公正无私善良之心,与别人和谐相处。

中国是一个特别讲求“和”的国家,北京有和平门,紫禁城中最高大的建筑,也就是皇帝举行重大活动的场所,就叫太和殿,其次有中和殿,保和殿等。中国文化也包含有诸多“和”的要素,如对人说话要和声细语,待人接物要和和气气,家庭要和和睦睦,做生意要和气生财,为人处世要和气免灾,国家要和谐发展,世界要和平共处。

总之,和是正的表象,和是正的体现,中正是和谐的前提,和谐是中正的具体体现,正心是本,和谐是末,中国的国本是建立和谐的世界。

对于正的解释,古人说:“政者,正也。”

我国有五千年的文明史,从由国家官吏制度开始,讲正气就是为官的职业道德。古代要求做官要一身正气,两袖清风;做事要出于公心,大公无私。在我国的三皇五帝时代,官长称为“正”。在以后相当长的时期里,“正”是从政官吏的总称,他们的作用主要是以政正不正。所以,直到现在,台湾还把最底层的官员称为“里正”。几乎全世界都把当官称之为从政,比如政要、政客、政治家等等。坚持公正从政,几乎是全世界对于官员的起码要求,也是从政者、政治家应该遵守和必须遵守的基本尊则。

孔子以“身正”为标准,把人划分为君子、贤人、小人、斗筲之人。君子、贤人在位执政，就会奉行仁政、德政。政治就会清明，社会就会发展，人民就会安居乐业。小人执政，就会施行暴政、苛政，就会民不聊生，人民就会流离失所，苦不堪言。所以，孔子推崇尧、舜、禹三代为黄金时代，圣人时代，他日思夜想，魂牵梦绕的时代。

儒家提倡“常修为政之德”，重视官德、政德的表率作用，注重修身正心的自我修养，提出“吾日三省吾身”和“见贤思齐焉，见不贤而内自省也”。以后，又发展成为“格物、致知、诚意、正心、修身、齐家、治国、平天下”的准则，其核心是修身正心。

《大学》认为人性本身有“七情”、“六欲”，而“七情”、“六欲”的情绪会影响到一个人发扬正气，所以修身的关键在“正其心”。

孟子则倡导“我善养吾浩然之气”，是因为正气“至大至刚”、“塞于天地之间”，“配义与道”是“集义所生者”。孟子认为有了这种浩然之气，就能够“富贵不能淫，贫贱不能移，威武不能屈”，就能够“穷者独善其身，达则兼济天下”。儒家提出“得民心者得天下”。孟子说：“得道者多助，失道者寡助。”儒家认为得道的前提是心正，心正才能得民心，得民心者才能得天下。孟子指出得民心有道，“所欲与之聚之，所恶勿施尔也”。

正心的标准，是以人为本；正心的目的，是亲民爱民

“所谓修身在正其心者，身有所忿懥，则不得其正”。就是说一个人在愤怒时特别是在极度的愤怒之下，是很难保持理智、客观、公正地思考问题，把握事情的真相。愤怒之下作出的决策难免会有出入，甚至导致决策严重失误，给国家、民族、事业、家庭和个人造成不可挽回的巨大损失。如《三国演义》中的刘备、关羽、张飞，为此失去了宝贵的生命，并断送了国家命运的悲惨结局。

关羽是三国名将，勇冠三军，不仅被中华民族所崇拜，还被东南亚和朝鲜半岛的人们所崇拜，至今他的庙宇香火不断。然而，关羽目中无人，他眼中只有刘备和张飞所谓“桃园三结义”的小圈圈，他一开始排斥诸葛亮，继而又排斥老将黄忠和马超等人。关羽在对待盟国东吴的孙权、鲁肃也是如此。

东吴君主孙权欣赏关羽的英勇，又有结盟蜀汉的思想，要把自己的女儿嫁给关羽之子，这本来可以亲上加亲，有利于盟友亲密相处，有利于联吴抗曹的基本国策，然而关羽却说“虎子焉配犬女”，侮辱了作为一代君主孙权的人格，拒绝了孙权的一片好心，惹恼了孙权的英雄之心，破坏了诸葛亮联吴抗曹的基本国策，致使孙权派大将吕蒙率兵袭击关羽驻守的荆州。由于关羽的自傲轻敌，结果败走麦城，只落得个身首异处的悲惨下场。关羽之死不大要紧，关键是他丢掉了蜀国东边的重要门户荆州，这个重要的军事战略基地和军事重镇，丢掉了抵抗东吴进军的一道重要屏障。

关羽最重要和最致命的错误，是他破坏了诸葛亮十二年前《隆中对》中的三国鼎立的军事、政治、外交的国家大战略。如果能像《隆中对》设计的，跟孙权保持联盟和睦的外交关系，三国的局面不是后来的情况。由于关羽不守"正心"的一时冲动，丢失了荆州，导致了自己身首异处，家破人亡，破坏了诸葛亮的基本国策，遂使三国鼎立的全盘战略成为泡影，怎不令人可惜可叹！

关羽由于不能"正心"，导致丢失了荆州，仅仅是蜀国厄运的开始。关羽的死，使刘备愤怒至极。刘备说："朕自桃园与关、张结义，誓同生死，不幸二弟云长被东吴孙权所害，若不报仇，是负盟也。朕欲起倾国之兵，剪伐东吴，生擒逆贼，以雪此恨。"刘备不听赵云、诸葛亮等大臣的苦谏，执意出兵。

却说张飞在阆中，闻之关公为东吴所害，旦夕号泣，血染衣襟。诸将以酒劝解，酒醉，怒气愈加。帐上帐下，但有犯者，即鞭挞之，多有鞭死者。每日望南，切齿睁目怒恨，放声痛哭不已。

却说张飞回到阆中，下令军中：限三日置办白旗白甲，三军挂孝伐吴。次日，帐下两员末将范疆、张达入帐告曰："白旗白甲一时无措，须宽限方可。"飞大怒曰："吾急于报仇，恨不明日便到逆贼之境！汝安敢违我将令？"叱武士缚于树上，各鞭背五十。鞭毕，以手指之曰："来日俱要完备。若违了限，即杀汝二人示众！"打得二人满口出血，回到营中商议。范疆曰："今日受了刑责，着我等如何办得？其人性暴如火，倘来日不完，你我皆被杀矣！"张达曰："比如他杀我，不如我杀他！"

范、张二贼探知张飞醉酒的消息，初更时分，各藏短刀，秘入帐中，诈言欲禀机密重事，直至床前。原来张飞睡不合眼，当夜寝于帐中，二贼见他须竖目张，本不敢动手；因闻鼻息如雷，方敢近前，以短刀刺入飞腹。飞大叫一声而亡，时年五十岁。

刘备闻知张飞又被害，怒不可遏，亲率倾国之兵，讨伐东吴。后被东吴小将陆逊火烧连营七百里，刘备兵败白帝城，含恨、含羞，于白帝城托孤阿斗与诸葛亮,结束了英雄的一生。

由于关羽、张飞、刘备失去了理智和正心,加上极度的愤怒,导致了身败国衰的严重后果,应为后世人们牢记这血的教训。

以上是“心有所忿懥则不得其正”的典型案例,因为有所愤怒则不得其正,导致关羽、张飞、刘备三国时期的著名英雄家破、身亡、国衰,破坏了整个三国时期的政治格局。下面让我们来探讨,

“有所恐惧则不得其正”。

前面已经说过:因为心里感到恐惧不安,就不能客观正确地评判是非真实的情况,特别是在战争前线更是如此。如我们常说的成语典故“草木皆兵”、“风声鹤唳”等。

“风声鹤唳”、“草木皆兵”的典故出自《晋书·苻坚载记》:东晋时期,前秦国和晋国交战。前秦国苻坚率领大军攻晋。决战于淝水,史称“淝水之战”。前秦帝国大军在肥水西岸,严阵以待,晋军在淝水东岸驻扎停留,不能前进。前锋都督谢玄派人晋见秦阳平公苻融,说:“阁下孤军深入,却紧靠河边构筑阵地,这是要长期抵抗,不是要速战速决。如果贵国大军稍稍向后撤退,使我们渡过肥水,一决胜负,岂不是更好的策略?”前秦所有的将领都反对后撤,说:“我们人多,他们人少,只要守住河防,阻止他们前进,我们就万分安全。”苻坚说:“我们不妨稍稍后撤,使晋军渡河。等他们渡过一半时,我们放出铁骑冲刺,就地屠杀,没有不胜之理。”

苻融同意了苻坚的建议,遂后指挥大军稍稍退却,让出淝水西岸地带,容纳渡河的晋军。前秦大军遂向后移动,以便迎接晋军渡过河后决战,前秦前线的军队后退,而后军却不知情,认为前军已经大败,顿时军心大乱,拔腿就跑。顿时,秦军乱作一团,晋军乘胜追击,前秦军溃不成军。

晋军将领谢玄等,亲率大军渡过淝水,立刻猛烈攻击。苻融骑马奔驰,发号施令,打算对惊慌失措,乱作一团的混乱局势加以恢复控制,然而,马匹忽然意外倒地,被追击的晋军斩杀。主帅既死,前秦大军遂后像雪崩一样,霎时瓦解,士卒四散逃亡。谢玄率军乘胜追击,直到青冈(今寿县西 15 公里)。苻坚退到寿阳城之后,基本上稳住阵脚,当苻坚站在寿阳的城墙上,看到八公山上的草和树的摇动,惊恐之中竟以为是晋国严整的军队,遂惊恐四散。在溃败的逃命中,前秦大军逃跑中的将士,听到呼呼的风的声音和鹤的鸣叫声,惊恐万

状的前秦大军认为晋国的追兵赶到，于是昼夜不停地逃命，连大路都不敢走，死亡十分之七八，苻融的三十万大军，最后只剩下了寥寥无几的数万残兵败将。

这就是中国历史上著名的“淝水之战”，其实，并没有“战”，而只有“役”。强大的前秦帝国不是战败，而是退败、溃败。这固然是主帅和主将的指挥无能有关，但“草木皆兵”、“风声鹤唳”的极度惊恐，导致判断失误是具体的原因。

如果说“赤壁之战”，使中国的大统一延缓了七十多年；而“淝水之战”，则是中国的大统一延缓两个世纪。在这两次延缓中国大统一近三百年之间，中华民族在极度残暴的战争环境中，死伤人数以千万计。

在极度的惊恐之中，把八公山上的草木当成严阵以待的敌军；在逃命的过程中，把风声和鹤叫的声音当成乘胜追击的敌军的追杀。极度的惊恐，心已经失去了正常的辨别和判断，造成了千古笑柄。

所以说，在任何时候都要保持一颗正常之心、“正心”，特别是在极度的惊恐之中，更要保持冷静、客观、公正之心。只有冷静，才能客观、正确、准确、无误地辨别是非，处理要务，不犯错误，少犯错误。以上我们讨论了“有所恐惧，则不得其正”。下面我们讨论“有所好乐，则不得其正”。

“有所好乐，则不得其正”，就是说：当一个人心里有了特殊的喜好，心志就不能端正。如：人所共知的唐明皇、唐玄宗，李隆基。

李隆基是中国历史上非常有名的皇帝，也是争议较大的皇帝。李隆基于唐朝景云元年，也就是公元710年，与他的姑姑太平公主合谋发动了政变，杀死他的伯母韦皇后和太子，拥戴他的父亲唐睿宗继位，他被立为太子。延和元年，也就是712年，受禅继位，改年号为先天，次年又改为开元。前期先后任用姚崇、宋璟、张说、张九龄为相，整顿武则天后期以来的弊政，社会经济继续有所发展，号称“开元之治”。后又任用李林甫、杨国忠等为相执政，官吏贪渎，政治腐败。而李隆基喜好声色，奢侈荒淫，特别是迷恋杨玉环的美色，不理朝政，任凭权相李林甫、杨国忠胡作非为，结果破坏了府兵制度，京师和中原地区武备空虚，西北和北方各镇节度使掌握重兵，于天宝十四载，也就是公元755年，爆发了历史上有名的安史之乱。次年，逃往蜀中，在逃跑的路上，太子李亨于马嵬坡兵变，李亨和大将陈玄礼杀死杨国忠一家之后，逼迫李隆基赐他的爱妃杨贵妃自尽，太子李亨在灵武擅自继位，号称肃宗，他被尊为太上皇。至德二年末,也就是公元758年初回到长安,后抑郁而死,享年78岁。

中国历史上有些政治领袖,给人的第一印象,绝对不像一位暴君,而李隆基就是其中的一位。李隆基开创了"开元盛世",使唐朝的繁荣昌盛达到了一个很高的高度,国家繁荣昌盛,人民安居乐业,如能够继续努力,可以说唐玄宗时期,将会成为极为强盛的国家。但是,李隆基在取得极大的政绩之后,产生了骄傲自满的情绪,开始了享乐人生,整日声色犬马,特别是宠爱杨贵妃到了不可自拔的地步,致使权相李林甫、杨国忠擅权误国。

在文学作品的渲染下,人们很容易认定李隆基是一个戏剧界的祖师爷和爱一个美貌少妇爱得发狂、发疯的情圣,以至于不追究他抢占儿媳妇为妻,至今李隆基还被戏剧界尊为祖师爷。假如李隆基是一个梨园班主,假如李隆基是一个花花公子,我们对他是无可厚非,然而他是大唐帝国的一代兴国的圣祖、明君,最后把他亲手开创的"开元盛世",引领到死亡的边缘,致使大唐帝国有盛转衰,李隆基为了"好乐",丢失了"正心",为了声色犬马的享受,奢侈荒淫到误国害民的程度。

据《资治通鉴》记载:公元755年,安禄山兵变时,李隆基的宫女竟有四万人之众,创下了中国五千年的最高纪录。那一年,全国人口5300万。到了764年,史思明的儿子史朝义被消灭后的次年,战乱平息,全国人口只剩下1700万人,死亡高达3600万之多,还不算新出生的人口,是全国总人口的百分之七十。十年之中,平均每天有9863人丧生在刀口之下,或被饿死、冻死在残垣断壁和荒郊野外之中。战乱不断,百姓流离失所,饿殍遍地,民不聊生,全国人民陷入灾难深重的人间地狱之中。广大人民群众呼天天不应,叫地地不灵,一个强大无比的大唐帝国,生生被李隆基的声色犬马、荒淫无度给糟蹋蹂躏得支离破碎、惨不忍睹。

大唐帝国因此而土崩瓦解,中华民族再度陷入灾难深重的军阀割据,战乱不断,黑暗悲惨的200多年的人间地狱、人间悲剧。万里锦绣河山的中华大地,每一寸土地都在颤抖中哭泣,中华民族的每一个生灵都在极度恐惧战栗中面对屠杀。

不要说中国历史上没有几次这种惨绝人寰的悲惨时代,就是被人民痛骂的夏桀王、殷纣王、希特勒列在李隆基的面前,也逊色不少。他们制造的人间惨剧,都是在一个比较短的时期内,而李隆基制造的人间悲剧,则是中华民族的整整200多年之久。

《资治通鉴》所记载的每一件悲惨往事，无不提醒我们重新对李隆基的再认识，再评价；无不对李隆基的荒淫无度所造成的严重后果，对于中华民族的极大伤害所痛恨不已。

“有所忧患，则不得其正”。从表面上看，这句话会让人产生异议，因为大家都十分熟悉孟子的名言：“生于忧患而死于安乐。”而且儒家文化的精神实质也含有“忧患意识”。《大学》、《孟子》同是儒家经典之一，怎么同是儒家经典对于“忧患”的理解却大相径庭？

笔者认为：《大学》的“忧患”，是患得患失的意思；是在“知”、“仁”、“勇”“三达德”的面前，萎缩不前，瞻前顾后，摇摆不定，忧心忡忡；是在通往“在止于至善”的终极目标的征途中，缺乏自信和勇气，缺乏定向和毅力。

这里的“忧患”就是孔子所说的“君子坦荡荡”相对的“小人常戚戚”的“戚戚”。这里不仅有小人的斤斤计较，左顾右盼，畏缩不前的心理，还有“杞人忧天”的庸人自扰心理。

“杞人忧天”出自《列子·天瑞》：“杞人忧天”说的是我国公元前11世纪，西周分封的一个诸侯国，叫杞国，相传开国君主是夏禹的后裔东楼公。初在雍丘，就是今天河南省开封市的东南部的杞县。

“杞人忧天”是说杞国有一个人，整天忧心忡忡，担心天崩地坠，自己身无所寄，茶饭不进，夜不能寐。后来用以比喻不必要的担心和毫无根据的忧患。后又有《新唐书·陆象先传》：“天下本无事，庸人扰之烦耳。”“庸人自扰”的成语典故就是出自于此。“杞人忧天”和“庸人自扰”，都是自寻烦恼的意思。但“杞人忧天”，则主要是指不必要的忧虑、担心和自寻烦恼；而“庸人自扰”则主要指自找麻烦，自讨苦吃，无事生非，没事找事，不但有心理活动，而且有具体行动的人。

总之，“有所忧患，则不得其正”的意思，就是指患得患失，畏缩不前，瞻前顾后，摇摆不定，忧心忡忡，无事生非，自寻烦恼，没事找事一类的人。

以上我们讨论了《大学》认为：“忿懥”、“恐惧”、“好乐”、“忧患”四种情绪和心理障碍，严重影响人们“修身、正心”，破坏一个人正常的思维和决策所造成的危害。要想“正其心”，必须正确处理好以上四种不良的情绪，面对种种的不正的干扰和诱惑，靠自身的修养规范自己，约束自己，自律自己，力争做到排除私心杂念和过多的欲望，一心为公，做到心正、身正。

《大学》在上节警告了心不正所带来的严重后果，下节又提出了如何排除心不正的方法。《大学》说："心不在焉，视而不见，听而不闻，食而不知其味。"

就是说："用心不专，居心不正，思想受到不正当的干扰诱惑，思想不集中、精力不专注，思想不受支配，虽在看，但心已飞向远方，却什么也没看到；虽在听，但不知思绪何在，却什么也没听得到；虽在吃饭，但心不在焉，却不知饭菜是何滋味？"

所以朱熹说："心有不存，则无以检其身，是以君子必察乎此而敬以直之，然后此心常存而身无不修业。"

这里的"心不在焉"的"焉"，指的是不在于此，或不在这里的意思。"心不在焉"，就是心思不在于此或不在这里的意思。"心不在焉"，在今天一般的理解似乎是贬义词，常常批评某某人读书、学习、做事时心不在焉，形容这人不认真，敷衍了事，看着他在读书、学习、工作，其实心早已飞走了。其实，《大学》里的"心不在焉"不是这个意思，而是心不在这里，干任何事都不会干好，要想有所成就，必须全心全意，专心致志，心无旁骛。

现在所说的思想，在古代被称之为心，认为心是一身之主，必须坦然处之，要求身体各个部位各司其职，各尽其责，不要被忿懥、恐惧、好乐、忧患这些情绪影响和干扰君主——心的正确决策。不管是你读书、学习、工作，处世，都要全心全意，专心致志，心无旁骛的去做，不要"心不在焉"；假如你"心不在焉"，虽然你的眼睛在看着，也如看不见一样，虽然你的耳朵在听着，也如听不见一样，虽然你在吃饭，你也不知道自己究竟吃的什么东西，不知道是什么滋味。

"心不在焉"，一个较好的例证，就是《孟子·告子上》所说："无惑乎王之不智也。虽有天下易生之物也，一日暴之，十日寒之，未有能生者也。吾不见罕矣，吾退而寒之者至矣，吾如有萌焉何哉？今夫奕之为数，小数也，不专心致志，则不得也。奕秋，通国之善奕者也。使奕秋诲二人奕，其一人专心致致，惟奕秋之所听。一人听之，一心以为鸿鹄将至，思援弓缴而射之，虽与之俱学，弗若之矣。为是其智弗若与？曰，然也。"

孟子说："君王不聪明，不足为怪。即使一种最容易生长的植物，晒它一天，冻它十天，没有能够再长的。我和君主相见的次数太少了，我退出宫殿，寒冷就来到了，君王的善良之心虽然萌芽，我对他能有什么帮助呢？比如下围棋，本是一种小技术小技巧而已，如果不专心致志的学习，照样学不好。奕秋是全国下围棋的第一高手。假如让他教两个学生下围棋，其中一个人一心一意，只听奕秋讲，另一个人虽然也在听，而心里却想着有一只天鹅将要飞过来，想着怎样拿弓箭去射它。虽然他也和那个人一起学习，但却相差很远。是因为他的智力不如别人吗？当然不是的。”

孟子讲的这个故事，主要讲读书、学习、工作、做事时是否专心致志，全心全意，如果精神不集中，心猿意马，心不在焉，一心以为有鸿鹄将至，那是什么事也做不成的。

专心致志，讲的较好的还属荀子在《劝学》中所说：“积土成山，风雨兴焉；积水成渊，蛟龙生焉；积善成德，而神明自得，圣心备焉。故不积跬步，无以致千里；不积小流，无以成江海。骐骥一跃，不能十步；驽马十驾，功在不舍。锲而舍之，朽木不折；锲而不舍，金石可镂。螾无爪牙之利，筋骨之强，上食埃土，下饮黄泉，用心一也；蟹八跪而二螯，非蛇、蟺之穴无可寄托者，用心躁也。是故无冥冥之志者，无昭昭之明；无惛惛之事者，无赫赫之功。行衢道者不至，事两君者不容。目不能两视而明，耳不能两听而聪。腾蛇无足而飞，鼫鼠五技而穷。《诗》曰：‘尸鸠在桑，其子七兮。淑人君子，其仪一兮。其仪一兮，心如结兮。’故君子结于一也。”

翻译成白话文就是：“土堆积起来成为山陵，风雨就在这里兴起；水汇集起来成为深渊，蛟龙就在这里生长；不断地做好事就自然聪明睿智，就会逐步达到了圣人的思想境界。所以，没有一步一步地聚积，就不会有千里的路程；没有小溪小河的凝聚，就不会有江河湖海的浩瀚。骐骥一类的千里马一跃，不能超过十步；劣质的驽马跑上十天也可以达到千里，成功的原因就在于永不放弃。雕刻东西若是中途放弃了，就是一根朽木也不能折断；雕刻的东西永不放弃，就是坚硬的石头也可以雕刻成美丽的花纹。蚯蚓没有锋利的爪牙和强壮的筋骨，它不但能够在地里吃土，还能下喝地下的泉水，这是由于用心专一。螃蟹有八只脚和两只螯，但是若是没有蛇和黄鳝的洞穴，就没有容身之处，这是因为它性情浮躁。”

“没有精诚知至的志向，就不会有通达事理的品行；没有埋头苦干的行为，就不会有赫赫的功绩。在歧路上徘徊的人是不会达到目的地的，侍奉两个君主的人是不为世人所容的。眼睛不能同时看两样东西还能看清楚，耳朵不能同时听两种声音还能听明白。腾蛇没有脚却能够飞翔，鼫鼠有五种技能却还是困顿于地。《诗经·曹风·尸鸠》上说‘布谷鸟住在桑树上，能生七个儿子。贤良君子们，他们的行为非常专一。行为专一，是由于心志专一。所以，君子学习的时候要精神集中，全神贯注。’”

以上是从正反两个方面讨论了读书、学习、工作、做事是否专一的利弊。什么时候专心致志，持之以恒，就会取得胜利和成功；什么时候心不在焉，三心二意，就不会取的成功和胜利，甚至失败。所以人们一定要心无旁骛地工作、专心致志地学习，才能够达到“正心”的目的。

这一章主要讨论了所谓修身，就在于端正自己的思想意识，如果一个人内心有所愤怒、怨恨和不满，自己的思想就不能端正；有所恐惧、害怕和惊恐，思想就不能端正；有所偏好、享受和贪欲，思想就不能端正；有所忧虑、忧患和自扰，思想就不能端正。一个人的思想不集中，不专心致志，一心以为有鸿鹄将至，看到了就像没有看到，听见了就像没有听见，吃到嘴里的东西，哪怕是山珍海味，却也品不出滋味。这就是所说的修身最重要的是端正自己的思想。

这里总结了修身在于正心，正心在修身中起着非常重要的作用。儒家认为“心之官则思”。心，就是现在所说的思想，人的一切行动受思想的支配和左右，所以说心为一身之主。心不正或思想出现了偏差，行为就会发生错误。所以修身，必须先要正心。正心的方法除了以上所说的以外，还有：

“性分不可使不足，故其取数宜多：曰穷理，曰尽性，曰达天，曰入神，曰致广大、极高明”。

“情欲不可使有余，故其取数宜少：曰谨言，曰慎行，曰约己，曰清心，曰节饮食、寡嗜欲”。

就是说：充分发挥人的天赋，因为人的本性天良是不可缺少的，这样就会有许多可取之处：如穷究事理，尽其本性，通达自然，就可以使身心收放自如，造就豁达的胸怀和高尚的道德品德。人的情欲不可太盛，所以可取之处要少：如谨言慎行，自我约束，清心寡欲，节衣缩食，减少过多的欲望和嗜好，等等。

儒家认为：在每一个人的天性中都蕴涵着一些优越的禀赋，利用好禀赋就可以进一步通达事理，培养自己乐观豁达的情怀和超然物外的精深境界。

有人认为，对待人生有两种态度：一种是“纵欲的人生”，竭力追求人世间的各种享乐，为了满足自己的欲望，一致纵情任性到无法自拔的地步，不惜违法乱纪,身陷囹圄;另一种则是"禁欲的人生",视欲望如毒蛇,苛求自己去过枯燥乏味的生活。

"纵欲的人生"就如一把干柴烈火,如果沉迷其中,必会引火烧身,害了自己。但"禁欲的人生"也太过于狭隘,因为完全禁欲使人形同槁木死灰,毫无生气。关键还是要靠我们去认真对待,适度把握,才不会被欲望所左右。

正心的方法还有:

大其心,容天下之物;虚其心,受天下之善;平其心,论天下之事;潜其心,应天下之变。

就是说:心胸开阔才能包容天下的万事万物;谦虚谨慎才能接受天下的真知善良;心平气和才能谈论天下的善恶得失;用心沉稳才能探讨天下的学说事理;潜心静气才能应对天下的风云变幻。

修身养性和正心修身是一个道理,修身正心如炼金,百炼而后才能成为真心、正心。修身也好,养性也罢,都得从净化自己的心灵做起。要想生活得坦然、自在、充实、尊严,就要不断地剔除自己的私心杂念,洗涤心灵上的尘埃,然后才有可能,坐看云卷云舒,笑看花落花开。

二十二、修身之道,是“内圣外王”之道

“修身”的目的,是“齐家、治国、平天下”

“修身”的目的,在于塑造完美理想的人格,是为了齐家、治国、平天下。“修身”是“八目”的根本,是格物、致知、诚心、正义的目的。一个人的道德的修养体现在行为举止的公正中和,从而承担“齐家”、“治国”、“平天下”的重任。所以,“修身在齐家”。

“修身”的程序,是“格物、致知、诚意、正心”

《大学》曰:“所谓齐其家在其修身者:人之其所亲爱而辟焉,之其所贱恶而辟焉,之其所畏敬而辟焉,之其所哀矜而辟焉,之其所傲惰而辟焉。故好而知其恶,恶而知其美者,天下鲜矣!”

“故谚有之曰:‘人莫知其子之恶,莫知其苗之硕。’”

“此谓身不修不可以齐其家。”

今译:所以说治理好家庭和家族的前提是:在于修养自身高尚的品德,提高自己的综合素质;是因为人们对于自己所亲近喜爱的人往往会产生好感和偏爱;对于自己所轻视厌恶的人往往会产生厌恶和偏见;对于自己所敬畏的人往往会产生盲目崇拜和偏向;对于自己所同情的人往往会产生过于怜悯和偏心;对于自己所鄙视怠慢的人往往会产生轻蔑和偏意。因此,能够做到喜欢一个人不仅肯定他优点,也能够知道他的缺点;厌恶一个人不仅知道他的缺点,也能够肯定他的优点;厌恶一个人又能够肯定他优点的人,这是天下少有的啊!

因此有句谚语说:“人们都不愿看到自己儿子的缺点,都不满足自己的庄稼长得好。”

这就是不修养好自身就不能治理好自己家庭和家族的道理。

“修身”是修德，是“修己以安百姓”；是提高自己的综合素质，增强造福于民的本领

何为修身？修身其实是修德！

“修身”的“修”，在《辞海》中的意思是：休息，修养。

这里主要论述了修身与齐家的关系。前面讨论的格物、致知、诚意、正心的目的是为了修身，而修身的目的，小者说是为了齐家，大者说是为了治国、平天下，所以修身是人生的根本。

这章主要指出了一个人修身不好所产生的几种偏见：对自己所喜爱的人，一般情况下只看到他的优点、长处和善良，因为喜爱偏好，而产生偏爱；对自己所厌恶的人，一般情况下只看到他的不足、缺点和丑恶，因为厌恶，而产生偏见，不能客观看待评价一个人，金无足赤，人无完人，不能求全责备，因厌恶而失去对某人的客观评价。很少有人能客观评价一个人的好恶优劣；喜欢一个人，就认为他什么都好，不喜欢一个人，就认为他什么都不好，总是看不惯。其根源在于人们思想的偏面偏私，主观上的任性矫情。在修身上不下硬工夫，很难客观正确地评价一个人好坏是非。

常言道：老婆都是人家的好，孩子都是自己的好。老婆都是人家的好，是人的贪欲在作怪；孩子都是自己的好，是私心在作怪。知子莫如父，人们并不是看不到自己子女的缺点，是私心、护犊子、虚荣心在作怪；一个人为什么总觉得自己的庄稼不如别人家的好，是欲壑难填的贪心在作怪。一个人如果失去了公正之心和正常的是非判断标准，是非常危险的。因为由私心引起的偏心偏见，贪心贪婪，是人心的两颗毒瘤，若不注意修养克服，久而久之，必将酿成大祸，害人害己，后患无穷。所以一个人要想有所作为，就必须在修身养性上下功夫。

那么，一个人怎样才能够做到修身养性呢？这就看你的志向和你的奋斗目标了。你修身，是为了找个好工作和有个小康之家；还是鸿鹄之志，修身、齐家、治国、平天下。但不管你志向如何，正如《大学》所说：“自天子以至于庶人，壹是皆以修身为本。”就是说，不管你是什么人，想做什么，只要你从骨子里不想当坏人，想做一个有用的人，就应该把修身当做根本。

因为《中庸》说了：“故君子不可以不修身，思修身，不可以不事亲。思事亲，不可以不知人。”

就是说:所以君子不能不先修好自身,要想修身,就不能不孝敬和侍奉父母。要孝敬和侍奉父母,就不能不以圣贤为楷模,以明义理。

儒家认为,修身的目的是为了治人。所以《中庸》说:"知所以修身,则知所以治人;知所以治人,则知所以治天下国家矣。"

就是说:知道如何去修好自身,那就知道怎样去治理别人;知道怎样治理别人,那就知道如何去治理国家天下了。那么,修身如此重要,我们又应该从何处入手呢?

《中庸》曰:"修身以道。"就是说:要修好自身,必须要遵循人类共生共存的大道。这个道,就是前面讲过的:"道",是人类探索宇宙万事万物的总规律,是人类共生共存共发展的高速公路。"道为大路,德为行路"。路是供人行走的,履行大道的任务无形落在了"德"的身上。"德"是行路。行路需要"三达德"。这个"三达德",就是"知(智)、仁、勇"的具体实施,就是学以致用,知行合一,理论联系实际的践行。所以说修身就是修德,修德就是提高自己的综合素质。如何达到"知、仁、勇""三达德"呢?

《中庸》说的很清楚,就是:"好学近乎知(智),力行近乎仁,知耻近乎勇。知斯三者,则知所以修身。知所以修身,则知所以治人。知所以治人,则知所以治天下国家矣。"

就是说:好学虽非智,但勤学好问,足可以改变愚,所以说近于智;力行虽非仁,但可以公而忘私,勇于实践,所以说近于仁;知耻虽非勇,但知错就改,改变懦弱和胆小怕事,所以说近于勇。知道了知仁勇这三个方面的道理,就知道了如何去修好自身,也就知道了怎样去治理别人。知道了怎样去治理别人,那就知道了怎样去治理国家天下了。

所以说修身的第一个要务就是"好学"。

"好学近乎知",好学虽然达不到知,但已经接近知(智)了。那么什么是好学?

《论语·学而》中说:"君子食无求饱,居无求安,敏于事而慎于言。就有道而正焉,可谓好学已。"

孔子说:"君子对于饮食,不求十分充足,对于居住,不求十分安适,做事敏捷,说话谨慎。常常向学识渊博,道德高尚的人请教,可以算得上真正好学的人了。"

好学，是古往今来修身最重要的途径之一。古人云：“古今来许多世家，无非积德；天地间第一人品，还是读书。”“读书即未成名，究竟人品高雅；修德不期回报，自然梦稳心安。”“为善最乐，读书便佳。”“至乐莫为读书，至要莫为教子。”

这是说：人生在世，无论是积德行善，还是修身养性，不能是为了贪图回报，而一切都应该是出于本心。同样，读书学习也不能只是为了成名成家，谋取功名利禄，而是读书应以明理为本，要有担当精神，要以天下国家利益为己任。帮助别人做好事善事，是最让我感到愉悦快乐的事；认真读书学习，以求提高自己的修养，是最让人高兴和赞许的事。

西汉扬雄在《法言·学行》中说：“学以治之，思以精之，朋友以磨之，名誉以崇之，不倦以终之，可谓好学也已矣。”

扬雄说：“通过学习来陶冶锻炼自己情操，依靠思考来加深自己的认识，依靠朋友来纠正自己的错误，依靠名誉来提高自己的品行，依靠不断地努力来完成自己学业，这样可以说就是好学的人了。”

《围炉夜话》中说：“读书无论资性高低，但能勤学好问，凡事思一个所以然，自有义理贯通之日；立身不显家世贫贱，但能忠厚老成，所行无一毫苟且处，便是乡党仰望之人。”

这是说：读书不论你的天赋的资质的高低，聪明与否，只有能够用功用心读书，勤奋不断地学习，遇有疑难不懂之处，积极主动向人请教，不管遇到任何事情都要把它想个透彻，问个究竟，终有一天就能够融会贯通，通晓诗书的内涵和道理；安身立命于社会之中，不怕自己出身贫贱低微，只要为人忠厚老实，遵循道义，做事稳重踏实，行为一丝不苟，便足以为家乡父老所看重敬仰，成为乡亲的楷模和榜样。

《文子·道德》中说：“上学以神听，中学以心听，下学以耳听。以耳听者，学在皮肤；以心听者，学在肌肉；以神听者，学在骨髓。故听之不深即知之不明，知之不明即不能尽其精，不能尽其精即行之不成。”

就是说：学习分为上中下三等，上等的学习方法是用神思去听，中等的学习方法是用心去听，下等的学习方法是用耳朵去听。用耳朵去听，只能学到一些皮毛的学问；用心去听，才能学到深刻的学问；用神去听，才能学到精髓的学问，抓住问题的实质，得到学问的真谛。所以听到的不深，了解事物就不甚明了；了解事物不甚明了，就不能领略事物的实质；不能领略事物的实质，自己的学业就不会取得成效。

“经济出自学问，经济方能有本源；心性见之事功，心性方为圆满；舍事功更无学问，求性道不外文章。”

就是说：经世济民安邦定国的本领，从学问中来，这本领才是经世济民安邦定国的本原所在；远大的理想抱负，只有体现在经世济民安邦定国事业的成功上，才能称得上伟大的理想抱负；不能够经世济民安邦定国，就不可能成就真学问，而要想实现自己伟大的理想抱负就不外乎文章了。

前面说的读书学习主要是为了谋心，下面所说的读书学习主要是为了谋身。

谋心，是为了修身养性，完善自我；谋身，是为了学以致用，修身、齐家、治国、平天下。

学习还要有高尚的追求和较高的标准。

古人曰：何为“至行”？曰“庸行”。何为“大人”？曰“小心”。

何为“上达”？曰“下学”。何为“远到”？曰“近思”。

有人问：“什么是一个人的最高德行？”回答说：“在日常生活中的修行就是！”有人问：“怎样才算德高望重的长者？”回答说：“谦虚谨慎、遵法守纪的人就是！”有人问：“怎样才能使学问有所长进？”回答说：“勤奋好学，不耻下问！”有人问：“怎样才能达到高尚的精神境界？”回答说：“体察人情世故，从近处思考，从小事做起！”

大象无形，大音希声，大爱无疆，大德无痕，最高的道德品行就是儒家所说的中庸之道。要上知天命，必须下通人情，下知人事。千里之行始于足下，一滴水可以折射出太阳的光辉，而远大的目标，宏伟的志向，必须从小事做起，从脚下开始，从近处思考，不愿做小事，整天好高骛远的人是不会有出息的。

人之所以有高低贵贱之分，就是能够成为高贵的人，懂得一切成功的前提必须是先从自我做起，从小事做起，从点滴做起。要想品德高尚，就必须谦虚谨慎；要想学有所成，就必须敏而好学，不耻下问；要想追求高尚的道德情操，就必须从细微之处做起。

天天行，何惧万里路；日日做，何惧万件事；常常读，何惧万卷书；时时写，何愁不成家。

儒家认为，学问有深有浅，有治国经邦之才，才可以称之为大学问。做人和做学问一样，要深明其中三昧，才能真正明白如何做一个有用的人，使自己成就一番功业。

正如古人说：“竭忠尽孝，谓之人。治国经邦，谓之学。安危定变，谓之才。经天纬地，谓之文。霁月光风，谓之度。万物一体，谓之仁。”

就是说：能够做到竭尽忠孝，才可称得上仁义之人；能够做到治国安邦，才可称得上经世之学；能够平定叛乱，扭转败局，才可称得上治世之才；能够包容编织天地万物，才可称得上风流文章；能够有爽朗温和的胸怀，才可称得上有儒学大家的风度；能够与宇宙万事万物和谐相处，融为一体，才可称得上有君子的仁德之心。

“宇宙内事，乃己分内事；己分内事，乃宇宙内事”。我们知道，“上下四方曰宇，古往今来曰宙”。宇宙，为时间空间的总和。做学问如果能够把宇宙间万事万物作为自己的分内之事，那自己的分内之事也就成为了宇宙万事万物的了。

学习的重要目是培养做人：要有乐观、豁达、容人、容物、博爱无边的胸怀；要有“胸罗宇宙，思接千古”的肚量；要有“铁肩担道义，妙手著文章”的担当精神；要有以为天下苍生兴利除弊的豪气。

学以致用，知行合一，理论要联系实际，实践才能出真知，实践是检验真理的惟一标准。如果一个人一天到晚封闭在书房内，脱离了社会实践，自己的所学不能在社会实践中得以应用，不去通过社会实践来检验自己所学的知识是否是真才实学，是否能够造福于人民，这样的书呆子是没有什么大的用处的。

一个读书人，眼界要阔，开阔眼界的最好方法是参加社会实践，遍历名山大川；一个读书人，度量要宏，增加度量的最好方法是多经历练，熟读经、史、子、集。

正如古人所说：“先读经，后读史，则论事不谬于圣贤；既读史，复读经，则观书不徒为章句。”

这就是说：先读“四书五经”、诸子百家，后读《二十五史》，那么议论起事情来就不会与圣贤的观点相违背；已经读了史籍再去读经书，那看书的目的就不只是为了引经据典了。因为经书是讲义理的，而史书则是记载史实的，两种书可以相辅相成，互相诠释，互相推进。

按一般的读书方法，应是先明白了事理之后再去阅读史书，这样才会对史事作出客观准确地评价。所以，“读经传则根底厚，看史鉴则议论伟。观云物则眼界宽，去嗜欲则胸怀净”。

就是说：读儒家经典和诸子百家，就可以为治学打下坚实的基础；看史书鉴古今，就能够宏论滔滔而切中要害；游历山川圣境，就可以使壮志凌云眼界开阔；戒嗜好弃私欲，就使胸怀光明磊落一尘不染。

“好学近乎知”。好学，是修身的第一要务，然而一个人仅仅好学还是不够的。好学，获得渊博的知识，使人会变得聪明、智慧、睿智，但知识再渊博也只是知识，获得知识的目的，是为了知行合一，学以致用，身体力行、理论联系实际，参与社会实践，建功立业，造福于人。只有把知识赋予社会实践，造福于人类，才能够说接近于仁了。所以说：

“力行近乎仁”。力行虽然没能达到仁，但已接近于仁了。那么，怎样才能够做到力行呢？

“格物篇”对于“笃行”已有论述，主要是论述“知行合一”的重要性。这里论述“力行”，主要是要论述力行的主要目的，是将自己学到的理论知识，应用于社会实践，造福于人民。

《论语·子张》中子夏曰：“博学而笃志，切问而近思，仁在其中矣。”

就是说：“广博地学习，而志向始终如一，对于没有深刻理解的事物，向别人恳切地求教，而又能够详细认真地考虑当前的问题，仁德就在这其中了。”

这就是说，学习的目的：是为了学以致用，理论联系实际，解决实际问题，是为了行道。理论联系实际和解决实际问题的过程就是行，行的目的是为了造福于人民，为了充实提高自己造福于人民能力的行动就叫行道。行道的力度大而持久就是力行。

人们学习的目的，是为了解决问题，而不是炫耀和装饰自身，如果读书学习的目的仅仅是为了让人觉得自己有知识，好在人前显摆，那就失去了读书学习的意义，那就是又酸又臭的书呆子、臭老九，百无聊赖无用的蠢书生。

所以孟子在《孟子·离娄上》说：“仁，人之安宅也；义，人之正路也。”

孟子说：“仁，是人类最安全舒适的住宅；义，是人类最正确可行的道路。”

孟子把“仁”，比做家，比做最安全舒适的住宅。就是说人们的一切行动，都要自身起步，从家出发，从爱己、爱人和带着一颗温暖善良的爱心出发，去关爱别人，了解别人，帮助别人，去和众多的人一起，造福于人，就变成了人间光明的正义，也就成了人们共同前进的正义光明大路，也就是全心全意为人民服务的道路，造福与人民的道路，而且终生无怨无悔，永远不要偏离方向的正路。

仁，是安宅，是仁爱的出发点；义，是行路，是仁爱的延续和践行，是正义之路，是勇敢的实践者、践行者。

实践和践行的目的，是为了去关爱人，温暖于人，帮助于人，造福于人，在造福于人的过程中实现自己人生的最大价值。

对于“知”和“行”，古人还有比较详细的说法：

知，好像一双眼睛；行，好像一双脚。不知而行的人，面前有峡谷险滩也不知道，身旁有虎豹豺狼也发现不了，就好像中原人要到北京去，反而走到广州一样，也好像要去广州却到了北京一样。假如这样，就是骑着千里马，日行千里，跑得越快，离目的地越远，这不就是“南辕北辙”吗！

知而不行，就如同瘫痪在床上的病人，每天计算要走多少的路程一样。行，只一个“笃”字，只要坚持不懈地行就可以了。

知的功夫千头万绪，“不是知难，而是行难”。获得知识不易，身体力行实践更难。知道了要去的终点，就要达到终点。

知，就是“深究事物的精微道理”，“研究事物的义理和人的本性”，“对于关键的问题要深入探讨，达到极精微之处”，“窥探幽深，求索隐微”，“多问多见”。

知，就是知道所要行的东西；行，就是实践那些已经知道的东西。知是知道这些；行也是要行这些。知和行，有人说是一个硬币的两个方面，世俗知行不分，以为行就是知。其实能行才算是知，只是知，难说得上是行。

古人云：“天德只是个无我，圣君无非个爱民。”“天德只是个无我，王道只是个爱人。”“天德王道不是两事，内圣外王不是两人”一样。知是为了行，行需要知。天德是为了爱民，爱民必须有天德。

讨论完“好学近乎知”和“力行近乎行”的关系，我们再来讨论“知耻近乎勇”的关系。

“知耻近乎勇”。“知耻”，只是近于勇，还不是勇，但已接近勇。那么何谓知耻？

人之所以成为人，成为高级动物，是因为人懂得羞耻。知耻，是人与动物的区别所在，人有羞耻之心，否则，人和动物有什么区别是说不清楚的。

“知耻近乎勇”。知耻，是人类进化的推动力，是人类进步的催化剂，是人类走向文明的约束力，是人类奋起直追的加速力，是人类改造自己的原动力，是人类修饰提高自己的内动力。

人若没有羞耻之心，就会堕落、麻木、萎靡、苟且、卑鄙、无耻，也许还不如动物。所以，古代先贤和圣人立教，必先使人知耻，然后才有道德文化可言。

子曰：“道之以政，齐之以刑，民免而无耻。道之以德，齐之以礼，有耻且格。”

孔子说：“用行政命令来诱导人民，使用刑罚来整治人民，人民只是暂时地克制自己避免犯罪，但却没有因犯罪而知道耻辱的思想。用道德教化来引导人民，用礼乐制度来约束人民，人民不但懂得什么是光荣，什么是耻辱，自觉终止无耻的行为，而且人心都归服于国君。”

孟子曰：“人不可以无耻，无耻知耻，无耻矣。”

孟子说：“人不可以没有羞耻之心，能够从不知羞耻到懂得羞耻，才有可能不受羞耻。”

孟子曰：“耻之于人大矣！为机变之巧者，无所用耻焉。不耻不若人，何若人有。”

孟子说：“羞耻对于如何做人，关系极大！奸诈多变的无耻之徒，本来就不懂得羞耻，所以就用不着羞耻。假如没有羞耻之心的人不知道自己不如人，自然也就谈不上如何赶上别人了。”

一个人是否有羞耻之心，对于一个人的人生关系巨大。一个没有羞耻之心，不知自己丑恶、无耻、愚蠢、落后、贪婪的人，是不会痛改前非迎头赶上的，更不会知耻而后勇。所以，知耻是改变自己无知无耻愚昧的开端，是迎头赶上的开始，是重新做人的起点，是改变自己成为一个有用的人，善良的人，有益于人民的人的动力。所以说“知耻近乎勇”。

“好学近乎知，力行近乎仁，知耻近乎勇。”

好学，是获取广博知识的前提，是增强智慧的必备条件，是提高综合素质的良策，是参与社会竞争的资本，是自身发展的强劲动力，是生存发展的内动力，是人体内部的健壮心脏，是汽车高质量的发动机，人的进步快慢持久如何，起决定作用的是学习力，汽车的性能质量耐用如何，其决定作用的是发动机。

力行，是把已获得的广博知识应用于社会实践的过程，是知行合一、学以致用、理论联系实际的过程，是修身、齐家、治国、平天下实现价值的过程。力行的目标要正确无误，力行的速度要强劲有力，匀速持久，平安驾驶，否则，将不安全，或违章受罚。

知耻，是在知行合一，学以致用，理论联系实际，实现自身价值的过程中的一种明智正确的选择。知耻，应知道什么不能说，不能为，不能做，不能行。知耻，会少犯错误，少自取其辱，赢得尊严。知耻而后勇，应知廉耻，知进退，少怯懦，勇实践。知耻，就是知道公路上有红绿灯，红灯不能闯，否则，轻者受罚，重者危险。

然而，仅有好学、力行、知耻是不够的，重要的是明德，高尚的道德，会使你选择正确的道路，懂得取舍进退，决定前进的方向，告诉你能要什么？不能要什么？选准的目标要义无反顾的前进，不能作为的绝不作为。

二十三、修身的目标:由“内圣”到“外王”

修身,其实就是要修炼成什么人的问题。人有多种:神人、圣人、全人、贤人、君子、有恒者、善人、庸人、小人、伪君子。

神人可望而不可即,以圣人为楷模,以全人为目标,以贤人为榜样,以做君子为己任,以做善人、有恒者为终身,不做庸人,识别远离真小人,揭穿慎防伪君子!

格物、致知、诚意、正心,为修身的基本条件;齐家、治国、平天下是修身的最终目的。那么修身的目标是什么呢?

修身的第一目标为“成己”。所谓成己,就是格物、致知、诚意、正心,修身完满之后的成己,就是修身成为德才兼备人才的成己,成己的终极目标是“内圣”,达到儒家所说的圣人的目标。

修身的第二目标为“成物”。所谓成物,就是齐家、治国、平天下的成物,成物的终极目标是“外王”,达到儒家所说的圣君目标。

但修身成己有层次之分,并不是每一个人都能够达到“内圣外王”的标准。而是根据每一个人不同的资质,分别成己为:圣人、贤人、君子、有恒者、善人等。

神人,又称神仙,道家把得道成仙的人,称之为神仙。然而,人世间真正能够得道成仙的又有几人?所以,神仙是可望而不可即的人,既然是可望而不可即的,就不白费工夫了。所以做人:

要以圣人为楷模。那么什么是圣人?

中华五千年的文明史证明,作为一个有志于献身于社会活动的读书人,一个想成就一番事业的知识分子,其读书学习修身养性的主要目的,就是改变自己的身份,提高自己的品位。其最高目标不外乎出将入相,其最终目标不过是“内圣外王”,其终极追求也就是先哲圣人。那么什么是圣人?

圣人,在《辞海》中的解释:圣人,的第一层意思是:圣,无所不通,圣人就是无所不通的人。《书·洪范》:“睿作圣。”就是说,睿智的人为圣人。孔传:“于事无所不通谓之圣。”第二层意思是:道德极高尚,仅次于神的地位为圣。《孟子·尽心下》:“大而化之谓圣,圣而不可知之之谓神。”赵岐注:“大行其道,是天下化之,是谓圣人;有圣知之明,其道不可得知,是为神。”第三层意思是:“称所专长之事造诣至于极顶的人。”如诗圣杜甫;草圣王羲之。第四层意思是:称颂帝王之词和宗教上的教主等等。

然而,从古至今,又有几个人是真正的圣人呢?

正如《论语·述而》中孔子所说:

子曰:“圣人,吾不得而见之矣;得见君子者,斯可矣。”

子曰:“善人吾不得而见之矣;得见有恒者,斯可矣。亡而为有,虚而为盈,约而为泰,难乎有恒矣。”

这里的恒,是指有恒心和有操守。约,是指穷困。泰,是指富足。翻译成现代文就是:

孔子说:“圣人,我是不可能见得到了,能够看见一个君子,也就算可以了。”

孔子又说:“善人,我是不能够见得到了,能够见得到操守坚定有恒心的人,也就算可以了。本来没有却假装有,本来自己空虚却假装作很充实;本来自己穷困潦倒,却装作非常富有的样子,这样的人很难有自己坚定的操守和恒心。”

古人云:“欲得乎中,取法乎上。”所以,大多数知识分子,大都从内心鄙视小人和伪君子,赞扬君子和向往君子。也大都自喻为君子,没有听说谁认为自己是小人的。故此,要立志为君子,就必须立志为圣人,最低也要以圣人为楷模,才有可能成为君子。否则,你自己想成为君子也只是一厢情愿的事,弄不好会把自己沦落成为不知道会成为什么样的人。

《孟子·告子上》中:公子都问曰:“钧是人也,或为大人,或为小人,何也?”

孟子曰:“从其大体为大人,从其小体为小人。”

曰:“钧是人也。或从其大体,或从其小体,何也?”

曰:“耳目之官不思,而蔽于物,物交物,则引之而已矣。心之官则思,思则得之，不思则不得也。此天之所与我者，先立乎其大者，则其小者弗能夺也；此为大人而已矣。”译成现代文就是：

公子都问道：“同样是人，有的人是君子，有的人是小人，这是为什么？”

孟子答道：“求得‘心’器官的满足，也就是精神的满足人，就是君子；求得耳目器官的满足，也就是自身欲望的满足，就是小人。”

君子所追求的，是高尚精神境界的充实和满足；小人所追求的，是自身动物欲望的充实和满足。君子和小人的区别就在于此。

问道：“同样是人，有的人要求满足于‘心’（精神）的需要，有的人要求满足于耳目（物欲）的需要，这又是什么缘故呢？”

答道：“耳朵、眼睛这些器官不会思考，常为外物所蒙蔽，外物相互牵连，耳目便被引向迷途。‘心’这个器官会思考，思考便会有心得，不思考则一无所得。‘心’是上天专门赐予我们人类的，先把这个器官的作用树立起来，那么次要器官便不能把思考的作用夺过去，这样便成了君子。”

圣人：丰功伟绩、彪炳千秋

那么，圣人的标准是什么？其标准解释不同，大致可分为以下几种：

孟子曰：“规矩，方圆之至也。圣人，人伦之至也。”（《孟子·离娄上》）

孟子说：“圆规和曲尺是方圆的标准，也是方圆的楷模；圣人是做人的标准，也是做人的楷模。”

任何事物，都有其标准和楷模，中国传统文化，一般把做人的标准和楷模定位为圣人，把它们称之为千世师表，万世楷模。经过历史的洗礼，不受时空的限制，经得起考验，被广泛称颂的圣人，都有极高的美誉度，使人顶礼膜拜。

圣人都具有：渊博的知识，睿智的头脑，无穷的智慧，崇高的品质，爱民的典范，国家的领袖，民族的功臣，人类的救星。

一等圣人“立德、立功、立言”三者俱佳，如：中华人类始祖，伏羲、神农、黄帝及尧、舜、禹、汤；二等圣人“立德、立功”或“立德、立言”二者俱备，如：文王、周公、老子、孔子、孔明、周恩来；三等圣人“立德、立功、立言”，三取其一，如：伊尹、伯夷、孙武、吕尚、柳下惠等。他们的“言而世为天下法，行而世为天下则，远之则有望，近之则不厌”（《中庸》），均可为千世之师表，万世之楷模。

孟子曰：“圣人，百世之师也，伯夷、柳下惠是也。故闻伯夷之风者，顽夫廉,儒夫有立志;闻柳下惠之风者,薄夫敦,鄙夫宽。奋乎百世之上,百世之下,闻者莫不兴起也。非圣人而能若是乎?而况于亲炙之者乎?”

孟子说:“圣人是百代的师表,伯夷、柳下惠正是这样的人。所以,听到伯夷高尚情操的人,顽固不化的贪婪者也变得廉洁了,懦弱的庸夫也要立志;听到柳下惠高尚情操的人,就是尖酸刻薄的人,也会变得敦厚老实,气量狭隘的人,也会变得宽宏大量。他们奋发在百代之前,而百代之后的人听到以后,也无不感动兴奋异常。假如他们不是圣人,能够有这样的影响吗?更何况亲身感受到他们熏陶的人呢?”

圣人的丰功伟绩,彪炳千秋,永垂青史;圣人的光辉形象,品质高尚,穿越时空,所以说:

浩生不害问曰:“乐正子何人也?”

孟子曰:“善人也,信人也。”

“何为善?何为信?”

曰:“可欲之谓善,有诸己之谓信,充实之谓美,充实而有光辉之谓大,大而化之之谓圣,圣而不可知之之谓神。乐正子,二之中,四之下也。”(《孟子·尽心下》)

浩生不害,是齐国人。浩生不害问:“乐正子是什么样的人?”

孟子说:“是好人,老实人。”

“什么叫好人?”“什么叫老实人?”

答道:“那人值得喜欢的人就叫好,好处体现在他的身上叫老实,好处充满全身叫美,不但充满而且散发着光辉叫大,大而能融会贯通叫圣,圣又高深莫测叫神。乐正子正好介于好于实两者之间,在美、大、圣、神之下。”

孟子把什么叫:善,信,美,大,圣,神:做了一番解释,说明圣的地位只次于神的地位,实际上也是高不可攀的。

“大哉!圣人之道!洋洋乎发育万物,峻极于天。优优大哉!礼仪三百,威仪三千。待其人而后行。故曰:苟不至德,至道不凝焉。故君子尊德性而道问学,致广大而尽精微,极高明而道中庸,温故而知新,敦厚以崇礼。”

是故居上不骄,为下不倍。国有道,其言足以兴;国无道,其默足以容。《诗》曰:‘既明且哲,以保其身。其此之谓与!’”(《中庸》)

子思说:“伟大呀!圣人之道!它充满着天地之间,茫茫宇宙,无声无息、不知疲倦地生发并养育着万物,崇高如天。它浩瀚无际,宽广无边伟大至极!礼的大纲有三百条,礼的细节和规矩有三千条,必须等待圣人的出世才能够实施。所以说:如果没有极大的德,极高的道,是不会成功的。所以如果不是至德的君子,那至道是不会具体地凝聚的。因此,君子一面要崇尚德行,又要注重学习,是自己的德行和学问日益广大,竭尽精细隐微,达到高超的境界,又能遵循中庸之道。既温习了已经掌握的知识和了解的道理,又学到了新的知识和认识了新的道理,既崇尚礼节又为人忠厚。”

“因此,身居高位的人不骄傲,身居下位的人不犯上作乱。国家政治清明的时候他的主张能够被采纳;国家政治黑暗的时候他采取沉默的态度能使自己身安。《诗经》上说:‘既明达道理又洞察是非,就能保全自身。’说的就是这个意思!”

以上是孟子对于圣人的论述,以下是对于圣人的品质特点的划分为“清、和、任、时”四种。

孟子曰:“伯夷,圣者之清者也;伊尹,圣之任者也;柳下惠,圣之和者也;孔子,圣之时者也。孔子之谓集大成者,金声而玉振之也。金声也者,始条理也;玉振之也者,终条理也。始条理者,智之事也;终条理者,圣之事也。智,譬则巧也;圣,譬则力也。由射于百步之外也,其至尔力也;其中,非尔力也。”

孟子说:“伯夷,是圣人之中清高的人;伊尹,是圣人之中负责任的人;柳下惠,是圣人之中随和的人;孔子,是圣人之中识时务的人。孔子可以说是圣人之中的集大成者。集大成者的意思,就像一个乐队在奏乐,先敲击铜钟,让铜钟声发出金一般动听的声音,最后再敲击玉磬收尾,让玉磬发出暖玉温柔美好的声音。所谓金声,就是一场音乐会开始的序曲;所谓玉振,就是这场音乐会终结的结束曲。一场音乐会完满演奏的开始在于智;一场音乐会完满演奏的终结在于圣。智,好比自身高超的技艺;圣,好比自身的综合实力。这就好像在百步之外射箭,射到,凭的是你的力气,射中,那就不是凭的你自己的力气,而是你自己的高超的技艺。”

孟子在《孟子·万章下》中对于圣人的论述:

孟子曰:“伯夷,目不视恶色,耳不听恶声。非其君,不事;非其民,不使。治则进,乱则退。横政之所出,横民之所止,不忍居也。思与乡人处,如以朝衣朝冠坐于涂炭也。当纣之时,居北海之滨,以待天下之清也。故闻伯夷之风者,顽夫廉,懦夫有立志。”

孟子说:“伯夷,眼睛不看不好的事物,耳朵不听不好的声音。不是他理想的君王,不去侍奉;不是他理想的百姓,不去支使。天下太平,就出来做官;天下混乱,就告退隐居。施行暴政的国家,住有暴民的地方,他都不愿居住。他认为同乡下人住在一起,就好像穿着朝服戴着朝冠坐在泥途或炭灰之上。商纣的时候,他住在北海之滨,以等待天下的清平。因此,听到伯夷的风节的人,贪得无厌的人都变得廉洁起来了,懦弱的人也会树立起坚强不屈的意志。”

“伊尹曰:‘何事非君,何使非民?’治亦进,乱亦进,曰:‘天之生斯民也,使先知觉后知,使先觉觉后觉。予,天民之先觉者。予将以道觉此民也。’思天下之民,匹夫匹妇有与被尧、舜之泽者,若己推而内之沟中,其自任以天下之重也。”

伯夷,商末孤竹国君长子。孤竹国君以次子叔齐为继承人,孤竹君死后,叔齐让位,他不受,后两人闻周文王善养老而入周。武王伐纣,他与齐叔劝谏。武王灭商后,他们居首阳山,不食周粟而死。

“伊尹说:‘哪个君王,不可以侍奉?哪个百姓,不可以支使?’天下太平,他就出来做官,天下混乱,他也出来做官,并且说,‘上天生育这些百姓,就是让先知先觉的人,启发后知后觉的人。我是天生之民中的先觉者,我将用尧、舜之道来引导这些人。’他这样想:天下的百姓当中,只要有一个男人或一个女人没有受到尧、舜的恩泽,便好像是自己把他们推入深沟之中一样,他就是这样以天下的重任为己任的人。”

伊尹,商初大臣。名伊,尹是官名。一说名挚。传为家奴出身,原为有莘氏女的陪嫁之臣。汤去世后,汤用为“小臣”,后任国政,助商汤攻灭夏桀。汤去世后,历辅佐卜丙(即外丙)、仲壬二君。仲壬死后,由太甲继位,因太甲不尊商汤之法,不理国政,被伊尹放逐。三年后太甲悔过,又接回复位。死于沃丁时。一说仲壬死后,太甲当立,他篡位自立,放逐太甲。七年后,太甲潜回,将他杀死。

“柳下惠不羞污君,不辞小官。进不隐贤,必以其道。遗佚而不怨,厄穷而不悯。与乡人处,由由然不忍去也。‘尔为尔,我为我,虽袒裼裎于我侧,尔焉能浼我哉?’故闻柳下惠之风者,鄙夫宽,薄失敦。”

“柳下惠不以侍奉昏君为耻，也不因官小而辞职。在朝廷中，不隐瞒自己的才能，但一定按他的原则办事。遭到遗弃，也不怨恨，处在穷困之中，也不忧愁。同乡下人相处，自由自在不忍离去。他说，‘你是你，我是我，即使你在我身旁赤身裸体，哪能就玷污我呢？’因此，听到柳下惠高风风节的人，心胸狭窄的人也会变得开阔起来，刻薄的人也会变得敦厚。”

柳下惠，春秋时期鲁国的大夫。姓展，名获，字禽。食邑在柳下，谥惠。任士师（掌刑狱的官）。鲁僖公二十六年（公元前634年），齐攻鲁，他派人到齐劝说退兵。以善于讲究贵族礼节“坐怀不乱”著称。

“孔子之去齐，接淅而行；去鲁，曰：‘迟迟吾行也，去父母国之道也。’可以速而速，可以久而久，可以处而处，可以仕而仕，孔子也。”

“孔子离开齐国时，不等把米淘完，带了浸过水的米就走；离开鲁国时，却说：‘我们慢慢走吧，这是离开祖国的态度。’应该迅速走就迅速走，应该延缓就延缓，应该隐退就隐退，应该做官就做官，这就是孔子。”

“唯天下至圣为能聪明睿智，足以有临也；宽裕温柔，足以有容也；发强刚毅，足以有执也；齐庄中正，足以有敬也；纹理密察，足以有别也。”

“博博渊泉，而时出之。博博如天，渊泉如渊。见而民莫不敬，言而民莫不信，行而民莫不说。”

“是以声名洋溢乎中国，施及蛮貊。舟车所至，人力所通；天之所覆，地之所载；日月所照，霜露所坠；凡有血气者，莫尊亲，故曰配天。”

就是说：“只有天下最圣明的人，才是聪明智慧能够治理民众的人；只有宽宏大度，温文尔雅，才能包容万事万物；只有坚毅勇敢，刚健果断，才能决断天下大事；只有庄重中正，出以公心，才能得道人们尊敬；只有条理清楚，谋事精密，才能辨别是非曲直。”

“圣人高尚的美德，像天空那样辽阔无比，像潭水那样深不可测。表现在仪表上，百姓没有不敬佩的；表现在言语中，百姓没有不听从的；表现在行为上，百姓没有不喜悦的。”

“因此圣人的美名，广泛流传于中原，并一直流传到遥远的边疆和少数民族地区。流传之广，凡是车船能够行使到的地方，人力能够通行到的地方，上天能够覆盖的地方，大地能够承载的地方，日月能够照耀到的地方，霜露能够降下的地方，天下凡是有血气的人，没有不尊敬、不亲近他的。所以说圣人的美德可以与天地相匹配,与日月同辉。”

以上描述了圣人的特点,现把孟子所说圣人的四个特点整理一下:

清,指圣人的超凡与脱俗,灵秀与清高,纯洁与清澈,如出水芙蓉,出污泥而不染,尽吐芳香而无悔;

和,指圣人的谦虚与随和,平易近人,从群众中来,到群众之中去,和老百姓打成一片,如百花园中的花卉,百花齐放,百鸟争鸣,与之和谐相处,荣辱共生;

任,指圣人的担当与责任,以天下为己任,以谋福祉于民为要务,不争功不诿过,方显大丈夫本色,任凭风浪起稳坐钓鱼台,方显大英雄气概,如泰山顶上一青松,不畏严寒,傲然屹立,直指苍穹,如李大钊所说:“铁肩担道义,妙手著文章。”

时,指圣人的与时俱进,顺应潮流,知所进退,知所舍得,知其刚柔,知其屈伸,识时务者为俊杰,能屈能伸者为英雄。

简而言之:清,是脱俗清高;和,是谦虚随和;任,是担当道义;时,是与时俱进。

有临,是聪明睿智;有容,是大度包容;有执,是坚韧刚毅;有敬,是仪表庄重;有别,是明辨是非。

清、和、任、时,是圣人的高尚的情操;有临、有容、有执、有敬、有别,是圣人的精神风貌。学习圣人,就是学习他们高尚的情操和博大的风貌。一般人虽然一时难以做到,但应该以圣人为楷模,严格要求我们,使我们逐步走向和接近圣人。

简言之:圣人,就是指道德智能极高的人;而贤人,则是指道德智能极好的人。

二十四、争取做君子,力争做成人

贤人:德才兼备,丰功伟绩,万世敬仰,名垂青史

什么是贤人?

贤人:在《辞海》中的解释:第一层意思是:才能、德行好,那么贤人就是才能、德行都好的人。如社会贤达,就是指在社会上才能和道德声望都好的人称为社会贤达之人。

贤人名相如:春秋时期的管仲;秦代的吕不韦、商鞅;汉代的张良、萧何;唐朝的魏征、房玄龄、狄仁杰;宋代的赵普、王安石;元代的耶律楚材;明代的张居正;清朝的曾国藩等。

贤臣如:韩愈、柳宗元、欧阳修、苏轼、苏洵、苏辙、曾巩。

名将如:白起、王翦、韩信、郭子仪、岳飞、戚继光、左宗棠等。

贤人如:程颐、程颢、朱熹、王夫之、施耐庵、关汉卿、曹雪芹等。

明宦官如:蔡伦、郑众、郑和等。

明后如:汉代的邓太后,隋朝的孤独皇后,唐代的长孙皇后,金国的萧太后,清代的孝庄太后。

介于圣贤之间的如:墨子、庄子、孟子、荀子、韩非子、孙子、子思、曾参、司马迁、屈原、李白、杜甫等。

子曰:"贤者辟世,其次辟地,其次辟色,其次辟言。"

子曰:"作者七人矣。"

这里的辟:指避,逃避的意思。作者:指为之者。七人:指伯夷、叔齐、虞仲、夷逸、朱张、柳下惠、少年等七人。

孔子说:"贤人回避乱世,其次回避地区,再其次回避难看的脸色,再其次回避难听的话。"孔子说:"这样做的已经有七个人了。"

圣人和贤人的区别:

圣人和贤人的区别是:圣人是极高;贤人是极好。

圣人,是丰功伟绩,彪炳千秋,千世师表,万世楷模,“立德、立功、立言”俱佳之人。

贤人,是德才兼备,丰功伟绩,万世流传,名垂青史之人,

古人云:“无欲之谓圣,寡欲之谓贤,多欲之谓凡,洵欲之谓狂。”

没有私心杂念的人称之为圣人,私心杂念少的人称之为贤人,私心多的人称之为凡夫俗子,纵欲的人称之为狂人。

所以说做贤人相对容易,做圣人是相当的艰难。而圣人大多是后世追认的。如尧、舜、禹、汤、文王、周公等。

贤人只要德才兼备,立有丰功伟绩,名垂青史即可。讲完圣人和生人与贤人的区别,我们再讨论什么是君子?小人?善人?有恒者?

什么是君子?君子:在《辞海》中的解释是:第一,是西周、春秋时期对贵族的统称。《尚书·无逸》:“君子所其无逸。”孔颖达疏引郑玄曰:“君子,止谓在官长者。”《国语·鲁语上》:“君子务治,小人务力。”君子,指当时的统治者,小人指当时的被统治者。春秋末年后,“君子”与“小人”逐渐成为“有道德者”与“无道德者”的称谓。第二,是古时妻子对丈夫的敬称。如《诗经·召南—草虫》:“未见君子,忧心忡忡。”

君子:自强不息,意志坚强,厚德载物,身体力行,修身养性,从善如流

荀子曰:“好法而行,士也;笃志而体,君子也;齐明而不竭,圣人也。”

荀子说:“坚持按照礼法来办事的,是士人;有坚定的意志而又身体力行的,是君子;思虑敏捷而又力行不止的,是圣人。”

荀子曰:“君子之求利也略,其远害也早,其避辱也惧,其行道理也勇。”

荀子说:“君子不计较个人的利害得失,对灾祸能够预先避开,对羞辱事先有所警觉,勇于追求和坚持真理。”

荀子曰:“君子贫穷而志广,富贵而体恭,安宴而血气不惰,劳倦而容貌不枯,怒不过夺,喜不过予。君子贫穷而志广,隆仁也;富贵而体恭,杀势也;安燕而血气不惰,柬理也;劳倦而容貌不枯,好文也;怒不过夺,喜不过予,是法胜私也。《书》曰:‘无有作好,遵王之道;无有作恶,遵王之路。’此言君子能以公义胜私欲也。”

荀子说："君子身处境困而心志宽广，身处富贵而态度恭敬，生活安逸而从不懈怠，劳动疲倦而容貌庄重，盛怒之下不惩罚过重，喜悦之时不赏赐过多。君子身处困境而心志宽广，这是由于推崇仁爱之故；身处富贵而态度恭敬，这是不以权势作威作福；生活安逸而从不懈怠，这是由于遵守礼法所致；劳动疲倦而容貌庄重，这是由于注重礼节所致。盛怒之下不惩罚过重，喜悦之时不赏赐过多，这是由于礼法战胜了私欲。《尚书》说：'没有个人的喜好，只有遵循古代圣王之道；没有个人的憎恶，只有遵循古代先王之路。'这就是君子为什么能够用公理正义战胜私欲之故。"

以上是荀子关于君子的论述、下面是孔子对于君子的论述：

子曰："君子不重则不威，学则不固，主忠信。无友不如己者。过，则勿惮改。"

孔子说："君子如果不庄重就没有威严，那么，既是读书学习，知识也不会巩固，要坚守忠诚、诚信的伦理道德。所结交的朋友没有不如自己的，有了过错，就不要害怕改正。"

子曰："君子食无求饱，居无求安，敏于事而慎于言，就有道而正焉，可谓好学也矣。"(《论语·学而》)

孔子说："君子饮食不要求饱足，居住不要求安逸，办事勤勉而敏捷，说话谨慎而谦虚，向有道德的人学习请教，改正自己的缺点错误，这样，就可以成为勤奋好学的人了。"

子曰："君子谋道不谋食。耕也，馁在其中矣；学也，禄在其中矣。君子忧道不忧贫。"(《论语·卫灵公》)

孔子说："君子谋求学道，不谋求衣食。耕田，却常常饿肚子；学道，却可以做官得俸禄。君子只担心学不到道，不担心贫穷。"

子曰："君子病无能焉，不病人之不己知也。"(《论语·卫灵公》)

孔子说："君子害怕自己没有能力，不害怕别人不知道自己。"

子曰："君子疾没世而名不称焉。"(《论语·卫灵公》)

孔子说："君子担心死后而名声不被人称颂。"

子曰："君子求诸己，小人求诸人。"(《论语·卫灵公》)

孔子说："君子严格要求自己，小人苛刻要求别人。"

子曰："君子周而不比，小人比而不周。"(《论语·为政》)

孔子说:"君子是团结大多数,而不是与少数人结党营私,狼狈为奸;小人是少数人互相勾结,相互利用,狼狈为奸,而不是团结大多数。"

子曰:"君子矜而不争,群而不党。"(《论语·卫灵公》)

孔子说:"君子态度庄重而不与人争执高低上下,能够团结群众却不结党营私。"

子曰:"君子不以言举人,不以人废言。"(《论语·卫灵公》)

孔子说:"君子不因为有些人话说得好听就提拔他,也不因为某些人的品质差而否定他说正确的话。"

子曰:"君子贞而不谅。"(《论语·卫灵公》)

孔子说:"君子固守正道,以大局为重,分清是非,不拘小节,不讲小信。"

子曰:"君子欲纳于言,而敏于行。"(《论语·里仁》)

孔子说:"君子应说话谨慎,而工作要勤恳,行动要雷厉风行。"

子曰:"君子喻于义,小人喻于利。"(《论语·里仁》)

孔子说:"君子懂得和明白的是道义和真理,小人懂得和明白的是追求私利和满足私欲。"

子曰:"君子不可小知而可大受也,小人不可大受而可小知也。"(《论语·卫灵公》)

孔子说:"君子不可以用小事情去考验他,而可以让他承担重大任务;小人不可以承担重大任务去考验他,而可以用小事情去考验他。"

子曰:"君子不器。"(《论语·为政》)

孔子说:"君子不能像器皿那样,只有一种用处,而是知识渊博,智慧超群,博学多才,一专多能。"

子曰:"君子怀德,小人怀土;君子怀刑,小人怀惠。"(《论语·里仁》)

孔子说:"君子心里想的是怎样实行仁德,小人心里想的是怎样耕作田地;君子心里想的是怎样遵纪守法,做仁义道德的典范,小人心里想的是怎样得到实际利益,满足自己的私欲。"

子曰:"君子之于天下也,无适也,无莫也,义之与比。"(《论语·里仁》)

孔子说:"君子对于天下一切的事情,没有规定非要这样做,也没有规定不要那样做,而是根据实际情况怎样做合理恰当,就怎样去做。"

子曰:"君子义以为质,礼以行之,孙以出之,信以成之。君子哉!"(《论语

·卫灵公》)

孔子说:"君子以义为做事的根本,用礼仪来实行它,用谦逊的言语来说明它,用诚实的态度完成它。这样的人才是真正的君子呀!"

子曰:"君子道三,我无能焉:仁者无忧,知者不惑,勇者不惧。"子贡曰:"夫子之道也。"(《论语·宪问》)

孔子说:"君子所依循的道有三项,我都没有做到:仁德的人不忧愁,睿智的人不困惑,勇敢的人不畏惧。"子贡说:"这是老师自己遵循之道。"

子曰:"君子有三戒:少之时,血气未定,戒之在色;及其壮也,血气方刚,戒之在斗;及其老时,血气既衰,戒之在得。"(《论语·季氏》)

孔子说:"君子有三件应该警惕戒备的事:年轻的时候血气还没有稳定,要警戒自己不要迷恋女色;到了壮年血气正旺盛,要警惕逞强好斗;到了老年血气已经衰弱,警戒自己不要贪得无厌。"

子曰:"君子有三畏:畏天命,畏大人,畏圣人言。小人不知天命不畏也,狎大人,侮圣人之言。"(《论语·季氏》)

孔子说:"君子害怕三件事:惧怕天命,惧怕权贵人物,惧怕圣人的言论。小人不懂得天命,因而不知害怕,轻视权贵人物,轻侮圣人的言论。"

子曰:"君子有九思:视思明,听思聪,色思温,貌思恭,言思忠,事思敬,疑思问,忿思难,见得思义。"(《论语·季氏》)

孔子说:"君子有九种事情需要慎重考虑:看的时候,考虑看明白了没有;听的时候,考虑听清楚了没有;脸色要考虑是否温和;容貌态度要考虑是否恭敬;言论要考虑是否忠实;做事要考虑是否严肃认真;遇到疑问要考虑怎样向人请教;发怒时要考虑会不会留有后患;看见可得的要考虑是否应该得到它。"

子曰:"侍于君子有三愆:言未及之而言谓之躁,言及之而不言谓之隐,未见颜色而言谓之瞽。"(《论语·卫灵公》)

孔子说:"侍奉君子容易犯三种过失:不该他说话时却先说,叫做急躁;应该他说话时却不说,叫做隐瞒;不看君子的脸色便贸然开口说话,叫做瞎了眼睛乱说。"

"子路问君子?"子曰:"修己以敬。"曰:"如斯而已乎?"曰:"修己以安人。"曰:"如斯而已乎?"曰:"修己以安百姓。修己以安百姓,尧舜其犹病诸!"

（《论语·宪问》）

"子路问怎样才能成为君子？"孔子说："加强修养保持恭敬谦逊的态度。"子路说："像这样就可以了吗？"孔子说："修养自己，使亲友安乐。"子路说："像这样就可以了吗？"孔子说："加强修养，使老百姓得到安乐。加强修养使百姓得到安乐，尧舜大概还难做到啊！"

以上是孔子关于君子的论述，以下是孟子关于君子的论述：

孟子曰："君子有三乐，而王天下不与存焉。父母俱存，兄弟无故，一乐也；仰不愧于天，俯不怍于人，二乐也；得天下英才而教育之，三乐也。君子有三乐，而王天下不与存焉。"（《孟子·尽心上》）

孟子说："君子有三种乐趣，但是用仁德服天下的人不包括在内。父母双亲都健在，兄弟姐妹没有灾祸，这是第一种乐趣；仰望上天扪心自问，没有什么惭愧的事，下对芸芸众生的人们扪心自问没做亏心事，这是第二种乐趣；得到天下的优秀人才而对他们教育，这是第三种乐趣。君子有这三种乐趣，但是用仁德服天下的人不包括在内。"

孟子曰："君子之所以教者五：有如时雨化之者，有成德者，有达财者，有答问者，有私淑艾者。此五者，君子之所以教也。"（《孟子·尽心上》）

孟子说："君子教育人的方法有五种：有像及时雨那样沾化万物的，有成全品德的，有培养才能的，有答疑解惑的，有以才学影响后人自学受益的。这五类，都是君子教育人的方法。"

孟子曰："夫君子所过化者，所存者神，上下与天地同流，岂曰小补之哉！"（《孟子·尽心上》）

孟子说："圣君所到之处，人们受到感化，所停之处神妙深邃，上与天，下与地协调和谐运转，难道说这只是小的补益吗？"

孟子曰："广土众民，君子欲之，所乐不存焉；中天下而立，定四海之民，君子之乐之，所性不存焉。君子所性，虽大行不加焉，虽穷居不损焉，分定故也。君子所性，仁、义、礼、智根于心，其生色也，睟然见面，盎于背，施于四体，四体不言而喻。"（《孟子·尽心上》）

孟子说："拥有辽阔的土地和众多的百姓，是君子所希望的，但是乐趣不在这里；执政于天下的中央，安定四海的百姓，君子以此为乐，但是本性不在这里。君子的本性，即使他远大的理想通行于天下也并不因此而增加，即使他穷困潦倒隐居在山野也不因此而减少，这是因为本分已定的缘故。君子的本性，仁、义、礼、智在他心中植根，外貌神色和温顺，流露于颜面，显现于肩背，甚至反映于四肢，四肢的动作不用言语就可以理解。”

曾国藩说：君子就是：“天行健，君子以自强不息；地势坤，君子以厚德载物。颐，君子以慎言，节饮食。损，君子以惩忿窒欲。益，君子以见善则迁，有过则改。鼎，君子以正位凝命。此六卦之大象，最切于人。颐以养身养德，鼎以养心养肾，犹为切要。”（《曾国藩家书》）

曾国藩认为：君子，要自强不息，厚德载物。慎言节食，制怒去欲，从善如流，有过则改，正位凝命，而以养身养德，养心养肾，最为重要。

成人：清廉无欲，聪明睿智，勇者不惧，多才多艺，约之以礼，和之以乐，舍生取义，穷且益坚

“子路问成人。”子曰：“若臧武仲之知，公绰之不欲，卞庄子之勇，冉求之艺，文之以礼乐，亦可以为成人矣。”曰：“今之成人者何必然？见利思义，见危授命，久要（约）不忘平生之言，亦可为成人矣。”

这里的成人，指的是完美无缺的人，也就是全人。臧武仲，是鲁国大夫臧孙乾，以聪明睿智著称。公绰，是鲁国大夫孟公绰，以清心寡欲著称。卞庄子，是鲁国大夫，以勇敢不惧著称。冉求，是孔子的学生，以多才多艺著称。要，同“约”，指穷困。

“子路问孔子”，怎样才算是完美无缺的人？孔子说：“聪明睿智像鲁国大夫臧武仲，清廉无欲像鲁国大夫孟公绰，勇敢不惧像鲁国大夫卞庄子，多才多艺像冉求，再用以礼乐加以熏陶修饰，也就可以成为完人了。”接着孔子又说道：“至于现在的所谓完人，何必要一定这样完备呢？只要不见利忘义，能够舍生取义，穷且益坚不坠青云之志，也就算得上为完人了。”

孔子所说的成人，就是人们常说的全人：第一，要聪明睿智；第二，要大公无私；第三，要勇者不惧；第四，要才艺双全；第五，要约之以礼；第六，要和之以乐，就算是成人了。但孔子根据现实情况，又降低了标准，孔子说：现在的成人的标准已经降低，如果能不见利忘义，舍生取义，长期贫困不忘其志，也就算得上完人了。

简言之，成人要具备“智、仁、勇、义、才、礼、乐、文、信、志”十个条件，就可以称得上成人的标准。

这里的成人,也就是完人,正好十条标准,也正是人们所说的十全十美的完人。

二十五、做有恒者、善人，远离真小人，慎防伪君子

善人：善良、怜悯、有同情之心，勤学好问，乐善好施，助人为乐

善人在《辞源》中的解释是："有道德的人。"《论语·述而》："善人，吾不得而见之矣；得见有恒者，斯可以。"《孔子家语》："故曰：'与善人居，如入芝兰之室，久而不闻其香，即与化矣。'"

善人与恶人是相对立的，没有恶人也就没有善人，正是社会上常常有恶人的出现，人们才把那些乐善好施的好人称之为善人。

但善人与君子比，缺乏智慧的力度和社会担当的厚度，缺乏立体感和人格魅力，没有远大的理想和伟大的抱负，没有登堂入室舍我取谁的气度，但仍是人们所喜爱和敬仰的好人。

子张问善人之道。子曰："不践迹，亦不入于室。"（《论语·先进》）

善人，是本质善良而又勤学好问的人。践，是踩，也指踩过的足迹、脚印，这里的"践迹"，指模仿。入于室，相当于"到了家"，比喻学问修养到了一定的境界。

子张问孔子怎样做才能达到善人的标准？孔子说："善人不踩着前人的脚印走，但他的学问道德也很难登堂入室，不会有太大的成就。"

孟子也曾对于圣人和善人作了比较：

浩生不害问曰："乐正子何人也？"

孟子曰："善人也，信人也。"

"何为善？何为信？"

曰："可欲之谓善，有诸己之谓信，充实之谓美，充实而有光辉之谓大，大而化之之谓圣，圣而不可知之之谓神。乐正子，二之中，四之下也。"

浩生不害问："乐正子是什么样的人？"

孟子说："是善良的人，又是诚信的人。"

浩生不害问："什么叫善？什么叫信？"

孟子说："别人对他的为人处世的善良行为有好感的，这就叫做善；这种善良行为，完全是发自于内心的，不是假装和虚伪的行为，这就叫做信；再充实这些善良的行为，是自身没有缺点，这就叫做美；自身已经充实，并能把自己的光辉发扬光大，这就叫做大；大而能够融会贯通并变化无穷的，这就叫做圣；圣到了高深莫测的程度，这就叫做神。乐正子正好介于善良和信之中，在美、大、圣、神之下。"

孟子对于"善"、"信"、"美"、"大"、"圣"、"神"下了定义，由此可知："善"，不过"可欲"而已，就是他的善良行为得到别人的认可和好感，与"大而化之"的"圣"和"圣而不可知之之"的"神"，还相差甚远。

善人，是老百姓认为的好人，乐善好施的人，并不是堪为国家栋梁之人。所以孔子说：

子曰："善人教民七年，亦可以即戎矣。"（《论语·子路》）

孔子说："善人如果执政，教导训练人民七年，也就可以武装军队参军作战了。"

子曰："'善人为邦百年，亦可以胜残去杀矣。'诚哉是言也！"

这里的"为邦"，是治国的意思。"胜残"，是以德治国，以德教化残暴的人，使其不再去作恶。"去杀"，是指免去杀戮。

孔子说："'善人治理国家一百年，也可以教化人民，战胜残暴，免除杀戮了。'这话说的真对呀！"

古人曰："徒善不足以为政。"就是说仅仅有善良的品质是不能为政的，因为仅有善的教化所用的时间太长，效率太低，不足于或很难改变残酷的社会现实，所以善人是不能治理国家，孔子的仁政学说或者说仁政思想在当时得不到重用，也许就是这个道理。

有恒者："学而不厌，诲人不倦"

子曰："南人有言曰：'人而无恒，不可以作巫医。'善夫！'不恒其德，或承之羞'"，子曰："不占而已矣。"（《论语·子路》）

孔子说："南方人有句俗语：'人如果没有恒心，那就连巫师也做不成。'这话说得多好啊!"《易经》上也说:"一个人如果不能保持自己的操守,就会招致羞辱。"孔子又说:"《易经》这句话是叫无恒心的人不要去占卜卦了。"

巫医:古时候医学欠发达,人们有病和灾难时往往请巫师来治病和消灾,巫,是祈祷上天治病消灾;医,治病。巫医,就是指巫医利用占卜给人治病消灾的人。巫医虽为一技之长,并非大学问,大智慧,但一个人如果没有恒心,孔子的意思是说,就连这一技之长的巫医,假如你没有恒心去学习专研和坚持,也是干不好、做不成的,更何况去做更艰难、更大的事情,没有恒心,是任何事情也做不成的。所以说,没有恒心,没有持之以恒的操守,害怕困难,三天打渔、两天晒网,到头来不过是自取其辱罢了。"不恒其德,或承之羞"是《周易·恒卦》中的爻词。意思是人如果不能保持自己的操守,便会招致羞辱。用来说明"人而无恒,不可以作巫医"的道理。

一个人要想有所成就,就必须"学而不厌,诲人不倦",一个人只有一生一世坚持不懈地学习、研究,持之以恒,坚忍不拔,才有希望获得成功,孔子的一生就是这样的,正如古语所说:"有恒为成功之本。"古今中外的所有成功人士,没有一个人例外。

子曰:"譬如为山,未成一篑止,吾止也。譬如平地,虽覆一篑,进,吾往也。"(《论语·子罕》)

孔子说:"好比用竹筐挑土堆一座山,没有堆成,其实就只差一筐土,但却停了下来,那是谁停来的呢?是我自己停下来的。又好比在平地上,虽然刚刚只倒了一筐土,但如果继续不停地倒下去,也是可以堆成山的。这继续挑土堆山的人是谁呢?也是我自己。"

《尚书·旅獒》:"为山九仞,功亏一篑。""功亏一篑"的成语典故就是从这里演变而成的。孔子引用《尚书》中的话,用来说明一个人要有恒心,做有恒者,不管做任何事情,都要坚持不懈,不能半途而废,否者将一事无成。用土堆山如此,做人做事依然如此。

"功败垂成"和"前功尽弃",也是这个意思。一个人不管做什么事都要有始有终,只有锲而不舍,才能金石可镂,否者,锲而舍之,朽木不折,将会功败垂成,前功尽弃,后悔不已。

孟子曰:"有为者,辟若掘井,掘井九仞,而不及泉,犹为弃井也。"(《孟子·尽心上》)

孟子说:“一个有作为的人,好比掘井一样,当你挖掘到二十四五米深的时候,还没有挖掘出泉水,你自己失望了,停下来,结果你自己费时费力挖掘的一口深井,还是一口废井,其实也许你再坚持一下,再继续挖掘一两米就能挖掘出甘甜的泉水。”这也是没有恒心的缘故。

孔子借用南人的话:“人而无恒,不可以作巫医。”一个人如果没有恒心,连一个技能简单,地位低下的巫医也做不了,何况极为复杂的事物呢?接着又说:“不恒其德,或承之羞。”一个人不能保持自己的操守,就会招致羞辱。紧接着又用“功亏一篑”的典故告诫人们,一个人如果没有恒心,半途而废,什么事也干不成,将会遗憾终生,就如“为山九仞,功亏一篑”一样,这种“功败垂成”,“前功尽弃”的遗憾能怨谁呢?只怨自己没有恒心罢了。

孟子又从另一个角度告诫人们,一个人如果没有恒心,“有为者,辟若掘井,掘井九仞,而不及泉,犹为弃井也”的道理,来告诫人们没有恒心的危害性,犹如掘井到九仞,“半途而废”、“功败垂成”的遗憾。任何事情的成功,往往在最后坚持一下之中。有恒者能够坚持这一下,无恒者不能坚持这一下,成功失败有时全在一个人有没有恒心,有没有再坚持这一下。

孔子不敢称自己是圣人、善人,而承认自己是个“有恒者”,其标准就是“学而不厌,诲人不倦”。一个“不厌”加上一个“不倦”,就形成了孔子一生有恒者的特色,也是孔子一生对于自己的严格要求和身体力行;一个“学而不厌,诲人不倦”,成就了孔子一个孔子伟大圣人的光辉形象,成为千世楷模,万世师表。

有恒者:就是一生“学而不厌,诲人不倦”的人;就是一生看准了方向,坚持不懈,持之以恒的人;就是学以致用,理论联系实际,不达目的誓不罢休的人;就是为了实现一个崇高的目标,下定决心,不怕牺牲,排除困难,去争取胜利的人。

庸人:是指平庸没有作为的人。通常那些能力平常或能力较低的人被称之为庸才;没有作为的人被称之为庸夫;平庸没有志气,没有作为的人被称之为庸碌;本来没有什么大问题,却小题大做的人被称之为庸人自扰。

小人:巧言令色,谄媚取宠,言而无信,反复无常,忘恩负义,以怨报德

小人,《辞海》中的解释是:西周时期对一种被统治的生产者的称谓。《尚书·无逸》:"相小人:厥父母勤劳稼穑,厥子乃不知稼穑之艰难,乃逸。"春秋时将统治阶级称为"君子",将被统治的劳动生产者称为"小人"。春秋末年以后,"君子"与"小人"逐渐成为"有德者"与"无德者"的称谓。也指旧时地位低的人对上自称的谦辞。

小人:《小人论》:"世所谓小人者,便辟巧佞,翻覆难信,此小人常态,不足惧也;以德报怨,此其甚者也;背本忘义,抑又次之,便辟者,疏远之,则无患矣;翻覆者,不信之,则无忧矣;惟以怨报德者,不可预防,此谓小人之甚者也。背本者,虽不害人,亦不知感恩,昔伤蛇敷药而能报,飞鸟食甚而能怀音,以怨报德者,不及伤蛇远矣;背本忘义者,不及飞鸟矣。"

《小人论》上说:"人世间所谓的小人,多是花言巧语,巧言令色,言而无信,反复无常,这是小人的常态,并不可惧怕;那些以怨报德者,才是这些小人当中最不是东西的人;背本忘义或者说忘恩负义者,比起以怨报德者,稍微好一些;对于巧言令色、言而无信,只要保持警惕,远离这些小人,就没有什么祸患;对于反复无常的小人,不信他们的花言巧语,也是没有什么忧虑的;惟有以怨报德的小人,是防不胜防,因为你不知道那个小人什么时候会以怨报德,这种小人是小人中的小人,是顶级的小人。忘恩负义的小人,他们虽没有害人,但他们不知道人还有感恩之心,只是没有了人心,坏了良心,古代一条蛇受伤之后,被人敷药救活以后,还知恩图报,冻饿的飞鸟被喂饱了之后还知道回来以自己美好的歌声,报答恩人,这些以怨报德的小人,不如受伤被救的蛇;这些忘恩负义的小人,还不如飞鸟食甚的小鸟。"什么是小人?这就是小人?作为君子,一定要认识小人,谨防小人,远离小人,憎恨小人!

古人云:"君子之心不胜其小,而气量涵盖一世;小人之心不胜其大,而志意拘守一隅。"

古人说:"君子心无杂念,但宏大的气量却涵盖了一切;小人私心过多,但因拘泥于一隅而气度狭隘。"

"德胜才谓之'君子',才胜德谓之'小人'。"(《资治通鉴·周纪》)

《资治通鉴》上说:品德超过才能的人叫君子。才能超过品德的人叫小人。

"何者为益友?凡事肯归我之过者是也;何者为小人?凡事必徇己之私者是也。"(《围炉夜话》)

《围炉夜话》中说:什么叫益友?就是我有了过错之后便会规劝我的人;什么是小人?处处事事都想占便宜,以便满足其私心的人。

“君子之接如水,小人之接如醴。君子淡以成,小人甘以坏。”(《礼记·表记》)

君子之间的交往,像水那样清澈平淡;小人之间的交往,像甜酒那样浓烈芳香。但是,君子之间的交往虽然平淡而能够成功长久,小人之间的交往即使亲密无间而不会成功长久。

君子与小人的区别:主要看是否见利忘义

荀子曰:“君子易知而难狎,易惧而难胁,畏患而不避义死,欲利而不为所非,交亲而不比,言辩而不辞。荡荡乎!其有以殊于世也。”

荀子曰:“君子能亦好,不能亦好;小人能亦丑,不能亦丑。君子能,则宽容易直以开道人,不能,则恭敬縛拙以畏人事;小人能,则倨傲僻违以骄溢人,不能,则妒嫉怨诽以倾覆人。故曰:君子能,则人荣学焉,不能,则人乐告之;小人能,则人贱学焉,不能,则人羞告之。是君子小人之分也。”

荀子说:“君子容易了解而难以不庄重地亲近,容易恐惧而难以胁迫,害怕患难但不逃避为仁义去死,追求利益而不为非作歹,和人亲近但不狼狈为奸,言辞富有哲理而不华丽。君子的胸怀多么坦坦荡荡啊!君子就是由于这样独立于世,而于世人有所不同。”

荀子说:“君子有才能是美好的,没有才能也是美好的;小人有才能是丑陋的,没有才能也是丑陋的。君子有才能可宽容平和地教导别人,没有能力的也可恭敬地尊重侍奉他人;小人有了才能就倨傲不逊对人骄横无礼,没有才能就嫉妒埋怨排挤他人。所以说,君子有才能的别人就以向他学习为荣,没有才能的别人也乐于教导他;小人有才能的别人以向他学习为卑贱,没有才能的别人也羞于告诉他。这就是君子和小人的区别。”

荀子曰:“君子崇人之德,扬人之美,非谄谀也;正义直指,举人之过,非毁疵也;言己之光美,拟于舜、禹,参于天地,非夸诞也;与时屈伸,柔从若蒲苇,非慑怯也;刚毅猛毅,靡所不信,非骄暴也。以义变应,知当曲直故也。《诗》曰:‘左之左之,君子宜之;右之右之,君子有之。’此言君子以义屈信变应故也。”

荀子说:“君子崇尚别人的道德,宣扬他人的美德,这不是谄媚。匡正正义，用于指出他人的过错，这不是毁谤。说起自己的道德高尚，可以和舜、禹相比拟，和天地相并列，这不是过于夸大。在时事不利的时候能屈能伸，柔顺得好像芦苇蒲草一样，这样不是胆小怯懦。刚强猛毅，勇往直前，任何时候都不屈服，这不是骄傲狂暴。这些都是君子用义来变化适应事情，知道是非曲直的缘故。《诗经》上说，‘该在左就在左，君子在左无不可；该在右就在右，君子在右也常有。’这就是说君子用义来融会贯通权变的原因。”

荀子曰：“君子，小人之反也。君子大心则敬天而道，小人则畏义而节；知则明通而类，愚则端悫而法；见由则恭而止，见闭则敬而齐；喜则和而理，忧则静而理；通则文而明，穷则约而洋。小人则不然，大心则慢而暴，小心则淫而倾；知则攫盗而渐，愚则毒贼而乱；见由则兑而倨，见闭则怨而险。喜则轻则翾，忧则挫而慑，通则骄而偏，穷则弃而儑。传曰：‘君子两进，小人两废。’此之谓也。”

荀子说：“君子和小人是相反的。君子大的方面敬天道，小的方面知道义和礼节；有智慧的明白事理，愚笨的端正诚信而遵纪守法；如果被起用，就会恭敬而不放纵；如果不被起用，就会戒慎而修整自己；如果高兴了，就会平和地去治理；如果忧愁了，就会冷静地去处理；如果显贵，就会文雅而明智；如果困窘，就会自我约束明察事理。小人就不是这样的，如果心往大的方面用，就会傲慢而粗暴；如果心往小的方面用，就会邪恶而倾轧别人；如果聪明，就会巧取豪夺而用尽心机；如果愚钝，就会狠毒残忍而作乱；如果被起用，就会高兴而傲慢；如果不被起用，就会怨恨而险恶；如果高兴了，就会轻浮而急躁；如果忧愁了，就会垂头丧气而心惊胆颤；如果显贵，就会骄傲而不公正；如果困窘，就会自暴自弃而志趣卑下。古书上说：‘君子在相对的两种情况下都在进步，小人在相对的两种情况下都在堕落。’说的就是这种情况。”

真小人与伪君子的区别：真小人易被人看透，伪君子难以辨清

纪晓岚告诫儿子：“尔出入仕途，择交宜慎，友直友谅友多闻益矣。误交真小人，其害犹浅；误交伪君子，其祸为烈矣。盖伪君子之心，百无一同，有拗捩者，有黑如漆者，有曲如钩者，有如荆棘者，有如刃剑者，有如蜂虿者，有如虎狼者，有如冠盖形者，有现金银气者，业镜高悬，亦难照彻。缘其包藏不测，起灭无端，而回顾其形，则皆岸然道貌，非若真小人之一望可知也。并且此等外

貌麟鸾中藏鬼蜮之人，最喜于人结交，儿其慎之。”（《纪晓岚家书·训大儿》）

纪晓岚告诫儿子说：“儿你初入仕途，选择朋友要小心谨慎，要多结交正直率真、大度包容、有知识睿智的朋友。假如不小心结交了真小人，其危害还不算太大；假如你误交了伪君子，其祸害就非常严重了。所有伪君子之心，心怀鬼胎，各不相同，有固执己见者，有心黑如漆者，有曲迎善变者，有心狠手辣者，有口蜜腹剑者，有心如毒蝎者，有心如虎狼者，有冠冕堂皇者，有财大气粗者，就是照妖明镜高悬，也难照伪君子的原形。原因是他们包藏祸心，深藏不漏，表面上看他们，都是道貌岸然者，不像真小人，一看便知道。并且这些器宇轩昂，看似麒麟凤凰的道貌岸然包藏阴险之心者，最喜欢与人结交，儿你要慎之又慎，当心上当受骗。”

小人和伪君子，在历史上和现实社会中是常见的，小人和伪君子有时又被称之为坏人和奸臣。无论在古今中外的历史和现实的社会中，奸臣得道升天，忠臣蒙冤受气，还是小人得势，伪君子得利，还是好人受气，都是常有的。为什么天下有那么多不平不公？为什么社会上有那么多丑陋邪恶？为什么有那么多的混淆是非，黑白颠倒，是非不辨？这大都是小人在作怪，伪君子在搅局。

伪君子：冠冕堂皇，口蜜腹剑，包藏祸心，深藏不露

但时间是无情的，历史是公正的，群众的眼睛是雪亮的，试看古今中外又有几个巨奸大伪，最后不是身败名裂，臭名昭著，遗臭万年，又有几个小人和伪君子最后能够有个好下场。

其实做小人和伪君子是不值得的，小人巧言令色、谄媚取宠、言而无信，已经失去了人格，没有了尊严，内心是不平静和不平衡甚至是扭曲的。作为一个人，假如没有了尊严和人格，失去了别人对你的信任和尊重，在人们鄙视的目光中生存，你的身份地位钱财又有什么意思呢！一个伪君子长期伪装，失去了自我，整日提心吊胆，生怕别人看透揭穿自己，内心何时能够得到平静平衡平安！一个被别人鄙视整日提心吊胆的人，换来的所谓名誉、地位、钱财，真的能够心安理得的享受吗？回答是肯定的，不能！这种内心失去了平静和平衡扭曲的人生，能够延年益寿吗？显然也是不能的！既然不能心安理得的享受生活和延年益寿，那么他们用不正当手段挣来的这些东西还有什么用呢？

所以说：做小人和伪君子是不值得的，奉劝那些已经做了小人和伪君子的人，和想做小人和伪君子的人，为了自己和家人的尊严，为了子女的前程名誉，悬崖烈马，回头是岸，重新做人，不要再做害人害己，欺人害己，做些丧天害理害人不利己的缺德减寿的事情了。

二十六、修身的方法:格物、致知、诚意、正心

以上介绍了神人、圣人、成人、贤人、君子、有恒者、善人、庸人、小人、伪君子,十种人。

神人,是高深莫测,可望而不可及的天上神仙,只能令世人顶礼膜拜,崇拜敬仰的人;

圣人,是千世师表,万世楷模,是为人处世,安身立命的标准,人生的终极追求;

成人,是十全十美的人,只可效法争取,但人无全人,金无足赤,要完全做也是不可能的;

贤人,是德才兼备,建功立业的人,有丰功伟绩,名垂青史,令千世敬仰,效法的榜样;

君子,是公正无私,光明磊落,睿智过人,有担当精神,穷则独善其身,达则兼济天下的人;

有恒者,是要一生的"学而不厌,诲人不倦"的恒心和坚守,一生一世坚持不懈的努力的人;

善人,是好人,只要坚持从自我做起,做好事善事不做坏事,人皆可成善人;

庸人,是顺其自然,大千世界,芸芸众生,比比皆是的凡夫俗子,最好不要做庸人;

小人,是那些巧言令色,谄媚取宠,言而无信,忘恩负义,以德报怨的人;

伪君子,是那些道貌岸然,口蜜腹剑,大奸似忠,深藏不漏,包藏祸心的人。

修身的目的,就是不做庸人,远离真小人,慎防伪君子,至于你能做到什么人,就看你的恒心修养和造化了。但,不管做那种人,都要注意修身方法,持之以恒,坚持不懈才能够达到。修身的方法千千万万,归纳整理之后,有以下

几种:

第一,“非弘不能胜其任,非毅无以致其远”:

古人云:“有志者事竟成”。一个人假如没有志气,是不会有大的出息和成就的,所以修身的方法第一就是立志。我认为,一个人的成功 = 有远大的目标 + 比较准确的定位 + 坚韧不拔的努力 + 机遇(或天时、地利、人和的配合)。

《大学》所说的人生的终极目标就是“在止于至善”,就可以达到圣人的目标。当然,圣人不是每一个就能够做到的,你究竟想成哪一种人,是你自己的选择,但我想不会有人主动选择小人和伪君子的,也不愿甘当庸人的。

神人高不可攀,圣人可做楷模,成人可做榜样,不甘心做庸人,远离真小人,慎防伪君子,中间只剩下了贤人,君子,有恒者,善人四种,这也许是大多数人特别是知识分子所追求的目标。

人们读书、学习、修身的目的是什么?是为了修身养性,增长才干,提高综合素质,做德才兼备之人,然后再学而优则仕,做国家的栋梁之材。能够出将入相,治国、平天下,是历代知识分子梦寐以求的终极目标,如若不能,最低也要做到读读书,写写文章,谋个好差事,做到修身和齐家,让自己活得更好、更充实、更自由、更体面、更有尊严一点,把家庭弄得好一点,更殷实一些,培养好子女,是家人衣食无忧,体体面面。不然你连老婆孩子都养活不起,还读什么书,修什么身?这分明是你修身的失败。

一个人你要什么?你有什么?你要达到什么目的?需要做什么?是非常重要的!正如古希腊伟大哲学家苏格拉底所说:“认识你自己。”就是这个道理。一个人要根据自己的天赋和实际情况,就是主客观条件立志。帝王将相宁有种乎!人不能没有鸿鹄之志,但也不能老空想和梦想,幻想是美好的,现实是残酷的,生活是真实的,梦想成真的人毕竟是少数,人不能没有梦,但也不能活在梦里。

古人说:“三岁看大,七岁看老。”就是说,一个人一生的前途命运,是可以从很小时候的志向和表现,看出端倪的。德国古典主义哲学家费希特说过:“什么样的人就会选择什么样的哲学。”

据说明朝开国皇帝朱元璋,从和小伙伴玩耍时就充当皇帝,让其他的小伙伴为他顶礼膜拜,后来果真当上了明朝的开国皇帝。虽然只是个传说故事,但也不能否认他偶然性的传奇。

有这样一个故事,两个年轻小伙子,都同样当砌墙工,搞建筑,有人问他们,你们在做什么?一个小伙子说,我们是在修建一座殿堂,另一个小伙子说,明明我们在当砌墙工,你却说什么是在建造殿堂?若干年之后,这个说建殿堂的小伙子,真正成了著名的建筑设计师,另一个人小伙子多年之后还依然是个砌墙工。这个故事说明立志和选择,对于一个人的影响是非常巨大的。这个说是在修建殿堂的小伙子,说不定在砌墙的时候,就在谋划着未来建筑师的远景,所以古人说"帝王将相宁有种乎?"来激励人们,立志、立长志、立大志是非常重要的!

有一位培养出多位院士的中学教师,对他将要读大学的儿子说:"这个世界既不是有钱人的世界,也不是有权人的世界,它是有心人的世界。"这话说得不无道理。

正如叶剑英元帅所说:"攻城莫怕坚,读书莫畏难,科学有险阻,苦战能过关。""世上无难事,只要肯登攀。"是的,在通往成功的路上,是有很多困难的。

正像马克思所说:"在科学的入口处正像在地狱的入口处一样,必须提出这样的要求:在这里必须根绝一切犹豫,在这里任何怯懦都无济于事。"这句话既是马克思对于求学求真之后来者的警戒忠告,也是他本人几十年之学研究的切身体会。

马克思一生勤奋好学,不畏艰辛,上下求索,光是为了写《资本论》,就阅读了1500多种书,用了整整40年。我2003年10月,在英国伦敦大英博物馆亲眼看到,当年马克思读书的桌子下面,坚实的水磨石地上,被他的双脚磨出了深深的两个大脚印,我凝视着这一双深深的脚印,令我震撼不已,敬佩不已。马克思的业绩和他的名言,连同他的革命理论,不仅成为了人们在探索科学之路上的座右铭,而其本人,也成为了世界革命的伟大导师,影响了整个世界。

一个人年轻时如果有了远大的志向,他将有了很大的理想和寄托,将会激励他的一生,引领他克服困难,战胜艰难险阻,勇往直前。为了实现心中的目标,他会不断地自我激励,战胜私心杂念和懒惰畏难心理,坚持不懈,持之以恒地充实提高磨炼提高自己,去实现心中的那个理想。

孟子说:"志,气之帅也;气,体之充也。"(《孟子·公孙丑上》)

孟子说:"意志、理想,是人行动的动力、统帅;意气、感情,是充满人们体内的力量。思想意志到了哪里,意志感情也就在哪里表现出来。"

孔子"十五有志于学",终成千世师表,万世楷模;岳飞,自幼立志于报国,并把"精忠报国"让母亲刺在后背上,在"精忠报国"的激励下,终成为名垂千古,令后人们敬仰的抗金英雄。

志向专一,持之以恒,则事无有不成。精诚所至,金石为开,有志者事竟成。

古人云:"有志者立长志,无志者常立志。"立志就要持之以恒地去坚守、去实现、去践行。世上无难事,只要肯登攀,就没有过不去的火焰山。唐僧取经,历经九九八十一难,终于取得真经。

一个人树立远大志向并不难,谁不想出人头地,成龙成凤,光宗耀祖,衣锦还乡。难的是立志之后的行动、坚守、激情和勇气。德国古典哲学集大成者黑格尔说:"没有激情,世界上不会完成什么伟大的事业。"他还说:"追求真理的勇气和对于精神力量的信仰是研究哲学的第一个条件。"

在黑格尔的理论创造和实际生活过程中,他的心灵终为激情所燃烧,对他来说,理性是前进的方向盘,而激情是吹动帆船前进的风,二者缺一不可。黑格尔一生把对真理的追求看作是哲学追求的目标,看作是哲学研究的对象,而真理在他那里就是理性,就是精神力量。"求真"是哲学作为最高智慧的崇高追求,而黑格尔终于成为德国最伟大的哲学家之一。

德国伟大的唯意志主义哲学家尼采说:"谁终将声震人间,必长久深自缄默;谁终将点燃闪电,必长久如云漂泊。"尼采,这位时代的预见家过早地降临到人间,他天才的思想无法让当时的人们接受和理解。他只能孤身一人,漂泊于山巅海滨,在孤独中用笔抒发自己内心的焦虑。但尼采仍然坚信,"有的人死后方生",缄默与漂泊只是暂时的。历史验证了尼采的预言,尼采终于声震人间,成为世界上最杰出的思想家之一。

法国历史上最伟大的政治家、军事家,法兰西第一帝国的创建者,拿破仑说:"'难'这个字,在法国辞典中灭亡。"这是拿破仑率领军队进行一次艰苦卓绝的行军途中说的一句名言。他鼓舞部下不要畏惧困难,而要发扬无坚不摧的精神,轻装精兵,缝衣补鞋,爬过被人称"阿尔卑斯山脉第一险道"的圣伯纳山口,最后取得战争的胜利。

拿破仑还说:"默认自己无能,无疑是给失败制造机会。"拿破仑还认为,避免失败的最有效方法就是自信自己有能力取得成功,然后下定决心,去争取胜利。如果在没有行动之前就默认自己无能,首先就丧失了获胜的心理基础和保障,不论自己的实际情况如何,结果总是一样的。

拿破仑还说:"为了国家的利益,我已经牺牲了我的一切利益。"1815 年滑铁卢战役后,拿破仑被流放到圣赫勒拿岛,在岛上孤独地渡过他生命的最后时光。他临走前向他的侍卫队员发表告别演说,向他们告别并感谢他们的忠诚和追随。就是"'难'这个字,在法国辞典中灭亡"的这句话,高度概括了他自己的一生。

法国著名的政治家戴高乐总统说:"人生的意义就在于为她(法国)立下丰功伟绩。"正是戴高乐有这样的伟大胸怀,他才成为法国伟大的政治家和深受法国人民爱戴的总统。

杰出的美国政治家,美国第三十七任总统尼克松说:"你可以逃离,然而保持斗志才是一条上策。"1979 年 7 月 13 日,尼克松同伊朗巴列维国王在墨西哥避难所会面时,他激励伊朗流亡者保持斗志。这位 1974 年 8 月 9 日因美国水门事件下台的总统有同样经历,尼克松离开白宫后,经历了种种磨难,但他始终激励自己,保持斗志,不断战胜困难和自己,终于重新在美国社会崛起。所以他后来说:"憧憬未来,永不回首。"正是这种信念,他始终把命运之神掌控在自己手中,成就了一个比较完整的尼克松的伟大形象。

荀子说:"锲而不舍,金石可镂。"荀子正是有这种坚忍不拔的精神,才成为春秋战国时期非常著名的思想家,他不仅是伟大的哲学家、也是大学者,被后人称之为中国的"亚里士多德"。法家的学说直接源于荀子。著名的法家代表人物韩非、李斯都是他的学生。

孔子说:"士不可以不弘毅,任重而道远。"多么殷切的希望,多么庄严的使命。所以孔子接着又说:"仁以为己任,不亦重乎? 死而后已,不亦远乎?"为了一个远大的目标,而全身心的去奋斗,可谓任重而道远,只要一息尚存,志向便不可稍有懈怠,不能说不远,而要达到目标,"非弘不能胜其任,非毅无以致其远。"故我华夏子孙,都当振奋精神而努力奋斗,将大有为于伟大的祖国、民族和人民。

第二,选对方向和定位准确:

一个人要根据自身的基本素质、条件,兴趣、爱好、志向,作出对于未来的基本选择和大致定位,在以后的实践过程中,再根据实际情况不断地修正调整走向未来。

人向高处走,水向低处流,人们向往圣贤,追求建功立业,实现自身价值,是人的本性本能使然,也是一个人有志气,有抱负的具体体现。但圣贤不是人皆可得,所以一个人的立志要结合大的环境,符合自身的基本素质和条件,否则,你的鸿鹄之志,到头来也不过黄粱美梦。

当今社会已经没有了圣人、贤人、君子、有恒者的区分和称谓。我认为,古代的圣人按现代的称谓,一般是对于人类作出杰出贡献的,伟大的思想家,杰出的政治家的总称,如马克思等;贤人,一般相当于现在的思想家、政治家、军事家、企业家、金融家、科学家、外交家、著名学者、著名作家等等,就是为国家民族做出杰出贡献,而又被人们认可的人;有恒者,相当于现在的一般的企业家,中级公务员,中产阶级,金领等;善人,就是被称之为乐善好施的好人,劳动模范等。总之,这些人都在不同程度上为国家、民族、大众作出过显著的贡献并被广大民众认可的人。

所以说,当今之世,你要想做一个圣人、贤人、君子、有恒者、善人等,你就根据你的理想、爱好、条件、恒心和毅力,做出比较准确的选择,选好方向,做好定位,坚持不懈,一步一个脚印,义无反顾的走下去,不要好高骛远,见异思迁。

第三,做好人、善人,是做人的起码标准:

孟子说:“可欲之谓善”,这是孟子对于“善”下的定义。那么什么是可欲?就是人类共生共存共发展之欲望,凡是适应人类共生共存共发展需要的,就是善。所以说,“善”,就是心存公道。就是有同情之心,怜悯之心,恻隐之心;就是助人为乐,乐善好施;就是“己所不欲勿施于人”;就是“己欲立而立人,己欲达而达人”。

孟子曰:“有天爵者,有人爵者。仁义忠信,乐善不倦,此天爵也;公卿大夫,此人爵也。”(《孟子·告子上》)

孟子说:“有先天的爵位,也有后天的爵位。仁义忠信,乐于行善而不知疲倦,就是先天的爵位;公卿大夫,这是后天的爵位。”

一个人只有乐于行善而不知疲倦,才能称得起善。一个人做点好事并不难,难的是一辈子做好事不做坏事!这是说,善,是一个人要想有所成就,就要有一颗善良之心,一生一世地做好事而不做坏事,这是圣人、善人、小人、坏人的分水岭,试金石。所以:

孟子曰："鸡鸣而起，孳孳为善者，舜之徒也；鸡鸣而起，孳孳为利者。跖之徒也。欲知舜与跖之分，无他，利与善之间也。"

孟子说："鸡鸣而起，孜孜不倦行善的人，是舜一类的人；鸡鸣而起，孜孜不倦求利的人，是跖一类的人。要想知道舜和跖的区别，没有别的，是求利和善的不同罢了。"

这是说，同样是鸡鸣而起，勤勉做事的人，有的人是为了做好事、做善事，这样的人就像帝"舜帝"一样伟大神圣；同样是鸡鸣而起，勤勉做事的人，有的人是为了谋取个人利益，这样的人就像盗跖一类的盗贼一样卑鄙渺小。要想了解舜和跖的区别，没有别的，就看勤恳做事是为了谋私利还是行善。所以：

孟子曰："故君子莫大乎与人为善。"（《孟子·公孙丑上》）

孟子说："所以说君子最高尚的美德，没有再大过帮助别人与为善的人。"所以：

《尚书·楚书》曰："楚国无以为宝，惟善以为宝。"

《尚书·楚书》上说："楚国没有什么可以做宝贝的，只有把'善'当做国宝。"

善，是作为一个高尚人的起码要求和最低标准，要做好事，不做坏事，尽可能地帮助别人。看一个人是否好善，是区别他是否好人的显著标准。一个不顾别人死活，只顾谋私利的人，你还希望他做高尚的事，是不可能的。

第四，求人不如求己：

是非成败，均有其因果关系。一时的成败得失，是一个人做事的能力问题；一生的成败得失，是一个人做人的品质问题。求人与求己，也是君子和小人的区分。

共产主义者在《国际歌》中说："从来没有什么救世主，也没有神仙皇帝，一切全靠自己。"佛家说：佛在心中，佛便是自己，求人不如求己。人常说："登天难，求人更难。"舍己求人，仰望终身，是智者所不为。

子曰："君子求诸己，小人求诸人。"（《论语·卫灵公》）

孔子说："君子严格要求自己、自律自己；小人严格要求别人，苛刻要求别人。"

曾子曰："是故君子有诸己，而后求诸人。无诸己，而后非诸人。所藏乎身不恕，而能喻诸人者，未之有也。"（《大学》）

有诸己:自己能够做到的。诸:“之于”的谐音。恕:恕道,不愿别人对自己做的事,自己也不去对别人做,这样推己及人的品德即恕道。喻:晓谕。这里指用恕道晓谕别人。

曾子说:“所以,君子先要求自己做好人、做善事,然后才有资格要求别人做好人、做善事。做错了事,先改错误,做自我批评,然后才有资格批评别人,要求别人改正错误。自己不能以身作则,却要求别人以身作则,是从来没有的。”只有忠厚老实诚实的人才能取信于人。正如:

《孟子·尽心下》所说:“有诸己之谓信。”

孟子说:自己能够说到做到的被称之为信。

子曰:“古之学者为己,今之学者为人。”(《论语·宪问》)

孔子说:“古代人学习是为了充实提高自己,现代人学习是为了装饰自己给别人看。”

子曰:“射有似乎君子:失诸正鹄,反求诸其身。”

孔子说:“射箭好比君子做人,你自己没有射中靶心,应该从自己身上找原因,而不能怨别人。”

求诸己是为了“天行健,君子以自强不息;地势坤,君子以厚德载物”;求诸己,是为了独立自主,自力更生,希望有外援,但不依赖于外援;求诸己,就是一切从自我做起,求其自立自强,自达,自我完善,不依赖于别人,不求助于别人。做人、做事不成功,首先要自省,从自身上找原因,“不怨天,不尤人”,失败是成功之母,命运掌握在自己手里,不要相信有救世主。

二十七、修身需自勉、自强、自知、自信、自得、自乐

第五,慎独:

慎独,是检验每一个人自制和克己能力的第一功夫。所以:

子思曰:“是故君子戒慎乎其所不睹,恐惧乎其所不闻。莫见乎稳,莫显乎微,故君子慎其独也。”(《中庸》)

子思说:“所以君子在别人看不到的地方,更是要谨慎警惕自律自己;在别人听不到的地方,更是要畏惧谨慎。再隐蔽的东西也有被发现时候,再细微的东西也有显露出来的时候。所以君子在独处时更要小心谨慎自律。”

慎独,是修身的重要原则,是立诚之始,成德之本,做人之基。只要你不想做小人和伪君子,你就要慎独。

第六,自省与改过:

自省,就是自我定期检查和审视自己过去的言行有无错误不当,就是定期总结经验教训,发现错误及时改正,有了经验发扬光大。

曾子曰:“吾日三省吾身,为人谋而不忠乎?与友交而不信乎?传不习乎?”(《论语·学而》)

曾子说:“我每天多次检查和反省自己:看给别人办事有不尽心竭力的地方没有?看和朋友交往有不守信用的地方没有?看老师传授的知识有不演习和没复习的地方没有?”

自省是为了自知,自知是为了严格约束反省自己,力求减少失误和及时改正错误。

“金无足赤,人无完人”,神仙、圣贤也难免有失误,更何况普通的人,所以人犯错误是难免的,做错事,说错话,犯错误,并不可怕,可怕的是知错不改,甚至迁怒怪罪于他人。

子曰:“过而不改,是为过矣。”(《论语·卫灵公》)

孔子说:“犯了错误而不改正,这才叫错误了。”

自省,是为了及时查找自己的缺点、错误和不足;改过,是为了及时改正自己的缺点、错误和不足。

古人云:知错必改是君子,文过饰非是小人,闻过则喜是圣人,错上加错是坏人。

古人云:“能改过,则天地不怒;能安分,则神鬼无权。”

这正如毛泽东所说:“一个人犯了错误并不可怕,怕的是犯了错误而不改正错误,只要改正了错误,还是好同志。”

君子和小人的区别,不在于犯不犯错误,而是犯了错误之后的态度。能不能改正错误,能不能接受别人的批评,能够虚心接受别人批评并能勇于及时改正的是君子,文过饰非,推诿责任,找借口,强调客观理由的是小人,闻过则喜的是圣人,错上加错的是坏人。上天也会原谅一个能够改正错误的人,神鬼也奈何不得一个能够安分守己的人。

所以,一个人不怕犯错误,而是怕知错不改,一个人知错不改,就很难进步,很难得到别人的谅解和宽容,久而久之,就会封闭自己,欺骗自己,失去自我,越陷越深。所以:

找到自我,相信自我,超越自我,追求忘我,是我的座右铭;自勉、自强、自知、自信、自得、自乐是我实现座右铭的具体步骤。

“满招损,谦受益”,是古之明训。做人切记谦虚谨慎,戒骄戒躁。谦逊使人进步,骄傲使人落后,是万古名言。要“每日三省吾身”,经常查找自己的不足,才能使人深省,催人奋进。

学业和事业上,要和比自己强的比,要赶超先进,取人之长,补己之短,要有进取自强之心;

生活和享受上,要和比自己差的比,要知足常乐,减少欲望,做到心态平静,安然自足自乐。

古人云:“品诣常看胜入我者,则愧耻自增;享用常看不如我者,则怨尤自泯。”

古人说:“经常看到修养品德胜过自己的人,就会增加羞耻愧疚上进之心;经常看到生活不如自己的人,埋怨之意自然就会消失。”

年龄是生命的长度,知识是生命的密度,意志是生命的强度,理想是生命的高度,智慧是生命的亮度,毅力是生命的韧度,文采是生命的鲜度,胸怀是生命的柔度,仁爱是生命的温度,能力是生命的厚度。

修身养性可以增加生命的长度,勤奋苦练可以增强生命的密度,意志坚强可以增强生命的强度,理想伟大可以增强生命的高度,丰富智慧可以增强生命的亮度,坚忍不拔可以增强生命的韧度,文采飞扬可以增强生命的鲜度,胸怀博大可以增强生命的柔度,关爱众生可以增强生命的温度,提高能力可以增强生命的厚度。

第七,自勉、自强:

自勉为善,是为了激励自己。与人为善,常做好事,是为了帮助别人,完善自己。要求进步,不甘下游,只争朝夕,不荒废时光,不虚度年华,是为了不浪费生命。

天行健,君子以自强不息,是一个人一生进取奋斗不息,战斗不止,勇往直前的精神;

地势坤,君子以厚德载物,是一个人一生担负责任,容纳承载万事万物的经世的胸怀。

独立自主,自力更生,艰苦奋斗,是一个人独立进取的风格。永不懈怠,不到黄河心不死,到了黄河也不死心,是一个人不达目的誓不罢休的决心和不屈不饶坚忍不拔的革命意志。

第八,自知、自信:

自知自信,是为了增强韧度,坚信未来的事业是伟大神圣的,是一个人走向成功的动力。自知者明,自信者力;"自信人生五百年,会当鹰击三千里";是一个人走向成功的激情和保证。

子曰:"苟有用我者,期月而已可也,三年有成。"

孔子说:"假若有人肯用我为政,一个月内治理就可以见到成效,三年之内就可以达到大有成效。"这就是孔子的自信。

第九,自得、自乐:

自得真乐,是为了内心快乐,乐由心生,是真正的快乐,无尽的快乐,是人生达于至高之境界,非大智大仁者,不易得之。

古人云:"为善最乐,读书最佳,教子最要。"

有一个故事:一个人抱怨自己的鞋子破旧,认为老天对他不公,愤愤然不已,当他看到一个光着脚没有鞋穿的人来到了他的面前,他的怨气顿时消了;但他也同样听到这个光脚的人在抱怨自己没有鞋穿,怨老天对他不公,正在愤愤然时,这时正好一个失去脚的人拄着双拐悠闲自得的过来。顿时,穿旧鞋和光脚的人感到惭愧无比。

古人有个自乐歌:

"将啼饥者比,则得饱自乐;将号寒者比,则得暖自乐;将劳役者比,则悠闲自乐;将疾病者比,则健康自乐;将祸患者比,则平安自乐;将死亡者比,则生存自乐。"

就是说:与那些叫喊饥饿的人相比,那么能吃饱肚子不挨饿就成了很快乐的事了;与那些呼喊寒冷的人相比,那些能够得到温暖不受冻的人就是很快乐了;与那些身心疲惫被人役使的人相比,那些不劳累悠闲自得的人就很快乐了;与那些身患疾病的人相比,那些没有疾病拥有健康的人就很快乐了;与那些遭遇祸患的人相比,那些无祸患平安无事的人就很快乐了;与那些死去的人相比,那些依然活着的人自然就很快乐了。

第十,坚守节操:

所谓节,比喻紧要的,能起决定作用的环节或时机。关头既为节。"节",为植物枝干连接之处,坚固异常。如竹节,竹子假如没有节,是很难长高的。操,指操守。节操,指一个人的气节操守。

一个人的真正价值,在寻常的时候很难见到真面目,在平凡的日子里很难显现,往往是在紧要关头,转折关头,利害关头,生死关头,才可以显示出真面目、真本色、真英雄。正如:

子曰:"岁寒,然后知松柏之后凋也。"(《论语·子罕》)

孔子说:"到了天寒地冻的季节,才知道松树、柏树是最后落叶的。"

孔子说的不太准确,松柏树在冬天是不落叶的,说明松柏的品质更加高尚。

古人云:"观操守在利害时,观精力在饥疲时,观度量在喜怒时,观镇静在震惊时。"

古人说:观察一个人的节操,要在其面对利害得失的时刻;观察一个人的精力,要在其面对饥饿和疲劳的时刻;观察一个人的度量,要在其面对喜怒哀乐的时刻;观察一个人的镇定,要在其面对惊险恐惧的时刻。

古人云:“大事难事看担当,逆境顺境看襟度。临喜临怒看涵养,群行群止看见识。”

古人说:“一个人面临大事难事的时候,才能看出他是否有担当谨慎和能力,在顺境和逆境中才能够看出一个人的胸襟是宽广还是狭隘。在面临极喜极怒之事时,才能够看出一个人的涵养深浅,在与众人相处时才能看出一个人是否有见识。”

第十一,信守本分:

本分:是一个人本身应尽的责任和义务。信守本分,就是一个人要忠诚地遵守、履行自己的责任和义务。那么,一个人的本分是什么?就看你想做什么人?一个要做君子不做小人的人,最低的要求是,在精神方面不侮辱人,在物质方面不夺人。时时处处尊重别人,顺性节欲恭俭不贪婪,以诚待人处世不虚伪。

简言之:把自己当人看,也要把别人当人看,尊重自己,也要尊重别人。实际上就是孔子的“己所不欲勿施于人”,“己欲立而立人,己欲达而达人”。孟子的“穷则独善其身,达则兼善天下”。

孟子曰:“恭者不侮人,俭者不夺人。侮夺人之君,惟恐不顺焉,恶得为恭俭。恭俭,岂可以声音笑貌为哉!”(《孟子·离娄上》)

孟子说:“恭敬别人的人不会侮辱别人,节俭的人不会掠夺别人的财物。侮辱别人掠夺别人的诸侯,只怕别人不顺从自己,不愿做到恭敬和节俭。恭敬和节俭,难道可以凭好听的声音和笑脸装出来吗?”

守分,是正心之功夫,以守分来抵御外来巨大的诱惑,而人难以抵御的诱惑如功名利禄富贵最难。所以:

子曰:“富与贵,是人之所欲也;不以其道得之,不处也。贫与贱,是人之所恶也;不以其道得之,不去也。君子去仁,恶乎成名!君子无终食之间违仁,造次必于是,颠沛必于是。”(《论语·里仁》)

孔子说:“金钱财富和权势地位是人人都想要得到的,但不以正当的途径得到它,君子是不应该去得的。贫穷和下贱是人人都厌恶的,但不用正当的方法摆脱它,君子是不应该摆脱的。君子离开了仁德,怎会成就功名和赢得好的名誉呢!君子就连在吃顿饭的同时也不会离开仁德,即使在非常匆忙紧迫的情况下也一定要坚持实行仁德，就是在颠沛流离之中也一定要坚持仁的准则。”

子曰：“富而可求也，虽执鞭之士，吾亦为之。如不可求，从吾所好。”（《论语·述而》）

孔子说：“财富如果可以合理求得的话，即使是让我去做替人执鞭开路的下贱差役，我也愿意去做。如果不能合理求得的话，那还是做我爱好的事情吧。”

第十二，安贫乐道：

安贫乐道：就是安于贫困窘迫生活的境遇，乐于高尚道德的自我完善，信守奉行自己正确的信仰和道德准则。

在《论语》中，劝人安贫乐道和安贫守法是一项重要内容。他提出“不患寡而患不均，不患贫而患不安”的论点，并以此评价他学生的品行。孔子的弟子颜渊就是一个安贫乐道的典范。孔子曾称赞他说：

子曰：“贤哉，回也！一箪食，一瓢饮，在陋巷，人不堪其忧，回也不改其乐。贤哉，回也！”（《论语·雍也》）

孔子说：“颜回是多么的有修养啊！一小竹筐饭，一瓢水，住在简陋的巷子里，别人都忍受不住的痛苦，可是颜回却没有改变自己平时的欢乐。颜回是多么的有修养啊！”

古人云：“富以能施为德，贫以无求为德，贵以下人为德，贱以忘势为德。”

古人说：“富贵之人以舍得施与于人为美德，贫贱的人以无求于人为美德，高贵的人能平易近人为美德，平凡的人不趋权势为美德。”

古人云：“贫贱是苦境，能善处者自乐；富贵是乐境，不善处者更苦。”

古人说：“贫贱是苦难的境界，如果能够妥善处理，苦中也可以品尝到一丝乐趣；富贵是快乐的境地，如果不能很好地对待，富贵的人也会乐极生悲。”

所以，安贫乐道，就是坚持自己的理想不动摇，为了实现自己的理想，宁可安于贫困，乐于贫困，不以贫困为苦，在贫穷和困苦中寻求快乐，只要有理想和信念在，就不怕眼前的艰难困苦，为了实现自己伟大的理想、抱负和信念，而艰苦卓绝的斗争奋斗，为了大多数人的利益，而甘于献身，勇于献身，乐于献身。为了远大的理想、抱负信念，以苦为乐，以苦为荣。古今中外多少仁人志士，为了心中的理想，为国捐躯，为民族献身的不计其数，红军长征的胜利就是最好的例证。

安贫乐道的人，一旦得志，则齐家、治国、平天下，为民造福，为国尽忠；若不得其志，亦不强求，退而修身励志，等待时机，修己以待天时。

故孟子曰："得志与民由之，不得志独行其道。"（《孟子·滕文公下》）

孟子说："得志的时候，偕同百姓沿着大道前进；不得志的时候，也能坚持自己做人的原则。"

又曰："古之人，得志，泽加于民；不得志，修身见于世。穷则独善其身，达则兼善天下。"（《孟子·尽心上》）

孟子又说："古代的人，得意时，惠泽遍及百姓；不得意时，修养自身，以此表现于世人。穷困时独善其身，得意时便兼善天下。"

总之，修身者，"修己以安百姓"，进而立己、立人，达己、达人。故曰："修身以道"。忠恕者推己及人，视人如己，故曰："忠恕违道不远"，又曰："夫子之道，忠恕而已矣。"

综上所述：修身是一个人一生最重要的任务。不修身，不能立己，不能达人，不能守节，不能好善，不能求己；不能慎独、自省、自反、改过；不能自勉、自强、自得、自信、自立；不能律己、节操、守分、安贫乐道；不能为人师表，做人楷模；更不能齐家、治国、平天下。

修身的目的，在于提升个人的综合素质，在于德才兼备，在于实现自身的价值，在于齐家、治国、平天下，在于普济天下苍生，造福人民。

所以，修身的第一要务就是齐家。

二十八、齐家之道，家的含义

齐家之道：家，这个人们再熟悉、再温馨、再情感、再亲切、再安全、再坦率不过的名子。一提到家这个字眼，我就不由自主地感觉到父亲那不怒自威、威严、坚韧，而不失亲切的形象。

在我依稀的记忆里，在我懵懵懂懂记事不记事的一个傍晚，我哭叫着要天上的星星，无奈的父亲搬了一把凳子，用一根长长的竹竿绑了一头大蒜，骗我摘到了天上的星星，满足我那可笑无知的情景。已年近花甲的我，每当忆起此事，那浓浓纯厚的父爱，依然紧紧的包裹着我，温暖着我，使我感到无限的温馨甘甜与满足。

父亲离开我们已经十多年了，我却经常在梦中见到父亲，每当我遇到大事和疑难解决的事情，想让父亲给我出出主意，把把关；每当遇到喜事和好事，都会情不自禁地想起父亲，想把自己的喜悦分享给父亲；每到逢年过节，都在默默的思念着父亲，想给他老人家点上一支烟，敬上一杯酒。我也一贯反对父母对子女的溺爱，但我还是感谢父亲对我的这次溺爱。父亲在我的心目中，一直是家中擎天柱，家中的天，他那在逆境困境中不屈的身影，给了我坚韧不屈的力量，在我人生的路上，起了不可估量的作用。

父亲是天，母亲就是地。在母亲这片肥沃的土地上，无时无刻不在感觉到母亲怀抱的温馨温暖，无时无刻不在感觉到对母亲的依恋依赖。母亲曾对我说，小的时候，家里穷，冬天冻得直哭，母亲就把我揣在怀里，用她的体温，温暖着我，所以直到如今，每到寒冷的时候，总还觉得母亲的体温犹在，仿佛还能听到母亲心跳的声音。家境所迫，母亲所做的饭菜并不十分好吃，但就是这些粗茶淡饭，却有着难以抵挡的诱惑，这是我在任何五星级饭店里都没有的感觉。母亲在我的印象里，就是无穷尽地对子女的牵挂，直到如今，母亲还依然如此。在母亲的身上，学到了勤劳善良，我体会到了对于子女不尽的关爱和牵挂。

父母亲是平凡贫穷的农民,父母对我们的操劳关爱牵挂,如春风细雨,润物无声,大爱无痕。爱是那样的浓厚纯正香甜,像陈封多年的老酒,每当想起,熏得微醉,幸福满足之感油然而生,感激崇敬之情飘然而至。我们兄妹六人,儿时嬉笑打闹、调皮捣蛋、愚蠢傻帽成长中的童真回忆,都会带来无限的温馨难忘和留恋。我是多么想念离开我们多年的父亲,我祈祷上帝保佑我的母亲健康长寿,保佑我的父亲在天堂幸福快乐。

哦!童年!贫穷饥饿艰难困苦窘迫,幸福童真快乐难忘的童年,那永远逝去再也寻找不回来的童年!尽管那时物质极度匮乏,生活极度贫穷拮据窘迫,受冻挨饿和差一点被饿死的我,为了一块二毛钱学费差一点辍学的窘境历历在目,但我还是怀念我的童年,我那永远逝去留恋的童年。

我忘不了爷爷奶奶慈祥的模样。记得"文化大革命"的岁月里的一个大年初一的五更,父亲要我们给爷爷奶奶去磕头,那时无产阶级文化大革命如火如荼,移风易俗,破四旧,立四新,喊得天响,磕头是四旧,在破之列,无产阶级的小将不愿去磕头,但不磕头父亲不让吃饺子,一年到头难得吃上一顿饺子的巨大诱惑,远远高于破四旧天响的革命口号。给爷爷奶奶磕头拜年之后,每个人还得到一毛钱的压岁钱,那个欢喜和满足自今不能忘怀。我不能忘记爷爷五分钱给买的一串糖葫芦时的兴奋;我不能忘记被人欺负后小姑姑找人算账的解气;我不能忘记儿时偷瓜的恐惧激动和快乐。哦!童年!苦涩快乐难忘的童年!苦涩温馨难忘的大家!

啊!家,是一个令人回味无穷其乐融融的小社会,一个风雨同舟,和衷共济,荣辱与共,一损俱损一荣俱荣的大家庭,一个有福同享有难同当的共同体。那里我有儿时的幸福梦想和追求,有令人向往和回味的温馨和深情,还有天真幼稚的可笑可爱无知和懵懂。及到自己长大成人,成家立业,有新婚燕尔时的甜蜜幸福和憧憬,有夫妻之间的温馨爱慕吵闹和妥协,有妻子怀孕时将要当爸爸妈妈时的期盼激动和神圣,有在医院产妇走廊等候妻子生产的焦急忐忑等待和无措,有听到儿子出生后的第一次啼哭的激动跳跃和负重,有初为人父母时的喜悦癫狂和骄傲自豪,有从产房抱出婴儿时如获至宝的激动心跳细心和呵护,有亲吻儿子脸蛋和屁股的兴奋幸福和满足……父母给了儿女生命希望关爱和寄托,儿女给了父母欣慰满足幸福自豪期盼和未来。所以说,孩子是祖国的未来,民族的希望,家庭的骄傲,父母的自豪。

从儿子们的呀呀学语到步履蹒跚的学步，到儿子们成长后的情窦初开对异性的吸引，再到儿子们少年时期的叛逆和任性，儿子们的每一点变化和微小的进步，父母都看在眼里，喜在心头，挂在眉梢，不管别人是否喜欢和愿听，唠叨不尽的放大自己孩子的聪明、天才、可爱和骄傲。及至孩子们再大一点，为了孩子的成长学习和进步，操不完的心，着不完的急，担不完的忧，生怕自己的孩子输在起跑线上，真是可怜天下父母心。

家，这就是我感性中的家，这就是家在我心中的第一个闪念，第一个印象，第一个感觉的家。然而仅凭感性认识是不够的，家，究竟是什么？

什么是家？家的产生

家，就是爱的具体诠释，具体释放，爱的学习，爱的实践，爱的运用，爱的港湾，爱的团体；家是人世间最为温馨，最为友善，最饱含深情，最伟大的字眼。

然而“齐家”在《大学》中的解释却是“整治”的意思。“齐家”，就是“先整治好自己的家族”。为什么非要整治好自己的家族呢？不甚解？只好借助工具书。

先弄清楚什么是齐？

齐：在《说文解字》中的齐：齐，禾麦吐穗上平也。象形。凡齐之属皆从齐。

释文：齐，禾麦吐穗，其上平整。象形。凡是齐的部属都从齐。

注释：按，《段注》：“从二者，像地有高下也。禾麦随地之高下为高下，似不齐而实齐。参差其上者，盖明其不齐而齐也。”

后又翻《辞源》、《辞海》，都没有“齐家”的具体解释，而只有“齐”在《辞源》中的解释：“平整，整齐；相等，相同；全，齐全；整治；敏捷；辨别”等等。而在《辞海》中的解释：“整齐；整治；排列；皆，全；”和《辞源》的解释基本差上不多。

齐整：整齐，不参差、杂乱。整齐如一。整顿：《后汉书·缪彤传》：“缪彤，汝修身谨行，学圣人之法，将以齐整风俗，奈何不能正其家乎！”

《说文解字》中解释：齐，就像禾苗和麦穗一样，长在地里，因为有地势的高低不平，近看似乎有高低之分，参差不齐，并不齐整，实际上远远看去还是齐整的。

这就是说,齐,包含有参差不齐,保持着高低大小的个性和顺势而为,不管是地势高低的缘故,还是真正的并不一致的整齐,同时也并不是要求禾苗和麦穗一样的大小齐整,而是远远看上去整体是齐整的就是了。正像阅兵的方队,并不能要求每一个人一样高低胖瘦,只要步伐一致,看上去整体一致就可以了。这就是同中求异,异中求同,整体之中容许有个性,但个性必须符合整体划一前提下的整体一致。庄稼禾苗和麦穗如此,家国社会团体单位家庭大概也是如此,不能强求一律,而是大致一致罢了。说完了齐,再说:

什么是家?

家:在《说文解字》中:家由宀和豕组成。宀:交覆深屋也。像形。

译文:宀,交相覆盖的深邃的屋子。象形字。

注释:交覆句:《段注》:"古者屋四柱(屋檐滴水处),东西与南北,皆交覆也。有堂有室,是为深屋。"

豕:通豭:都指猪。像形字。而豭:指公猪。

家:居也。

释文:家,居住的地方。

注释:家:《段注》:"此本义乃豕之凥(居)也,引申假借以为人之凥(居)。"

按《玉篇·宀部》:"家,人所居,通曰家。"

以上是家的原义和出处,而家的本义是:公猪所居住的地方,引申假借为人所居住的地方。估计是古时候人们看到野猪居住在一个山洞或一个能够遮风避雨的地方,而受启发,逐渐演化为人类先寻找洞穴到再自己动手造屋居住。随着人类生产力的发展和进步,人们逐步驯化野兽,成为家禽、家畜,猪就是家畜的一种,发展到后来,房屋下不仅有人居住,还有猪居住,猪从此成为人们的财富的一种,财富的象征。家的概念是有人,有房子,有财产。

家:在《辞源》中的解释:一是指家族,家庭;二是指结婚成家;三是落户安居;四是卿大夫的采地食邑等等。

家:《辞海》解释:一是指家庭,家乡;二是指古时候夫妇互称为家;三是古代大夫的家族;如《孟子·梁惠王》:"千乘之国……百乘之家。"拥有千乘的为诸侯之国;拥有百乘的为大夫之家。

家庭的形成和产生:

家和家庭的形成和产生,源于早期的母系氏族社会,当时实行群婚制,后来发展成为对偶婚制。实际上,在群婚时期就出现了某种程度上的或长或短的成对配偶,这已是具有初步对偶婚的倾向了。随着氏族制度的发展,允许通婚的范围不断缩小。在以后的漫长岁月中,人逐渐排除了同胞兄弟姐妹之间的婚姻,后又排除了同胞姊妹子女之间的婚姻,最后排除了氏族内部的婚姻。这样,就开始实行的这一氏族男子与另一氏族女子之间的结合,又发展为到只剩下一男一女的结合,即一对一还不牢固的对偶的结合,族外群婚终于被对偶婚所代替。母系氏族的生命力表现在它既有组织生产、生活的职能,将氏族社会的生产技术和生活水平不断提高发展,又具有调节婚姻的职能。

由于人口的不断增加,一个大的母系氏族又常常分为若干个小的母系家族。母系家族由曾祖母或祖母的几代后裔组成,但不包括男子,人口多的母系家族常常有二十多个女人组成。一个由曾祖母或祖母领导下的母系氏族,后来又逐步发展成包括若干个对偶家庭,对偶家庭是由一个男子一个女子在对偶形式下组成的家庭形式。

对偶婚初期,还是继承先前群婚的习惯,夫妻各自在自己的母系氏族居住,他们的婚姻生活采取丈夫走访妻子的方式,就是后来所说的走婚形式,丈夫不加入妻子所在的母系氏族的生产和生活。

随着对偶婚的发展和巩固,丈夫迁到妻子方氏族居住,叫做从妻居。这时,男子不仅要为自己的母方氏族劳动,还要为妻方氏族劳动,往往是丈夫两头跑、顾两头,男子不仅很辛苦很累,好像也没有什么家庭和社会地位。

随着社会和生产力的发展,到了母系氏族社会繁荣时期,采集经济已转化为原始农业经济,狩猎经济已转入原始畜牧经济。无论是在原始畜牧地区,还是在原始农业地区,家畜的饲养和繁殖都出现了。

动物的驯养,放牧和繁殖是原始农业的主要内容,然而在这一特征不单存在于原始牧区,而且也存在于原始农业地区。就现在所知,家猪的驯化应以我国最早。

把野生动物驯养成家畜,使它们繁殖起来,是个很累很危险的事情,主要有健壮力大的男子承担,妇女只好退居二线,负责挤奶、熟皮子等辅助性的劳动。责权利历来是成正比的,男子自然而然地成为畜群的主人,男子的家庭和社会地位也在悄悄地变化。原始社会的后期,游牧部落和从事其他生产劳动的氏族部落中分离出来,是人类社会第一次劳动大分工的标志。

由于社会的分工和社会生产力的发展,男子在社会和生产劳动中占据了主导地位。从此,父系制度得以确立之后,私有财产出现,奴隶制度萌芽的同时,出现了新的婚姻制度,这就是从对偶婚过渡到一夫一妻制。一夫一妻制与对偶婚不同之处在于婚姻关系比较牢固和持久,具有彼此的约束,不能任意解除。这时男子在社会上取得了支配权,由男方到女方的走婚,发展到女子出嫁到丈夫一方氏族居住。

一夫一妻制组成的个体家庭,成了社会的基本单位,此时的家庭形式已初步形成。社会已经开始产生阶级对立,最初的阶级压迫与一夫一妻制下;男性对女性的奴役是同时出现的。一夫一妻制要求妇女严格保持贞操,只从一夫,也就是后来所谓的妇女的从一而终,违反这一规定的妇女要受到严重的制裁和惩罚,而男子却可以享受一夫多妻的权利。实际上,一夫一妻制只是对妇女的约束。一夫一妻制家庭的建立在丈夫的统治之下,妻子受丈夫支配和奴役,死后与丈夫陪葬,甚至从殉,也就是及其残酷地为丈夫活人殉葬。妻子实际上变成了丈夫淫欲玩弄的奴隶,成为所谓的传宗接代和生孩子的工具,妇女的地位从此一落千丈。

这就是家的形成过程,追求男女地位平等,只是在新中国成立以后的才提倡并立法的,就是在新中国成立前,我国还是实行一夫多妻制的社会,一个男人同时可以拥有几个妻妾,有权有钱的男人,可以妻妾成群。皇帝老子,可以三宫六院,七十二妃,整个皇宫,数万个女子,只供皇帝一个人享受、玩弄、淫欲、支配。

《大学》中的家,应为卿大夫之家

至于《大学》中所说的"家",是指春秋战国时期或者是春秋战国之前的"家",这个家有多种解释。

根据《礼记·王制》记载:王者规定俸禄爵位分,公、侯、伯、子、男,共五等爵位。诸侯上大夫或卿、下大夫、上士、中士、下士,共五等。

天子的俸禄田方圆千里,公侯的俸禄田方圆百里,伯爵的俸禄田方圆七十里,子、男的俸禄田方圆五十里。不能相当于五十里的,不直辖于天子,归附于诸侯之国,成为"附庸"。

天子的三公，俸禄田比照公、侯；天子的卿，比照伯爵；天子的大夫比照子、男；天子的元士比照附庸。

“颁禄之制”：“农田百亩为一单位。百亩分配的比率：头等田，可以养活九个人；二等田，可以养活八个人；三等田，可以养活七个人；四等田，可以养活六个人；五等田，可以养活五个人。区分为上农夫，中农夫，下农夫三类。平民在官府服务的人，他们的俸禄根据这个区分等级。”

“四海之内共有九个州，每州方圆千里。每州内封建百里之国30个，七十里之国60个，五十里之国120个，共有210个国。这样的八个州，每州210个国，共1680个国。名山、大川不封予诸侯，剩余的土地可作为诸侯的附庸，或作供给没有封地的士人俸禄用的闲田。另一州是天子的畿辅地区。其中，方圆百里之国9个，七十里的21个国，五十里的63个国，共计93个国。名山、大川不分封，分封剩余的作为士人俸禄的闲田。九州共有1773个国。天子的元士、诸侯的附庸之国不算在内。”

“天子的属下有三公、九卿、二十一大夫、八十一元士。其他八州，大国有三卿，都有天子任命，下大夫五人，上士二十七人。次国有三卿，二卿由天子任命，一卿有国君任命，下大夫五人，上士二十七人。小国三卿，一卿由天子任命，二卿由国君任命，下大夫五人，上士二十七人。”

这就是人们常说的，商有万国，西周初期有三千多国，东周也有两千多国的“家天下”。

“家天下”就是把整个天下，也就是说成千上万的诸侯国看作或当成一个巨大的家族。由于当时受交通、交流和通讯条件的限制，以及认知的局限性，生长在黄河流的民族还不知道除华夏之外，还有若干个“天下”的存在。所以，这个“天下”最大家族的最大家长或者族长，就自称或被人称为“天子”。

这个“天子”，又根据关系远近、亲疏、功劳大小，在“天下”的下面，分封好多诸侯国，这些封地的地名就叫某某诸侯国，如秦、楚、齐、燕、韩、赵、魏，等战国七雄，都是战国时期的诸侯国，这些诸侯国的等级分为“公、侯、伯、子、男”五个等级国，公为最大的诸侯国，其他以此类推，如国君就叫某某“公、侯、伯、子、男”，后来又都叫“国君”和“君主”，甚至擅自称“国王”。

国家，是秦始皇统一以后的称谓，把国、家混为一体。列宁说：“国家是阶级统治机关。”掌握在经济上占有统治地位的阶级手中,包括国家立法机关、国家行政机关、审判机关、检察机关、军队、警察、监狱,是统治阶级行使权力的工具。在之后的发展中,国家成为国际法的主体,在国际上享有权利和承担义务。

国家是一个历史范畴,在经济发展到一定阶段而使社会分裂为阶级时产生,是阶级矛盾不可调和的产物和表现。

国和家是有严格区分的,中国古代被天子分封的诸侯称国,如赵国、魏国、晋国、卫国、郑国越国、吴国、楚国、秦国等,诸侯国的大臣称大夫,大夫可以称家,如范蠡大夫等。

《孟子·离娄上》:“人有恒言,皆曰天下国家。天下之本在国,国之本在家。”“国为诸侯之国,家为卿大夫家也。”“千乘为国,百乘为家。”就是这个意思。

天子,就是假借上天的嫡长子,天帝在人间的代言人。天子和正妻所生的大儿子叫嫡长子,嫡长子一般情况下则是“诸君”,也就是后来所说的“太子”、“法定接班人”、“国君的合法继承人”。天子和正妻所生的儿子叫嫡子,天子和妃子、妾所生的儿子叫庶子。他们根据天子对他们的喜爱程度和长幼大小,被天子分封到大小穷富远近不同的各“诸侯国”,去做“公、侯、伯、子、男”等级不同的“诸侯”。除了天子的儿子兄弟可以被封为诸侯之外,对国家做出巨大贡献的大臣也可以被封为诸侯,如周朝开国功臣姜子牙,也就是吕尚,被封为姜太公,封地为齐国,吕尚为齐国的第一任国君。

国君被封为诸侯以后,成为谋诸侯或谋国君,如齐桓公、晋文公等,其大臣为“大夫”。“大夫”也有“诸侯”或“国君”分封给自己的封地和人民。

上天的嫡长子,拥有整个家天下,所以叫“天子”;天子分封土地和人民予诸侯,所以叫“诸侯”,这叫“建国”;诸侯分土地和人民予大夫,这叫“立家”;大夫立家之后就不再分封了。

大夫的家臣叫“士”,“士”没有封地和人民,只有大夫给予的“食田”。“食田”,就是今天的工资待遇,古代给予士的是供给士吃饭和其他费用的田地的赋税,也就是封给你多少田地的税收。

“士”的食田是大夫给的,大夫的采邑是诸侯给的,诸侯的领地是天子给的,这就是周朝的“封建”制度。所以说,取悦天子者诸侯,取悦诸侯者大夫,取悦大夫者士,士是最低等的贵族,再往下就是农、工、商。这就是周朝的天子—诸侯—大夫—士—农—工—商的等级。

这个周天子的天下,是实行的邦联制度,周朝的天下有一个天子,天子下面有许多诸侯国,每个诸侯国有自己的国家元首。如鲁国的第一任国君是周公的嫡长子伯禽,齐国的第一任国君是姜太公吕尚,晋国的第一任国君是周武王的儿子叔虞等等。

这些大家族和诸侯或者说国君的大臣,被称为家。

家,就是这些大家族或者说贵族的族长或家长,官封的家长,这些族长或家长,就叫“大夫”,也称“家君”。这就是说:天子名义上有天下称为王,可以封建诸侯;诸侯有国,可以封建大夫;大夫有采邑不能再封建,他们的兄弟子侄就做士;士有田地,但只供他们代收赋税作为士的收入或工资待遇,士是不能再封建的最低等级的贵族。

士是古代贵族的最低的等级,天下的君主称天子,诸侯国的君主称诸侯,诸侯国的大臣称大夫,大夫的家臣称士,再后来又有了士、农、工、商的称谓和等级。

士,就是天子、诸侯、大夫、士、农、商七个等级的中间等级。贵族的末等,民众的上等。随着社会的不断发展,特别是新中国成立后,大的家族逐步消失,内地一般没有了“族长”和“家法”,逐渐发展成了现在的小家庭。

《大学》中的“家”,应该是指的“大夫的家”,最少也是“大家族的家”。也就是“以婚姻和血缘关系结成的社会单位”。所以,治理一个大的家族,是需要有一整套礼仪、制度、家规、家法、家教等。具体的程序和方法是儒家提倡的:父慈、子孝、兄宽、弟恭、夫唱妇随,或夫唱妇和等。

管仲说:“治国不难,爱民而已。”既然治理国家最主要的是爱民,那么治理一个家族更需要的是爱家人。古人说:“天德无非个无私,圣君无非个爱民。”天下最大的德是什么?就是无私、无我!最神圣的君主帝王是什么?就是爱民!一个国君或国家领导人,只要把人民当做自己的亲人看待,把年长的当做自己的长辈对待,把同龄人当做自己的兄弟姐妹看待,把年幼的当做自己的子女晚辈看待,没有治理不好的。

其实,治国如治家,治家如治国,本来古代就是家天下,家国就不分,能够治理好一个家庭,按理就有可能治理好一个家族,能够治理好一个家族,就有可能治理好一个“大夫的家”,能够治理好“家”,“大夫的家”,就有可能治理好“国,诸侯国”,能够治理好“国”,就有可能治理好“天下”。因为治国、治家基本是同理,就是爱民和亲民。

二十九、齐家，以公平公正之心治家，以孝悌之道齐家

家，放大是国；国，缩小是家；家，是国中的国；国，是千万个家。

治国、治家大同小异，基本是同理，只不过侧重面不同罢了。

笔者认为：治国，要以“法、理、情”的顺序，以法制为主，以情理辅之；治家，要以“情、理、法”的顺序，以亲情为主，以理法辅之。

但不管治家、治国，都要大公无私民主，公平公正公开，客观冷静廉洁；大公才能无私，有私心则不公平，不公则易争，不平则易鸣，不民主则易独裁，独裁则易失民心，不公开则易生腐败，不客观则易偏差，不冷静则易失误，不廉洁则难以立信有威。大公才能无私，民主才能团结，公开才容易监督，公正才能政治清明，公平才能民主，廉洁才能奉公，奉公才能立威信。所以说古人说：“公生明，廉生威”，就是这个道理。所以，《大学》中：

曾子曰：“所谓齐家在修其身者，人之其所亲爱而辟焉，之其所贱恶而辟焉，之其所敬畏而辟焉，之其所哀矜而辟焉，之其所傲惰而辟焉。故好而知其恶，恶而知其美者，天下鲜矣。”

故谚有之曰：“人莫知其子之恶，莫知其苗之硕。”

“此谓身不修，不可以齐其家。”

这里的之：同“於”，对于。辟：通“僻”，就是情绪偏颇。有时指：偏僻；庇护；偏差；开辟；透彻。贱恶：轻蔑厌恶。哀矜：怜悯同情。傲惰：傲视怠慢。敖：通傲。鲜：少。

曾子说：“之所以说治理家庭和家族在于修养自己的品德，是因为人们对于自己所亲近喜爱的人往往会产生偏爱；对于自己所鄙视厌恶的人往往会产生偏见；对于自己所畏惧敬重的人往往会产生偏向；对于自己所怜悯同情的人往往会产生偏心；对于自己所傲视怠慢的人往往会产生偏意。因此，能够做到

喜欢一个人又知道他的缺点，厌恶一个人又知道他的优点的人，天下这样的人是少有的啊！”

所以有句谚语说：“人都不愿看到自己孩子的缺点，都不满足自己的庄稼长得好。”

这就是不修养好自身，就不能治理好自己家庭和家族的道理。

《大学》将这五个“而辟焉”，也就是人们经常出现的情绪偏差和容易所犯错误的五个心理问题列举出来。

第一，“人之其所亲爱而辟焉”。就是对于自己所亲近和喜爱的人往往会产生偏爱。

这里的“辟”，主要指怀有偏颇之心，就不会客观、公正地看待问题和解决问题，在对待问题及人和事之前，已经先入为主的有了观点、立场甚至结论。

人们往往对待自己的亲人、所喜爱的人有爱慕之心，产生偏爱。如人们常说的情人眼里出西施，恋爱中的女人智商等于零一样。其实你所爱的人未必有你自己认为的那么漂亮和美丽，她的漂亮美丽，是在你没有客观公正地情况下的自我感觉，并不代表客观实际情况。对其他人和事物也是一样，一个皇帝，往往偏爱某几个大臣，一个单位领导往往偏爱某几个部下，一个父母往往偏爱某个子女，一个老师往往偏爱某几个学生。

偏爱，在现实生活中是司空见惯的，但最为突出的，莫过于父母对待自己子女的偏爱，甚至对自己多个子女中的某一两个子女偏爱，最著名的莫过于《战国策·赵太后新用事》一篇中说：

战国时期，赵国赵成王的母亲赵太后刚刚主持国政，秦国就加紧派兵进攻赵国。赵国向齐国请求救援。齐国说：“必须让赵太后的最小的儿子，也就是赵太后最疼爱的儿子长安君来做人质，我们才会派兵援救。”赵太后听后不肯，大臣都极力劝谏她。赵太后非常不高兴，并明确地告诫左右的侍臣说：“谁要是再提起叫长安君去做人质的事情，我一定吐他一脸唾沫。”

这时，一个官居左师的官员，名叫触詟的说自己要拜见太后。太后怒气冲冲地等着他。触詟进宫后小心翼翼慢步走上前，走到太后的面前向她谢罪，说：“老臣的脚有毛病，一直无法快步行走，所以很久没有拜见您了。虽然我私下里宽恕自己，但仍然担心太后玉体欠安，因此希望能拜见太后。”赵太后说：“我也只能乘坐车子行走了。”触詟说：“每天饮食没有减少吧？”赵太后说：

“靠喝点粥来维持罢了。”触詟说：“老臣最近特别不想吃东西，就勉强散散步，每天走上三四里，就又逐渐想吃东西了，身体也舒服了。”太后说：“我是做不到的，这方面不如你。”太后的脸色稍微缓和了些。

左师触詟说：“老臣有个儿子叫舒祺，年龄最小，没有什么出息。我已经年老体衰了，私下里很疼爱他。我希望他能当一名王公的卫士，来保卫王宫，因此我趁着还没有死之前就替他来向太后求个人情。”太后说：“好吧。他今年多大了？”触詟回答说：“已经十五岁了。虽然年龄还小，老臣还是想趁着自己没有埋到沟壑之前把他托付给您。”太后说：“男子汉也疼爱自己的小儿子？”触詟回答说：“男人比妇人恐怕还要严重。”太后笑着说：“妇人疼爱小儿子才特别厉害呢！”触詟回答说：“老臣内心里还认为您疼爱燕后要超过小儿子长安君呢。”太后说：“您错了，我疼爱燕后远不如疼爱长安君厉害。”触詟说：“为人父母的疼爱子女，是天经地义的事情，但疼爱他就应该替他们作长远的打算。燕后出嫁时，您送别燕后的时候，舍不得她，在车下握着她的脚后跟，为她掉眼泪，因为您想到她要离开家了，嫁到远方去。这就是真的爱她啊！燕后走了以后，您并不是不想念她，祭礼时总是要替她祷告说：‘一定不要让她回来。’这难道不是替她作长远的打算，希望她的子孙世代为王吗？”太后说：“正是这样。”

左师触詟又问道：“从现在起，上推到三代以前，甚至推到赵氏建立国家的时候，赵王的子孙被封侯的，他们的后代还有在侯位的吗？”太后说：“没有了。”触詟又问：“不只是赵国，就是其他诸侯的子孙们，他们的后代还有在侯位的吗？”太后回答说：“我没有听说过还有。”触詟说：“这些封君们，有些是自己取祸而亡，有的是祸患波及自己的子孙身上而亡。难道说国君的子孙们都不会有好结果吗？只是因为他们地位尊贵但对国家并没有什么贡献和功劳，俸禄丰厚但没有为国出力效劳，只不过是拥有大量的金玉珍玩罢了。现在您让长安君地位很尊贵，又封给他肥沃的土地，给他非常贵重的金玉珍玩，但就是不让他趁着您健在时候为国建业立功。有朝一日太后您不幸去世，您最疼爱的儿子长安君将依靠什么在赵国安身立命呢？老臣认为您替长安君打算的太短了，所以说您疼爱长安君不如疼爱燕后。”太后领悟到触詟用意说：“好吧，那就任凭您怎样安排他吧！”于是太后就为她的小儿子长安君，准备了一百辆随行的车辆及其货物，送他到齐国充当人质，齐国这才派出军队救援赵国。

这时，赵国一个名叫子义的人，听说了这件事的原委，便说：“你们看，人家做国君的儿子，并且是最疼爱的骨肉至亲，尚且不能享受没有功勋的尊位，没有功劳的俸禄，来长期守住金玉珍玩，更何况做臣子的和普通老百姓呢？”

这个是大家非常熟悉的故事。公元前266年，赵惠文王去世，其子孝成王继位，因他年幼，所以有其母亲赵太后执政。在这新老交替之际，又加上赵太后刚刚执政，国内动荡不安。当时的赵国虽有廉颇、蔺相如、平原君等人支撑门面，但国势已大不如从前。秦国认为此时有机可乘，便发兵攻打赵国，一举攻下赵国的三座城池，赵国危在旦夕，不得不向齐国求救兵救援，齐王虽然答应出兵，但按当时的惯例，提出了一个条件：要赵国以幼子长安君为人质。一向颇为开明的赵太后，却由于溺爱自己的幼子，一时糊涂，甚至蛮不讲理，对于大臣的强谏，她恼怒至极，公开下令警告群臣：“有复言令长安君为质者，老妇必唾其面！”

老臣触砻为了国家的利益，前来说服赵太后。他通过上述迂回曲折的游说，使得赵太后最终答应了让幼子长安君入齐为人质。

引用这个有名的历史故事，是来说明“人之其所亲爱而辟焉”的道理，也就是由于亲情而引起的偏爱。对一般人来说，一牵扯到亲情，心理的天平就会有所偏差，有所失衡，有所不公，处理问题，看待问题就不能够客观公正。有时还会被感情蒙蔽和左右，往往坏事，败事，犯错。所以，在牵连亲情的时候，一定要客观、冷静、理智、公平、公正的看待问题和处理问题，不要受感情的支配和迷惑，更不要受感情的左右而失去理智犯错误，避免犯赵太后当初溺爱幼子长安君的错误，险些贻误了国家大事。

第二，“之其所贱恶而辟焉”。就是对于自己所鄙视和厌恶的人往往会产生偏见。

一个人厌恶某个人的时候，往往会产生偏见，有时就是自己的亲生儿子也不例外。如：

《左传》中的《郑伯克段于鄢》的故事：当初，郑武公从申国取回妻子，名叫武姜。生下庄公和共叔段两个儿子。庄公出生时难产，惊吓了姜氏，取名叫“寤生”，因难产姜氏就开始厌恶儿子“寤生”。姜氏偏爱小儿子共叔段，想立他为太子。多次向郑武公请求，武公不答应。等到庄公做了郑国的国君，母亲姜氏又为小儿子共叔段向大儿子庄公请求把制地封给他。庄公说:“制是一个险要的地方,东虢国的国君虢叔就死在那里。其他地方我都您随便挑选。”这时姜氏又替小儿子共叔段请求把京邑做封地,庄公不得已答应了,就让共叔段住在那里,人们称他为“京城大叔”。

郑国一个大夫叫祭仲的对国君庄公说:“分封的都成如果超过了三百丈,便是国家的祸害。先王的制度是:大城邑不得超过国都的三分之一;中等城邑不超过五分之一;小城邑不超过九分之一。今天京城的城墙不合法度,不是先王的制度,您将无法控制共叔段的。”庄公说:“母亲非要这么样,我又有什么办法能逃避这个祸害呢?”祭仲说:“姜氏的偏心哪里有满足的时候?不如早点做个安排,不要让他的势力滋长蔓延。蔓延开来,就难对付了。蔓延的野草尚且不能够除尽,何况是您宠爱的弟弟呢!”庄公说:“多行不义必自毙,不义的事情做多了,必然会自取灭亡的,你就等着瞧吧!”不久太叔共叔段命令,将原属于郑国西边和北边的边邑,既从属于国君庄公,又从属于自己。公子吕说:“我们的国家受不了这种从属于两个主人的情况,您打算怎么处理这件事?如果把郑国交给太叔共叔段,就请您允许我侍奉他;如果不给太叔共叔段,就请您除掉他,不要让郑国的老百姓产生二心。”庄公说:“不用除掉他,他将会自及于祸,自作自受的。”

太叔共叔段得寸进尺,竟毫无忌惮地又把原来两属的边邑收归自己所有,而且扩大到了廪延。此时,大臣子封说:“时机到了,可以动了!如果他的地域继续扩大,将会得到更多人的归附。”庄公说:“他既对国君不义,又对兄长不敬,地方占的再大也没用,最后必然完蛋。”

太叔共叔段胆大妄为,还在积极地修筑城墙,集中兵力、民力、粮草,修理并制造盔甲、武器,编组步兵和战车,准备偷袭郑国。母亲姜夫人也积极准备作为内应,到时准备替小儿子太叔共叔段起事时打开城门。庄公获悉了弟弟太叔共叔段偷袭郑国的日期,便说:“可以动手了!”命令子封率领两百辆战车去讨伐太叔共叔段所辖的京城。京城的人反叛了太叔共叔段。太叔共叔段逃到了鄢地。庄公又追到鄢地去讨伐他。五月二十三日那天,太叔共叔段不得已又逃到共国去了。

《春秋》上记载说:“郑伯克段于鄢。”是因为段的所作所为不像做弟弟的样子,所以不称“弟”,到像是两国国君,所以说“克”;直称庄公为郑伯,是讥讽他没尽到兄长的教育责任,姑息他弟弟的恶行。《春秋》说:这是庄公欲擒故纵,本来就有想杀弟弟的意图,不说“出奔”,也是在责难郑庄公的意思。

于是,盛怒之下的郑庄公,把做内应的母亲姜氏安置在城颖,并发毒誓说:“不到黄泉,不再见面。”可是,毕竟是母子,不久他又后悔了。

颖谷,有一个管理疆界的官员叫颖考叔,他听到了这件事,想劝谏庄公,便借口去给庄公进献礼品。颖考叔进献礼品后,庄公赐给他饭食,他吃饭的时候故意把肉留下。庄公问他缘故,他回答说:“我家中有母亲,小人孝敬她的食物她都吃过了,就是没有尝过君王赐给的美味,请您允许我把肉带回去孝敬母亲。”庄公说:“你有母亲可以孝敬食物,我独没有!”颖考叔说:“请问您这话是什么意思?”庄公向他说明了缘故,并且告诉他自己很后悔。颖考叔说:“您又何必为这事而烦恼呢?如果挖地见到了泉水,再打一条隧道在里面与您母亲相见,又有谁说这样做不对呢?”庄公听从了劝谏,照他的话做了。庄公走进地道时兴奋地赋诗说:“大遂之中,其乐也融融!”母亲姜氏走出地道也高兴地赋诗说:“大遂之外,其乐也泄泄。”姜氏赋诗说:“大隧道外面,母子相见,是多么舒畅啊!”于是,母子和好如初。

君子说:颖考叔,是真正的孝子,爱自己的母亲,还影响到庄公。《诗经》上说:“孝子不匮,永锡尔类。”意思是说:孝子的孝道没有穷尽,永久地把它赐给你的同类。大概说的就是这种人吧。

常言道:一母生二子,必有厚薄。春秋时期,郑国王后武姜,因为大儿子庄公出生时难产,自己受了惊吓,为此开始厌恶起大儿子。姜氏因为厌恶而产生偏见,对大儿子有了偏见,就对小儿子共叔段产生了偏爱,因为对小儿子的偏爱,就想违背古代的嫡长制的原则,废长立幼,立小儿子共叔段为君,一计不成,又时时处处,要挟大儿子,偏向纵容小儿子,并纵容小儿子犯上作乱,起兵造反,差点把国家分裂。造反失败后,共叔段不得不逃亡他国,才免得一死,姜氏自己落得个被大儿子远迁颖城,不得与儿子相见的结局。要不是颖考叔巧言相劝,挽回了母子相见于黄泉的誓言,恐怕母子人间永世再难相见。

这个真实的历史故事,说明了由于“贱恶”之心所产生的偏见,是多么的害人、害己、害国,应发人深省。

现实的社会如此,大的世界也是如此。西方一些国家,由于厌恶社会主义制度,对社会主义的国家大加封锁遏制,但他们以标榜自己的社会制度、人权、价值观和意识形态的优越性为借口，认为自己完美无缺，至高无上。

这些极力宣扬民主和选举的国家，并没有得到全世界国家的选举，选举他们为世界领袖国家。名不正言不顺的领袖国家，而依仗实力，以世界领袖自居，讨伐他国，干扰别国内政，颠覆别国政权，侵略别国领土。

以标榜国家利益至高无上，却在许多的重大的国际事务中，为了一己私利和选举的考量，充当大财阀，大军火商的傀儡，不惜牺牲自己的人格和国家民族的利益。

他们标榜民主，却用自己的所谓民主，来干扰别国的民主。他们承认世界的多样性，却又以自己的模式否定别国的模式，认为天下只有他们的制度，最优越、最正确、最伟大。

正如美国好莱坞大片《阿凡达》中所强调的，否定世界的多元化、多元性、多样性，强调全世界要用一种声音、一种语言、一种信仰、一种意识、一种制度、一种模式、一种法律、一种文化。

这一种制度模式，就是他们的制度模式。这是他们充当世界霸主，世界警察的借口，动不动就出动航母，炫耀武力，威胁别国，干扰别国，侵略别国，推翻他国政权，认为这是在替天行道。

几十年来，西方一些国家，由于“贱恶”共产主义和社会主义制度，对于中国社会主义制度所产生的偏见和敌视，戴着有色眼镜看中国，不管中国取得多么大的成绩，总是横挑鼻子竖挑眼，鸡蛋里挑骨头，无事生非，制造种种事端，挑衅中国，封锁中国，孤立中国，围堵中国。这种偏见和敌视，不仅损害了中国人民的利益，同时也损害了他们本国人民的利益。

西方哲人说：存在的就是合理的。尺有所短，寸有所长，现实世界的每一种制度，都有其长处和不足，检验制度的好坏优劣，是以国家的富强，人民安居乐业，持久发展为惟一标准。贫穷落后的中国，改革开放三十多年来取得的进步，人所共知，不可否认，而且持续发展强劲。所以，一个国家、民族、单位、团体、家庭、个人，在对待你所“贱恶”的，一定要客观、公正、理智的看问题，不要害人害己。

由于“贱恶”所犯的错误举不胜举，所以要少犯这种错误，要知道有些错误的损失是无法饶恕和弥补的。要以史为鉴，力求客观公正的待人待物，少做傻事，更不做害人不利己的蠢事。

第三,“之所以畏敬而辟焉”。就是对于自己所畏惧和敬重的人往往会产生偏向和盲目崇拜。

敬畏:就是即敬重又畏惧。偏向:就是不正确的倾向,多指掌握政策过左或过右,不能客观、公正、正确地对待的人和事。这方面比较典型的例子是红军第五次反围剿。

红军第五次反围剿的失败,是在以博古为临时中共中央总负责人的情况下惨败的。由毛泽东和朱德领导的工农红军第一方面军,在中央苏区,一连粉碎了国民党反动派的三次围剿进攻,后来,毛泽东受到王明“左”倾教条主义路线的排挤,离开了中央红军(红一方面军)的领导岗位,但在周恩来和朱德的正确领导下,部分延续了毛泽东的军事思想,又取得了中央红军(第一方面军)的第四次反围剿的伟大胜利。

第四次反围剿胜利后,以博古为首的临时中央,执行共产国际和王明“左”倾教条主义路线,对共产国际派来的军事顾问李德唯命是从,使李德个人凌驾于中共临时中央之上,抵制毛泽东的正确的军事思想,导致了中央红军(红一方面军)第五次反围剿的惨败,丢失了毛泽东、朱德等领导多年用鲜血和生命建立的革命根据地,被迫战略大转移,史称二万五千里长征。

长征,是第二次国内革命战争时期,中国工农红军主力从长江南北根据地向陕北根据地进行的二万五千里的战略大转移。

博古对共产国际的军事顾问的盲目崇拜,不仅给中国革命带来巨大的损失,而且也给他本人带来巨大的伤痛,在以后的革命生涯中,博古深深地为自己的错误所自责。

遵义会议后,党中央批判了博古和李德错误军事路线,建立了以周恩来为首,毛泽东、王稼祥为辅的最高三人军事领导小组,确立了毛泽东在中央红军的实际领导权。中央红军北上,经过艰苦卓绝的二万五千里长征,历经一年,终于来到了陕北革命根据地。

第四,“之其所哀矜而辟焉”。就是对自己所怜悯同情的人往往会产生偏心。

哀矜:由于对别人同情并怜悯所产生的偏心。最为典型并且家喻户晓,妇孺皆知的典故:东郭先生和狼的故事,农夫和蛇的故事。因为大家十分熟悉,就不再述说了。

第五,“之其所傲惰而辟焉”。就是对于自己所傲视怠慢的人往往会产生轻蔑或偏意。

傲惰:对于自己所傲视怠慢的人往往会产生轻蔑或偏意。较好的例子,还是南怀瑾先生所举范蠡两个儿子的例子发人深省。

范蠡,是大家十分熟悉的历史人物,他是越国大夫,辅助越王勾践破吴归国以后,便飘然浮海而去,辗转到齐国以后,隐名埋姓,自称“鸱夷子皮”,在东海边上从事农业生产劳动,他亲自耕种,“苦身戮力,父子治产”。勤苦积累资产,没有多久,就成为了数十万金的大富翁了。齐国的人,知道了他有经营财富的经济才能,便请他出来做国家的财相,也就是说请他出山做齐国的财政部长。范蠡很感慨地说:“居家则致千金,居官则致卿相,此布衣之极也。久受尊名,不祥。”

范蠡坚辞不干,并且“散尽其财,分与知友乡党。而怀其重宝,闲行以去,止于‘陶’,自称‘陶朱公’”。继续和儿子从事农牧业,兼做商业生意,“逐什一之利”。不久,又“资累巨万”。天下称范蠡为“陶朱公”。

他在陶国,又生了个最小的儿子。后来,他的二儿子在楚国,不知道因为什么事情杀了人,被判为死刑打进死牢。范蠡知道了此事,便说:“杀人而死,职也(杀人依法偿命,应该),然吾闻千金之子,不死于市。”遂派小儿子到楚国走一趟,看情形,设法营救。“乃装黄金千镒,置褐器中(破旧灰色的背包),载以一牛车”,就要小儿子出门了。此时,他的大儿子不同意,一定要自己去楚国营救二弟。范蠡坚决不允许。他的大儿子就说:“家有长子曰‘家督’,今弟有罪,大人不遣,乃遣小弟,是吾不孝。”说完便要自杀。

范蠡的夫人便说,你一定要派小儿子去楚国,也未必能保得住老二的命,现在先死个大儿子,怎么办?在夫人和大儿子的双重压力下,范蠡也没有了办法,不得已,只好由大儿子去楚国,并写了一封信,叫大儿子到了楚国,就送给他的老朋友庄生。而且吩咐大儿子,把这一千镒黄金交给庄生,“听其所为,慎无与争事”。大儿子告辞父母出门,又私自带了“数百金”上路。

到了楚国,找到了庄生。庄生住在城郊用茅草盖的房子,看来家里很穷。但他还是遵照父亲的意思,把信和千镒黄金都交给了他。庄生看了信,就说,知道了,并嘱咐范蠡的大儿子说:你赶快回家去,千万不要在楚国等待消息。假如你弟弟出狱,你也不必问其所以然,快走。

范蠡的大儿子听了，只好告辞。但他并没有回家，而是偷偷地找了个地方住下，把自己私下带来的黄金，另走门路去活动，终于找到楚国的政要贵人，要他设法营救二弟出狱。

庄生呢，虽然穷居楚国，但他的廉直之名，全国皆知，“自楚王以下，皆师尊之”。他虽然接受了老朋友范蠡送来的千金，并不想要，之所以先收下，是为了让老朋友放心，他想等救出了老朋友的二儿子以后，再把黄金全数退回，才是对好友的真情。所以他收了黄金后，便对老婆说：“此朱公之金。如有病不宿戒（他这样做啊，等于病急乱投医）。后复归（事后要全数归还），勿动。”但此时范蠡的大儿子不懂庄生的真实用意，认为这个穷老头子“殊无短长也”就是说这个穷老头子能有什么好办法？但有父命在身，他只好遵照父亲的命令，不得已照办而已，心里实在舍不得这千金。

庄生不负朋友范蠡的重托，找了个机会去见楚王，便说：“夜观星象，天象有变，对楚国不利，楚国可能要发生灾难，怎么办呢？”楚王一听便说：“为了祈福消灾，就做一件大好事来消灾祈福吧！”因此，楚王就派人先通知执法的官吏，把有关刑法的重案，暂停执行。

这个消息，被范蠡的大儿子找的那个政要知道了，就对他说：“你弟弟有救了，一定快出狱了。”范蠡的大儿子一听，就问：“你怎么知道？这消息可靠吗？有把握吗？”那个政要便说：“我知道楚王快要发布大赦令了。因为他每次大赦以前，都有这样的举动。”

范蠡的大儿子一听，真可惜他父亲送给庄生的千镒黄金，觉得反正要大赦，弟弟一定能出狱，岂非浪费了千金之资，愈想愈心痛，就去再见庄生。庄生惊曰，“若不去耶？”（你还没有走啊？）范蠡的大儿子说：“不好意思，没有听你的吩咐，因为我实在不放心弟弟的案子。现在听说要大赦了，所以想先来向你辞行。”庄生一听，喔！你送来的黄金，都在那间屋里，你赶快搬走带回去。这位朱大公子也就老实不客气地亲自去把黄金搬出来带走了。

第二天，觉得受了不信任的庄生，马上又去见楚王说：“你要大赦做好事，消灾免难是可以的。不过，外面已经有了谣言，说是陶朱公拿了大批黄金，买通关节，所以你的大赦，是为了要放陶朱公的二儿子。”楚王一听，大怒。马上命令执法官，立刻先把陶朱公的二儿子正法之后，然后再来大赦。此时，范蠡的大儿子，只好去为弟弟收尸回家。

回到家里，他的母亲和家人，都痛哭不止。只有陶朱公反而苦笑着说：我早知道他去了楚国，他的二弟一定要被杀掉了事。这并不是他不爱弟弟，而是因为他“顾有所不能忍者也”。他从小和我在一起，劳苦耕田，辛苦经商，深知生活的艰难，金钱来之不易，所以他爱钱如命。他认为楚国已经要大赦，白白丢了千金，岂不可惜。当初我为什么要小儿子去办，是因为他出生以来，就在富有的家庭环境中长大。坐名车，骑名马，养名狗，挥金如土！“岂知财所以从来，故轻弃之，非所吝啬。不知钱财的来之不易，所以也不珍惜它，前日我只所为要派遣小儿子去营救他二哥，是因为知道他挥金如土，从不珍惜钱财。而长者（老大）不能，故卒以杀其弟。就是说老大爱财如命，所以因为惜财害了他二弟的性命。事之理也，无足悲者。事已如此，再悲哀也没有用了。吾日夜故以望其丧之来也。所以，我日夜担忧着二儿子死亡的消息。”

历史上还记载了陶朱公的经营业绩及财富，他有“三徙（三次迁居别地）三散”的经历。这也就是根据范蠡自己的名言所说：“大名之下，难于久居”的原则。有名与有钱，都是人生的大好事。但是世界上的人，都在拼命追求名利地位的时候，不管你怎么说也是白费的。只有在名利场上打过滚，在权势高处起伏过的人之后，才能比较清醒一点。但是，都是已经到了“尸居于气”的时候，虽然比较清醒了，但太阳立刻就要下山了！像范蠡的一生，除了建功立业以外，自处之道，非常高明，可以说是千古一人，不愧为正统道家的著名人物。

这里引用历史上所记载有关陶朱公范蠡的故事，来说明“傲惰”的心态。说明任何事情都要一分为二的看问题。从范蠡大儿子和父亲经过千辛万苦靠勤劳致富以后的弟子，一般情况下会比较勤俭持家，勤俭持家本应是好的传统和习惯，但容易产生偏向于吝啬的习性；而出生于富贵家庭的子弟的习性，一般情况下，容易养成放浪轻财“傲惰”的习性。范蠡正是比较了解这种习性，起初才不让大儿子去楚国营救二儿子，而让从小出生于富贵家里的小儿子去营救他的二哥，只可惜睿智如范蠡者也有失策的时候，错用了人，害死了自己亲生的二儿子。教训是非常惨痛的，人死不能回生的，因为自己用人的失误而丧子的教训更是无法弥补的。如果再有类似事件，范蠡恐怕再也不会重犯这种严重而惨痛血的教训，但是历史没有如果。

所以，一个人只有成功的经验是不够的，只有成功的经验最多能够算一半，而有既有成功的经验，又有失败的教训，甚至严重失败的教训的，才能够少犯错误。

曾子在《大学》中所提出人之所“亲爱、贱恶、畏敬、哀矜、傲惰”五个重点，是属于人们容易构成心理偏差的大方向，提醒人们要时刻保持头脑清醒，对待任何事物，都要客观公正正确地看问题，切忌犯主观上的错误，小的失误还有弥补改正的机会，大的失误是惨痛的，无可弥补挽回，后果是惨重的。切忌！切忌！

人们读书学习的目的是为了明理，明理的目的是为了修身，修身的目的是为了齐家，齐家的目的是为了治国、平天下。所以：齐家先修身，言行不可不慎；读书在明理，识见不可不高。

荀子说：“公生明，偏生闇。”就是这个道理。可是在现实社会的生活中又有多少人能做到这点呢？所以说，客观、公正、公平是治家的前提，更是治国的前提，没有客观、公正、公平，要想齐家、治国是不可能的。所以温家宝总理说：“公开、公平，比阳光更重要。”客观、公正、公平的齐家治国理念，在修身的基础上，齐家的重要程序，就是：

《大学》曰：“所谓治国必先齐其家者，齐家不可教而能教人者无之。故君子不出家而成教于国。孝者所以事君也，悌者所以事长也，慈者所以使众也。”

《大学》中说：“之所以说治理好国家必须先治理好自己的家庭和家族，是因为不能管理好自己的家人而能够管理好别人的人是没有的。所以，有修养的人不必走出家门就可以达到教育国人的效果，使自己良好的德行著称于世，影响世风变化。在家的言行，完全可以用于治理国事。对父母的孝敬可以用于侍奉君主；对兄长的恭敬可以用于侍奉长官；对子女的慈爱可以用于统治民众。”

朱熹说：“孝、弟、慈，所以修身而教于家者也；然而国之所以事君、事长、使众之道，不外乎此。此所以家齐于上，而教成于下也。”

建立和睦的家庭，构建和谐的社会，孝、弟、慈、是处理家庭关系的基本要素，构建和谐社会的基础。一个人不管你要做大事还是小事，从自我做起，从自身小事做起，从孝、弟、慈做起，起码可以修得了身，齐得了家，也许还能治得了一个单位，甚至国家天下。

三十、男婚女嫁，人之大伦，家的开端

男婚女嫁人之大伦，是家的开端。家，是爱的组合，爱的核心，爱的出发点，爱的聚集地，爱的休闲地，爱的幸福港湾。人类学习爱是从家里开始，在家里学会了接受父母家人的爱，又逐步学会了爱自己、爱父母，爱父母兄弟姐妹。所以说，家也是人类学习爱和爱别人的地方，也是享受天伦之乐的地方。人类因为爱结为夫妇，组成了新家，所以男婚女嫁是家的开端，生儿育女，使爱得到延续，以至于无穷。

孟子曰："人少，则慕父母。知好色，则慕少艾。有妻子，则慕妻子。"

孟子说："人在幼年时，则知道怀恋自己的父母；等到逐步长大以后，情窦初开，青春涌动，被异性所吸引，懂得了喜欢女孩子，便渴望得到年轻漂亮的姑娘；得到了年轻漂亮的姑娘以后，就有了妻子，便开始迷恋起年轻漂亮的妻子。"

这是人生的三段必不可少的爱慕之情，也是人的本性使然。一个人儿时没有不依恋父母怀抱的。母亲的怀抱是温暖香甜安全温馨的，母亲的眼睛是慈祥关爱迷人可信的，在母亲的怀抱里，人生享受到最初的爱，并由此学会到爱，所以说，母亲的怀抱是爱的源泉。父亲的怀抱是坚强有力自信的，父亲的怀抱和双臂孕育出你的力量，父亲的肩膀使你登高远望，在父亲的怀抱中体会到男人的力度，所以说，父亲的怀抱是力量的源泉，父亲的肩膀，是人生第一个帮你登高远望的天梯。年幼时爱慕自己的父母，依恋自己的父母，是天经地义的，是人性和所有动物共同的本性和本能。在幼儿的眼里，父母是天下最美丽，最可靠，最坚强，最安全，最伟大，最神圣，最无所不能的高大神圣的形象。这是一个人幼儿成长时的本能本性的表现，是需要父母呵护、保护、关爱、抚育的阶段，这个阶段，体现的是爱人，爱己阶段，及到少年时期，随着生理的变化和生理需求的增加，懵懵懂懂地由敬爱自己的父母到对异性的吸引和爱慕，由人性的爱人，爱己，发展到爱人，爱别人。

这就是人生发展的第二个阶段，一个人顺应人类本能本性的需求，及欲望的增加，开始爱的外延和扩展，由爱父母转移到爱慕异性和追求异性的本能阶段。青春期体内荷尔蒙的不断增加和过剩，开始了躁动的磁铁效应的阶段，形成强烈的青春喷发期，对喜欢和爱慕的异性，开始了大胆的幻想和追求，梦想自己的白雪公主和白马王子。这个时期基本上是本性驱动感情，情感取代理智，甚至是神魂颠倒，魂不守舍，有一日不见如隔三秋兮的幻觉。青春期所谓的，在天愿作比翼鸟，在地愿做连理枝，海枯石烂心不变，发誓非她不娶，非他不嫁，情人眼里出西施，情人眼里出王子。这时朋友的劝告，父母的忠言，难以听进，并出现对父母的叛逆，从此由对父母的依恋和爱慕转移到对异性上来，本能地由爱人，爱己，转移到爱别人的阶段。

经过一个阶段的爱慕和爱人之后，在爱中逐步年长成熟，开始由幻想激情的阶段，进化到现实的男婚女嫁的阶段，想要把自己所爱慕的人娶回家中，或想要把自己的白马王子占为己有，这种占有欲的爱人，正是爱别人的开始，也就是男娶女嫁的开始。娶妻而成家，成家而生子，生子而立业，立业而安身，安身而立命，立命而传宗接代，传宗接代而光宗耀祖，光宗耀祖是人伦之大孝，这是爱大家的开始。

成家之后，面对新婚燕尔年轻美貌的娇妻，开始了游离父母的阶段，把对父母的爱慕和依恋，逐步转移到妻子和丈夫身上，这个阶段，就是民间所说的“小喜鹊，尾巴长，娶了媳妇忘了娘”的阶段。这也是一个新的小家产生的开端，又是另一对男女爱的稳固和成熟。父母和子女经过一个阶段的磨合和相互适应之后，逐步承认了一个新的小家庭的诞生。这种以被异性吸引和追求异性开始，以成家为终始，以符合人的本性本能和爱的转移，是人之常情和人之常性。主观上的爱，以爱开始，导致了客观上的生儿育女，传宗接代，延续香火，甚至是日后有可能的光宗耀祖。父母亲的结合，是传统家庭的核心，是家庭稳固的基石，是家庭本能的凝聚力和向心力。

一个新的家庭建立了，而建立和睦的家庭是齐家的根本，是构建和谐社会的基础。从亲出发，以爱为本，以慈、悌、孝为处理家庭的基本要素，最后达到以和为目的的齐家。

一个家的开端是以夫妇的结合为开端。人类从类人猿逐步演变为人，历经了数百万年，人类还保存着动物的主要特征和特性，就是延续生命和后代，这是人的本能和本性使然。所以追求异性和求偶好色不学而能，不学自会，无师自通。故孔子曰，“吾未见好德如好色者也”，就是这个道理。

因此，男女关系从群居，到母系氏族，再到男系社会，从一夫多妻制，再到一夫一妻制，再到一夫一妻个别出轨，家庭的逐步演变形成到了今天的状况，但无论如何演变，一个家庭的最基础、最重要的关系还是夫妇关系或曰男女关系。所以：

孟子曰：“男女居室，人之大伦也。”（《孟子・万章上》）

孟子说：“男女成室，原是做人的最大道理。”

就是说，男婚女嫁，结婚成家，生儿育女，延续后代，是做人的最大道理，是维护人伦的最重要的基础，否者，人类将无法延续，人类将断子绝孙。故：

曾子曰：“君子之道，造端乎夫妇。及其至也，察乎天地。”（《中庸》）

曾子说：“君子之道，开始于夫妇之间的相爱，由此达到了最高境界，就和天地互相交接了。”

道，既然是人类共生、共存、共发展的大道，那么夫妻就必须遵循大道，在一生一世的共生共存中，同甘共苦，风雨同舟，荣辱与共，相濡以沫，相互包容，相互谅解，相互扶持，担负起维持和延续生命的重责。故曰：“造端乎夫妇。”

由夫妇关系的建立，到人之大伦的确立，家庭基础的稳固，奠基了人类生命的延续，夫妻之间的情爱、性爱结下爱的硕果——子女。故曰：“及其至也，察乎天地。”达到了最高境界，融化于天地，顺从于天道。然而，男婚女嫁，中国古代也是有标准的，一般情况下是讲究门当户对的。

婚配：门当户对为佳，郎才女貌为好

中国古代所讲究的门当户对？

门户的大小，古代具有严格的标准和制度。门户的大小，是有其封地或者地位决定的，天子、王、公、侯、伯、子、男，以及各种官职和家族地位的不同，所修建的房屋高度有严格的规定，门户的高低大小，也是其中最重要标志之一。一个家庭的大门的高度和宽度，门前用石头做的户的大小，都有具体规定。门、户越宽越高越大，门槛也越高越厚越大，这个家庭的地位就越高官越大。所以说不进家门，便知道这家的身份地位，品位高低。民间常有你们家的门槛高，我们进不去之说。

这里的门当户对，是指男女双方家庭和家族的社会地位，经济状况相等和相当，或基本相当。只有门户相当或门当户对，男女结合才比较合适。从门当户对的婚姻选择观，后来又发展到“男聘低户，女嫁高门”的婚姻选择观，这种婚姻的选择观，我认为主要是维持男子在家庭中的主导地位。

门当户对的婚姻选择观，在一段时期内受到批判，但直到现在，门当户对或门户相当还是男女选择配偶的参考标准。因为只有男女双方的家庭的社会地位，经济状况基本相当，夫妇两人的学历学识相当，才便于尽快适应对方和便于融入对方的家族、家庭。要知道，男女恋爱只是两个人之间的事情，一旦谈论男婚女嫁，就是两个家庭之间的事情。一个男子假如想在家庭中保持主导的地位，在选择对象的时候还是参考“男聘低户，女嫁高门”的婚姻选择观。

中国古代的婚姻大都是是“父母之命，媒妁之言”的包办婚姻，男女双方选择的余地很小，而在当今社会的婚姻选择，基本上是男女双方个人的选择，很少能让父母左右，所以当事人在选择婚姻时要自己把好关，拿好主意，尽可能选择准确，不至于婚后找后账，闹离婚。假如自己没有明确地判断，拿不准主意，最好还是多听一下父母及家人的意见为好，因为父母都是爱子女的，他们的年龄、阅历及人生经验，是你所没有的，有时真的是不听老人言就吃亏在眼前，后悔莫及。

择偶：择妻，要以德、貌、才为序；择夫，要以德、才、貌为序

如何选择配偶和成家？

中国古代男婚女嫁，通常是父母之命媒妁之言，追求门当户对，郎才女貌的包办婚姻，缺乏感情基础。当今青年在选择配偶时，主要是情投意合，自由恋爱，性格互补，学历能力相当，看上去顺眼，感觉舒服，社会地位及经济状况匹配。

但有一些女子在挑选丈夫时，明确要求有住房、汽车、收入、地位、户口、学历、职业、身高、家庭、爱好等等，过于追求物质的东西，较少考虑感情的融洽，过于关注已有的现实，较少考虑未来的潜力，过于贪图当下的享受和不劳而获，较少考虑夫妻共同创业和艰苦奋斗。更有甚者，公开叫喊“宁可在宝马后座上哭，不愿在自行车后座上笑”。“宁可做有钱人妾，不愿为穷人为妻”。完全的投机主义，拜金主义，享受主义，不劳而获思想。这种短视行为，一旦红颜丧尽之后的结局是什么？可想而知！

古人云：帝王将相宁有种乎？一个人的人品、实力、潜力才是最重要的。古今中外，多少英雄豪杰帝王将相，不都出身于草莽吗？多少英才俊杰国家栋梁，不都出身于草根吗？英雄不问出处！所以，选择配偶时，要以感情为基础，以人品为主体，以实力潜力为要素，不要过于追去当下的物质基础和经济利益。

房子是普通人的重要家产，是爱情温馨的鸟巢，更是家人避风的港湾。但买房要量力而为，希望有外援，不依赖外援，要有由小到大，有差到好，逐步到位。不要把老人一生艰辛所得微薄的退休金，拿来买房。“啃老族、房奴、车奴、卡奴”不可取！让父母当“孩儿奴、孙奴”可耻！

选择配偶男女要有所区别，除以情感为基础之外，还要考虑门当户对以及郎才女貌的因素。在选择配偶时，谁都想挑选自己心目中的白马王子和白雪公主，谁都想要求对方德、才、貌皆备。然而，在现实的社会中，这种概率是很低很低的，别说是普通民众，就是古代的皇帝老子，也很难选到德、才、貌俱佳的后、妃，更何况芸芸众生。古人云：天下事利害总相伴，你选择任何所俱有的长处，都会付出其他代价。一个人假如选择的妻子德行很好，非常贤惠的淑女，那你就不要再要求她才、貌双全了；一个人要选择才貌双全的对象，那你就不要再挑剔她是否很贤惠了。你要求人家有什么？你得知道自己具备什么？要知道一个德、才、貌俱佳的美女、才女、淑女的眼光是非常非常挑剔的，凡夫俗子也只有想想罢了。

在选择配偶时，对于德的选择，古今中外，都是一个非常重要的标准。

女人选择丈夫，是选择未来，选择一个家的顶梁柱，自己的终身依靠所托，如果没有良好的德行，仅有才貌是不够的。才大于德为小人，小人大多有小才，没有才干的人，干不成好事也干不了多大坏事。一些人虽然一时取得了些成就，看上去很风光，但风光能否持久是很难说的。就是能够持久，到妻子人老色衰之后，把不准又另寻新欢，就是妻子青春永驻，人的欲望是贪婪的，出轨包二奶，养情人，古今中外概不例外，因为喜新厌旧是人性使然。

最为著名的例子，莫过于陈世美考中状元之后，被皇帝招为东床驸马，他为了自己的荣华富贵，干出杀妻灭子的勾当，弄得个家破人亡，妻离子散，身败名裂,“不见新人笑,但见旧人哭”的悲惨下场。

女人选择丈夫时,必须考虑他是否有才,因为男人是一个家庭的靠山,顶梁柱,主心骨,主导者,如果男人没有才干,一家老小靠谁来养活,靠谁来打拼,子女靠谁来引领。所以,女子在选择丈夫时,要以德、才、貌的顺序为佳。男人有德,才能不走邪路;有才,才能能够干事业,挣钱养家糊口;有貌,才能生出优秀漂亮的子女。看一个人要看他的综合素质,看他是否有潜力,像买股票,最好买个潜力股,不要只看他现在有什么,更要看重他以后会有什么!

最为著名的例子,莫过于相府千金王宝钏抛绣球选婿的故事。王宝钏看中了大街讨饭的薛平贵日后必出人头地,便把绣球抛向了被人称为叫花子的薛平贵,被身为当朝宰相的父亲坚决反对,王宝钏为了自己的选择,搬出相府,居住寒窑十八年受苦等待。日后薛平贵不负王宝钏的期望,沙场立功平蕃,功成名就之后称帝,封王宝钏为皇后,证明了王宝钏十八年前的选择是正确的。

女子选择一个德才兼备的丈夫,不仅能使自己过上好日子,还能营造一个好家庭,给子女儿孙树立一个好榜样,榜样的力量是无穷的,榜样能够引领子女儿孙走正路,走好路。

男子在选择妻子时,要以德、貌、才的顺序为佳。常言:“妻贤夫祸少。”妻子,一个善良贤惠的妻子,是一个家庭稳定的最重要基石,是一个家庭和睦的最重要保证。一个善良贤惠的妻子,不仅可以相夫教子,孝敬公婆,团结兄弟姐妹妯娌家人,还能规劝匡正丈夫少犯错误和少走弯路,教育子女成才。

一个成功的男人背后必定有一个贤惠的女人,不是母亲就是妻子。反之,一个失败的男人背后往往有一个或若干个女人,不是母亲的溺爱放纵,就是妻子无德或情人的贪婪。所以,男人在选择妻子时,要以德为主,貌、才次之。德、貌、才俱佳的女子,是可遇而不可求的,偶尔得之,可能是祖上积了阴德或命好运气好。

“郎才女貌”是有道理的。漂亮的妻子往往可以生出漂亮的子女,子女假如有父亲的才华和母亲漂亮的基因,日后的子女不会差到什么地方去。但容貌要让位于德,妻子善良贤惠美好的德行是非常重要的。

最著名的莫过于孟母教子的故事,孟子从小顽皮不好好学习,“昔孟母,择邻处,断机杼”的坚韧,终把孟子培养成为一代大儒,名垂千古,被尊为亚圣。反面的例子,如汉代开国皇后吕后,才干了得,刘邦死后篡政,差一点没有断送了大汉天下。著名的武周皇帝武则天，比吕后更甚，直接改号为周并称帝，中断了大唐王朝几十年，也差点断送了大唐王朝基业。

我不是宣扬“女子无才便是德”，而是说男子选择妻子时，德比才更重要。当然，我国历史上并不是没有德、才、貌俱佳的女子，南宋著名女词人李清照，就是一个不可多得多的德才貌俱佳的奇女子，千古咏叹。只可惜命运不济，红颜薄命，到最后只落得个“凄凄惨惨戚戚”的下场。年轻美丽漂亮的女子，是每一个正常男人都十分喜欢的，然而，“自古红颜多薄命”，我们古代的四大美女，西施、貂蝉、王昭君、杨玉环，哪一个不是下场悲惨，令人扼腕叹息不已！

选择配偶确实是很难的，现在不是有流行美女选择丈夫的感叹：“有才华的长得丑，长得帅的挣钱少，挣钱多的不顾家，顾家的没出息，有出息的不浪漫，会浪漫的靠不住，靠得住的太窝囊！”这生动形象的概括，流露出一些年轻女子在选择配偶时的迷茫，不知道自己就究竟要什么？正因为很多女孩子的迷茫和求全，导致好多才貌俱佳的优秀女子成为所谓的“剩女”，被调侃为“圣女，圣斗士，圣战斗佛，齐天大圣”等等。

其实，不管男女，在选择配偶时，没必要求全选择，因为世上本无完人，只要彼此心心相印，感情好，人品好，有一定的能力，相貌长得还过得去就可以了，不要要求对方房子、车子、票子、位子、样子，样样俱全，样样俱全的人是非常挑剔的。

夫妻要风雨同舟，荣辱与共，相濡以沫。兄妹开荒型的婚姻比较牢固，如唐太宗与长孙皇后；明太祖朱元璋与大脚马皇后等。如果是摘桃派的夫妻，如“杨家有女初长成，养在深闺人未识。天生丽质难自弃，一朝选在君王侧。回眸一笑百媚生，六宫粉黛无颜色。……后宫佳丽三千人，三千宠爱在一身”的倾国倾城的杨玉环——杨贵妃，最后不也是落得个“马嵬坡下泥土中，不见玉颜空死处”的悲惨下场。

以年轻、漂亮、艳丽、狐媚为资本的女子，一心想着攀龙附凤，嫁入豪门，过上不劳而获，巧取豪夺，出人头地的生活。最终人老色衰之后，难免落得个被抛弃的下场。所以，以此为资本的女子要慎之又慎，切不可以投机取巧之心，贻害自己终生的幸福。以色示人，不劳而获的女子，很难在日后的漫长日子里，在纷乱复杂的诱惑中，能够“执子之手，不弃不离”，相濡以沫，白头到老，共度一生。

古人云：“婚而论财，究也夫妇之道丧；葬而求福，究也父子恩绝。”

古人说：“婚姻之事论钱财，毕竟丧失了夫妇之道；丧葬讲求祈福，毕竟断了父子的恩情。”

当今社会，拜金主义盛行，浮躁风气泛滥，女嫁高门，过于追求物质享受，忽视道德修养。只想摘桃，不想种树，只想有福同享，不想有难同当，只想坐享其成，不想荣辱与共，这种过于物质的追求，不知道一旦缺乏了物质的基础，婚姻还能维持多久？有没风雨同舟的婚姻，如同沙滩上的楼房别墅，风浪骤起，立即倒塌！我不批评物质的婚姻，当今社会，没有钱是万万不能的，没有物质基础的婚姻，婚姻质量很难保证，但追求物质，要建立在夫妻同心协力，艰苦奋斗上，不能建立在不劳而获，巧取豪夺上。

古人云：“嫁女择佳婿，无索重聘；娶妻求淑女，勿计厚奁。”

古人说：“嫁女儿要选择一个品德端正，有进取心的女婿，不可以向男方要求太多的聘金；为儿子娶妻的时候，要选择一个贤淑达礼，品德端庄的女子，不要计较对方是否有丰厚的嫁妆。”

古人嫁女，强调男方品德端正，有进取心、上进心，不可以要太多的聘礼；娶妻强调贤淑达理，品德端庄，不要计较女方的嫁妆是否丰厚。在女人能顶半边天，也是半边天的时代，女人有工作，有收入来源，有医疗和养老保障，更不要计较这些。只要夫妻同心协力，艰苦奋斗，风雨同舟，荣辱与共，不会过不上好日子的。

夫妻过日子，开门七件事，柴米油盐酱醋茶，就是七个音符，七个音符能弹好，就是锅碗瓢盆交响曲，弹不好，就是杂七杂八的噪音。过日子要踏踏实实，量力而为，不慕虚名，追求虚名，是不自信的表现。生活享受上要和不如自己的人比，才能知足常乐；学业事业上要和比自己强的人比，才能奋起直追。成功者大都检讨自己，不怨天尤人；失败者大都怨天尤人，不检讨自己。

一个姑娘，能够嫁个好丈夫，家产万贯，有才、有貌、有房、有车、有钱、有地位、有背景、有社会关系当然好，但这些是凡人可遇不可求的，哪一个女子有这等福分呢？

在大城市，有一套房子，不但在中国不是轻易而举可以实现，在西方国家，刚参加工作的小伙子，也是难以实现的。青年，正是创业的好时期，要有理想，有信心，有抱负，要有“英雄不问出处”，“帝王将相宁有种乎”的雄心壮志，夫妻同心协力，艰苦奋斗，创造财富，实现自己的理想。

住房，是亿万个家庭的梦想，更是传统中国人的需要，衣食住行是最大的民生。当今中国的城市人，已衣食无忧，部分人所忧的是住行，而住房，又成了民生中的最大民生。一些小青年结婚急需住房，中低收入者需要改善住房，解决不好，会直接影响市民的幸福指数，影响社会和谐及社会稳定，已经引起最高层的关注，正在用廉租房、经济适用房等方式解决。有条件的青年，不妨先申请廉租房或经济适用房，等有条件以后，再买大房子也不迟。

人们在追求高学历、高收入、金钱、地位、名誉的同时，是否就是幸福？有了金钱、地位、名誉，也就是位子、房子、票子、车子、儿子，五子俱全，是否就等于幸福？未必！“五子”俱全，只能说获得部分的幸福，并不是幸福的全部。所谓“成功”，是追求个人价值的实现，所谓“幸福”则是个体生命的美好感受，或者说“幸福”是个人情感满足的体验。

古代皇帝的位子不能说不高，难道皇帝的幸福指数就一定是全国最高吗？世界首富比尔·盖茨，难道他的幸福指数是全世界最高的吗？开宝马、坐奔驰人的幸福指数就一定比骑自行车的人幸福指数高吗？

幸福是一个人情感的满足的体验！与金钱、地位、知名度无关！

追求幸福，要量力而行，适可而止，不要人心不足蛇吞象，贪婪是陷阱。常言说：知足是福！舍得也是福！我常说：一个人要有点阿Q精神，要学会安慰自己，要放大自己的幸福指数，否者，是会影响自身的健康的。

一个人要想增加自己的幸福指数，除了艰苦奋斗，自力更生换来的物质财富，精神财富以外，就是要减欲，欲望少了，知足常乐，自然幸福指数就高了。

一个人要想痛苦，你就增欲，欲望多了，自然你就痛苦多了；一个人要想幸福，你就减欲，欲望少了，自然你就幸福多了！

生活在于经历而不在于平米；富裕在于感悟而不在于别墅。有科学家说：一个小家庭的住房，五十平米，就能满足主人的百分之九十需求，而再大的面积，只能满足其百分之十的感觉。著名画家吴冠中，自己的画价值连城，而他一生却住在几十平米的房子里，他的画室只有四平方米。马克思在大英博物馆读书写作了四十年，而且每天十几个小时，不知道他还有没有精力想大房子的事？

三十一、勤俭，持家之本

《礼记·昏义》曰："婚礼者，礼之本也。"关于婚礼，我也有不同的认识，2009年8月，在法国巴黎大学读博士的大儿子和未婚妻要回国结婚，我认为两个人相识多年了，结婚请至亲好友吃顿饭就行了，没必要再操办，但大儿子不大同意，说结婚是一辈子的事情，不大办但也要有个仪式，我勉强同意了，但到真正举办婚礼的时候，我被婚礼的仪式给感化了，婚礼很简单，但气氛十分感人，儿子把几十年父母对他的培养关爱教育的不易，借用婚礼这庄严隆重喜庆的形式表达了出来，父子亲友都感动的几次落泪，忆往昔艰苦的岁月和培养儿子的不易，我讲话时几次哽咽停顿，泣不成声，婚礼给了我深刻神圣的教育，使我对于婚礼有了深刻的认识。所以，我给我小儿子说：等你结婚时，我会帮你筹划的。简朴适当的婚礼形式是需要的，但不要铺张奢侈，慕虚名，讲排场。

结婚成家以后，要生儿育女，生儿容易教子难。教育孩子是人生最重要、最耐心、最持久、最费神的事情。古人说"立德、立功、立言"是人生最伟大的事情。而作为普通人，要想"立德、立功、立言"谈何容易？那么，我们能否把孩子培养成才呢？我想，只要父母有足够的耐心，去教育孩子、引导孩子、培养孩子，不是没有希望的。培养好一个子女，能够为国家和民族作出贡献，不亚于你自己"立德、立功、立言"。

所以，教育孩子要从小抓起，从小事抓起。在日常的生活中，不管你如何富有，但教育子孙，应让他们知道："一粥一饭，当思来之不易；半丝半缕，横念物力维艰。"

要让子孙们懂得："当我们每喝一口粥，每吃一粒饭，都应该想到我们所吃的每一粒米、一粒粮，都是农民朋友"锄禾日当午，汗滴禾下土，谁知盘中餐，粒粒皆辛苦"的艰辛换来的，让子孙懂得粮食来之不易。在我们穿衣服的时候，身上的一针一线，半丝半缕，都是农民和工人用辛勤的汗水、心血换来的。我们要常思念物质生产过程的艰难,农民从种桑树或种棉花,养蚕、摘棉花,纺线、抽丝、织布、做衣服,经过千辛万苦的努力,才有了身上的衣服。我们要格外珍惜劳动人民的成果,感谢劳动人民的辛勤汗水,尊重父母挣钱换来食物的不易。”

据说四川军阀杨森,是朱德在旧军队时的上级,他妻妾成群,但教育子女和妻妾却很严格,每次吃饭时,众多子女不准剩饭,掉在桌子上的每一粒米,杨森不仅要求子女捡起来,而且自己以身作则,给子女做出了很好的榜样,后来子女大都成才。

封建时代,富贵人家的男子,一般都是妻妾成群,大小老婆好几个,另外还有丫鬟、侍女、使女,但古人有见识的人并不认为这是福气。

古人云:“婢美妾娇,非闺房之福。”

古人说:“女佣、丫鬟长得美貌,妻子生得娇艳,这并不是闺房中的幸福。”

一个有作为的男子,不能被娇妻美妾所包围,更不能迷恋于女色,女色不但对上进无利,而且对修身养性更不利。多少贪官赃官犯事,不是栽在情人身上;多少皇帝老子短命,不是坏在迷恋女色身上。要引以为戒。正如有人问陈云同志的养生之道?陈云回答说:“吃饭少三口,找个老婆丑,饭后百步走。”就是这个道理。

古人云:“童仆勿用俊美,妻妾切忌艳妆。”

古人说:“雇佣男仆,不要求其容貌俊美,妻子要避免浓妆艳抹。”

古代的富贵人家,雇佣男仆,一般都不雇佣美男子,要求妻子也不要浓妆艳抹。《水浒传》中的大财主卢俊义的男仆与女主人通奸害夫,就是一个很好的例证。当然,现在人人平等,没有什么男仆,但假如你是老板、领导,挑选司机时,最好不挑选年轻英俊的;雇佣女保姆时,假如男主人年龄不算太老,最好也别雇佣年轻貌美的,以防瓜田李下的嫌疑,一不谨慎,弄出些是非来和家丑来,后悔莫及。要求妻子,不要浓妆艳抹,淡妆最好,本色最美。

一个女子的魅力,不在于艳丽,而在于素质,在于内在的魅力,在于善良贤惠,在于气质能力,在于为人处世,在于助人为乐,在于相夫教子,在于孝顺公婆,在于和谐家庭。

为人妻者,相夫教子最要,善良贤惠最美,孝顺公婆最善。

家和万事兴;和谐,兴家之本

夫妇既然为人伦之造端,人类延续的开始,其重要不言而喻。慎始善终,执子之手,不弃不离,白头偕老,一生好合,才能享受家庭的温馨,体验家庭的幸福。所以:

子思曰:"君子之道,辟如行远,必自迩;辟如登高,必自卑。"

子思说:"君子实行中庸之道,就像长途跋涉一样,一定要从近处起步;就像登山一样,一定要从低处登起。"

这里,子思所说的近处,莫过于家庭内部的些许小事,就是说在家庭内部也要施行中庸之道。大事是由无数个小事组成的,小事做不好,大事很难说能够做好,家中的事情做不好,外边的事情很难说能够做好,老婆、孩子、父子、兄弟、姐妹、妯娌之间的小事处理不好,很难处理好外边的事情,和家里的亲人搞不好团结,很难和外边的人团结好,家里的事情摆不平,很难摆平外边的事情,小事不愿做,很难做好大事,起步不从脚下开始,很难长途跋涉,登山不从最低处登起,很难攀登到高山的顶峰。这和"千里之行始于足下"是同理。所以说,不要轻看家庭内部的小事,做不好小事的人,很难做好大事。家和万事兴,和谐,是兴家之本。家兴的基础是家和,家和,就是家庭和谐,和谐,就是要从处理好小事做起。而家和,又从夫唱妇和开始。

《诗》曰:"妻子好合,如鼓瑟琴,兄弟既翕,和乐且耽。宜尔室家,乐尔妻孥。"

《诗经》上说:"夫妻情投意合,夫唱妇和,父母和儿女们欢天喜地快乐的生活,就如同弹奏琴瑟一样委婉悠扬舒畅;兄弟感情融洽,和睦亲热,其乐融融。你的家庭就会非常幸福,和谐美满,你的大家庭,就会快乐吉庆祥和安康。"所以:

子曰:"父母其顺矣乎!"

孔子说:"看到自己的家人这样幸福快乐和顺,做父母的心情当然会非常舒畅了。"

家和,是从夫妻情投意合开始,父母是子女的榜样,只有夫唱妇和,如鼓琴瑟,和谐舒畅,子女才能欢天喜地,无忧无虑的生活。所以:

《诗经》曰:"妻子好合,如鼓琴瑟。""夫妻反目,不能正室也。"

《诗经》上说:"夫妻情深意浓,相敬如宾,就像弹奏琴瑟一样和谐优美动听。”如果“夫妻反目成仇，勾心斗角，终日怒目而视，家庭就无法搞好。”所以：

《关尹子·三极》中说：“天下之理，夫者倡，妇者遂。”

《关尹子·三极》中说：“天下的常理，是丈夫处于主导地位，丈夫倡导，妻子附和，丈夫领唱，妻子随唱。”比喻夫妻和睦，同心协力，夫唱妇随。

家庭要有明确的分工，根据夫妻的特点，男主外，女主内，或女主外，男主内。家庭没有主次，没有分工，没有职责，是搞不好团结的。而家庭的和睦，莫过于有个贤惠善良的妻子。

《增广贤文》曰：“贤妇令夫贵，恶妇令夫败。”

《增广贤文》中说：“善良贤惠的妻子，能辅佐丈夫事业成功；搅家不贤的妻子，会导致丈夫事业失败。”

一个贤惠善良的妻子，能辅佐丈夫事业成功；一个搅家不贤的妻子，会毁掉丈夫的事业。古今中外多少贪官的落马，背后就有不少女人的作用。因为妻子的贪婪，整天在丈夫耳边吹风，嫌丈夫钱少官小，致使丈夫铤而走险，贪污受贿，身陷囹圄，最后弄得个家破人亡，妻离子散。所以，选择妻子，德行贤惠最为重要。

婚姻：婚，古代黄昏时分举行婚礼；姻，因婚姻结成的亲戚，叫姻亲

婚礼的来由：古今中外，举行婚礼的时间不尽相同，我国现在举行婚礼，一般在中午时分，而我国古代，举行婚礼，则在傍晚黄昏时分。所以：

《白虎通·嫁娶》曰：“婚姻者，何谓也？昏时行礼，故谓之婚也。”

《白虎通·嫁娶》中说：“古时候男女结为夫妻，在黄昏时分举行婚礼，故古籍中‘昏’、‘婚’通用，并称男婚女嫁为‘婚’。而对于妻子的父亲来说，则因而成亲，又叫姻亲。为什么称为‘婚姻’？是因为在黄昏时举行婚礼，所以叫婚礼。”对于女子出嫁，《诗经》上有很好的描写：

《诗经·周南·桃夭》曰：“桃之夭夭，灼灼其华。之子于归，宜其家室。桃之夭夭，有蕡其实。之子于归，宜其家室。桃之夭夭，其叶蓁蓁。之子于归，宜其家人。”

《诗经·周南·桃夭》中说：“蓬勃桃树绿葱葱，鲜花盛开红彤彤。这位姑娘要出嫁，与她情郎两钟情。蓬勃桃树绿油油，果实把大挂枝头。这位姑娘要出嫁，与她新郎配鸾俦。蓬勃桃树绿沉沉，浓叶茂美汇成阴。这位姑娘要出嫁,与她夫家共欢欣。"

这一首可能是最早祝贺和描写女子出嫁的诗。全诗把妙龄少女,比喻成春季桃花盛开的时候,其蓬勃昌盛,绿树葱葱,像红彤彤的桃花盛开,香气逼人,艳丽袭人,这样青春美丽妙龄的窈窕淑女,正是出嫁的美好时光。这位美女要嫁给两相钟情,魂牵梦绕的白马王子,要和她的意中人结婚生子,要和她的情郎鸾凤齐鸣,要和她的夫君生儿育女,要和她的夫君从此过上美满幸福、子孙满堂,其乐融融欢欣快乐的生活。这是多么美好的期待和向往,少女的心扉期待着和伉俪和谐,幸福美满,甜蜜无比的生活。然而,少女对于婚姻的期待与现实还是有一定的距离的,我国古代数千年封建社会的男尊女卑,提倡的如:

《诗经·郑风·丰序》曰:"婚姻之道缺,阳倡而阴不和,男行而女不随。"

《诗经·郑风·丰序》中说:"婚姻之道,要嫁娶之礼不可缺失,不能夫唱而妇不和,男行而女不随,夫妻不能同心协力,同舟共济,相濡以沫,就会导致婚姻之道的缺失。"这里强调的是,夫唱妇随,夫唱妇和的男权。但在《荀子·富国》论中:

《荀子·富国》曰:"男女之合,夫妇之分,婚姻娉内,送逆无礼。如是,则人有失合之忧,而有争色之祸矣。"

《荀子·富国》中说:"男婚女嫁,结为夫妻,仍要注意礼仪节度。若为了贪色纵欲,失却了迎来送往的礼节,那么,忧患与祸患就会接踵而来了。"

这里提醒结为夫妇之后,仍要注意礼仪礼节,不可因为妻子年轻貌美而贪欲纵色,不能因为新婚燕尔而忘却了礼节礼仪,否则,贪色失礼,就会带来祸患和灾难。所以:

古人云:"正家之道,始于夫妇。上承祭祀,下养父母。惟夫义而妇顺,乃起家而裕厚。《诗》有仳离之戒,《易》有反目之悔。"

古人说:"治家的正确规律和方法,开始在于夫妇的同心协力,同舟共济。这样上可继承传统的祭祀礼仪,下可孝敬父母双亲。只有丈夫温和仁义,妻子温柔贤淑顺从,家道才能蒸蒸日上,越来越红火。否者,有《诗经》中,有被丈夫休妻的劝诫;有《易经》中,夫妻反目成仇懊悔的例子。"家和,是夫妇双方的事情,所以,齐家之道,始于夫妇。

关于家和万事兴,北齐颜之推在《颜氏家训·兄弟第三》中说得好:

有了人类才有夫妇，有了夫妇才有父子，有了父子才有兄弟：家庭的亲情，就是夫妇、父子、兄弟，这三种关系。由这三种亲情的类推，才产生了各种亲戚，所以对于人伦亲情，这三种最重要，是根本，不可不加以重视。

兄弟，是一母所生，形体虽异，而气息相通。在他们年幼的时候，父母左手牵一个，右手牵一个；这个扯着父母的前襟，那个就抓住父母的后摆；吃饭则同一张桌子，衣服是哥哥穿过后再给弟弟穿，学习是弟弟用哥哥的课本；游玩在一处。即使兄弟中有荒谬胡来的，但一奶同胞也会互相爱护，互相帮助。

等兄弟长大成人，各自娶妻，有了自己的孩子后，即使兄弟间那忠诚厚道之人，其间的感情却也不能不渐渐减弱。妯娌与兄弟比，关系就疏远淡薄得多了。让关系疏远淡薄的妯娌，来决定关系亲密纯厚的兄弟，就好比方形的底座配上圆形的盖子一样，肯定是不合拢的。只有那些感情特别深厚，不会被妻子离间而改变关系的兄弟，才可避免这种情况。

父母去世后，剩下兄弟们直接面对，兄弟不时想起父母亲生前的音容笑貌，殷切期望，希望兄弟间像父母活着的时候一样，相互友爱、彼此关照。除了弟兄间的骨肉亲情，人世间还有谁会如此相互友爱、彼此关照呢？这是因为兄弟的血管里共同流淌着父母血液的缘故？兄弟之间的关系与别人是不一样的，相互期望值过高，就容易产生不满情绪并互相埋怨，长期同居一处就容易产生矛盾和隔阂。就像一所房子，有了洞就立刻堵上，有了缝隙就马上填补，就不会有房屋倒塌的忧虑；如果对麻雀、老鼠所咬的小洞不放在心上，对风雨的侵蚀不加提防，久而久之，就会墙壁倒塌，楹柱摧折，无从挽回了。如果把仆妾比起麻雀、老鼠，把妻子比起风雨来，其危害性还要更严重！

兄弟相处不相和睦，子侄就不会互相爱护；子侄不互相爱护，家族中其他血缘远的子弟就会关系疏远淡薄；族中子弟关系疏远淡薄，童仆之间就会各有所从，各有其主，互为仇敌。一个家庭如果这样，过往路人也可以随意欺辱，还有谁能够救助他们呢？

有的人可以结交天下之士，并且相处得都很快乐，但对自己的哥哥却不恭敬，为什么能对外人友爱却不能对亲人友爱呢？有人能统领关爱千军万马，并能使部属以死效力，而对亲弟弟却缺乏恩爱，为什么能够施恩于外人，却不能施恩于亲人呢！

妯娌之间，最容易产生是非恩怨，即使是同胞姐妹，成为妯娌，长期相处，也会产生纠纷与不和，反不如让她们天各一方，这样她们就会因冷暖雨雪而互相牵挂，会仰望日月而遥相思念。更何况妯娌本是陌路人，却长期处在易生是非的地位，在这种情况下，不产生嫌隙的妯娌实在是很少的。妯娌之间之所以会这样，是由于媳妇是家庭集体事务的直接处理者，也是家庭责任的直接承担者，但是她们却各怀私心，重利薄义。如果能有“己所不欲勿施于人”的心待人，如果能把兄弟的孩子当做自己的孩子那样抚爱，那么妯娌之间的种种矛盾就会消除了。

人们不肯以对待父亲的态度敬事兄长，又何必埋怨兄长对自己不如对待他自己的孩子那样疼爱呢？这样一对比，就可以看出对兄长的要求是过分了。

但是，在现实生活中，兄弟之间，即使平时不和，有些小矛盾，甚至是大的矛盾，但在紧要关头，在受到外来的欺辱和侵犯时，也能挺身而出，奋不顾身，一致对外，一个家族如此，一个民族、一个国家何况不是如此。所以：

《诗经》上说：“兄弟阋于墙，外御其侮。”

《诗经》上说：“兄弟之间，即使在家里不和，一旦遭遇外人欺凌时，却总是奋不顾身地来共同抵御外人。”

一个家庭，父慈子孝，兄友弟恭，夫唱妇随，如鼓瑟琴，子女在温馨快乐幸福的环境中成长，兄弟姐妹在和谐愉悦的环境中相敬相爱，真是其乐融融，好不快活温馨幸福。

其实，齐家的根本，就是处理好纵横两则的关系：一是纵的关系，也就是上下辈分的关系，居上的长辈对下要慈，居下的晚辈对上要孝；二是横的关系，就是左右的平行关系，夫妇好合，兄弟、姐妹、妯娌之间，相互亲爱、宽容、理解、尊敬、帮助。齐家，就是全家同心，其利断金，人心齐，泰山移。家能齐，其国必强，而外人不敢小视和冒犯及窥视。所以说：

“夫人必自侮，然后人侮之，家必自毁，而后人毁之。国必自伐，而后人伐之。”（《孟子・离娄上》）

孟子说：“大凡一个人，必定先自己欺侮自己，然后别人才敢欺侮他。一个家庭，必定自己毁坏自己，然后别人才敢毁坏它。一个国家，必定先自己攻伐自己，然后别国才敢攻伐它。”所以说：灭六国者，非秦也，乃六国也！就是这个道理。

一个自欺欺人的人，不自重的人，必被人轻视和必被人欺辱；一个不和谐的家庭，窝里横矛盾丛生的家庭，必被人毁；一个内乱不断的国家，久而久之，必被他国攻伐侵略灭亡。所以：

"一家仁，一国兴仁。一家让，一国兴让。一人贪戾，一国作乱，其机如此。此谓一言偾事，一人定国。"（《大学》）

曾子说："只要做国君的在家中实行仁爱，一国的老百姓就会感受到仁爱，便会在全国兴起仁爱的风气；只要做国君的一家谦让不争，一国便会跟着形成谦让不争之风；国君一家凶暴贪婪乖张，全国人就会跟着贪婪并犯上作乱天下不安。国君表率的作用是巨大的，国君的一举一动，在全国就会形成上行下效的示范作用，事情变化的缘由就是如此严重。这就叫国君说错一句话，可以败坏国家大事；国君一个人做的正确，就可以起表率作用安定国家。"

三十二、至乐无如读书,至要莫如教子

前面讲过,父慈子孝。慈,是父母付出极大的爱心、耐心、苦心培育子女,并教子成人成才。

慈,就是爱,是和善,是居上对下的爱,是长辈对于晚辈的仁慈。

慈爱、怜爱,用在佛教就是慈悲。慈悲,就是慈善和怜悯,是大爱。佛说的慈悲和中国传统文化儒家的“仁”是同一意思,但佛家把“仁”、“心”用两极分开来,便叫“慈悲”。“慈”是父亲的爱,男性的爱,阳性的爱;“悲”是母亲的爱,女性的爱,阴性的爱。

慈,是亲爱自己的子孙;慈,是大爱,大爱包含亲和教。

亲,在《说文解字》中的解释是:亲:至也。

译文:亲,密切之至。

亲,就是和子女亲密无间,关爱备至。

教,在《说文解字》中的解释是:上所施下所效也。

译文:教,在上位的施教,在下位的加以仿效。

教,是长辈或领导,对于晚辈或部下的教育。但这种教育,应言传身教相结合,身教重于言教。长辈要给晚辈做出榜样,领导要给部下做出楷模,这样才能上行下效,晚辈和部下才能心服口服。父母和做领导的做不到,却要求子女和部下去做到,是不现实的。如做父母的整天喝酒、上网、打麻将,却要求儿子专心致志地刻苦学习。成绩不好又打又骂,儿子反问,你们都在干什么?一个领导任人唯亲,排除异己,口是心非,言而无信,以权谋私,贪污受贿,却要求部下爱岗敬业,尊敬领导,言行一致,廉洁奉公,遵纪守法,能做到吗?常言道:大梁不正二梁歪,二梁不正倒下来,就是这个道理。

慈,是既无微不至的爱护关爱子女,又有极度的耐心教育培养引导子女。那么,怎样教育子女和儿孙呢?

诗书,起家之本;教子,延家之本;至乐无如读书,至要莫如教子

古人云:“至乐无如读书,至要莫如教子。”

古人说:“天下最快乐的事,没有能比得上读书所得的快乐;天下最重要的事,莫过于教导好自己的子孙的更重要。”

人心的灵动,思想的飞跃,只有靠读书才能够培养。不然,就会心绪失常,精神错乱,产生妄想,不管身处逆境还是顺境,都难以体会到快乐的情趣,人生的真谛,这些都是不学无术的后果。常言说:“穷不读书则穷根不断,富不读书则富不长久。”“穷者读书富,富者读书贵。”“腹有诗书气自华,最是书香能致远。”

读书不仅能够愉悦身心,修身养性,感受其乐无穷,还能教育子孙,修身齐家。正如古人所说:“金满筐、银满筐,不如留经书一筐。”就是这个道理。翻看历代权贵显赫之家,不管是隐退还是遭遇变故,但其日后家声依然甚盛,就是“诗书传家”的作用,如果后代没有了读书之人,则家声便会陡然失去。所以说:“至乐无如读书,至要莫如教子。”而教子的第一要务是教他们读书。

宋代王应麟说:“养不教,父之过;教不严,师之惰;子不学,非所宜;幼不学,老何为。”

宋代学者王应麟说:父母生养了子女,如果仅仅能够养活他们,只关注他们的饥饿冷暖,衣食住行,而忽视教导子女如何为人处世,安身立命,遵纪守法,做社会的有用人才,而使子女成了不良少年,危害社会,那就是做父母的过错。

一个老师不能严格要求自己的学生,传授给他们有用的知识,讲授也不仔细、不认真、不严谨,敷衍了事,老师的怠惰,使学生学习兴趣低落,质量下降,毕业离校之后,不能胜任社会工作,那就是老师的错误。

作为子女和学生,不努力学习,辜负了父母的殷切希望,老师的良苦用心,是非常不应该的。一个人幼年的时候,正是精力旺盛,记忆力最好,学习力最强的时候,如果不尽快学习修身、齐家、治国、平天下的本领,为以后人生打下坚实的基础,等你步入社会之后,如何应付复杂的社会环境和人际关系,你将如何生存发展,安身立命?你的前途在哪里?正是“少壮不努力,老大徒伤悲”!所以:

《菜根谭》中说:“子弟者大人之胚胎,秀才者士大夫之胚胎。此时若火力不到,陶铸不纯,他日涉世立朝,终难成个令器。”

《菜根谭》中说:小孩是大人的前身,学生是官吏的前身,假如在年轻的时候不经千锤百炼锻造成钢,他日步入社会,就很难成为一个大有作为的有用人才。正如古人所说:“非弘不能胜其任,非毅无以致其远。”所以,家长要从小培养子女具有远大的志向,教育子女有坚毅的恒心,在艰苦的环境和挫折的教育中,锻造子女成才,百炼成钢。但是,教育子女成才是非常困难的事情,谁不盼子成龙,望女成凤,但成龙成凤者又有几人?要想达到教育的目的,必须具有一定的教育方法,所以:

《礼记·学记》曰:“善歌者使人继其声,善教者使人继其志。其言也约而达,微而臧,罕譬而喻,可谓继志矣。”

《礼记·学记》中说:“善于歌唱的人,能够以悦耳动听的音色让听者跟着他学唱;善教育人的人,能够使听者跟着他学习,继承其志。他的话简明扼要,畅快淋漓,义理微妙,形象真切,比喻恰当,晓之于理,明之于义,使听者倍受启迪,引人深思,继承其志。”这就是善于教育。

善教:是因材施教的兴趣激励,是润物无声的启迪规矩

所以《礼记·学记》曰:“君子之教喻也,道而弗拂,开而弗达。”

《礼记·学记》中说:“有道德修养的人教育他人,诱导他人而不是牵着他人学习,勉励他人而不是逼迫他人学习,启迪他人的思路而不是代替他人去做结论。”在善于教育的同时,要采取诱导教育,循循善诱,耐心引导,并不断地发现他们的长处和优点,不断地勉励和鼓励他们学习,因人施教,因材施教,启迪他们思路,顺势而为,而不是强迫他们学习,更不能代替他们去做结论,以免造成逆反心态。但是,好的教育,并不是仅仅有诱导、勉励、启迪式的教育,还要有严格的规矩和方圆。所以:

《孟子·告子上》曰:“大匠诲人必以规矩,学者亦必以规矩。”

《孟子·告子上》说:“鼎鼎大名大师级的木匠,教导他的徒弟时必定用圆规和曲尺。向他学习的人,也必须用规和矩。”

“没有规矩不成方圆,严师出高徒,棍棒出孝子”,这三句话除了棍棒出孝子有争论外,前两句没有什么争论。木匠教徒弟有规矩,任何手艺人教徒弟,都有明确的规矩,作为弟子的必须遵守师傅的规矩,否则,师傅可以不教,弟子亦可以走人。没有规矩的师傅是教不出好学生的，没有严格的纪律，也是带不好徒弟的，没有严格规矩，松松散散，吊儿郎当的师傅会教出才艺过人的徒弟？也没有放纵儿子溺爱的父亲，可以教育好子女成才！古今中外有多少成功人士，不是在严父严母的教育下成就了事业。孟子如此，岳飞如此。教子未必非得用棍棒，但严格要求子女走正路是必不可少的。所以：

《左传·隐公三年》中曰："臣闻爱子，教之以义方，弗纳于邪。骄、奢、淫、泆，所自些也。四者之来，宠禄过也。……且夫贱妨贵，少陵长，远间亲，新间旧，小加大，淫破义，所谓六逆也。君义，臣行，父慈，子孝，兄爱，弟敬，所谓六顺也。去顺效逆，所以速祸也。"

《左传·隐公三年》中说："我听说宠爱儿子，应以道义教育他，以免走了邪路。骄横、无礼、纵欲、放荡，是走上邪路的开始。这四种恶习的养成，是由于过分宠爱和享乐的缘故。……卑贱者欺压尊贵者，年少者欺凌年长者，疏远者挑拨亲近者，新人离间旧人，弱小者欺压强大者，淫乱者破坏道义，这是六逆。国君行事合乎道义，臣子奉命而行，父亲慈爱，子女孝顺，兄长友爱，弟弟恭敬，这是六顺。舍弃六顺而效法六逆，就会加速祸害的到来。"

天下，那个为人父母的不疼爱自己的子女，但疼爱不代表溺爱放纵，溺爱放纵不是爱子女，而是害子女，要教育并严格要求子女走正道，不走邪路。走正道就是："君仁、臣忠、父慈、子孝、兄友、弟恭"。这就是六顺；要从小杜绝子女"骄横、无礼、纵欲、放荡"这四种恶习。子女恶习的养成，与父母教育不当有关，是父母严重的失职失责，任何大的毛病都是从小事发展起来的，任何坏的习惯都是从小的习惯养成的。所以做父母的要从小严格要求子女，发现问题及时纠正，防微杜渐，"千里大堤毁于蚁穴"就是这个道理。"尊老爱幼，疏不间亲，主持公道，邪不压正"，是中国几千年的优良传统，教育子女时，要严防他们"以下犯上，以少凌长，以疏间亲，以新离旧，以小欺大，以邪压正"这六逆。

坚持六顺，可以培养子女成为君子，走正路成栋梁；坚持六逆，可能使子女沦落为小人，走邪路为囚徒。

为人父母者慎思之，究竟如何爱护子女儿孙！"棍棒出孝子"未必对，但"慈母有败子"是真。所以：

《韩非子·显学》中说："慈母有败子。"

《韩非子·显学》中说："善良的母亲，过于纵容和溺爱自己的子女，她的孩子就会因为母亲的放纵和溺爱而成为败家子。"

宋祁《杂说》中说："父慈于董，家有败子。"

宋祁说："父母过分地宽厚慈祥，在该严厉惩处儿子的时候却饶恕了他，家里就会出现败家子。"

民间有个流传很广的故事：有个死囚法场行刑的时候，执法官问他最后还有什么要求，他说要最后吃他母亲的奶，母亲可怜儿子，就同意了儿子的要求，没想到儿子在吃母亲奶的时候，把母亲的奶头咬了下来。说：我恨你，小时候我做了坏事，你从不批评我，还认为我聪明，表扬鼓励我，假如你从小严格要求我，我也不会有今天的下场！儿子的责备未必全对，他把一切责任都退给了母亲对自己的放纵，没有从自身找原因，"鸟之将死其鸣也哀，人之将死其言也善"。儿子临死之言，引天下父母深思。

放纵子女的错误和罪恶，有可能就是发给子女通往犯罪道路的通行证，进入监狱的入门卡。为人父母者，不得不深思之。为人父母，不仅要严格要求自己的子女，还要尽职尽责，并对自己的子女言而有信。

管仲说："父不父，则子不子。"

管仲说："如果父亲尽不到父亲的责任和义务，儿子也就不会去尽儿子的责任和义务。"

父亲，对于年幼的子女就是一座山，一座灯塔，一盏指路的明灯。所以，做父亲的要尽职尽责。

尽职，就是把子女抚养成人；尽责，就是把子女培养成才。

抚养成人，就是父亲要以身作则，树立榜样；培养成才，就是父亲身体力行，成为楷模。

表率，是无声的命令；榜样，是行动的指南；楷模，是道德的标杆。

父亲表率的作用，是引导子女奋力前行的力量；父亲榜样的作用，是引领子女修身养性的标杆；父亲楷模的作用，是规范子女严于律已的标准。

父亲树立榜样，可让子女模仿、追求、信任。父亲要身体力行，身教重于言教。如果父亲没有尽职尽责，莫怪子女不尽职尽孝。所以作为一个合格的父母不是不容易的，是既费力、又费心的事。养活好子女不容易，教育好子女更不容易。所以说"不当家不知柴米贵，不养儿不知父母恩"，不教儿不知教儿难。只管生养子女,不知教育培养子女的,是不合格的父母,是失职失责的父母。教育子女要以诚信为主,君子不欺人,更不能欺子女。所以:

《韩非子·外储说左上》中说:"母欺子,子而不信其母,非以成教也。"

《韩非子·外储说左上》中说:"做母亲的如果欺骗自己的孩子,孩子就不相信他的母亲了,这不是教育好孩子的办法啊!"

母亲,在子女的心目中是无比神圣的。如果说父亲是山,那么母亲就是水。母亲,无怨无悔、默默无闻的耕耘,用自己辛勤的心血和汗水,浇灌着每一个个子女,一棵棵幼苗,期盼他们无病无灾,茁壮成长。年幼无知的子女,最初信任的,是自己的母亲,假如连最信任母亲,都对于自己的孩子言而无信,那么孩子还能信任谁呢? 所以孟母杀猪的故事广为流传。母亲给予孩子的信任,而父子之间则是互信。所以:

武则天说:"父子不信,则家道不睦。"

武则天说:"父子之间都互不相信,那么家庭是不会和睦的。"

随着子女的渐渐长大,父亲要有意识地培养和子女间的互信。一是,父母亲对于子女要言而有信;二是,要培养子女言而有信;三是,培养子女的自信。要从小养成子女的言而有信的好习惯。言而有信的好习惯,从父子开始,从母子开始,这种良好习惯的养成之后,子女长大成人步入社会,就会很自然地坚守信念,对人诚信。

一个家庭,父子之间假如没有信用,那是不会和睦和谐的。试想,父子之间互相猜疑,互不相信,互相怀疑,互相提防,这个家庭会是什么样子? 教育子女诚信从父母始,相互诚信从父子始。没有诚信的家庭,不会和谐共处;没有诚信的单位,不会同心同德;没有诚信的国家,社会不会稳定,更不会取信于世界。

教育子女诚信,要注意方式方法,父母要保持统一口径。假如父母一方教育子女有问题,也要夫妻之间私下沟通之后,不要同着子女公开对立和意见不一致,否则,子女无所适从。正如:

宋祁说:"父否母然,子无适从。"

宋祁说:"在教育子女的时候,父亲说不对,母亲说对,这样做子女的就不知道应该听谁的了。"

对于子女的教育,父亲固然重要,但由于父亲多忙于奔波劳碌于生计,负有养家糊口的重要职责，一是没有那么多时间和子女交流和具体实施教育，二是父亲没有母亲有耐心，三是母亲一天到晚跟子女在一起，对子女的情况了解的更多些，母亲教育子女更能抓住要害，所以母亲是否贤惠和善良，对于教育子女是非常重要的。

母亲贤惠善良，对于子女的影响是润物无声的。假如母亲贪婪成性，居心叵测，恶毒不贤，长期的耳濡目染，在子女幼小纯洁的心灵里，悄无声息的模仿着母亲，就很难教育好子女善良贤惠。正如：

韩婴《韩诗外传》中说："母贤使子贤也。"

韩婴说："贤良的母亲，重视家庭教育，这样可以使孩子成为德才兼备的人。"

教育子女，不在于给他们留下多少物质财富，而在于传家励志的精神。

有的是耕读传家，有的是诗书传家，有的是忠孝传家，有的是仁爱传家，有的是善良传家，有的是忠厚传家，有的是勤俭传家，有的是奋斗传家。

但不管什么传家，都比物质传家要好得多。为什么有"富不过三代"，"君子五世而斩"！富不传三代，是因为富二代大都不念父辈们创业的艰辛，不再艰苦奋斗，辛苦劳作，坐享其成，挥霍浪费，再大的家产家业，也不够他们挥霍浪费，到了坐吃山空的第三代，已经没有多少资源由他们挥霍了。假如你真正喜欢和爱护你的子女子孙，多留财富，不如留下你自己艰苦创业的精神。所以：

王符《潜夫论·遏利》中说："贤良志士之于子孙也，贻之以言，弗贻之以财。"

王符说："有远见卓识的人，赠送给子孙的，是启迪他们上进的精神，而不是只将财物遗留给他们。"

这话说起来容易做起来难，谁都想给子孙留下更多的物质财富，谁都想让子孙日后过上富足的生活。天下有多少父母，为了子孙后代能够过上好日子，有的不惜以身试法，贪污受贿，身陷囹圄；有的省吃俭用，心甘情愿，为子女当孩儿奴。真实可怜天下父母心！所以：

王符还说："父母失常，在不能已于媚子。"

王符还说："父母总是难于克服的过失，在于情不自禁地过分溺爱自己的子女。"

父母对于子孙的爱，要大爱和真爱。真爱他们，就要严格要求他们，而不是溺爱他们；大爱他们，就要从长处远处为他们着想。溺爱是害！溺爱的子孙有几个忠臣孝子？有几个国家栋梁？所以：

王符又说："子孙若贤，不待多富；若其不贤，则多以征怨。"

王符又说："子孙如果有才有德，肯于上进，无须给他留下丰厚的财产，他们也能够生活的很好；如果他们无才无德，不肯上进，财富多了反而容易招灾惹祸。"

对于王符的名言，林则徐有进一步的发挥，他说："儿孙不如我，留钱做什么？钱多反增其祸！儿孙若如我，留钱做什么？钱多反损其志！"

古今贤士，对于子女的要求、教育大都同工异曲。当代中国，被称为第一慈善家的一位富商说：他的一个朋友，六十二岁时患脑溢血突然去世，朋友的独生子打电话让妻子回家奔丧，妻子说有事不回去，小两口在电话中吵了起来，最后妻子恶狠狠的说，你也随你爹去死！正在身边的这位富商说：你怎么这样讲话？这位妻子说，他爹已经把所有的财产过户给他的儿子，也就是她的丈夫，并做了正式的公证，他死了所有财产就会全归我所有。

这位妻子的话刺痛了这位富商，所以他说，在适当的时候，他要把所有的财产作个公证，百分之九十，用于慈善事业，不留给儿子，如果留的话，也要给儿子留一些债权和债务，让他去折腾去！（后来他声明，死后要裸捐）因为这位富商，就是在为他的父亲还债的过程中受到的锻炼，才有了今天的财富。中国的富商如此，世界首富比尔·盖茨也是如此，他也要把绝大多数财产捐献给社会。

父母的一言一行都要合乎常理，都不要违背天理人情，都要为子女儿孙做出榜样。所以：

古人云："心术不可得罪于天地，言行要留好样与儿孙。"

古人说："用心计不能够违背天地之理义，言谈举止要规范，给儿孙树立好榜样。"

在日常社会生活中，最好不用心计。常言说：傻人是福，傻人有傻福。过于用心计的人不会有什么好下场，假如你非要用心计的时候，也不能够违背国法、天理、人情。

用心计太多，耗费精、气、神，损福折寿，也没有多大用处。到头来也不过是“机关算尽太聪明，反误了卿卿性命”。用心计太累太不值得，在子孙面前，树立好的榜样，不要让他们认为自己的父母长辈是个很有心计、很算计的人。所以，在外边不用心计，在家更不用心计，算计家人，还是人吗？朴实无华，诚心诚意，真情实意，是最好的表现，家庭和睦需要真情真心。家庭内部的勾心斗角，尔虞我诈，没有不败家之理。所以：

古人云：“未来和气萃焉，而家不吉昌者；未有戾气结焉，而家不败者。”

古人说：“从来没有因家庭气氛和睦，而家道不昌盛的；从来没有因家庭暴戾之气聚集，而家道不衰败的。”

家庭和睦，是家道昌盛的前提；家庭暴戾，是家道败落的前兆。兄弟齐心，其利断金；祸起萧墙，不攻自乱。所以齐家的前提是，家庭和睦，长幼有序。不然，这个家庭，不会长治久安。所以：

父慈子孝，兄友弟恭，夫义妇顺，能够拥有如此和气的家庭是最难得的。

古人说：来到某人家中，如听到老人的感叹声、子弟的骄纵声、妇女的叫骂声、幼子的娇宠声、奴仆的戏笑声……但主人依然是昏昏沉沉，这样的家庭必定不能保持长久。

古人云：“入观庭户知勤惰，一出茶汤便见妻。父老奔驰无孝子，要知贤母看儿衣。”

到一个家庭做客，从表面现象一看，是井然有序，一尘不染，还是凌乱不堪，尘土飞扬，便知道这家的女主人是否勤快；尝一口端出的茶汤，便知道这家女主人的茶艺和厨房的水平如何；年迈的父母不能安闲的坐享清福，儿子肯定不会孝顺到哪里；儿女的衣服脏乱不堪，做母亲的也贤惠不到什么程度。见微知著，透过现象看本质，一滴水可以折射出太阳的光辉！一个家庭如此，一个单位团体，一个国家也应该如此。

三十三、百善孝为首,百孝顺为先

古人云:百善孝为首,百孝顺为先。就是人世间所有的善事,孝敬自己的父母是第一位的,而所有孝敬的方式,以顺从父母为第一位。

孝顺,就是尽心奉养父母,顺从父母的意志。只要父母的要求不违反原则,就顺着他们为佳。孝敬,就不仅仅是顺从,而要有恭敬的态度和心情。孝子,是对父母孝顺的人。孝道,指奉养父母的原则。孝心,指孝顺的心意。奉养,之侍奉和赡养父母和长辈。一个对于自己的父母都不孝顺孝敬的人,要求他对社会和公众做善事,可能吗?即使做了,也难免让人怀疑做善事的动机,是否在作秀,沽名钓誉?连生你养你的父母都不孝顺、孝敬的人,要他去爱别人,爱大家,爱不相干的人,可信度不大。

子女孝顺父母,并非要付出多少的金钱物质,而是顺从父母的意志,不要动不动就逆反、对抗、反抗,忤逆、顶撞父母。顺从父母的意志,让他们心情舒畅,就是孝顺、孝敬。

顺,是有原则的,并不是父母违反原则也要顺着他。顺,是在不违犯原则前提下的顺。其实,随着父母阅历的增长,人生经历的丰富,老人大都变得睿智了。除非老糊涂思想僵化固执了,这时更要顺从他们。否则,很伤老人的自尊心。老人有时变得返老还童更可爱了,不妨把父母当做孩子养,顺着、哄着、敬着,溺爱着他们,使父母晚年开心快乐,就是最大的幸福。否则,你给予再多的物质金钱,如果是老是顶撞着,老人也不一定快乐幸福到哪去。所以:

《论语·为政》:孟献子问孝。子曰:"无违。"……樊迟曰:"何谓也?"子曰:"生事之以礼,死葬之以礼,祭之以礼。"

孟献子问老师孔子什么是孝?孔子说:"不得违背行孝之道的礼节。"樊迟说:"这句话是什么意思呢?"孔子说:"父母活着的时候,按照礼节规定去侍奉他们;父母死了,按照礼节规定来埋葬他们;每到祭祀的时候,按照礼节规定去祭祀他们。”

孔子把孝,称之为“无违”,就是不违背礼制。孔子的时代,孝道是按照周礼行事的,具有一定的规范要求,所以孔子说:“无违”。“无违”,就是不违背周礼,严格按照周礼的要求去做。孝道,就是父母活着的时候,按照周礼的要求,尽心尽意的孝敬侍奉老人;父母过世了,按照周礼,尽可能安葬好老人;每到祭祀的时候,按照周礼虔诚的祭祀父母。

“无违”,主要是强调按制度礼节办事,不违制度礼节。这似乎优点被动的意思,缺乏发自内心的敬爱尊重,对老人要发自内心的敬重,关键要突出一个“敬”字。所以:

《论语·为政》:“子游问孝。”子曰:“今之孝者,是为能养,至于犬马,皆能有养。不敬,何以别乎!”

“子游问老师孔子什么是孝?”孔子告诉他说:“现在所说的孝子,就是能养活父母而已,而养活父母就连狗和马也能够做到的。如果内心对父母没有真诚的孝顺敬重,那养活父母和饲养狗马还有什么区别呢?”

孔子对于孝的解释,突出一个“敬”字,对父母没有发自内心真诚的孝顺尊敬、关心敬爱,只是能够养活父母,使父母不受冻饿,这和动物有何不同。孝,是发自内心真诚的敬爱,不是儿女对父母的施舍和完成任务。对于父母的一举一动,父母点滴在心头,父母年迈,但不糊涂,施舍的养活,父母没有了尊严?幸福愉快在哪里?那么怎样才能做到敬?

子曰:“孝子之事亲也,居则致其敬,养则致其乐,病则致其忧,丧则致其哀,祭则致其严,五者备矣,然后能事亲。”(《孝经·纪孝行章》)

孔子说:“孝子对待父母,平常在家时要恭敬有礼,进奉饮食时要和颜悦色,亲人有病时要关怀备至,亲人去世时要举哀安葬,祭祀父母时要斋戒沐浴,只有具备以上五个方面的品行,然后才能行孝事亲。”

孔子对于孝的诠释,具体实在可循,孝子对于父母的孝,要落实到实处,落实到日常生活中的的方方面面,不是笼统的一语带过。在日常生活中,对父母恭敬有礼,突出一个敬字;给父母进奉食物时,要和颜悦色,突出一个乐字;父母生病时,要关怀备至,突出一个忧字;父母去世时,要举哀安葬,突出一个哀字;祭祀父母时,要戒斋沐浴,突出一个严字。对于父母,敬、乐、忧、哀、严,五者皆备,才能够称得上一个孝子。然而,仅有敬、乐、忧、哀、严,还不够,曾子还有更具体的解释：

《礼记·曾子事父母》："父母爱之，喜而不忘；父母恶之，惧而无怨；父母有过，谏而不逆；父母既殁，以哀，祀之加之；如此，谓之终矣。"

曾子说："父母疼爱自己，喜欢而不能忘记；父母厌恶自己，惧怕而没有怨恨；父母犯了过错，尽力劝谏而不敢忤逆；父母去世，就只有哀戚；祭祀父母，增加祭品供奉父母；能够做到这样，才能说孝敬父母的礼节基本完成了。"

曾子，名曾参，和父亲曾晳（也叫曾点）同是孔子的学生，曾子是个有名的大孝子，孝顺父亲曾点的事例，已被列入二十四孝。他对于孝敬父母的理解，更加具体和详细。

父母疼爱自己，作为儿女的当然要高兴喜欢感激，这是父母对于自己的关爱和欣赏，父母的喜欢和欣赏当然不能够忘记，要牢牢记在心里，这是父母对于自己的鼓励；

父母厌恶自己时，作为儿女的应该感到恐惧害怕，说明自己有了过错，这是父母对于自己的警示和教育，有了错误及时改正，即使父母冤枉了自己，也不应有怨恨，雷霆雨露都是关爱，批评厌恶都是教育；

父母有了过错，要尽力劝谏，父母不听也只好听之任之，为人子女，不忤逆父母，只有耐心等待父母的觉醒和改正，没有其他办法；

父母去世，作为子女的只有怀念哀戚，慎终追远，不忘父母生养天高地厚的大恩，没有父母，哪来自己的生命，没有父母千辛万苦的抚养培育，哪有今天的自己，所以心中要常念父母的生育之恩，养育之情；

父母去世后，逢年过节，要按时祭祀父母，增加祭祀的供品，经常扫墓追思，怀念父母的天恩大德，经常给儿孙宣扬祖父母的功绩，慎终追远。

能够做到这些，才能够说孝敬父母的礼节基本完成了，算得上一个孝子。

曾子，把孝分成了三个层次。他说：

《礼记·曾子·大孝》中，曾子曰："孝有三：大孝尊亲，其次不辱，其下能养。"

曾子说："孝分三种：大孝，使父母荣耀；其次，不给父母带来耻辱；最低，能够供养父母。"

曾子认为：大孝，使父母荣耀。就是学而优则仕，高官厚禄，显尊荣于人，衣锦还乡，光宗耀祖，家立牌坊，父母受封；

次孝,不使父母受辱。不违法乱纪,身陷囹圄,给父母家族带来耻辱,让父母担惊受怕,在人前抬不起头来;不在外惹祸生是非,少有病有灾,使父母惦记操心挂念:

最次的孝,能够养活父母。孝敬父母,使父母晚年,衣食无忧,健康长寿,欢欣快乐,含饴弄孙,颐养天年。孝顺父母不要认为只是付出。正如:

古人云:"孝莫辞劳,转眼便为父母;善毋望报,回头但看尔儿孙。子之孝,不如导妇以为孝,妇能养亲者也。公姑得一孝妇,胜如得一孝子;妇之孝,不如导孙以为孝,孙能娱亲者也,祖父得一孝孙,又增一辈子孝子。"

古人说:"孝敬父母不要认为是辛苦,转眼间自己已为人父母;做善事不要期待回报,回头间便看到了自己的儿孙。儿子孝顺不如引导媳妇孝顺,媳妇孝顺能够奉养双亲。公婆如能得到一个孝顺媳妇,胜过得到一个孝顺儿子;媳妇孝顺不如教导孙子孝顺,孙子能够使父母含饴弄孙、颐养天年,而祖父母得到一个孝顺的孙子,便增添了又一辈的孝子。"

常言说:"久病床前无孝子。"说的是年迈的父母常年卧病在床,子女产生了厌倦的情绪,感到力不从心,其实你所做的一切,你的子女都看在眼里记在心里,你今天对父母的态度,就是明天你的子女对你的态度。

在一般情况下,孝子的子女也不会差到哪里去,你不孝敬自己的父母,要求子女孝敬你,也是空想。上天公道,善恶轮回,有其父必有其子,你今对父母的所为,就是明天子女对你的所为。所以说:"孝莫辞劳,转眼便为父母;善毋望报,回头但看尔儿孙。"

对父母的孝,在古人看来,儿子对于父母的孝敬,不如引导媳妇孝敬父母。儿子孝敬亲生父母是天经地义的,媳妇不是亲生的,没有养育之恩,假如媳妇能够像儿子一样孝敬公婆,父母得到了双倍的孝敬。假如媳妇不孝敬公婆,父母不会快乐幸福。古今的农村大致一样,儿子外出做工,儿媳妇一天到晚守在公婆身边,儿媳孝敬公婆的时间要比儿子多。所以说:"子之孝,不如导妇为孝,妇能养亲者也。公姑得一孝妇,胜得一孝子。"

引导儿媳对于公婆的孝敬,不如教导孙子对于爷爷奶奶的孝敬,孙子辈们对于祖辈的孝敬,又胜过儿媳的孝敬。中国有隔辈亲的传统,含饴弄孙是老年人的天伦之乐。天伦之乐,就是人生最大的快乐。所以说:"妇之孝,不如导孙以为孝,孙能娱亲者也,祖父得一孙孝,又增一辈子孝子。"儿子孝敬,又能引领儿媳妇孝敬，增加了孝的厚度和宽度，教导孙子对于祖辈的孝敬，增加了孝敬的长度和强度。而增加长度还有一个方法，正如：

古人云："父母所欲者，我继述之；父母所重念者，我亲厚之。"

古人说："凡是父母生前未完的遗愿，我会继承遗志，努力去做；凡是父母生前所看重思念的人，我会视为亲人厚待他。"

继承先辈的遗志，完成先辈的遗愿，完先辈未竟事业，是为人子者的天职。如果有兄弟、姐妹和父母临终之前垂念牵挂的人，身为长兄或长女，或有条件的兄弟姐妹，要想方设法去关爱照顾爱护他们，以告慰父母的在天之灵。

有叔伯和宗族的亲人，都是祖上不能忘却之人，我们后辈有能力的话，应当体恤周济他们，好使祖上九泉有知，含笑九泉。有亲戚、邻居、朋友，都是祖上力求帮扶之人，有能力的话，应当给予援手，无愧于祖上的遗训。

继承父辈遗志，完成父母的未竟事业，不仅增加了孝敬父母的厚度，同时也延长了孝敬父母的长度，使逝去的亲人含笑于九泉之下，欣慰于九天之上。

常言说：母生二子，疼爱老幺。在众多的子女中，父母一般都偏爱小儿子，这是人之常情。十个手指有长短，父母对众多子女的关爱，并不是十分均衡的。在父母的思想深处，有均衡的思想，希望子女都能够过上好日子，希望混得好的关照一下其他的兄弟姐妹，这是天经地义的事。正如：

古人云："天下无不是的父母，世间最难得者兄弟。"从"天下无不是的父母，世间最难得者兄弟"，推而广之：

古人云："以父母之心为心，天下无不友之兄弟。以祖宗之心为心，天下无不和之族人。以天地之心为心，天下无不爱之民物。"

古人说："以父母的爱子之心作为己心，天下便没有不可以结交的朋友。以祖宗之心作为己心，天下便没有不和睦的族人。以天地之心为心作为己心，天下便没有不值得去关爱的百姓和事物。"

这就是：由己及家、及家族，由家族及国家、由国家及天下，由天下及天下万事万物。回到了修身、齐家、治国、平天下的主体上来了，回到了儒家仁爱之心的核心上来了。

试想，假如每一个人都能够用父母关爱子女之心，作为自己的爱心，那么对于自己的亲兄弟姐妹还会不爱吗？由父母的爱子之心去结交朋友，天下还会有不可结交的朋友吗？以祖宗之心为自己之心，把所有的族人都看成是自己的亲人,还会有不和睦的族人吗?以天地之心为己心,认为天下万事万物都是自己的亲人和关爱的对象,天下还会有不值得关爱的人和物吗?

孝,是齐家的纵向主力,而仅有纵向的支撑,没有横向的配合,这个家庭、家族是支撑不长久的,因为仅有高度而没有宽度、厚度是支撑,是支撑不起来的。所以还要有:

孝悌,是齐家之本

悌:在《辞海》中的解释:敬爱兄长,引申为顺从长上。《孟子·滕文公下》:“于此有人焉:入则孝,出则悌。”赵岐注:“入者事亲孝,出者敬长悌。悌,顺也。”

悌,的意思是在家敬爱兄长,出门敬爱长者和首长,敬爱的首要条件是顺从。悌,主要是处理同辈份的事物,弟弟对于兄长要敬爱,兄长对待弟弟要容忍、宽厚和爱护,因为兄弟姐妹是一奶同胞,同一出处,血浓于水。关于兄弟之间亲密关系论述如:

《兄弟论》:“且夫兄弟者,同天同地,均气连形。”

《兄弟论》中说:兄弟姐妹,同一父母生养,形体气息相联,流淌着同样的血,骨肉至亲,血脉相连,不可分离。

《梁书·武陵王纪传》:“友于兄弟,分形共气。”

《梁书·武陵王纪传》中说:“兄弟之间应当相亲相爱,因为他们是同一父母生养,一体而分为二形,一气而分为二息。”

这些都是强调兄弟姐妹的亲密无间,不仅形体大致相同,连秉性脾气和性格特征也大致相同,他们虽形体分离,但气血相连。所以,兄弟姐妹之间要相互帮组,互相关心,互相理解,互相支持。

常言:“兄弟齐心,其利断金。”只有兄弟齐心协力,和谐相处,共谋发展,这个家庭、家族才能繁荣昌盛,最后达到齐家的目的。

《论语·学而》曰:“孝悌也者,其为仁之本也。”

孔子说:“孝敬父母,友爱弟弟,那是一个仁德之心的根本。”

孔子认为,孝敬父母,友爱弟弟,是仁德之本。仁德,就是爱的身体力行,爱的落实,爱的扩大,爱的延续。仁德是从孝敬父母,友爱兄弟起步,从家庭家族爱的开始。不孝敬父母,友爱兄弟,谈不上仁德,谈不上爱,更谈不上快乐。

古人云："兄弟和，其中自乐；子孙贤，此外何求？"

古人说："兄弟和睦相处，便会自得其乐；子孙贤孝，人生还有其他的要求吗？"

兄弟同心，其利断金。兄弟的手足之情，是人世间最无法割舍的。以亲情为基础的兄弟如能和睦相处，齐心协力，共谋发展，再大的困难也能克服，就是暂时不能克服，兄弟有福同享，有难同当，风雨同舟，荣辱与共，也会减轻负担和痛苦。如果兄弟为一些小事兄弟反目，甚至手足相残，祸起萧墙，必会使家道败落，一蹶不振。

子孙后代如能够和睦相处，常思孝悌之礼，孝敬父母，关爱兄弟姐妹，奋发图强，振兴家业，这便是对父母和祖上最大的慰藉和最好的回报。父母在世，会感到无限欣慰，父母故去，九泉之下，也会高兴，九天之上，也会知足。能够有孝顺争气上进的儿女子孙，作为父母或祖辈的，还有什么不足和奢求呢！为人父母和祖辈的，希望子女争气，儿孙有福气。作为子女和儿孙的，要念念不忘父母和祖辈，给自己遗留下来的荫福来之不易。要格外珍惜，格外感恩，要愤图强，效法先人，造福后代，留荫福于自己的子孙。所以：

古人云："现在之福，积自祖宗者，不可不惜；将来之福，贻于子孙者，不可不培。现在之福如点灯，随点则随竭；将来之福如添油，愈添则愈明。"

古人说："现在我们享受的福分是祖宗遗留下来的，不能不倍加珍惜；将来的福分是要留给子孙的，不能不倍加培植。现在的福分好像在点灯，随时燃烧将会消耗殆尽；将来的福分就如同添加油灯，越多越明亮。"

中国传统文化，特别强调传宗接代，荫泽后人，为子孙造福，为长远计。在我们享受父母和祖宗阴德的时候，当怀有无限的感恩之心；当我们继承父母和祖宗遗志的时候，要懂得父母和祖辈创业的艰难和不易，当怀有无限的怀念之情；当我们享受父母和祖辈恩泽的时候，要懂得和要想到我为自己的子女和子孙留了什么福，积了什么德？所以：

古人云："问祖宗之泽，吾享者是，当念积累之难；问子孙之福，吾贻者是，要思倾覆之易。"

古人说："要问祖宗留下的恩泽在哪里？我们现在享受的就是，所以应当体念当初祖宗积德创业的艰难；要问子孙享受的福泽在哪里？我们遗留下来的就是，所以要想到用尽阴德是很容易的，要想保持长久，就必须不断造福，遗留后人。”

我们现在所享受的幸福生活，大都是祖上一代代创造积累下的阴德。这种阴德有物质的是看得见的，如农村老家的宅基地，祖业财产，城市的房产、父辈的人脉；有精神的是看不见的，如父辈的奋斗精神，优良传统，良好习惯，教你为人处世，安身立命的道理，等等。

祖辈当年所付出的艰辛磨难，也许后人无法理解和体会，只有继承祖宗的优良传统，弘扬家道的良好遗风，才能告慰祖宗的在天之灵。使他们为有你这样孝顺的儿孙而欣慰、争气的儿孙自豪。我们后代的幸福，同样也离不开我们今天的艰辛劳动，积极创造的积累。如果想要后辈，享受荫福，幸福长久，我们就不能只享受祖上的遗德，还要留荫福于子孙。教育好后代，使他们学会做人做事，德才兼备，能够在未来复杂的社会现实中，安身立命，大有作为，这才是为他们谋福利与富贵。

中国人大都相信命运，相信有前世、今生和来世。其实在某些方面，也可以这样认为，前世就是自己的父辈和祖辈，今生就是自己的一生，来世就是自己的子女儿孙。

古人云：“要知前世因，今生受者是，吾谓昨日以前，尔祖尔父，皆前世也；要知后世果，今生做者是，吾谓今日以后，尔子尔孙，皆后世也。”

古人说：“要知道前世因，现在你所承受的就是前世之因，从前你的祖父、父亲，都是你的前世；要知道后世果，今生我们所做的一切，便是后世因，从今往后，你的儿孙都是后代后世。”

无论是前世的先人，还是后世的来者，所走之路大都大同小异。不同的是前人经过努力奋斗，开拓了路，使我们今天走起来可能更平坦一点，为了感念前人的恩德，也为了使后人走得更为平稳，我们的任务就是进一步拓宽加固扫平好道路留给后人。如果我们只知走路，不知修路，未来儿孙的路就会越走越窄，越走越坎坷崎岖，弄不好会是荆棘丛生，死路一条。

我们要常常感恩父辈祖辈，留给我们今天的幸福路；自强不息，发愤图强，拓宽修建未来路；引领子孙，走正路，开拓未来创新路。这样一代胜似一代的薪火相传，家不可能不齐，子孙未来的路不可能不宽，不可能不达，不可能不畅。一代又一代幸福路的有效途径，就是读书学习，修身养性，勤俭持家，开源节流。否则，很难保证优良传统的延续。所以：

古人云:“祖宗富贵,自诗书中来,子孙享富贵,则弃诗书矣;祖宗家业,自勤俭中来,子孙享家业,则忘勤俭矣。”

古人说:“祖宗的富贵是从苦读诗书中得来的,子孙享受了富贵,就会贪图享受,抛弃了诗书;祖宗的家业是从勤俭苦干中得来的,而子孙享受家业时,贪图享受,便忘了勤俭苦干。”

祖上积累留下的富贵和阴德,如果我们只知享受,不懂得继承发展和发扬光大,不懂得去创造积累和添加,总会有一天会坐吃山空。如想保持家业经久不衰,勤俭节约持家是标,创造积累创新是本,只有标本兼用,方可长盛不衰。勤俭是标,创新是本,假如没有严格的家规家法做保证,很难保证勤俭创新的发扬光大。所以:

古人云:“治家严,家乃和;居乡恕,乡乃睦。治家忌宽,而尤忌严;居家忌奢,而尤忌啬。”

古人说:“治家严谨,家庭才能和睦;居乡里能够宽以待人,乡邻才能和睦。治家最忌讳过于宽松,更忌讳过于严厉,要宽严适当;持家最忌讳过于奢侈,更忌讳过于吝啬,要节俭适当。”

国有国法,家有家规,古今中外能够经久不衰的大家族,没有一个不是有严格家法家规约束家人子孙的。国无法不治,家无法必衰。治国治家,要以仁德治理,以爱人施众。

看一个人的交往和朋友圈,就知这个人的为人处世及人品如何;那么,看一个家庭和国家的交往,可以知道这个家庭和国家是个什么样的家庭及国家。有人说:一个人五个最要好的朋友的平均值,就是这个人到的基本状况。所以:

古人云:“无正经人交接,其人必是奸邪;无穷亲友往来,其家必然势利。”

古人说:“没有正经人与之交往,这样的人必定是个奸佞之辈;没有穷亲戚朋友与之来往,这样的人必定是个势利小人。”

俗话说:皇帝还有三家穷亲戚,更何况我们百姓人家,一个人如果没有什么正经人交往,这个人必定不是什么好人;一个家庭没有穷亲戚交往,这个家庭必定是个势利家庭,这个家的主人肯定是个势利小人。

其实,在交朋友时,不要看他对你如何,而要看他对待其他人如何,特别是对待身处逆境困难时的朋友如何,对待穷亲戚如何?没有穷亲戚和穷朋友的人和人家，最好别交；否则，等到你自己有朝一日身处逆境时，他会很快离开你，甚至会落井下石。

人们常说：在我得意时朋友认识了我，在我失意时我认识了“朋友”。一个人如果如日中天时，门前车马拥挤；一个人身处逆境时，连鬼都不上门。

所谓“齐家而后治国，治国而后天下平。”历代仁人志士，有成就的帝王将相，大都所见略同。

明《太祖实录》曰：“齐家治国，其理无二，使一家之间长幼内外，各尽其分，严于循理，则一家治矣。一家既治，达之一国，一至天下，亦举而错之耳。朕观其要，只在诚实而有威严，诚则笃亲爱之恩，严则无闺门之失。”

明太祖朱元璋说：“齐家治国，道理是一样的，并没有什么不同，使一家之间长幼有序，内外有别，各尽其职，各尽其责，恪守本分，严格遵循礼法，那么这个家庭、家族就能治理得好。一个家庭、家族治理好了，那么可以放大推行到国家以至于天下的治理就可以一蹴而就了。我认为治家的要领，主要在于诚实有威严，诚实就可以使家庭亲爱和睦和谐，威严就可以使家人警惕和约束自己，减少过失和最后达到没有过失。”

朱元璋认为治家、治国基本上是同理，强调长幼有序，内外有别，各尽其责，恪守本分，严循理法，诚实守信，家庭和睦，长辈威严，严格家法，约束家人，少犯错误，不犯错误。

朱元璋毕竟是贫苦出身的开国皇帝，知道并十分了解治家治国的道理，具有一定的权威性，因为他既是家长，又是皇帝，深刻理解治家、治国的道理和不易。

作为开国皇帝的朱元璋，其实他并没有把自己的家族治理好，在对待立储的问题上，他没有处理好叔侄的关系，结果他费尽心机扶正的太孙皇帝，没有过几年之后，就被他的四子朱棣以“靖国难”为借口，取而代之，其结果是家破人亡，死伤无数，政权更替。朱棣自立为帝，就是史上有名的永乐皇帝，明成祖——朱棣。

其实，不仅朱元璋没有能够治理好家族，历史上并没有几个皇帝能够治理好家族的。千古一帝秦始皇如此，大汉开国皇帝刘邦也如此，唐太祖李渊如此，唐太宗李世民如此，宋太祖赵匡胤如此，清太祖努尔哈赤也是如此。这些都是开国之君，明智之君，睿智之君，犹然如此，可见芸芸众生的凡夫俗子更是不敢奢求。能够有如此深刻的认识和理解，清代的学者也有同感。如：

清代张伯行在《正义堂文集·家规类编序》中说："夫家之有规，犹国之有经也；治国不可无经，型家不可无规。"

清代学者张伯行说："一个家庭要有规矩制度家法，就像一个国家要有法律制度国法一样；治国不可没有法律制度国法，治家也不可没有规章制度家法。"

当代人对于依法治国并不陌生，而依法治家，不太熟悉。现在的家庭，一般都是三四口的小家，没听说谁家有家法，更没听说谁家的子孙犯了错误，家长或族长动用家法惩戒、规劝、教育。可我国古代大都是大家族，一个家族少则几十口，多则数百口，这么一个大的家族，如果没有严格的家法、家规，是很难管理的。所以我国古达大都有家规家法，家中的成员犯了错误，要受到家规家法惩罚。就是家中成员犯错后，家族长召集家族成员，说家法伺候，管家就搬出家法，依据所犯的条例，进行所犯条例进行惩罚、责打等，严重的处死沉湖。

其实，治家在某些方面比治国难，因为治国是有法可依，有法必依，执法必严，违者必究。而动用家法，则是难之又难，家中的成员都是亲人骨肉，亲生儿女子孙，不忍下手，就是忍心下手，如贾宝玉犯了错误，父亲贾政要施以家法责打，贾政的母亲（宝玉的祖母）护着宝玉，气得贾政也无可无奈何。所以：

清代学者孙奇逢说："问：齐家之难，难于治国平天下。家迩天下远，家亲天下疏，何以难？曰：正惟迩则情易辟，正惟亲则法难用。夫家之所以齐者，父曰慈，子曰孝，兄曰友，弟曰恭，夫曰健，妇曰顺。反比则父子相伤，夫妻反目，兄弟阋墙。积渐而往，遂至子弑父，妻鸩夫，兄弟相仇杀，庭闱衽席之间皆敌国。从来均平天下之人，每于此多动心忍性。盖法制所不能束，禁令所不能施，以此思难，难可知矣。"

清代学者孙奇逢说："有人问：治理家庭的难度，比治理国家、平定天下还要难。家庭近而天下远，家人亲而天下疏，为什么说治家反而比治国更难呢？我说：正因为近，受感情亲情支配，于心不忍；正因为亲，受亲情约束，法难于施。要治理好家庭，做父亲的要慈祥，做儿子的要孝顺，做兄长的对弟弟要友善，做弟弟对兄长要恭敬，做丈夫的要顶天立地，担负起家庭的重任，最低是家人衣食无忧，做妻子的要相夫教子，孝顺公婆，贤惠温柔，勤俭持家。与此相反,就会父子互相伤害,夫妻反目成仇,兄弟明争暗斗。长期积怨成仇,儿子杀害父亲,妻子毒害丈夫,兄弟相互仇杀,一个大家庭,就将成为一个小的敌国。曾经平定天下的人,每到这时,也心绪难平,却只好忍心耐性。皆因为家法律制度不能约束,禁令不能施行,以此考虑,其难度就可想而知了。”

孙奇峰的回答是正确的,治家确实比治国难。治理国家,凡夫俗子的机会不多,而能够治理好一个单位的人,大有人在。然而,能够治理好一个企业、一个单位的人,在治理家庭的时候,大都是一塌糊涂,这主要是对于家人,无从下手,不忍下手的缘故。

大家耳熟能详的戏曲《樊梨花》,剧中樊梨花的小姑子薛金莲,依仗自己是父亲娇宠的女儿、皇帝的干女儿,在家里飞扬跋扈不说,在两军阵前也不听元帅嫂嫂樊梨花的军令,擅自行动,导致损兵折将,丢失城池,犯下杀头的死罪,她不但不思改过,低头认罪,还胡搅蛮缠,桀骜不驯,刚愎自用,口出狂言,使三军统帅樊梨花苦不堪言,最后只好忍气吞声,让功于这个小姑子。还不得不耐心地,晓之于理,动之于情,声情并茂,费尽口舌,最后才感动了这个混不讲理的薛金莲。

在现实生活中,你的妻子对你蛮不讲理,你能如何?你的儿女混不讲理,你能如何?你的兄弟姐妹不讲道理,你又能如何?所以说治家比治国难!但是为了子孙长远计,为了齐家、治国计,对自己的亲人、子女儿孙,还是要严格要求、耐下心来培养他们。所以:

南宋学者倪思《经钮堂杂志》曰:“或曰既有子孙,当为子孙计,人之情也。余曰:君子岂不为子孙计?然其子孙计,则有道矣。种德,一也;家传清白,二也;使之从学而知义,三也;爱以资身之术,如才高者,命之习业,取科第,才卑者,命之以经营生理,四也;家法整齐,上下和睦,五也;为择良师友,六也;为娶淑妇,七也;长存俭风,八也。如此八者,岂非为子孙计乎?循理而图之,以有余而遗之,则君子之为子孙计,岂不久利而父子两得哉?”

倪思说:“有人说既然有了子孙,就应当为子孙打算,这是人之常情。我说:君子难道不为子孙打算吗?然而,为子孙的长远之计,君子有自己的打算,有自己的方法。”

“培养子孙,具有高尚的道德情操,这是其一;家传清白,教育儿孙清清白白做人,这是其二;培养儿孙读书学习,知礼仪、懂道义,这是其三;教授子孙,为人处世，安身立命的道理，才智高的，督促其刻苦学习，应试科举，学而优则仕，才智差的，让他们务农或经商，打理生计，这是其四；依法治家，严守家规，使全家上下和睦，这是其五；为子孙，选择良师益友，促其上进，这是其六；为子孙，选择贤惠淑女做媳妇，规劝其上进，这是其七；勤俭持家，开源节流，朴实无华，这是其八。”

“如果能够做到这八个方面，难道这不是在为子孙打算吗？按照仁爱道德教育子孙，遗留给子孙精神和物质的东西，包括财富和道德，这是君子为子孙的长久打算，这难道不是长久之利而父子两者受益吗？”

倪思为子孙长远计的八条，非常具体可行。培养子孙高尚的道德情操，清清白白做人，认认真真做事，教育子孙重道义知礼仪，教授子孙学会为人处世，安身立命，才智高的学而优则仕，才智低的经商务农，严格家法家规，使家庭和睦和谐，为子孙选择良师益友，为子孙选择贤惠善良的女子为妻，保持勤俭持家的节俭风尚。这八条假如能够实施，一定是个很好的家！会长期延续下去！总之：

勤俭，持家之本；孝悌，齐家之本；和谐，兴家之本；谨慎，保家之本；诗书，起家之本；

积善，传家之本；创新，发家之本；中庸，治家之本；信念，强家之本；教子，延家之本。

三十四、治国之道，爱民而已

《大学》云："古之欲明德于天下者，先治其国。"又云："国治而天下平。"国之于天下，犹如家之于国家，个人之于家。一个人的修身如何，特别是天子、国君的修身如何，则关系到身、家、国、天下的命运。

中国古代数千年来，是国君、君主主宰天下的时代，国君、君主的修身，就是治国之本。所以说，在古代，一个国君、君主、皇帝的修身如何，关乎到一个国家的前途命运，关乎到一个国家、人民的生存、发展、贫富、强弱。进入到现代社会也是一样，一个国家的政治制度、政治体制、政治路线、政策和策略如何，关乎到一个国家的贫富强弱，关乎到一个国家能否科学持久发展、长治久安，关乎到一个国家能否屹立于世界民族之林的大事。

治国目的：使国强民富、民主公正、文明尊严、幸福和谐安康、持续发展

至于如何治理国家，治理国家的目的是什么？古今中外政治家虽历来说法不一，但大都不外乎是为了国强民富、国富民安，使人民安居乐业。在这方面，国务院总理温家宝说的很好。

温家宝说："我们所做的一切都是要让人民生活得更加幸福、更有尊严，让社会更加公正、更加和谐。"这就是说，政府所做的一切，治理国家的目的，就是让人民生活得更加幸福，更有尊严，让社会更加公正、公平、更加和谐。

按照温家宝在和网友交流的时候，对于尊严的解释，包含有三个方面：第一，就是每个公民在宪法和法律规定的范围内，都享有宪法和法律赋予的自由和权利，国家要保护每一个人的自由和人权。无论是什么人，不管你是国家主席，还是平民百姓，在法律面前人人平等；第二，国家的一切政策和法律，改革的一切目的，国家的一切发展的最终目的，都是为了满足广大人民群众日益增长的物质需求和文化精神需求，除此之外，没有其他；第三，整个社会的全面发展必须以每个人的发展为前提，因此，我们要给人民的自由和全面发展创造有利的条件，让他们的聪明才智竞相迸发。

实事求是地说，温家宝对于治国和执政的目的如此精辟的解说，是非常到位的。笔者读了不少古今中外政治家、文学家、理论家的治国文章，就是古代的圣贤，包括“三皇五帝”、“尧舜禹汤”、“文王周公”、“老庄孔孟”、“管墨荀韩”、诸子百家等，还不曾见过有如此详尽精辟到位的解说。而如今出自共和国总理之口，并把它写进政府工作报告中，可见当今政治家的治国理念并不亚于古代圣贤。

这就是说，政治家治国的一切目的、最初目的和最终目的，就是让他的所有公民，在国强民富的前提下，生活得更加富裕幸福安康，更加民主公正公平有尊严，更加文明充实自由和谐，国家可持续的发展，人民有更大的发展空间，较好的发展平台，尽可能地发挥每一个人的聪明才智，尽可能地实现每一个人的人生价值和理想抱负。

圣人治国：不法古，不修今，当时而立功，在难而能免

关于如何治理好国家，中国古代在不同时期有不同的治国理念。

《适变》中说：“昔先王当时而立法度，临务而制事，法宜其时则理，事适其务故有功。今时移而法不变，务易而事以古，是则法与时诡，而事与务易，是以法立而时益乱，务无而事益废。此圣人之理国也，不法古，不修今，当时而立功，在难而能免。”

《适变》中说：从前先王依据当时的实际情况建立政治制度，根据当时的任务制定政策，政治和政策与当时的实际情况和任务相符合，国家才能治理好，事业才会有成绩。形式和任务变了，制度和政策还要死搬硬套已经过时的那一套，使制度政策与时代脱节，这样一来，即使有好的制度和法规，也是劳而无功和徒增混乱的。所以，圣人治国，一不法古，二不贪图一时之宜。因时变法，只求实效，这样，遇到烦难也容易解决。

这说明，我国古代的政治家也十分注重与时俱进，因时而变，关乎民生，实事求是。

秦孝公用卫鞅。鞅欲变法，孝公恐天下议己，疑之。卫鞅曰：“疑行无名，疑事无功。夫有高人之行者，故见非于世；有独智之虑者，必见教于人。愚者暗于成事，智者见于未萌。人不可与虑始，而可与成乐。论至德者，不和于俗；成大功者，不谋于众。是以圣人苟可以强国，不法其故；苟可以利人，不循其礼。"

秦孝公既用卫鞅（就是后来的商鞅），想要变法，又怕天下议论自己。卫鞅说："疑惑不决的行为没有名声，疑惑不决的事情没有功绩。且有高于常人的行为，本容易为世俗所反对。有独特见识的计谋，必为大众所诋毁。愚笨的人，仍不明已完成的事情；聪明的人，却能预见未来的事情。行事的开始，不可与大众谋，而只可与他们共享事业成功的快乐。能谈论至德要道的人，不与世俗合流；能建立丰功伟绩的人，不与众人共谋。所以圣人只要可以使国家强盛，就不必效法旧制度；只要可以便利人民，就不必遵循古礼教。"

孝公曰："善"。甘龙曰："不然。圣人不易人而教，智者不变法而治。因人而教，不劳而成功。缘法而理，吏习而人安。"

孝公说："很好！"一个反对变法的大臣叫甘龙的说："不对！圣人是不改变民俗来教化的，聪明的人是不改变旧法来治国的。能依照民俗来教化的，不费力就能成功；能依照旧法来统治的，官吏习惯而人民安适。"

卫鞅曰："龙之所言，世俗之言。常人安于习俗，学者溺于所闻。以此两者居官守法可也，非所以与论法之外也。三代不同礼而王；五霸不同法而霸。智者做法，愚者制焉。贤者更礼，不肖者拘焉。"

卫鞅说："甘龙所说的，是世俗之言。常人苟安于旧世俗，学者拘泥于旧见闻。以这两种人来做官和守法都还可以，然而却不可以用以议论旧法以外的新事物了。三代不同礼教，而各治天下，五霸不同法律，而各成霸业。聪明的人能制作新法，愚笨的人却受制于旧法。聪明的人能变更礼教，愚蠢的人就要被礼教拘束。"

又一个反对变法的大臣杜挚曰："利不百，不变法；功不十，不易器。法古无过，修礼无邪。"卫鞅又曰："治代不一道，便国不法故。故汤武不循古而王，夏殷不易礼而亡。反古者不可非，而循礼者不足多。"孝公曰："善。"遂变法也。

又一位大臣反对变法的大臣杜挚说："新法利益不及旧法百倍就不变法，新器功用不及旧器十倍就不换器。"卫鞅说："治世不是只用一种办法，利国不必效法古制，所以商汤、周武不循古制度而能统治天下，夏桀、商纣不革新礼教而亡国。反对古制度不一定应该受非议,遵循古礼教也不值得多夸奖。”孝公说:“鞅说得很好!”于是就决定了变法。

由是言之,故知若人者,各因其时而建功立德焉。孟子曰:“虽有磁基,不如遇时;虽有智慧,不如逢代。”范蠡曰:“时不至,不可强生;事不究,不可强成。”《语》曰:“圣人修备以待时也。”

由此可见,像商鞅这些人,都懂得要想建功立业,富国强兵,必须顺应潮流,跟上时代。否则只能被时代所淘汰。孟子说:“即使有肥沃的土地,也不如按季节种庄稼;即使有智慧,也不如赶上好时代。”范蠡说:“节令不到,就不能强迫禾苗生长;事情不经过研究,不强求成功。”《论语》说:“圣人平时就把一切都准备好,只等待时机的到来。”

“三皇以道治;五帝以德化;三王由仁义;五霸用权谋;后代多用法治”

何以知其然也?桓子曰:“三皇以道治,五帝以德化,三王由仁义,五伯用权智。”说曰:无制令刑罚谓之皇;有制令,无刑罚谓之义;赏善除恶,朝诸侯,朝事,谓之王;兴兵众,立盟约,以信义矫代谓之伯。文子曰:“帝者,贵其德也;王者,尚其义也;霸者,迫于理也。道狭然后任智,德薄然后任刑,明浅然后任察。”议曰:夫建国立功,其政不同也如此。

“五帝以上久远,经传无事,惟王霸二盛之类,以定古今之理焉。”秦、汉居帝王之位,所行者霸主事也。故以为德之次。

怎样才能知道这样做是正确的呢?桓范说:“三皇(神农、女娲、伏羲,又说有巢氏、燧人氏、伏羲氏)时代的特征是以道治理天下;五帝(黄帝、颛顼、帝喾、尧帝、舜帝)是用德化育天下;三王(大禹、后稷、文王)用仁义教导人民;春秋五霸却用权术和智谋制服别的国家。”不用制度法令和刑罚就能统治的是三皇;有制度法令而没有刑罚的是五帝;赏善除恶,分封诸侯协助天子管理国事,并定期到朝廷讨论国家大事的是三王;发动战争,顶立盟约,用信义来使天下服从指挥,取代天子称霸天下的是五霸。文子说:“三皇最可贵的是在于天然的有道德;三王崇尚的是仁义;而霸者却不得不用理论、法则进行统治。大道淡薄后,统治者只好动用智谋;缺乏德行后,就只好加强法制;情况不明的统治者,就只能动用间谍侦探了。”建立统治一个国家,所采取的政治策略差别就是如此之大。

五帝以前的事情已经太久远了,经传上也没有记载,唯有“王道”和“霸道”盛传于今,只好用它们的利弊得失作为我们讨论古往今来治国的经验教训了。秦、汉两朝的帝王名义上是“王道”,实际上所推行的是“霸道”,所以不能把他们的仁德放在主要的地位上来讨论。

夫王道之治,先除人害,而足其衣食。

孟子曰:“五亩之宅,树之以桑,匹夫蚕之,年五十者,可以衣帛矣。百亩之田,数口之家,耕稼修理,可以无饥矣。鸡豚狗彘之畜,不失其时,老者可以食肉矣。夫上无贪欲之求,下无奢淫之人,藉税省少而徭役不繁,其仕者,食禄而已,不与人争利焉。是以产业均而贫富不能相悬也。”

然后教以礼仪。

故明王审己正统,慎乃在位。宫室舆服不逾礼制,九女正序于内,三公分职于外。制井田以齐之,设诸侯以牧之,使富饶不溢侈,少不匮乏,然后申以辟雍之化,示以揖让之容,是以和气四塞,祸乱不生,此圣王之教也。

而威以刑诛,使知好恶去就。

虞帝,先命大禹平水患,后稷播植百谷,契班五教,皋陶修刑,故天下平也。

是故大化四凑,天下安乐,此王者之术。

王者,父天母地,调和阴阳,顺四时而理五行,养黎元而育群生,故王之为言往也。盖言其惠泽,优游善养润天下,天下归往之,故曰王也。

就是说:王道的统治,是先铲除祸害人民的社会黑恶势力,让人民安居乐业,丰衣足食。

孟子说:“五亩大小的宅第,种上桑树,养上蚕,一个女子养蚕,就可以供五十人穿衣了。数口之家耕种百亩之田,就不会挨饿了。饲养六畜,老人就可以吃到肉了。上层的官吏不贪求,下层的民众不奢侈,苛捐杂税少,徭役也不繁重,当官的只不过拿薪水罢了,不要去与老百姓争夺利益。这样一来,各行各业收入均衡,贫富也就不会差距太大了。”这就是孟子理想的社会,让老百姓有饭吃、有衣穿、老人能够吃上肉,当官的不与百姓争利益。

经济状况得到保证以后,就应该进行文明礼貌、伦理道德的教育了。

因此,圣明的君主和英明的国王,就会经常反思自己是否坚持了正确的政治路线,谨慎地巩固统治地位。宫室舆服不超过规定,三宫六院主内,三公主外。按照井田制统筹农事,让诸侯来协助管理民众,丰收时不骄奢,歉收时也不感到匮乏，然后设立学校推行教育，为人民大众做出谦恭礼让的好榜样，这就可以使得上下左右和睦相处，祸乱不生，这就是三王治理国家和民众的办法。

然后建立法规、刑罚来树立国威，让人民分清善恶，明白自己的前途之所在。

比如虞舜的时代，天下洪水泛滥，人民流离失所，苦不堪言，就首先命令大禹去治理河流水患，然后又让后稷去播种百谷，让契分管教化，让皋陶制定刑法，因而天下太平。

可见，最伟大的盛世，是通过多种因素，使举国上下同心协力，从而使普天之下一片安乐平和繁荣的景象，这就是王者的治国艺术。

王的职责是以天为父，以地为母，调和阴阳，顺应四季的变化，使金、木、水、火、土的五行，相克相生，合理消长，教养百姓，哺育众生，所以王者的含意就是万民的向往。总而言之，作为一国之王，他的恩泽浩荡，德育万物，惠泽四方，天下人民争相投向他的怀抱，因此才称之为王。

"霸功之大者，尊君卑臣，权统由一，政不二门，赏罚必信，法令著明，百官修理，威令必行。"夫霸君亦为人除难兴利以富国强兵，或承衰乱之后，或兴兵征伐。皆未得，遵法度，申文理，度代而治，因时施宜，以从便善之计，而务在于立功也。此霸者之也。

王道纯而任德，霸道驳而任法。此优劣之差也。

成就伟大霸业的国王，能够做到上下有序，君臣有别，权利在霸主一人手里，政策法令有专门的机构制定，赏罚有据，法令严明，文武百官，各司其职，有法必依，执法必严，违者必究。

霸主也能为人民除害谋利以富国强兵，或是在一个朝代衰亡之后，兴兵讨伐叛乱。如果做不到这两点的话，也要遵循法度，宣传文教，根据情况制定有效的制度，因时制宜，从方便有利出发，目的主要是为了建立功勋，成就霸业。这就是霸主的治国之术。

假若是真正的王道，就会用仁德来统治，而霸道则杂乱无序就以法治为主。这就是王道和霸道二者优劣和差别之所在。

《道德经》曰："我无为而人自化。"《文子》曰："所谓无为者，非谓引之不来，推之不往，谓其循理而举事，因资而立功，推自然之势也。"故曰："智而好问者圣；勇而好问者胜。承众人之智，即无不任也；用众人之力，即无不胜也。故圣人举事，未尝不因其资而用也。”故曰：“汤武，圣王也，而不能与越人乘舲舟，泛江湖。伊尹，贤相也，而不能与胡人骑原马，服騊駼。孔、墨，博通也，而不能与山居者入榛薄，出险阻。”

“由此观之，人智于物，浅矣，而欲以昭海内，存万物，不因道理之数，而专已之能，则其穷不远。故智不足以为理，勇不足以为强，明矣。然而君人者，在庙堂之上而知四海之外者，因物以识物，因人以知人也。”

《吕氏春秋》曰：“是天无形而万物以成，大圣无事而千官尽能，此谓不教之教，无言之诏也。”

《道德经》说：“我无为，人民就会自我教育。”《文子》上说：“所谓无为，并不是叫他不来，推他不走，什么事也不做，整天坐着不动。”

“无为，是按照自然规律办事，借助一定的客观条件去取得成功，一切都要顺其自然。”“所以说，既有才智，又善于向人请教的就是圣明；既勇敢，又善于向人请教的就能优胜。能够发挥大家的聪明才智，什么重任都能够完成；充分利用人民群众的力量就没有难以战胜的困难。因此圣人办事，无不发挥各方面的优势，并善于合理利用它们。商汤和周武王都是圣主，却不能和越人一起乘游艇，泛江湖；伊尹是著名的贤相，却不能和胡人一道骑马驰骋；孔子、墨子虽然都是博学贯通的人，却不能像山里人那样钻山入林隐世。”

“由此可见，人的智能是有限的，如果想容纳四海，胸怀天下，不掌握真理，仅凭自己有限的本领，就打不破时空的局限。一个人的智慧，不能穷尽全部真理；一个人的勇敢，不能无敌于天下，这是显而易见的道理。然而，作为国家领袖，坐在高堂之上，就能够对天下形势了如指掌，其奥妙就在于他能够胸怀天下，借鉴历史，由此及彼，因人知人，由表及里，举一反三，掌握规律，顺势而为，把别人的优势变成自己的优势。”

所以，《吕氏春秋》说：“天没有固定的形式，然而有了它万物才能生成，伟大的圣人不是事事都能亲自动手，事必躬亲，而是所有的官员各尽其能，各尽其职，发挥作用。这就叫没有教导的教导，没有说出来的圣旨。”

“夫冬日之阳，夏日之阴，万物归之，而莫之使。至精之感，弗召自来。待目而昭见，待言而使令，其于理难矣。”

《文子》曰：“三月婴儿，未知利害，而慈母之忧喻焉者，情也。”故曰：“言之用者小，不言之用者大。”又曰：“不言而信，不施而仁，不怒而威，是以天心动化者也。施而仁，言而信，怒而威，是以精诚为之者也。施而不仁，言而不信，怒而不威，是以外貌为之也。”

“皋陶喑而为大理，天下无虐刑；师旷瞽而为大宰，晋国无乱政。”

庄子曰：“天地有大美而不言，四时有明法而不议，万物有成理而不说，圣人无为，大圣不作，观于天地之谓也。”

“不言之令，不视之见，圣人所以为师。此黄老之术也。”

《文子》曰：“圣人所由曰道，所为曰事道，犹金石一调，不可更事，犹琴瑟每调，终而改调。故法制礼乐者，理之举也，非所以为理也。”

昔，曹参相齐，其治要用黄老术，齐国安集。及代萧何为汉相，参去，属其后相曰：“以齐狱市为寄，慎勿少扰也。”后相曰：“治无大于此者乎？”参曰：“不然。夫狱市者，所以并容也。今君扰之，奸人安所容乎？吾是以先之。”由是观之，“秦人极刑而天下叛，孝武峻法而狱繁。”此其弊也。《经》曰：“我无为而人自化；我好静而人自正。”参，欲以道化其本，不欲扰其末也。太史公曰：“参为汉相，清净寡欲，言和道义。然百姓离秦之酷扰，参与休息。无为，故天下俱其美矣。”

议曰：“黄老之风，盖帝道也。”

天下万物都自觉地向往冬天的太阳，夏天的阴凉，并没有什么人让它们这样做啊！这是在精诚的召唤下，万物都不叫自来，不招自到。假若都等目光示意，号令的指挥，它们才能这样做，这在道理上很难讲得通。

文子说：“刚满三个月的婴儿是不明利害的，然而仁慈的母亲对于婴儿还是唠唠叨叨地说个不停，关爱和忧虑之情溢于言表，这是因为至情使然。”所以说语言的作用是不足称道的，语言后面的至情才是真正值得赞美的。文子还说：“不说话就能使人相信，不施惠就能使人感到仁爱，不发怒就会使人感到威严，这是大自然的自在精神。施惠也做不到仁爱，说话也不能让人相信，发怒也不能让人害怕，这是由于装样子要人看的缘故。”

皋陶虽是个哑巴，但他作为大禹的最高法官时，天下没有酷刑；师旷是个瞎子，但他作了宰相后，晋国没有乱政。

庄子说：“天地有伟大的美德而不言，四时有严格明确的界线而不议，万物有按照各自运行的规律而不说。圣人无为，更高的圣人巍然不动，它们都是遵循和效法大自然的规律啊！”

像这样不用言语就发出了命令，不用观望就无所不见，就是圣人要师法的。这就是黄帝、老子的治国之术的理论根源。

文子说：“圣人所师法的是‘道’，按照‘道’去的行动的叫‘事道’。就好比金石只有一个音调，这是永远不能改变的，遵循‘道’做事，就像琴瑟都各自有调，一曲终了必须改变调韵一样。所以说法度和礼乐，都是治国的手段，而不是‘道’的本体。”

以前曹参在齐国当丞相的时候，他就是运用黄老清静无为的治国之术，使齐国安定繁荣。等到接替萧何当汉相，要离开齐国时，嘱咐接任他的齐国宰相说：“我要把齐国的司法行政大权托付给你，希望你谨慎从事，不要过于频繁地去骚扰犯人。”那位接任的齐相说：“治理国家的事情难道没有比这些再大的了吗？”曹参说：“不能这样讲，刑律、监狱这类法治工作，几乎包括其它各方面的事情，如果过分频繁地骚扰犯人，叫那些作奸犯科的人何处容身呢？假如他们真的走投无路。社会的问题只会更多、更糟糕。所以我把法治一向放在第一位。”

由此看来，秦国的法律过于严酷，才导致了全国人民的奋起反抗。汉武帝的刑法过于森严，因此制造了许多冤假错案。这是法治的弊端。《道德经》说：“我无为，人民就会自我教育；我宁静，人民就会自觉自愿地走正道。”曹参用黄老之道作为他治国的根本，而不动用其它举措来干扰根本大法。太史公说：“曹参作为汉朝的宰相，清净寡欲，为政合乎黄老之道。当老百姓终于摆脱了秦国的残暴统治后，曹参给了人民休养生息的机会，做到了无为而为，所以人民大众都赞美他的美德。”

所以说：黄老的无为而治，实际上就是五帝的治国之道。

三十五、治国之道,因时而变

孔子闲居,谓曾参曰:"昔者明王内修七教,外行三至。七教修而可以守,三至行而可以征。明王之守也,则必折冲千里之外;其征也,还师衽席之上。"曾子曰:"敢问'七教'?"

孔子曰:"上敬老则下益孝,上敬齿则下益悌,上乐施则下益亮,上亲贤则下择交,上好德则下无隐,上恶贪则下耻争,上廉让则下知节。此之谓七教也。"七教者,治之本也。教定则本正矣。凡上者,人之表也,表正则何物不正也?

"昔,明王之治人也,必裂土而封之,分属而理之。使有司月省、而时考之,进贤,退不肖。然则贤良者悦,不肖者惧矣。哀鳏寡,养孤独,恤贫穷,诱孝悌,选才能,此七者修,则四海之内无刑人矣。"

"上之亲下也,如腹心;则下之亲上也,如幼子之于慈母矣。其于信也,如四时,而人信之也,如寒暑之必验。故视远若迩,非到迩也,见明德也。是以兵革不动而威,用利不施而亲,此谓'明王之守,折冲千里之外者也'。"

议云:昔管子谓齐桓公曰:"君欲霸,举大事,则必从其本矣。夫齐国百姓,公之本也。人甚忧饥而税敛重,人甚忧死而刑政险,人甚伤劳而上举事不时。公轻其税,缓其刑,举事以时,则人安矣。"此谓修本而霸王也。

曾子曰:"何谓'三至'?"

孔子曰:"至理不让,而天下理。至赏不费,而天下之士悦;至乐无声,而天下之人和。"何则?昔者明王必尽知天下良士之名。既知其名,又知其实,既知其实,然后因天下之爵以尊之。此谓"至礼不让而天下治"。因天下之禄,以富天下之士,此之谓"至赏不费而天下之士悦"。如此,则天下之名誉兴焉,此谓之"至乐无声而天下之人和。"故曰:所谓天下之至仁者,能合天下之至亲;所谓天下之至智者,能用天下之至和;所谓天下之至明者,能举天下之至贤也。

"故仁者莫大于爱人,智者莫大于知贤,政者莫大于能官。有德之君,修此三者,则四海之内,听命而已矣。"此之谓"折冲千里之外"。夫,明王之征,必以道之所废,诛其君,改其政,吊其人,而不夺其财矣。故曰:"明王之征,犹时雨之降,至则悦矣。"此之谓"还师衽席之上",言,安而无忧也。故扬雄曰:"六经之理,贵于未乱;兵家之胜,贵于未战。"

此孔氏之术也。议曰:孔氏之训,务德行义,盖王道也。

孔子闲居,对曾参说:"从前,英明的帝王内修七教,外行三至。七教做到了,就可以使内政得以巩固,有备无患;三至做到了,才可以对外征伐。明主的防守,对于千里之外的敌军都有冲击力量;一旦率军出击,必将凯旋而归。"

曾子问:"先生,什么是'七教'啊?"

孔子说:"'七教'是指执政的人要做好以下七点:一是尊敬老人,臣民才会对老人更加孝顺;二是尊敬年长的人,臣民才会对年长的人更加敬爱;三是乐善好施,臣民才会光明磊落;四是亲近贤人,全国人民才会选择有道德的人结交;五是好德,臣民才会没有隐瞒;六是厌恶贪婪,民众才会耻于争名夺利;七是提倡谦让,臣民才会有节操。七教是执政的根本原则。教育路线的明确,根本路线才能走上正规道路。执政者是人民的表率,表率正还有什么事不能纠正呢?"

以前英明的帝王治理天下,必须划分土地给诸侯,让他们分别有所归属,分别治理,然后让有关部门按月检查,按时考核,推荐贤德之人,辞退不良之辈。这样做,贤良的人就会高兴,不良之辈就会畏惧。同情抚恤鳏寡,抚养孤儿,救济贫穷,奖励孝顺父母、敬重兄长的行为;选拔人才,这七项工作做好了,四海之内就不会有犯法的人了。君主爱护臣民如同腹心,臣民才会爱君王像幼儿一样爱慈母;君王的信守如同一年四季准确无误,人民的信守才会如同寒暑一样灵验。因此君王能视远若近,并非是事物就在近处,而是因为英明的德性。所以兵革未动就显示威力,不施利害就使人亲近,这就是明君防御可以对"千里之外的敌军具有冲击力量"的缘故。

从前,管子曾对齐桓公说:"你想称霸,成就霸业,那就必许从根本上做起。齐国的老百姓就是你的根本。人民担心挨饿,也怕赋税太重,死亡和刑法过于严酷,人民非常担心国家动不动就举办各种活动而劳民伤财。你要减轻赋税，放宽刑律，只在必要的时候举办活动，只有这样才会人心安定。这就是从根本上成就霸业的意思。”

曾子又问：“何为‘三至’呢？”

孔子说：“至礼而不谦让，则天下大治；至赏而不浪费，则士人喜悦；至乐而无声无息，则举国相和。”为什么这样说呢？以前英明的帝王对全国的名士全知道。既知其名，也知其实。然后把权力和地位授予他们，使他们受到世人的尊敬，这就叫“治礼不让而天下治”。用利益和俸禄使天下的士人富有，这就叫“至赏不费而士人悦”。这样一来，光荣的美誉就因此而得以弘扬，这就叫“至乐无声而天下和”。

因此说，所谓天下最伟大的仁者，就是能够用天下至亲至爱的情感团结全国人民的人；所谓天下最伟大的英明，就是能够起用全国最有德才的人；所谓天下最好的执政者，就是能够实用好天下的官吏。

正是从这种意义上说，仁者的最高原则是爱人，智者的最高原则是知贤，执政者的最高原则是善于使用官吏和知人善任。有德之君主如果能做好爱人、知贤、知人善任这三项工作，那么举国上下都会服从命令听指挥，人人奋勇向前。这就是“对千里之外的敌军具有冲击力量”的意思。明君之所以要发动征讨，是因为天德要废弃昏君，借他之手铲除之，变更其政权，但对其灭亡要表示哀悼，也不必剥夺其家产。所以明君的征讨就好像及时雨，不管在哪里降落，无不受到欢迎。这就叫凯旋而归。所以扬雄说：“六经的道理，贵在社会尚未动乱就及时加以治理，军队还没有出动就已经取得了胜利。”

这就是儒家的治国之道。孔子追求仁义道德，所推崇的实际上是三王的治国之道。

墨家治国：提倡兼爱和勤俭节约，反对奢侈浪费，从根本上富国强兵

墨子说：“古人还不知道建造宫室，只在山陵高地的岩洞居住，到了三王的时代才开始建造宫室。其办法是选择高地以避潮湿雨水，选择边地抵御风寒，墙高只要能够起到分隔男女的作用就可以了，所以非常简陋，不足以观赏。因此，那时的人民感到财用充足。现在的王侯，所造的宫室就大不相同了。他们向老百姓横征暴敛，来建造宫室亭台楼榭，是为了看起看来宏伟壮观，用各种颜色刻镂彩画，雕梁画栋，左右上下效仿，结果财用匮乏，难以抵御凶年饥荒，无法赈济孤寡贫民。国家的贫困到了难以治理的地步。因此建造宫室不能不讲求节约的。”

古人不知道做衣服，那时候披兽皮，挂草叶，冬天穿的笨重但暖和，夏天挂的轻便却清爽。三王觉得这样不中意，于是就教妇女制作衣裳。冬天用丝制成棉衣，既轻便又暖和，夏天用麻布做纱衣，既轻薄又凉爽——仅此而已。那时穿衣不是为了使自己美丽，让人观看。所以，当时人们生活节俭，易于管理。当时的帝王生活很简朴，很容易奉养。如今国王的服饰可就不同了，他们对老百姓大加搜刮，以便制作华美飘逸的服饰，用黄金铸制带钩，用美玉制作玉佩。他们穿衣服不是为了身体的需要，更是为了美观好看和观赏的需要。上行下效，因此人们变得越来越淫逸邪僻，越来越难以管理。国君奢侈腐化，不听忠言。以奢侈腐化的君主来统治淫逸邪僻的臣民，要想国家不乱，那是不可能的。所以说，制作衣服也不可不节俭。

此墨翟之术也。议曰：墨家之议，去奢节用，此强本之道。

这就是墨家的治国之道。墨家的学说，主要是提倡兼爱和勤俭节约，反对奢侈浪费，以便从根本上使国家富强。

商鞅说：“法令是人的生命，治理天下的根本。”慎到说：“统治者舍弃法律，想用自己的道理来治理天下，结果受赏的人虽然感到很得当，但其欲望是无穷尽的；受罚的人即使也感到很得当，但总是希望无休止的减轻自己的罪行。国君假若舍弃法律，只凭自己的主观揣度来量刑，怨恨就会萌生。因此，分马的人用抽签的办法，分田的人采用抓阄的办法，这并不是说抽签、抓阄比人的智慧高明，而是因为这样做可以排除私心，堵塞怨恨。所以治国要用法治而不能靠个人的主观意愿。这样，人们就不会产生怨恨，举国上下就会和睦相处。”

一只兔子在前面跑，后面可能有一百个人追逐，不是一只兔子可以分成百份，而是这只兔子属于谁的名分还没有确定，因此都可以据为己有。卖兔子的满大街都是，连盗贼都不敢去拿，那时因为这些兔子属于谁的名分已定。所以说，名分未定，就是尧、舜、禹、汤也都可能去追逐它，名分一定，就是再穷的盗贼也不敢擅自去拿。圣人制定法令，安置官吏，实质上就是在定名分。

《尹文子》曰：“名定则物不竞，分明则私不行。物不竞，非无心，由名定，故无所措其心；私不行，非无欲，由分明，故无所措其欲。然则心欲人人有之，而得同于无心无欲者，在制之有道故也。”

《尸子》说：“发动民众，圣旨已下，却迟迟不见行动，如果是分地，动作则非常迅速。为什么呢？这是因为有利可图和无可推脱。由言语形成的名分，也像分地一样，不能不分清职责权限。国君如果和大臣分担同样的职权，那么大臣就有推脱罪责的机会了。就像用墨斗划线，校正弯曲的木头，木头无法投机取巧一样，一考察名分，大臣们如有失职而又想隐瞒的，就是有罪的。”名分确定以后就是骗子也可能会变得贞洁守信，就是大盗也可能会变得诚实不欺，他们自觉地安分守己。

《尹文子》说：“名分定，万物不争；职责明，私欲不行。人不争，不是因为无心争，而是因为名分已定，所以争也是白用心；私欲不行，不是没有欲求，而是责任已明，所以有欲望也不管什么用。然而私心、欲望人人都有，使人无私无欲的根本原因，是因为制止私心私欲的方法得当。”

申不害说：“君如身，臣如手，君设置根本，臣操持常务。作为人君，就是要拿法律文书来核查人臣，看看是否名实相副。名分就好像天地之网，圣人之符。张网持符，天下万物就无可逃遁了。”

韩非子说：“人主的眼睛不像离朱那样明亮，耳朵不像师旷那样敏锐，如果不借别人的眼睛和耳朵去看去听，只等自己的耳聪目明之后才去观察、聆听，那么看到的东西就太有限了。这可不是使自己不被蒙蔽欺骗的办法啊！明君是让整个天下为自己去听去看的人，他虽身处深宫，却能明察四海，举国上下既不能隐瞒他，也不能欺骗他，这是什么原因呢？只因为隐瞒之罪重，举报之赏厚。”

孙卿曰：“明职分，序事业，材使官能，莫不治理，如是，则厚德者进，廉节者起，兼听齐明，而百事无留，故天子不视而见，不听而闻，不虑而知，不动而功，块然独坐而天下从之。此操契以责名者也。”

荀子说：“职责明确，事业有序，才尽其用，官尽其能，天下就没有得不到治理的。如果这样，品德好的人就会更加上进，廉洁的人就会越来越多，加上善于倾听各方面的意见，因此就会事实清楚，无所遗漏。一个国家的领袖之所以能够做到不看而能看见，不听而能听见，不思考而能知道，不行动而能使事业成功，岿然不动而能使天下顺从他的意志，就是牢牢抓住了名分这个法宝。”

《尸子》说："明君要想确保自己的权势，就应当形象端庄，心境空灵，目视九州而不烦，眼观红尘而不淫，文武百官的职权了然于心，与人言谈应对得体。如果能够达到这种境界，那么他就能端立于朝堂之上，纵然有所隐瞒遗漏，疏远忽略，也一定不会太多。明君无须使用耳目或间谍去侦查刺探，也不勉强去听去看。有物则观，有声则听，事至则应，身边的事情不会让它轻易溜过，远处的事情也会得到妥善处理。贤明的人才不让流失，微贱的人就会对他毕恭毕敬。这就是万事万物都不能逃脱他的控制之奥秘。"

动者摇，静者安，名自名也，事自定也。

让该运动的让它去运动，该安静的让它去安静，各负其责，各尽其职，事有归着，整个国家机器的运作，就会显得井然有序。

《尸子》说："治理水患的是大禹；播种五谷的是后稷；掌管刑罚的是皋陶。舜虽然没有去具体办什么事情，然而他却是全国臣民的父母。"这就是"名自名"的意思。

姜太公对周文王说："天下没有固定的形象，人没有固定的生存，能与上天和人民同呼吸共命运，天下才会安定。"这就是"事自定"的意思。

是以有道者，因名而正之，随事而定之。

因而有道之君要用名分来纠正一切不符合名分的现象，并实事求是地确定名分。

尹文子说："因为贤能的人有用，人君便不得不用他们，因为愚昧的人没用，所以人君便不能使用他们。用于不用，各得其所，又何必担心天下大乱呢？"

《尸子》说："上朝议事，国君听了朝臣们的启奏后，是每个人各负其责，分工理事。发现有特别好的大臣，一定要问清楚是谁举荐的；发现有重大过失的大臣，一定要问清楚是谁任用的。然后决定赏罚，并用这种办法来考察优劣，使该负责人的大臣不敢徇私舞弊，文武百官就不会徒有虚名。优秀的就会受到尊重，失职的就会受到蔑视和处罚。好与坏，忠于奸，用这一办法来鉴别，就犹如黑和白一样分明了。"

以前，尧帝治理天下时，就是以名分来处理政务的，因为名分正，所以天下大治；桀治理天下，也是以名分来处理政务的，然而因为名分不正，所以天下大乱。因此，圣人对名的正与不正是看得很重的。昏君以不贤为贤，以不忠为忠,以非法为法,就是因为名分不正。

李斯在给秦二世书中说:“韩非先生认为:‘慈爱的母亲会养败家的儿子,而严厉的主人没有强悍的奴仆。’原因在哪里呢?原因就在于能不能实行严厉的惩罚。商鞅变法,对在路上随便倒掉垃圾的人都处以刑罚。随便倒垃圾是小罪,而刑罚却是重罚。轻罪却要严惩,更何况重罪呢?所以人人不敢犯法。现在如果不致力于设法使人不犯法,而去学慈母娇惯败家子的做法,这就太不理解圣贤的理论了。”

商鞅规定以五家为“伍”,十家为“什”,一家犯法,九家举告,不告发者连坐有罪。同时明确尊卑、爵位、等级,贵族所拥有的田宅、奴婢、衣服等都依照爵位高低而定。使有军功的人感到荣耀,无军功的虽富有却没有光彩。注重农事、战事,这就是商鞅变法的主要内容。

此商鞅、申、韩之术也。

以上就是商鞅、申不害、韩非子等法家确定名分,依法治国,用刑名法律统治天下的治国之道。

恒范说:“商鞅、申不害、韩非子这些人,看重人的狡诈智谋,因此推行法制特别苛刻。废除礼仪的教化,用刑名法律统治天下,不师法古人的仁政,致使全国普遍的伤风败俗。因此说,他们是伊尹、周公的罪人。然而他们使人君尊贵,臣子卑下,富国强兵,信守法度,坚持法制,在这些方面还是有可取之处的。及至汉朝,又有宁成、郅都之类的酷吏,效仿商鞅、韩非子,专门以残暴的杀戮、惩罚为能事,迎合人君的旨意,趋炎附势,争名于朝,争利于市,肆无忌惮地干尽了败坏朝纲、祸害百姓的事情,这又是商鞅、韩非的罪人了。然而酷吏在拟制豪强望族,抚慰孤独贫弱,自身清正廉洁,使各级官吏出于畏惧奉公守法,一心为公方面,还是有可取之处的。到了后来世人所谓的能人,就都是一些执法犯法,依仗权势,不为老百姓办事,只想徇私舞弊,临到处理日常事务的时候,又敷衍了事,玩忽职守,做官不必担心受谴责处罚,根本不体察百姓的冤枉,这又是申不害、韩非、宁成、郅都的罪人了。”

“由是观之,故知治天下者,有王霸焉,有黄老焉,有孔墨焉,有申商焉,此所以异也,虽经纬殊制,救蔽不同,然康济群生,皆有以矣。今议者或引长伐之法,诘救蔽之言(议曰:救蔽为夏人尚忠,殷人尚敬,周人尚文者);或引帝王之风,讥霸者之政,不论时变,而务以饰说。故是非之论,纷然作矣。言伪而辩,顺非而泽,此罪人也。故君子禁之。"

综上所述,治国之法多种多样,形式不一,有王道、霸道、黄老、孔墨、申尚之术,他们之间不但有区别,而且理论根源也不一样,纠正前代政治弊端的方式也不同,然而他们都有振兴国家、普济众生的愿望。如今,有的人或者援引施行比较悠久的制度,非难今人拨乱反正的改革观念,(即所谓救蔽,是指夏人崇尚忠诚,商人崇尚尊敬,周人崇尚文教礼乐);有的人以古代帝王的礼乐之风,讥讽成就霸业的政治措施,不顾时代的变迁,而用所谓的不变之法、不易之理来为自己的学说辩护。因此,对变革赞同与反对的意见,纷纷出笼。措词虚伪,还要诡辩,附会荒谬的观点,仿佛也能自圆其说。凡此种种,都是历史的罪人啊!因此,有道德有头脑的人要起来制止这种做法。

三十六、王道及王道的治国思想

追求王道和推行王道，是圣人治理天下的过程。圣人治理天下，常令天下之人建功立业之精神奋发，私心杂念之意念敛束。精神奋发则万民无弃业，而兵食足、义气充，平居时可以勤国，有事时可以捐躯；意念敛束则万民无邪行，而身家重、名检修，治世则礼法易行，国衰则奸盗不起。后世之民怠惰放肆甚矣，臣民而怠惰放肆，明主之忧也。

就是说：追求王道和推行王道，是圣人治理天下的过程，圣人治理天下，常常使天下人建功立业的精神奋发、私心杂念的欲望得以约束和收敛。精神奋发，则万民都努力从事自己的工作，爱岗敬业，能够做到兵强粮足，意气风发，平时可以努力于国事，战时勇于为国牺牲献身。意念敛束，就是收敛和约束民众过多的欲望，没有邪恶的行为而看重自己的身家性命，注意自身的名声和自身修养，世道兴盛时礼法就容易推行，国家衰微时奸盗也不会兴起。后世的民众松懈懒惰，放肆胡为，不务正业的太厉害了，臣子和民心都松懈懒惰，放肆胡为，不务正业，这是英明君主的忧患啊！所谓的王道要做到：

王道为政：以不扰民为安，以不取民为与，以不害民为利，以行所无事，为民兴利除弊

就是说：王道处理政事的原则，应该以不扰民为安民，以不向民额外索取为给予，以不害民为利民，以民能够安居乐业为兴废除弊。

这是王道的为政的最低标准：就是以不扰乱人民的正常生活生产，不用苛捐杂税榨取于民脂民膏，不用所谓的形象工程和胡乱决策祸害人民的生存发展，使人民能够休养生息，自食其力。使人民安居乐业为安，为人民兴废除弊为本。再进一步：

“庙堂之上，以养正气为先；海宇之内，以养元气为本。能使贤人君子无郁心之言，则正气培矣；能使群黎百姓无腹诽之语，则元气固矣。此万世帝王保天下之要道也。”

就是说：贤明的君主治理天下，在朝廷之上，应该以养正气为先；在宇宙之间，应该以养元气为本。使贤人君子没有闷在心里的话，正气就可以得到培养和弘扬；使黎民百姓心中没有怨言，元气就坚固了，元气固了，民心则安，社会则稳。这是历代帝王保持国家太平的要道啊！王道还要做到：

“六合之内，有一事一物相凌夺，而居其不正位，不成清世界；有一夫一妇冤愤懑，而得不其正分，不成平世界。”

就是说：天地四方宇宙之内，有一事一物受到不公平的对待，而不能居于应该正道的地位，就成就不了清净世界；有一个平民百姓含冤受屈，而得不到他应得的公平的对待，就成不了公平世界。

王道，强调以养正气为先，就是强调在朝堂之上，大臣在君主面前，敢于犯颜直谏。能够做到知无不言言无不尽，言者无罪闻者足戒，有则改之无则加勉，整个朝廷树立正气，弘扬正气。以养元气为本，就是法律面前人人平等，天下的老百姓都能够受到法律的保护，没有冤假错案，天下百姓没有怨言，没有怨言则天下稳定，民心安定，社会稳定则元气巩固，元气巩固，则天下太平。

王道，追求天下太平、公平、公正、民主、民权、民生、民富、民尊、民发展；追求清静世界、公平世界、和平世界、和谐美好的理想世界。虽然这只是王道所提倡和圣君贤臣们一厢情愿的事情，虽然古今中外没有一个国家能够做到和达到，但王道所追求的美好理想世界并没有错，只不过需要一代代仁人志士的不断努力，去争取，去逐步实现罢了。然而仅仅有美好的理想是不够的，现实是：

能使天下者，惟神、惟德、惟惠、惟威

“能使天下之人者，惟神、惟德、惟惠、惟威。神则无言无为而妙应如响，德则共尊共亲而归附自同，惠则民利其利，威则民威其法，非是则动众无术矣。”

就是说：能够使天下人服从的，只有神、只有德、只有惠、只有威。神没有言行和作为，而能能使人产生敬畏之心；德是大家共同尊崇共同亲近的东西，自然都愿意归附；惠能使民众得到利益；威使民众害怕法律的制裁；除此以外，没有办法使民众听从你的指挥。

惟神、惟德、惟惠、惟威，是历代统治者统治人民的法宝，所谓的王道圣君也不例外。古今中外的统治者，大都用天神天命来迷惑欺骗愚昧老百姓，好让老百姓盲从，这就叫做敬服；用所谓的德来化育老百姓，认为君主是道德的化身和楷模，这就叫做德服；用恩惠利益来收买老百姓，收买民心，这就叫做惠服；用权势威势来威胁吓唬老百姓，让老百姓害怕自己，威服自己，这就叫做威服，统治者认为除了这四种办法没有办法统治和治理老百姓。

再说的明白一点，历代统治者治理百姓，无非是恩威并济，胡萝卜加大棒，用恩惠收买百姓，用大棒威胁百姓，用天神和天命愚弄百姓，用所谓的道德来迷惑百姓。

简而言之，就是欺骗你，糊弄你，收买你，威胁你，愚昧你，让你乖乖地听话，听也得听，不听也得听。翻开中华五千年的文明史，其实真正的圣王和王道没有几个，但我们也不能够因此排斥和否定王道美好的理想，有美好的理想总比没有理想要好得多，王道似乎比霸道好，比无道更好。至于如何实行王道，请看以下论述：

"'民胞物与'，子厚胸中合有这段著痛著痒心，方说出此等语。不然只是做戏一般，虽是学哭学笑，有甚悲喜？故天下事只是要真心。二帝三王亲亲仁民爱物，不是向人学得来，亦不是见得道理当如此。曰亲，曰仁，曰爱，看是何等心肠，只是这点念头恳切殷浓，至诚恻怛，譬之慈母爱子，由不得自家，所以有许多生息爱养之政。悲夫，可为痛苦也已。"

"民胞物与"，就是把人民看作同胞，把食物看作朋友。张载的内心深处，关心着人民的疾苦，才能说出这样的话，不然就如同演戏一样，虽然在哭在笑，心中哪有什么真正悲喜的感情呢？所以，天下的事情，要的是真心实意去做。二帝三王对亲人亲，对人民仁慈，对万物爱戴，这不是向别人学来的，也不是按道理应当如此。亲人、爱民、爱物，是什么样的心肠，就是真情实意，关怀备至，就如同慈母爱自己的子女，发自内心的关爱，所以就有许多生存养护的办法。可悲啊！现在的当政者真可以让人为之痛哭流涕啊！

"民胞物与"，把人民视为同胞，把人民视为食物朋友。人民既然是君主的同胞兄弟，手足之情，当然要互相关心，互相爱护，互相帮组；把人民视为朋友食物，就一日不能够离开。君主能够与人民亲如手足，同舟共济，荣辱与共，同甘共苦，就是圣君王道治国的最好理念。君主与人民休戚与共，感同身受，是在人心上贴近民众，然而还有好的法令来保护人民。所以：

王法上承天道，下顺人情，要个大中至正，不容有一毫偏重偏轻之制。行法者要个大公无我，不容一毫故出故入之心，则是天也。君臣以天行法，而后民以天相安。

就是说：国家制定法令要上承天道，下顺民请，要大中至正，不容许有偏重偏轻的制度。执行法令的人要大公无私，不容许有一毫故意出入不合法令的想法，这就是上天的法则。君臣按照天道来执行法令，而后民众才能按照天道安心地生活。

这里所说的上承天道，就是要合乎自然规律，一切按客观规律办事；下顺人情，就是要符合民意，一切要符合广大人民群众的意愿，不能够违背民意民心；大中至正，就是要公平、公正、公开，不偏不倚；执行法令要大公无私无畏，合情合理合法。这就是上天的法则，只有能够做到这些，天下百姓才能够安心地生活。

民安则国安，民治则国治，治国先治吏，吏治不治国难治，百姓不安国不安，国家不安君不安。古代的有志之士，懂得上承天道，下顺民意，尊重客观规律，按照自然规律办事。治理国家要大中至正，大公无私，制定政策要顺从民意，民心即天心，民安则国安，国安则君安。所以说：

圣明之世，情、礼、法三者不相忤也。末世，情胜则夺法，法胜则夺礼。

就是说：在政治清明的盛世，情、礼、法三者是相辅相成，互不对立的。到了衰败的末世，人情胜过了法律，法律就不起作用了；法律胜过了礼，礼就不存在了。

盛世和末世是相对的，大凡开国之君，乱中取天下，深知江山来之不易，也深知民之疾苦，所以励精图治之后，开创了盛世，而盛世而后，继位的君主贪图享乐，昏庸无道，有盛转衰，又一个轮回，到了乱世末世。盛世时天理、国法、人情、礼仪是和谐相处，相辅相成的，一旦天理国法人情混乱、对立和颠倒，就又有可能到了末世和乱世。所以：

先王为政全在人心上用工夫。其体人心在我心上用工夫，何者？同然之故也。故先王体人于我而民心得、天下治。

这里所说的先王，就是儒家所说的尧舜禹汤和周文王这些圣君，他们为政全在人心上下功夫,体恤人心要在自己内心上下功夫。为什么呢?我的心和别人的心是一样的啊!所以先王能从自己的心愿出发体恤民众的愿望,就可以得到民心,使天下大治。将心比心、人同此心、心同此理,所以圣王的将心比心,体恤民情民心民意,没有比真诚无伪不争更为重要了。所以:

治世莫先无伪,教民只是不争。

就是说:治理国家没有比真诚更重要的了,教育民众只要做到不争就行了。

人民的眼睛是雪亮的,治理国家的最好办法,就是君主对于人民,要敞开心扉,裸露我心,一颗诚心待人民,诚心诚意为人民。裸心,会使人民看到你对他们的赤诚;裸心,就会得到人民的信任;裸心,就不能欺骗愚弄人民。人民心中有杆秤,你是全心全意为人民服务,为人民谋福祉,为民兴利除害,还是半心半意,口头革命派,专做些面子工程,人民心里一清二楚,好坏丑恶一目了然。所以说,治理国家最重要的是诚实无伪。教育人民的最好办法,就是不要和人民争利,你不和人民争利,并为人民谋福祉,人民自然会拥护你。人民是面镜子,你如何对待人民,人民就如何对待你,你愚弄人民,人民就愚弄你,你和人民争利,人民就会背离你,古今中外同理。

裸心、或者说心裸,就是让天下的老百姓看清楚你的真心,是“公”还是“私”。所以说:

“公”、“私”两字是宇宙的人鬼关,若自朝堂以至闾里,只把持得“公”字定,便自天清地宁、政清讼息。只一个“私”字,扰攘得不成世界。

就是说:公、私,两字是宇宙的人鬼关,如果从至高无上的朝庭,到普通百姓的民间,只要人人都能把持住这个“公”字,便会天清地宁,政治清明,诉讼减少,朝廷平安无事,百姓安居乐业,社会和谐安定。假如人人坚持一个“私”字,为了一己私利,你争我夺,朝野不安,就会天下大乱,搅得个天下不成个世界。所以,公私二字非常重要,执政者一定要公私分明,不能假公济私,贪赃枉法,鱼肉百姓,祸国殃民,自取其辱。“公”、“私”,是当政者赢得民心天命的关键。所以说:

天下之存亡系两字,曰“天命”。天命之去就系两字,曰“人心”。

就是说:天下的存亡系在两个字上,就是“天命”。天命的去留系在两个字上,叫做“人心”。

天命、人心,是古代政治家非常重视的。其实,天命不过是天下的大趋势,大形势,但归根结底,天命还是由天下人心决定的。人心,天下人之心,才是统治者须臾不敢忘记的大事。人心向背定成败,人心向背定输赢,人心向背定天下,人心左右天命,一个统治者一旦失去了人心,就失去了执政的根本,哪里还有什么天命眷顾!所以:

耐烦则为三王,不耐烦则五霸。

就是说:为人民有耐心的君王就会成为三王,没有耐心的君王就会成为五霸。这就是王道和霸道的区别。对于人民有耐心,用仁义道德礼仪去宣传教化人民的就会成就王道之业;没有耐心用仁义道德礼仪去宣传教化人民的,而是用威权刑罚去对待人民的就是霸道之业。所以,君主有无耐心,是衡量一个君主王霸之道的区别,也是天下能否平安的标志:所以:

天下所望于圣人,只是个“安”字;圣人所以安天下,只是个“平”字。平则安,不平则不安。

中国古代历来崇尚圣人政治,其实所谓的圣人政治,只不过是追求一个“安”字罢了,而圣人之所以能够安天下,只不过追求一个“平”字。“平”,就是对天下百姓一视同仁,无贵贱亲疏之分,公平、公正、平等、均衡的对待每一个阶层、每一个公民,只有天下的百姓能够得到公平、公正、平等、均衡的对待,老百姓才会平安无事,老百姓平安无事了,天下就会平安无事了,圣人所做的不过是公平罢了。能够做到社会公平,天下就会安定,做不到公平,不平则鸣,不公则争,争不过则斗,斗不过则战。天下你争我鸣,你斗我战,还哪来的安!公平二字,说起来容易做起来难,古今中外又有几个统治者能够做到公平呢?所以,天下大乱不断。君主治理天下国家,要善用恩威。所以:

善用威者不轻怒,善用恩者不妄施。

就是说:善于用威的人不轻易发怒,善于施恩的人不胡乱施与。

执政者的怒,不能轻易发,常发则无人畏惧,无畏则无威,所以善于用威的人不轻易发怒;执政者的恩,不能胡乱施,乱施则赏罚不明,不明则无人感恩,所以善于施恩的人不轻易施恩。

宇宙有三纲,智巧者不能逃也。一王法,二天理,三公论。可畏哉!

就是说:宇宙有三条纲领,即使聪明、睿智的人也不能逃脱,一是王法,二是天理,三是公论。人们应该感到畏惧啊!

这里说的“王法”、“天理”、“公论”，是宇宙间不可逾越的，三条大的纲领，也就是三条红线，三条高压线。不可逾越，逾越了就会天下大乱，不得安宁；不可触碰，触碰了就会身败名裂，身陷囹圄。治理国家要有王法，王法就是国法，一个国家如果践踏了国法，没有了王法，国将不国，有国也将永无宁日。国法之上是公论，公论就是天下人民的一致意见，就是民心民意、民心所向，违背了人民的意愿，人民就会推翻你，所以说公论不可逾越和践踏。公论之上的是天理，天理，就是上天的法则，大自然的法则，违背了大自然的法则，将会受到“天谴”，受到大自然的报复，将会出现天灾人祸来惩罚你。所以说，宇宙间的“三纲”：“王法”、“天理”、“公论”，是不可逾越的，是可畏的！

《诗经》上说：“快乐的君子，民众爱你就如同父母。”又说：“和乐平易近人的君子，民众爱你如同父母。”君子看一看《诗经》，就可以知道为政之道了。这里主要强调的是执政者要爱民如子，关心民众疾苦，人民就会像敬爱自己的父母一样敬爱君主。

君主使百姓的衣食充足无忧无虑，这是实行王道之治的根本。老百姓衣食充足了，天下万种政事都能振兴振举；百姓衣食不足，饥寒交迫，万政颓废，就会天下大乱。孔子告诉子贡为政之道是“足食”，就是要让老百姓吃饱肚子不挨饿；告诉冉有是“富之”，就是要老百姓富足、富有、富裕。孟子告诉梁惠王实行王道，是使民众生死无憾，生有所养，死有所葬；告诉齐宣王，使老白姓养生送死无憾的办法，就是要让老百姓发展生产，治理好自己的家园，让人民多种树、多养家畜，使人民过上好日子，这就是王政之道，尧舜除此之外也无良策。但当今执政者，连这个道理都不懂，真是可悲啊！

这里所说的王道，就是让老百姓过上好日子，使老百姓衣食无忧，安居乐业，天下才能平安无事。假如老百姓饥寒交迫，天下怎能平安无事！天下不能平安无事，所有的政事都将统统废掉！孔子的学生子贡问政于孔子，孔子告诉他说：“足食！”就是让老百姓吃饱肚子，不挨饿！孔子的另一个学生冉有问政于孔子，孔子告诉他是“富之”！就是要使老百姓富裕！不受贫穷，不挨冻受饿！梁惠王问政于孟子，孟子告诉他“养生送死无憾”。就是说要让老百姓生有所养，死有所葬，不为生死所忧所憾！齐宣王问政于孟子，孟子告诉他“制田里、教树畜”。这也是要让老百姓发展生产，种好田地，治理好家园，在房前房后种上树木，家里养上鸡鸭鹅猪狗牛羊等家畜。也就是让老百姓发展生产，自力更生，丰衣足食。在孔子、孟子看来，能够让老百姓能够过上好日子，这就是王道，古代的圣贤如尧舜，除了这些，也没有更好的办法。但是现在的当政者连这些浅显的道理也不懂啊！

王道治国的原则，第一，是用道德来感化百姓，使百姓认为诚实可信；第二，是用法令来约束百姓，使百姓令行禁止。令而不行，禁而不止，与没有官员和没有政府一样，即使是尧、舜，这样的圣君，也不能使一个乡得到治理，更何况天下呢？

最高的道德是默默显示的，只要示意就可以了；其次是让人看到打动人内心的自然之情；其次表现于声色；其次要明确地说明是非，使人知道应当怎样做；其次表示出赞扬和反对，使人不得不这样做；其次说明是福是祸；其次用赏罚；其次用生杀，使人不敢不这样做。到了用生杀的程度，治世的方法也就用尽了。一个王朝的末世，除了用生杀的办法就不会有更好的办法了，可悲啊！

这里把王道治理国家分成六个层次：最高的层次是默默的示意就可以了，这也许就是黄老的以德示人，无为而治的的最高境界；其次是以情动人，晓之于情，用造福百姓的真情实意来感动百姓；再其次是以理服人，晓之于利害，以利害得失是非对错，使人们自动约束自己；再其次是用祸福警示人，用恶有恶报，善有善报，威胁人们不敢做坏事；再其次是奖罚严明，用利害迫使人不得不这样做；最后是生杀，严酷的法制，使你不敢犯法，否则夺取你的性命。如果到了非用生杀和夺取生命的程度，整个国家机器的办法也就用完了。人民连死都不怕，这个王朝恐怕也就到了末世、无可救药了，可悲啊！

权利所在的地方，也是利益所归的地方。圣人用权来推行王道，小人用权来满足自己的私欲。居于上位的人要谨慎对待授权于人的事。

所谓的权力、权利、权势，就是说有权就有威力、有权就有利益、有权就有威势，权力是利益所归的地方。圣人利用权力，是为了推行王道，兴利除害，为民造福；而小人有了权力，却是以权谋私，欺压百姓，鱼肉乡里，贪赃枉法。所以说在上位的领导者，在选择官员的时候，要慎之又慎，不可轻易与人，假如把权力赋予小人，则祸患无穷，误国害民。

郡守县令等官吏对于民众，先有知疼知热，如慈母一副真心肠，什么爱民养民、艰难困苦成功的事业做不出来？要是内心没有这个念头，就是和他说破唇舌，他也如在醉梦之中。

古代把郡守县令称作为父母官，即是父母官，就要像父母对待儿女一样对待百姓，知疼知痒，知冷知热，只要对待百姓的心如对待儿女的心一样，什么爱民养民的事情办不好，什么艰难困苦的事业办不成！假如你压根就没有爱民之心，心中没有百姓，就是你假惺惺的说破口舌，口号喊得震天响，也是毫无作用，就如在醉梦中说胡话一样无用，人民不会买你的账。

有人问怎样才能当好宰相。我回答说：无私有识。又有人问怎样才能当好吏部尚书，回答说：知人善任，就是善于知人善于用人。

如何当好古代的宰相，也就是大致相当于现在的总理，最简单的标准就是无私有识。

无私才能无惧无畏，大公无私，天下为公，高瞻远瞩，海纳百川，闻过则喜，宰相肚里行舟船，大度能容天下难容之事，心正身正能使百官佩服效法，鞠躬尽瘁死而后已，全心全意为人民服务；然而，作为宰相，仅仅无私是不够的，还要有识，有识，才能有胸怀，有见地，有魄力，有能力，有智慧，有韬略，有才干，有办法，有为民造福的本领，有安邦定国辅佐君王的栋梁之才，有运筹帷幄之中，决策于千里之外的统帅韬略，有高瞻远瞩，明察秋毫慧眼识贤能力，有力挽狂澜的雄才大略，有泰山崩于面前而不动的英雄气概。

而作为吏部尚书，中央组织部部长，最基本的要求是知人善任，举贤任能，要为国家举荐栋梁之才，杜绝庸才和小人当政，因为庸才误国误民，小人害国害民。所以说，吏部尚书知人善任，举荐贤才，不用庸才和小人，是其首要任务和重要职责。

当权的人须有圣贤的仁爱心肠，英雄的胆略才识。出于对于国家的赤胆忠心，对人民的一往情深情，为国家谋划，为人民担忧；计议事情，筹划策略，必须详尽慎密。周密的考虑，要从天下大局的九域着眼；精确地计算，要想到子孙后代千年久远着想。这样做，所提出的措施办法怎能不事善功成、宜民利国呢？现在当权的人，只知贪功喜事、好大喜功，做那些鲁莽苟且不负责任的事情，善于做那些粉饰政绩，涂抹面子工程的表面文章，来实现其升官发财的奸谋，是否会给老百姓带来祸殃，他们是不会考虑的，是否会贻害百年大计，他们也不放在心上，是否劳民伤财也不计较，只计算对自己有利无利。唉！如此可恶的状况，真是令人感叹啊！

如此见解，真是一针见血，我国古代的政治家，竟有如此深刻的见地，实在是难能可贵。他首先提出了当政者,要有圣贤心肠,英雄才识。

有圣贤心肠,就是谋国忧民,为国家的繁荣昌盛和持续发展鞠躬尽瘁死而后已,为黎民百姓先天下之忧而忧后天下之乐而乐;为国家、人民、民族,谋划计议事情,筹划策略,必须慎密,要从世界全局着眼,要为全国大局考虑,要为子孙万代着想,要为千秋万代谋划,就是要功在当代,利在千秋。只要这样做了,你提出的措施和施行的办法怎么能不成功呢!你做的事情,怎么能不利国利民呢!

三十七、霸道和王道的区别

中国古代,所谓的王、霸之道的区别是:“王者之政化之,霸者之政威之。”

王者之政化之,降心服志也

如果说五帝是以德治国,那么三王(夏禹、殷商、周文王)的治国之道就是征服民心了。这个道理可以用两个人的话来证明。韩信说:“项羽所过之处,杀人放火,恣意残害生灵,老百姓不顺从他,就用暴力劫持。这是以势压人,名义上是称霸天下,实际上是丧失人心。所以他的所谓‘强大’是很容易衰退的。”诸葛亮说:“荆州虽然在名义上归顺了曹操,实际上是迫于大军压境,并非心悦诚服。现在将军(孙权)只要命令猛将与刘豫州(刘备)同心协力,合力破操,一定能胜利。”由此言之,人心不服,敌人的势力很容易被打破。所以说:“王者之道,降心服志也。”

制定政策策略以防衰败,为政清明,国防巩固,没有发生战乱,天下太平,君不疑臣,臣不疑君,国家稳定,人主安详,群臣遵循仁义的规范进退有序,也可以达到美好而无患的大治景象。

上古有过“三代”明王,开创大业,文采风貌虽然不同,但盛世的美名却是一样的。夏代推崇忠实,忠实过头了,就产生粗野的流弊,最好的补救办法是崇敬。殷商时代,对忠的流弊进行了改革修正,推崇敬鬼神,讲尊卑,但是崇敬的流弊是迷信,最好的补救办法是文明教育。周代的统治者为了矫正殷商的动荡不安,大力提倡文治。然而文治也有弊端,那就是人们会变得太虚伪,于是又反过来提倡忠君爱国。夏商周三代就这样因循反复,就像火大了用水救,火灭了再生火,走了一个圆圈。因时制宜,补弊救偏,这就是三王的治国之术。

霸者之政威之,强国之政胁之

霸主的治国之术是用权势来驾驭人才,用信誉来团结人才,以赏罚来使用人才,不讲信用,人才就会疏远;赏罚制度毁坏,人才就会离去。

因此说,治国的根本问题是怎样用刑罚与仁德,正确的方针是二者不偏不废,相辅相成。天以阴阳二气,构成一年四季;人以刑德二法,构成治国之道。所以,即便是圣人执政,也不可偏用其一。以这样的观点来看,运用仁德较多,刑罚较少的是五帝;刑、德并重的是三王;刑罚较多,仁德较少的是五霸;只用刑罚暴力而亡国的就是秦了。

古代治理国家,其政可分为三类,一是,王者之政化之——靠的是人文教育;二是,霸者之政威之——靠的是刑罚威力;三是,强权政治——靠的是暴力酷刑。其规律是:教育不起作用就用刑法强迫,刑法不起作用就用暴力镇压,暴力也不起作用就用屠杀。到了这一步就不为王者所赞同了。所以唐太宗的名臣虞世南说:“从前秦始皇弃仁义而用暴力,以此虽然可以吞并六国,统一天下,然而坐天下就不行了。这就是运用刑法治国的弊端。”

这就是说:王道,主要是提倡行施仁爱之道,德政之道,爱民之道;霸道,是豪强威武的称呼,不是指奸盗诈伪之类。威武称霸,靠实力说话,用武力使你屈服,用烈马钢刀夺你城池,靠实力、军力、威力使你臣服,并不是指奸盗诈伪之类的人物,小人的情态,而是以英雄霸主的雄风称雄于世,威慑于天下。有力量就依仗力量而不用诈伪,力量不足时才利用智谋,便是诈伪。若力量足以压服天下、震慑诸侯,就会一直干下去,不怕对方不服,便用不着使用智术,如何会用诈伪呢?就如一个大力士要对付一个小孩,用不着用计谋。王道,行施的是仁政;霸道,依靠的是武力。

王道、霸道,用诚、伪,来区分是从宋朝儒家开始的。其实是“五伯假之”、“以力假仁”,这两个“假”字上,不知道这“假”借的“假”字,其实就是“借”的意思。三皇、五帝以天德为本,便自能施行仁政,哪儿都可以实行,哪儿也无阻挡。霸者要做好事,原来没有什么正统的名义,有些名不正言不顺,言不顺则事不成,霸者要想号令天下,便少不得借势力以推行,靠武力以强行,不然就令不行禁不止了。这就是借威力以行仁义,所以孟子说:“以力假仁者霸。”因为不是他自身有的,所以说假借。人们所以服从他,不是他的智慧能愚弄人,而是对他的威力无可奈何,不得不威服他。使别人屈服使用的是强力,屈服的人只是表面伪装出来的,一有机会,便会反覆。

管仲、商鞅都是辅佐霸主的,他们都是用威力来制服人,但他们并不是抢掠钱财或掠卖人口,所以孔子只说他气量狭小,孟子只说他功绩那样卑微。而现在定商鞅的罪,只说他惨刻,而不说他奸诈。如今官府教民迁善、远罪,只靠刑法和权威,全是霸道,他们有什么诈伪?

看来王道和霸道的评语自有现成的公案,二者的分别,在于是以"德"推行,还是以"力"推行,而门面上推行的都是仁义。如五霸之一的齐桓公在葵丘的一次盟会上,订立了五条禁令,即使三皇五帝在世,难道能会说他不对吗?难道会反其所为吗?他只不过是以力推行罢了。用"德"、"力"二字区别王、霸最为准确,用"诚"、"伪"二字不太妥当,为什么这样说呢?王、霸,只是个粗分别,还说不到诚、伪上去,如果分到细处,三皇五帝便有诚、伪之分,何况霸呢?目前世界上,西方某大国,在世界上则是推行的霸道,而中国在世界上提倡的则是王道。

治国首在安民,安民首在公平公正

夺取天下,并能够守住天下的,只在一种人身上下功夫用心思,只在一个字上做功夫。一种人是哪个?民字。一个字是什么?安字。

所以说,"安民",则是治理天下国家根本的根本,核心的核心,是为政者的头等大事,须臾不可忘记,民安则国安,民安则天下安。而安民的首要问题是公平、公正,没有公则没有平,没有平则没有正,没有当政者的大公无私,则没有国家天下的太平。也就是说,当政者心中不公、则处事不会正,不公不正,则难使天下百姓心中平静,天下的百姓心中不平,心中怨气冲天,国家天下哪来的平安、安定。所以说,安民的首要任务是公平、公正。

宇宙之内有三种权力,上天的权力叫做祸福,君王的权力叫做刑赏,天下人的权力叫做褒贬。该得祸的得祸,该得福的得福,没有一点差错,这叫做天道清平,没有不尽然的,是由气数造成的。赏罚公平,这就叫做君道清平,有不尽然的,这是限于见闻、蔽于喜怒所致,褒贬公正,这叫做人道公平,有不尽然的,偏于爱憎,误于传闻所致。褒贬,这是上天依赖它降给人祸福的办法。所以说"百姓的眼睛就是上天的眼睛,百姓的耳朵就是上天的耳朵"。褒贬,也是君王依靠它来进行赏罚的依据,所以说"喜欢大家所厌恶的,厌恶大家所喜欢的,这就叫做逆人之性”。因此褒贬不能不慎重,因为这是天道所依赖的。如果好恶不符合实际,这是天的罪人,君的罪民。

这里主要强调“天道清平”、“君道清平”、“人道公平”。“天道清平”就是祸福公平,恶有恶报,善有善报,否则就是天道不公;“君道清平”就是赏罚公平,有功则赏,有罪则罚,否则就是君道不公;“人道公平”就是褒贬公平,做好事就应该受到颂扬和赞美,做坏事就应该受到批评和厌恶,否则就是人道不公。

世间万物都有自己的欲望,这些欲望都是符合天理人情的。天下万世那些出于公心的人,常常怜悯万物有多少不能得到自己应有的欲望。欲望得到过分满足的,会因为欲望已超过了他的需要而导致死亡;欲望得不到满足的,也会为了满足欲望到处奔波而劳累抑郁致死。二者如果平均的话,便都可以很好地生存。我常想,天地生这么多人物,大自然足以养育他们,然而有许多不能满足其正当欲望的,正是因为分配不均的缘故。这里天地没有什么错处,宇宙内自有应该承担责任的人。因此圣王治理天下,不是说均,就是说平,均平的办法就是要有法度,实行法度的办法就是能够根据共同的好恶推己及人。

这里主要强调世间万物都有欲望,这些欲望是符合天理人情的,万物假如没有欲望是难于生存和发展的,在某些方面上说,欲望是推动社会前进的动力。然而欲望是要有约束和限制的,要适可而止,不可贪得无厌,欲壑难填,失去了公平和均衡,一旦失去了公平和均衡,就有可能走向了它的反面,古今中外有多少人因为贪得无厌,欲壑难填,到头来不是身败名裂,家破人亡。所以圣人治理天下国家,不是说均,就是说平,均平就是要做到公平、公正、均衡,否则很难治理天下国家。

依法治国是根本

“民本,法也。故善治者塞民以法。”(《商君书·弱民》)

商鞅说:统治民众的根本是法制,就是依法治国。所以善于治理国家的人,就是用法制来约束民众的。

“法令者,民之命也,为治之本也,所以备民也。”(《商君书·定分》)

商鞅说:法令,是人民的生命,是治理国家的根本,法律是用来保护人民的。

“法必明，令必行。”(《商君书·画策》)

商鞅说：制定法令一定要严明，制定出的政令一定要实行。

“刑生力，力生强，强生威。”(《商君书·去强》)

商鞅说：刑罚能够产生实力，实力能够使国家强盛，国家强盛才有威力，有威力才能威慑敌人不敢乱动。

商鞅，是中国古代法制的先驱和实践者，因法制而使秦国强盛，雄踞于西方，而其本人也因“商鞅变法”而名垂千古，同时也因他的严刑峻法，得罪了秦国贵族和太子，太子继位后商鞅被五马分尸。虽然商鞅被处于极刑，然而他的变法和法治得到了延续，所以商鞅变法，使秦国最后统一中国起到了至关重要的作用。

从以上商鞅法治的观念来看，商鞅法治的本意，是用来法律来保护人民的正当权益，约束人民过度的欲望，法律令行禁止的目的，是为了提高生产力，使国家不断强盛繁荣，逐步实现强国富民。他把法治看作人民的根本，人民的生命，国家的根本，治国的根本。所以，制定法令一定要严明，制定出的政令一定要施行。他认为刑罚也是生产力，刑罚能够产生实力，实力能够使国家强盛，国家强盛了才会有威力，有了威力就能够震慑敌国不敢乱动。

依法治国，是历代法制学家和法家的政治家非常重视的，一直沿用至今。现在全世界大部分国家，都是提倡依法治国，和所谓的法制国家。所以历代的法家和政治家都有不同的论述：

“法者，天子所与天下公共也。”(《汉书·张释之传》)

《汉书》上说：法律是皇帝与天下人所共同遵守的。就是说，在法律面前人人平等，不管你是皇帝老子，还是平民百姓都要依法办事。

“法者天下之度量，而人主之准绳也。”(《淮南·主术》)

《淮南子》中说：法律，是衡量天下事物的标准，是君主掌握国家的纲领准绳。(度量，原指测量长短多少的器具，此处引申为标准。)

“法者，治之政也，所以禁暴而率善人也。”(《史记·教本纪》)

《史记》中说：法令，是政治的依据，目的是用它来禁止强暴，引导人们归向善良。

“法，国之权衡也，时之准绳也。权衡所以定轻重，准绳所以正曲直。”(《贞观政要·公平》)

《贞观政要》中说:法律是治理国家的度量衡,是历代校正一切事物的准绳。权衡是用来确定轻重的,准绳是用来校正曲直的。轻重曲直的标准就是法律。

法律,是治理世道、主宰万事万物的神器,是君主根据天理人情制定的,君王不能干预;臣下为了天下万世无条件地执行它,臣下不能干预。法律,就如同手执圭板和奉着出使的信节一样,只能谨慎地不折不扣地执行而已。法律是神器不是我自己的东西,我怎敢把它据为己有呢?现在则不然,别人靠它来济私,请托走后门之事公然成风;自己借它来施恩,立即加以回响,得以回报。而花言巧语扰乱政治的人,又借口要长厚、要仁慈、要报德、要尊崇。长厚仁慈,应该是对没犯法的人实行的,报德崇尊,应该是自己本身的行为,怎能用朝廷的公法权力,来徇私情报私恩呢?这危害大公之道的做法,是天下之公贼也。

法律,是依据天理人情而制定的神器、公器,是威严神圣不可侵犯的国家大法。法律,是天子与天下人民所共同遵守的,法律面前人人平等,王子犯法与庶民同罪;同时法律又时是保护人民的正当权益、约束人们贪婪的根本;法律是天下人共同的度量和人主的准绳,是依法治国的依据,是用它来禁止强暴和丑恶,引导人们善良的依据,是治国之权衡,时代之准绳,治国之不可缺少的法宝;法律是治国御世的神器和公器,君主不得干预,大臣更不得干预,只能谨慎地去执行,不可以徇私枉法,更不可以以法谋私,否则,就是天下人的公贼。

"法不察民情而立者,则不成。"(《商君书·壹言》)

商鞅说:如果法律不考察民情民意,违背广大人民群众的民情民意而立的法律,是不会成功的。

"经国序民,正其制度。"(《资治通鉴·汉纪十》)

《资治通鉴》中说:治理国家,要使人民各司其责,各司其职,安然有序,就要建立健全各项法律法规制度。

"治民无常,惟治惟法。"(《韩非子·心度》)

韩非子说:治理老百姓没有一成不变的常规,只有把有利于治理的东西形成法律就是了。

"政者,为治之具;刑者,辅治之法。"(《朱熹·论语集注》)

朱熹说:政令,是治理天下的工具;刑罚,是辅助治理天下的法宝。就是说，治理国家，既要有政令制度，也要有刑罚辅助，二者不可偏废。

“法者，治之端也；君子者，法之原也。”（《荀子·君道》）

荀子说：法制，是治理国家的一个首要事项，头等大事；而有治国之才的君子，才是实行法制的根本。

综上所述，在立法的时候，要广泛地听取民情民意，广大人民群众的民情民意，是立法的依据和根本。立法要根据广大人民群众的实际情况而定，不能脱离广大人民群众的实际情况而制定法律，如果脱离了广大人民群众的民情民意，人民就不会执行它，立法就不会成功。

制定法律的目的，是为了有法可依，有法必依，执法必严，违者必究。法律的首要任务：是用来保护人民的合法权益，约束一些人过度的私欲奢求，使人民安然有序的生活，并不是为了治理百姓。法律和法令也要与时俱进，根据实际情况不断地修订完善法律法规。

政令，是治理天下的工具；刑罚，是辅助治理天下的法宝。法律，是保护人民利益的，是惩罚违法的极少数人的。但法律要掌握在好人手里，否则法律就会成为坏人整治好人的工具和帮凶。

“所谓亡国者，非无君也，无法也。”（《淮南子·主术》）

《淮南子》中说：所谓亡国，不是因为没有君主，而是因为没有法律。

“法存则国安，法亡则国危。”

杨万里说：要依法治国，法制存在，国家就会安定；法制没了，不能依法治国，国家就很危险，甚至灭亡。

王夫之说：“国无纪，民无生。”

王夫之说：一个国家没有法规法纪，人民的正常生活就无法得到保证，就不会安居乐业的生活。

以上的论述，主要是强调法律的重要性。一个国家的灭亡，不是因为没有了君主，而是因为没有法律或是有法不依。能够依法治国，则国家安定；不能够依法治国，则国家危险，甚至灭亡。一个国家没有了法律、法规、制度，或者说有法不依，执法不严，贪赃枉法，国家就会危险，甚至走向灭亡。国家没有了法律，人民的正常生活就得不到保障，坏人就会兴风作浪，人民就会无法生活，天下就会大乱。

“治国之道，不过立法度，正纪纲而已。纪纲者，上下相维持，法度者，赏

罚示惩劝。”(《元史·李治列传》)

《元史》中说:要想治理好国家,不过是制定好法律法令制度、规定好纪律纲常罢了。纪律纲常,是用来维持人们之间上下左右各种关系的;法令制度,是用来赏罚人们并对人们进行惩戒约束和勉励的。

“德以施惠,刑以正邪。”

《左传》中说:施行德政,主要是用来给人民以恩惠,造福于人民;动用刑罚,主要是用来纠正和震慑一些人的邪恶,维护社会稳定,保障人民正常生活的。所以治国要恩威并济,赏罚并用。

“惟有德者,能以宽服民,其次莫如猛。”

《左传》中说:只有有高尚的道德品质和有杰出才能的人,才能宽厚包容老百姓,包容百姓的君主,才能使人民臣服,次一等的人就不得不用严厉的刑罚了,因为施行德政的君主是要有耐心的。

“宽以济猛,猛以济宽,政是以和。”

《左传》中说:用宽厚包容来辅助严厉的刑罚,用严厉的刑罚来辅助人君的宽厚包容,宽严相辅相成,两者有机的结合,国家的政治才能够协调,社会才能够和谐,人民才能够安居乐业,舍弃一方,社会和国家就会失去平衡。

古人认为:治国之道,不过立法度,政纪纲而已。纪律纲常,是用来维持人们之间上下左右关系的;法令制度,是用来对人们进行惩戒约束勉励和保护的。

然而,仅用法治并不能解决全部问题,还要用道德来教化人民,用仁爱来感化人民,用恩惠来造福于人民,用刑罚来纠正和震慑邪恶犯罪。治理国家要恩威并济,赏罚并用,仁爱宽厚包容道德刑罚奖赏有机地结合。

仅用道德人们难以威服,仅用刑法人们难以心服,仅用恩惠人们难于诚服。所以要恩威并济,赏罚并用,综合治理。道德刑罚恩惠并用,胡萝卜加大棒,遵纪守法听话的给你胡萝卜,否则大棒伺候,表现好的表扬奖励,违法乱纪的绳之以法。但在用法时要宽严相济,否则法律也会失去震慑的作用;在赏罚时要奖惩适当,否则将失去奖罚的作用。

“法者不可不恒也,存亡治乱之所以出,圣君所以为天下大仪也。”(《管子·任法》)

管子说:法是不可不永远长久坚持的,它是国家存亡治乱的根本,是明君圣主用来作为天下最高准则的神器。

“罚严令行，则百官皆恐；罚不严，令不行，则百官皆喜。故明君察于治民之本，本莫要于令。”(《管子·重令》)

管子说：刑罚严，法令行，则百官畏法则尽职尽责；刑罚不严，法令不行，则百官枉法则玩忽职守。因此，明智的君主深知治民的根本，没有比法令更重要的了。

“治国使众莫如法，禁淫止暴莫如刑。故贫者非不欲夺富者财也，然而不敢者，法不使也；强者非不能暴弱者也，然而不敢者，畏法诛也。”(《管子·明法解》)

管子说：治理国家，统治人民最好的办法，没有比用法律更有用了；禁止淫乱，抑制暴行最好的办法，没有比有刑罚更管用了。贫穷的人并不是不想夺取富人的财富，而是他们不敢，是因为法律不允许；强暴者并不是不想欺凌弱者，然而他们不敢，是因为他们畏惧法律的惩治。这就是法律的震慑作用。

“君臣上下贵贱皆从法，此谓大治。”(《管子·任法》)

管子说：君主、臣子、上层权贵、下层平民、尊贵者、卑贱者都遵从法律，这就叫做大治。

管子不愧为法家的先驱，治国的能臣，千古的名相，一代霸主齐桓公的仲父，对于人性的了解和法律的掌控了如指掌，运用自如。他首先强调法者不可不恒，执法的统一和持久，是国家存亡兴衰的根源，是圣君明主用来作为天下的最高准则。其次是有法可依，有法必依，执法必严，违者必究，令行禁止，则百官因畏法而尽职尽责，否则，则百官枉法而玩忽职守，明智的君主深知法是治民的根本，治国没有比法令更重要的了。再次是治国“使众莫如法，禁淫止暴莫如刑”，人类的本性是欲望，欲望的本质是贪婪，贪婪的人和贫穷的人并不是不想夺取富人的财产，而是因为有法律震慑的缘故，不敢触犯法律。弱肉强食，以强凌弱，是动物的丛林法则，强者并不是不想欺压和凌弱弱者，而是畏惧法律的惩治。再其次是君臣上下皆从法，也就是全国人民都能够遵守法律法规，此谓大治，也就是在法律面前人人平等，王子犯法于庶民同罪。只有全国人民都能够守法，才能够称得上天下大治。

张居正说：天下的事情，制定法令并不难，难的是有法必依、执法必严的切实贯彻执行；天下的事情，听取众人的意见并不难，难的是让这些意见真正发生效力。

张居正,身为明代万历首辅,两代帝师,一代名相,改革旧制,创建新政,实行变法,推行一条鞭法,振兴大明王朝,遭遇到既得利益者和皇亲国戚的重重阻力,历尽千辛万苦,受尽万般委屈。深知立法并不难,难的是推行法制的艰难;深知采纳真知灼见并不难,难的是正确意见的落实生效和推行实施的艰难。

但张居正,知其不可为而为之,逆势而上,为了推行新政,他身体力行,鞠躬尽瘁,死而后已,刷新吏治,开创了万历新政。万历时期的经济政治由此欣欣向荣,没想到他死后不久,被他一手教育培育扶持关爱的万历皇帝,废除了他的万历新政和一条鞭法,并剥夺了张居正的所有封号。皇亲国戚等贵族阶级和腐朽势力疯狂的反扑,致使万历新政的夭折失败,导致大明王朝的万里锦绣江山,山雨欲来,风雨飘渺,从此走向了衰败动荡直至灭亡的结局。

天地四方六合之内,都是个讲人情的地方,只有朝庭和官府是个法制的世界。如果朝廷和官府也殉情废法的话,这个世界就没有能够找到公道的地方了。

天理、国法、人情,是人世间最重要的三大纲领、普世原则。普天之下相信天理,六合之内注重人情,朝廷上下依法治国。假若朝廷上下不能够以事实为根据,以法律为准绳,徇私舞弊,徇情枉法,这个世界就没有了公道,天下的老百姓再也找不到公道和讲理的地方,人民的权益如何保证?

“法之道,前苦而长利;仁之道,偷乐而后穷。”(《韩非子·六反》)

《韩非子》中说:以法制为治国的方法,痛苦在前却有长久的好处利益;以仁爱作为治国的方法,苟且欢乐以后必然困窘。

“文章不成者,不可以诛罚;道德不厚者,不可以使民;政教不顺者,不可以烦大臣。”(《战国策·秦策一》)

《战国策》中说:法令不完备,就不能动用刑罚;道德不高尚,就不能统治百姓;政治教化不合理,就不能烦劳大臣。

朱熹说:“以严为本,而以宽济之。”

朱熹说:执法应当以严为根本,而以宽厚为辅助。

对于依法治国,历代政治家们各抒已见,见解不同,但大同小异。著名法家人物韩非子认为:

依法治国,痛苦在前而利益在后:以仁治国,快乐在前而困窘在后。而《战国策》中则强调综合治理,认为法令、道德、政治教化综合治理方能生效。朱熹则认为,执法要宽严相济为好。不同的政治家有不同的见解,但我认为还是综合治理较好。

"王者之政,化之;霸者之政,威之;强者之政,胁之。夫此三者,各有所使,而化之为贵矣。"(刘向《说苑·政理》)

刘向说:王道的政治,在于用德政感化人民;霸道的政治,在于用权势威服人民;强横的政治,在于用武力强迫人民。这三种政治都有一定的作用,而以德化为最好。

"有文无武,无以威下;有武无文,民畏不亲;文武俱行,威德乃成。"(刘向《说苑·君道》)

刘向说:如果仅有文的一手而无武的一手,就无法威服下级;如果仅有武的一手而无文的一手,人民就会害怕而不敢亲近;只有文武并行,恩威并济,赏罚并用,威德的统治才能够形成。这里的文武两手,应该是指仁爱道德和法律威严。政治家要以道治国,以德感人,以情动人,以理服人,无效之后再依法治人,以刑罚惩人。

"治身,太上养神,其次养形。治国,太上养化,其次正法。"(《淮南子·泰族》)

《淮南子》中说:调治身体,最高明的办法是保养精神,养精蓄锐;其次是保养身躯,健身体魄。治理国家,最高明的办法是用高尚的道德来教化人民,用仁义礼智信来引导人民,用文化思想品德教育来陶冶风俗,其次才是端正法度,依法治国,刑罚并用。强调教育和陶冶情操放在首位。

"天地成岁,先春而后秋;人君之治,先礼而后刑。"(傅玄《傅子·法刑》)

傅玄说:自然界气候变化形成的四季,是春天在先,秋天在后;君主治理国家,是先进行礼仪教化,尔后才运用刑罚。

依法治国,是行之有效的,但法律不是万能的,法律的震慑作用,仅仅能够减少部分人的罪恶,遏止一部分人犯罪,却不能造就一尘不染的人,也不能造就一个一尘不染的世界。所以,刘向说:王者之政,化之,王道的政治在于用德政感化人民;霸者之政,威之,霸道的政治在于用权势威服人民;强者之政,胁之,强横的政治在于用武力强迫人民,这三种政治都是有用的,而以德化为最好。但紧接着刘向又说，有文无武，无以威下；有武无文，民畏不亲；文武俱行，威德乃成。就是说，仅靠德政和讲理而没有威势，人们不会威服你；而仅仅有威势而没有情理，人们只会威服你而不能够亲近你；只有文武并行，恩威并用，威势和德望才能够形成。《淮南子》中说：治身，太上养神，其次养形。治国，太上养化，其次正法。就是说，调治身体最高明的办法就是养精蓄锐，其次是保养身体，健身体魄；治理国家也是同理，最高明的方法就是陶冶风俗，其次才是端正法度，强调思想道德教育和陶冶情操放在治国的首位。傅玄说：天地成岁，先春而后秋；人君之治，先礼而后刑。就是说治国要首先进行德政和礼仪教育，不得已再用刑罚。

三十八、恩威并济，赏罚并用，群策群力，众志成城

“威德者，相须而济民者也。故独任威刑而无德惠，则民不乐生；独任德惠而无威刑，则民不威死。民不乐生，不可得而教也；民不畏死，不可得而制也。”（晋代·傅玄《傅子·治体》）

傅玄说：威势刑罚和德化恩惠，二者要相互依赖、相互补充、相辅相成，才能安邦治国济民。所以单纯凭借威势和刑罚，而没有对人民进行德化教育和给予人民实惠，造福于民，人们就不认为生活是快乐的；而仅靠德化教育和给予人民实惠，而没有威势和刑罚，震慑坏人，严惩不法，人们不怕死、就不畏惧法律刑罚。人们如不以生活为乐，那就没法教化；人们如果不怕死，就没法控制他们。

恩威并济、赏罚并用是治国良策

“德礼为政教之本，刑法为治教之用。”（唐·长孙无忌《唐律疏议·名列一》）

长孙无忌说：道德和礼仪制度是政治教化的根本，刑律和惩罚则是为政治礼仪教化服务的。

“仁义，理之本也；刑罚理之末也。为理之有刑罚，犹如执御之有鞭策也。人皆从化，而刑罚无所施；马尽其力，则有鞭策无所用。”（唐·吴兢《贞观政要·公平》）

吴兢说：仁义是治理国家的根本，刑罚是治理国家的枝叶。治理国家需要刑罚，就像驾驭马车需要有鞭子一样。人们都能够自觉地服从教化，刑罚就没有什么用处；马匹个个奋力拉车，鞭子也就没有什么用处。

“治贪之道，赏之不劝，杀之不畏，必渐之以风。”（清·唐甄《潜书·富民》）

唐甄说:整治贪污腐败的途径,光靠奖赏不一定能够勉励人,光靠诛杀也不一定能够使人畏惧,必须用良好的思想风气来进行思想教育和疏导。

“不教而诛,则刑繁而邪不胜;教而不诛,则奸民不惩;诛而不赏,则勤励之民不劝;诛赏而不类,则下疑俗而百姓不一。”(《荀子·富国》)

荀子说:不进行思想教育就进行惩罚,那么即使刑罚再多也制止不了邪恶;只知道思想教育而没有惩罚,那么奸邪之人就得不到惩罚;只知道惩罚而没有奖赏,那么勤勉守法的人就得不到鼓励;能够把惩罚与奖赏并用,但赏罚不公,不依据法度公平合理的赏罚,那么人民就会疑惑不解,风气险诈,弄虚作假,欺上瞒下,言行不一。

“治之经,礼与刑,君子以修百姓宁。明德慎罚,国家既治四海平。”(《荀子·成相》)

荀子说:治理国家所奉行的两大原则是礼仪与刑罚,君子用它们来修养自己,百姓因此得以安宁。一方面树正气表扬好的品德,一方面祛邪气审慎地使用刑罚,国家得到治理,就会实现人民安居乐业,四海升平。

治理国家,要恩威并济,赏罚并用,恩威则相互依赖,相辅相成,缺一不可。仅有威则民不乐生,仅有德则民不畏死,这是晋代傅玄的观点;而唐代的长孙无忌认为,德礼为政教之本,刑罚为治教之用,刑罚是为政治和教化服务的;唐代吴兢又更详尽的说,仁义是治理国家的根本,刑罚则是治理国家的枝叶,治理国家需要刑罚,就像驾驭马车需要有马鞭子一样,只是备用而已,如果人民都能够遵纪守法,刑罚就没有什么用处,就如马匹个个都奋力拉车,鞭子就没有什么用处;正如唐代唐甄所说的一样,整治贪污腐败的途径,光靠奖赏不一定能够勉励人,光靠诛杀也不一定能够使人畏惧一样,必须用良好的思想风气来进行教育疏导人们;荀子说,不进行教育就惩罚,那么即使刑罚再多也制止不了邪恶,只知道教育而没有惩罚,那么奸邪之人就得不到应有的惩罚和震慑,只知道惩罚而没有奖励,那么遵纪守法的人就得不到鼓励,奖罚并用而没有法律依据,人民就会迷惑不解,风气险诈,就会弄虚作假,欺上瞒下,言行不一;荀子还说,治理国家所奉行的原则是礼仪与刑罚,明德慎罚,则人民安居乐业,四海升平。所以恩威并济,赏罚并用,是治国良策。

以术治国,提高执政能力

黄老治国,坦坦荡荡,顺其自然,无为而治;而法家治国,则需要权、术、势的配合,配合得好则事半功倍。所以在治理国家的理念上,诸子百家有不同的观点。所以:

荀子说:国家机器,是天下最有利的器具;作为君主,处于天下最有利的地位。如果能够运用正确的政治路线和方针政策,去掌握行使国家的君权,国家就会非常安定,非常荣耀,成为积聚千秋功名的源泉;如果不能够运用正确的政治路线和方针政策去掌握它,就会非常危险,非常烦劳,有了它还不如没有它,发展到极点,君主想要求做个平民百姓也不能如愿,齐湣王、宋献公就是这样例子。所以,君主处于天下最有力的地位,但是他并不能自行安定,要想安定就一定要制定运用正确的政治路线和方针政策。

荀子说:所以,治理国家的人,把道义确立了就能够称王于天下,把信用确立了就能够称霸于诸侯,专靠搞权术谋略甚至是阴谋诡计来就会灭亡。这三种情况,是英明的君主要谨慎选择的,是讲究仁义道德的人一定要弄明白的。

荀子是战国末期杰出的思想家、教育家、文学家,先秦唯物主义集大成者,是继孔子、孟子之后的儒学大师。荀子生于战国末期秦始皇统一六国的前夕。此时封建制在各诸侯国已经确立,荀子为了顺应历史潮流,在批判和继承的基础上,建立了包括哲学、政治、伦理、教育等内容丰富的思想体系。最有兴趣的是,身为儒家大师的他,竟培养了韩非子、李斯两个举世闻名的法家代表人物的学生。所以有的人认为荀子是法家人物。

荀子认为:国家机器,是天下最有利的工具或者说最锋利的利剑,是一把无比锋利的神圣之剑,君主处于天下最有利的地位,最有优先权,握住国家机器这把神圣之剑的剑柄。如果能够把握住这神圣的剑柄,很好的利用它,正确发挥神剑的作用,社会就会非常安定,非常荣耀,也会成为聚千秋功名于一身的源泉;假如把握不住这把神剑的剑柄,不能够正确地利用它来为人们兴利除害,造福于民,则是非常危险的,就如握住了神剑的剑锋,有它还不如没有它,发展到极点,就会伤及自身,到头来连想去做老百姓的可能也没有了。齐湣王、宋献公就是很好的例证。所以说,君主虽处于天下最有利的地位,掌握国家机器,假如不能够仁政爱民,为民兴利除害,君主想自己得到安宁和国家得到安定也是不可能的。

荀子的治国理念是儒家的“仁、义、礼、智、信”，所以他又说：“义立而王，信立而霸，权谋立而亡。三者明主之所谨择也，仁人之所务白也。”荀子认为：治理国家的人，确立道义于天下，就能够称王于天下；确立信义于天下，就能够称霸于诸侯；专靠利用权谋治理国家的就会灭亡。这三种情况，是英明君主要谨慎选择的，马虎不得，更是讲究仁德的人一定要明白的道理。由此看来，荀子是反对治国专用权谋的。但事实上，历朝历代的统治者，大都善于利用权谋、权术、权势来治理国家。正如下文所说：

君主治理国家，要使人们既爱戴他又惧怕他，而君主治理国家的道术是没有穷尽的。一定要有人们难以预料的恩惠和权威，相互交替地贯穿于治理国家的始终，方可以做到这一点。作为帝王，能够使人们称之为用恩惠服人，也能够使人们说他是靠权威治国。

人们爱戴他而有的却没有权威，人们惧怕他而有的却得不到人们的爱戴，这样的君王，统治国家的道术就不能够行之久远；统治国家的道术不能够行之久远，国家的政治形势也就不能好转和稳定。

人们应该知道自然规律吧！自然界把阳光雨露、和风细雨作为滋润万物的的恩惠，而又有难以预料的狂风骤雨、疾雷闪电的发生。自然界以狂风骤雨、疾雷闪电向万物施加压力，而又有难以预料的和阳光雨露、和风细雨滋润着万物。假使那狂风骤雨、疾雷闪电天天响个不停，以寻求那潜伏或坠落在地的隐蔽物而加以击毁，人们对于狂风骤雨、疾雷闪电也就不知道惧怕了。假使那和风细雨天天刮个、下个不停，以寻求那需要繁衍生息的万物而加以滋润，人们也就不会感激老天爷了。只有大自然的法则变幻莫测，才能使天下的万物受到激励，又能适应大自然的变化而使自己出于不知不觉之中。

作为君主，他的权威就像震荡乾坤的疾雷闪电，他的恩惠又像滋润万物的阳光雨露，都处于人们的不能预料之中，那么，人们对待君主既爱戴他，又惧怕他，那他统治国家的道术就是很高明的了。他统治国家的道术高明，那他的政绩就会层出不穷。因此君主不必认为自己多杀了一些人才认为有威严，即使杀了一个人也可以说有威严；不必认为自己赏赐给臣下很多粮食布帛为恩惠，而自己平时颁发的政令和言语神态都可以看作恩惠。正可谓“霹雷闪电都是君威，阳光雨露都是君恩”一样，恩威并用、赏罚并举，是以术治国的重中之重，但恩威并用、赏罚并举，也要用得恰到好处、天衣无缝，才是好的治国之术。

治国之术有多种多样。如：

依靠人民，群策群力，众志成城，乃治国之道

“不自见故明，不自是故彰。”（《老子》）

不专靠自己的眼睛，所以才看得分明；不自以为是，所以才能够是非昭彰。治理一个国家，千头万绪，错综复杂，不能仅靠君主一个人的眼睛看问题，要充分利用更多人的眼睛去观察问题，群众的眼睛是雪亮的，依靠群众，才能把错综复杂、千头万绪的事情看得清楚、分的明白；君主不自以为是，刚愎自用，充分利用众人的智慧，群策群力，才能够把千丝万缕、纷乱复杂的事情，分得青红皂白，明确是非对错。所以说，君主治国一定要慎独自专和刚愎自用，要充分调动广大人民群众的智慧，才能够把国家治理得好。这是老子借用人民群众的智慧和力量的治国之术。

“有道之君，正其德以莅民，而不言智能聪明。智能聪明者，下之职也；所以用智能聪明者，上之道也。”（《管子·君臣上》）

管子说：懂得为君道聪明睿智的君主，总是能够端正自己的道德来领导人民、引导人们，而不是卖弄自己的聪明才智。表现聪明才智的，应当是臣下的职能；如何去发现并使用臣下的聪明才智，才属于为君之道。

“必知不言之言，无为之事，然后知道之纪。”（《管子·心术上》）

管子说：必须清楚的知道，什么是不该由自己去说的，什么是不用自己亲自去做的事，然后才能够懂得治国之道的要领。

“独任之国，劳而多祸。”（《管子·形势解》）

管子说：靠君主一个人来治理国家，事必躬亲，必定自身劳累而遭祸患。

管子曰：“明主不用其智，而任用圣人之智；不用其力，而任用众人之力。故以圣人之智思虑者，无不知也；以众人之力起事者，无不成也。能自去而因天下之智力起，则身逸而福多。”（《管子·形势篇》）

管子说：明主不仅仅用他自己的智慧，而是依靠圣人的智慧；不用他自己的力量，而是依靠广大人民群众的力量。所以，用圣人的智慧思考问题，就没有不了解的事情；用广大人民群众的力量举办事业，就没有不成功的事业。能够做到个人放手、放权而依靠天下人的智慧与力量推动国事，那他自身就潇洒自如，安逸轻松而多得其福了。

“无为者帝，为而无为者王。”（《管子·乘马》）

管子说：能够做到无为而治的，可成就帝业；能够做到为政而不为政务所累，显得无可操劳的，可成王业。

“上离其道，下失其事。毋代马走，使其尽力；毋代鸟飞，使蔽其羽翼。”（《管子·心术上》）

管子说：在上位的君主脱离了正确的轨道，在下位的官员就会荒怠自己职责的事务。人，不要代替马去跑，让马自尽其力，纵横驰骋，日行千里；人，不要代替鸟去飞，让鸟展翅高飞，自由自在，翱翔于天空。这里强调的是，君主要懂得正确的用人之道，尽可能地发挥臣下的聪明才智和积极性。以上是管仲的治国之术。

管仲强调圣明君主的御人之术，就是善于借用圣人的智慧，众人的智慧，臣下的智慧，这才是正确地为君之道；清楚什么是自己不应该说的，什么是自己不应该做的，才是正确地治国之道的要领；明主不用自己的智慧，而用圣人的智慧，不用自己的力量，而依靠众人的力量，事业就会事半功倍的成功，自己就会潇洒自如，安逸得福；并进一步说道，无为者帝，为而无为者王。能够做到无为而治者，可成就帝业，能够为政而不为政务所累的，可以成就王业；君臣要职责分明，君主在上位假如脱离了轨道，不按章行事，在下位做臣下的就会荒怠自己的职责。这就像一个人不要去代替马去跑一样，不要代替鸟去飞一样。马，可以日行千里；鸟，可以翱翔于天空。而人不能，作为君主的不一定在每一个方面都胜于臣下，治理朝廷要依靠满朝文武大臣，让他们各司其责，各尽其力；治理国家要依靠和调动天下民众的积极性，依靠广大的人民群众的力量，才是作为圣明君主的为君之道。

“圣人非能通，知万物之要也。故其治国，举要以致万物，故寡教而多功。”（《商君书·赏刑》）

商鞅说：圣人并不是通晓一切事物的全能人，而是能够掌握万事万物的纲要。因此，他治理国家的办法，是抓住纲要来掌握一切事物的本质，做到提纲挈领，纲举目张，举重若轻，所以在教化上不费多少力气而功效却很大。

“圣人明君者，非能尽其万物也，知万物之要也。故其治国，察要而已矣。”（《商君书·农战》）

商鞅说：圣人明君并非对万事万物都懂，只知道万事的要领。他们治国，仅仅是掌握要领而已。

“所谓强者,天下胜;天下胜,是故合力。”(《商君书·画策》)

商鞅说:所谓强大的统治者,是说他能够战胜天下;能够战胜天下,是因为聚集了众人的力量。

商鞅认为:圣人并不是通晓一切事物的,而主要是能够掌握万事万物的纲领,他治理国家的办法是抓住纲领,能够做到纲举目张;圣人并不是对万事万物都懂,而是懂得万事万物的要领,能够做到提纲挈领,举重若轻,就可以事半功倍;所谓强者,就是能够战胜天下,而战胜天下则需要万众一心,依靠人民群众的力量。圣明的君主懂得调动全国之力,集中全民之智,发挥广大人民群众的积极性,群策群力,众志成城,人心齐泰山移。

“知者之知,故以多矣,有以守少,能无察乎!愚者之知,故以少矣,有以守多,能无狂乎!”(《荀子·霸道》)

荀子说:聪明智慧的人,本来就知识渊博,但他却只掌握治国的关键,很少管具体的事务,这样的人能不明察秋毫吗!愚蠢的人,知识本来就很少,但却整天忙于处理很多的具体事务,掌握不住关键,抓不住要领,这样能不乱吗!

“自为谋而莫己若者亡。”(《荀子·尧向》)

荀子说:作为君主的,如果事事都自己谋划,不相信群众,认为别人都不如自己的,国家就要灭亡。

“大巧在所不为,大智在所不虑。”(《荀子·天论》)

荀子说:最能干有能力的人,在于他不去做他不能做和不该做的事情;最聪明睿智的人,在于他不去考虑那些不该考虑和不应考虑的事情。

“总天下之要,治海内之众,若使一人。故操弥约,而事弥大。”(《荀子·不苟》)

荀子说:君主掌握了治理天下的要领,那么治理起国内百姓来,就像支配一个人一样容易。所以说,把握的原则愈简要,所处理的事情就越多。这里主要是强调君主要抓大放小,画龙点睛,举重若轻,提纲挈领,纲举目张。君主要抓大事,抓关键,抓要领,不事无巨细眉毛胡子一把抓,不事必躬亲。

荀子说:智者本来就知识渊博,却只掌握治国的关键,不管具体事务,所以能够明察秋毫;愚蠢的人本来就知之甚少,却事必躬亲,抓不住关键,这样治理国家的能不乱吗!荀子认为:君主如果整日事必躬亲,事事都有自己谋划,认为别人都不如自己，国家就要灭亡。荀子说：大巧在所不为，大智在所不虑。最能干的人在于他知道什么事该做，什么事不该做；最聪明的人在于他知道什么事该他考虑，什么事不该他考虑，留下充足的时间和精力做他该做的事情，考虑他该考虑的大事。荀子认为：掌握了治理天下的要领，那么治理起百姓，就像支配一个人一样容易。所以，把握的原则越简要，所处理的事情就越多。荀子强调如何提高执政者的执政能力和执政技巧，就是提纲挈领，画龙点睛，纲举目张，举重若轻，抓大放小，依靠群众，群策群力，治理国家。

"力不敌众，智不尽物。与其用一人，不如用一国。"（《韩非子·八经》）

韩非子说：领导者一个人的气力，抵不过众人的力量；一个人的智慧，不能通晓一切事物。与其用一个人的智能，不如依靠全国的人才。

"君贵明，不贵察；臣贵正，不贵权。"（宋·晁说之《晁氏客语》）

晁説之说：做君主的以明辨大是大非为贵，而不以事无巨细洞察一切为贵；做臣子的以正直为贵，而不以权变为贵。就是说，君主要在大是大非的问题上心明眼亮，不必事无巨细的全部弄清楚；臣子应当心怀刚直，切忌见风使舵，胸无直节。

"将专权则下归咎，将自善则下无功。"（宋·许洞《虎钤经·出将》）

许洞说：将领专权自用，下属就会将一切责任归咎于他；将领自以为无所不能，下属就会劳而无功。

"能用众力，则无敌于天下矣；能用众智，则无畏于圣人矣。"（《三国志·吴书·孙权传》）

孙权说：能充分发挥众人的力量，就会所向无敌；能充分发挥众人的智慧，就不怕赶不上圣人。

"因众者可以显立功，忘己者可以广得贤。"（《与尚书右丞相书》）

《与尚书右丞相书》中说：依靠众人的力量，可以建立显赫的功劳；不自恃自矜，可以得到众多贤才的支持。

"人君之于天下，不能以独治也。"（清·顾炎武《日知录》）

顾炎武说：国君不能靠自己一个人的能力智慧来独自治理天下。

"治国之难，在于知贤，而不在自贤。"（《列子·说符》）

《列子》中说：治理国家，难就难在识别和任用贤才，而不在于仅仅依仗个人的贤能。

就是说:再聪明智慧的君主,一个人的力量和智慧也是有限的,君主治理国家,不要自以为是,要靠充分发挥全国人民群众的聪明才智和积极性,调动一切可以调动的力量,群策群力,众志成城,同心同德,万众一心,方能把国家治理好。

“下君尽己之能,中君尽人之力,上君尽众人之智。”(《韩非子·八经》)

韩非子说:下等的君主独断自用,中等的君主能够调动群臣的力量,上等的君主能够集思广益,发挥群臣和国人的智慧。

“大圣无事,而千官尽能。此乃谓不教之教,无言之诏。”(《吕氏春秋》)

《吕氏春秋》中说:圣明睿智的君主,虽然他自己不具体做事务,却能够调动所有官吏的积极性,激发每一个臣子的聪明才智。这就叫做无言的教化,不用说话的圣旨指示。

“人主者,以天下之目视,以天下之耳听,以天下之智虑。”(《淮南子·主术》)

《淮南子》中说:君主要用天下人的眼睛来观察事物,用天下人的耳朵来听取情况,用天下人的智慧来思考问题。就是说,执政者要充分调动、激发和利用广大人民群众的力量和智慧,群策群力,不要只相信自己的力量和智慧。

“积力之所举,无所不胜也;而众智之所为,无所不成也。”(《淮南子·主术》)

《淮南子》中说:集中大家的力量统一行动,没有不胜利的;集中大家的智慧做事,没有不成功的。

“将治大者不治细,成大功者不成小。”(《列子·杨朱》)

《列子》中说:将要治理大事的人不事无巨细,成就大功的人不贪小功。就是说,为了成就伟大的事业,可以不拘泥于烦琐小事,不贪图小功,不计一城一地的成败得失。

“执一而应万,握要而治详,谓之术。”(《淮南子·人间》)

《淮南子》中说:掌握一个根本思想,而应付成千上万的事情,把握大的要领,从而使具体的事务都得到治理,这就是正确的领导方法。

“治大事者不可以烦,烦则乱。”(汉·桓宽《盐铁论·刺复》)

《盐铁论》中说:从事国家大事的治理人,不可以陷入烦琐的事务,否则就会把事情搞乱。

董仲舒说:“为人主者,以无为为道,以不私为宝。”

董仲舒说:作为君主,要以不事必亲躬为治政之道,要以不以权谋私为治国之宝。

“制国以分人,立政以分事。”(《后汉书·仲长统传》)

《后汉书》中说:掌握国家大权者要把责任分给大臣承担,设立政体要把事情分给众人去做。

韩非子把君主分为三等,下等的君主独断自用,中等的君主能够调动群臣的力量,上等的君主则能够集思广益,群策群力,发挥广大人民群众的智慧和积极性。《吕氏春秋》中说:圣君为政,不要事必亲躬,而是充分调动和发挥所有官吏的聪明才智和能力,这就叫不教之教,无言之诏。《淮南子》中说:君主要用天下人的眼睛观察事物,天下人的耳朵听取情况,天下人的智慧来思考问题,就是要充分发挥利用广大人民群众的力量和智慧,做到群策群力,而不是只相信和依靠自己的力量和智慧。《淮南子》中说:凝聚大家的力量,没有不胜利的,凝聚大家的智慧,没有不成功的。《列子》中说:将治大者不细,成大功者不成小。就是说,为了成就大的事业,不拘泥一些烦琐的小事情。《淮南子》中说:要掌握根本,握住要领,这才是正确地领导方法。《盐铁论》中说:君主不要陷入具体事务,否则就会把事情搞乱。董仲舒说:作为君主,要以不做具体事务为治政之道,以不以权谋私为治国之宝。《后汉书》中说:掌握国家大权者要把责任分给大臣,设立政体要把事情分给众人来做,不要舍不得分权、放权。

三十九、以势治国，公生明，廉生威

君主要以身作则，恩威并用，言而有信，才能威服天下

“且怀且威，则君道备矣。”（《管子·形势》）

管子说：作为君主，既要关怀臣民下属，又要有威严威势，这才是为君之道。

“威立于上，民服于下。”（《战国策·秦策一》）

《战国策》中说：权威在上面树立了，百姓也就在下面服从了。

“君者，国之隆也；父者，家之隆也。隆一而治，二而乱。自古及今，未有二隆争重而能长久者也。”（《荀子·致士》）

荀子说：君主，是国家的最高权威；父亲，是家庭的最高权威。最高权威的人只能一个，有一个统一的最高权威国家就能大治，有两个最高权威的人国家就会混乱。从古到今，从来没有同时有两个最高权威在那里争夺权力而国家能够长治久安的。

管子说：为君之道，就是既要关怀臣民下属，又要有威严威势，其实就是恩威并用。《战国策》中说：君主建立了权威，百姓才能服从，其实就是威服。荀子说：君主是国家的最高权威，父亲是家庭的最高权威，国家和家庭的最高权威只能一个才能大治，否则很难长治久安。主要是强调君主权威的重要性，天无二日，国无二主，最高权威只能一个，树立权威，要恩威并重，刚柔相济。

“其威不威则不足以禁也，其利不利则不足以劝也，故贤主必使其威利无敌。故以禁则必止，以劝则必为。”（《吕氏春秋》）

《吕氏春秋》中说：其威势不能使人感到威严，就不足以禁止坏人作恶；其利益不能给人以好处，就不足以鼓励人们向善。所以贤明的君主，一定要使自己的威势和给于人民的利益匹配相当。才能禁则令行禁止，励则雷厉风行。

“权势者，人主之车舆；爵禄者，人臣之辔衔也。是故人主处权势之要，而

持爵禄之柄,审缓急之度,而适取予之节,是以天下尽力不倦。"(《淮南子·主术》)

《淮南子》中说:权势,是君主乘坐的车辆;爵禄,是驾驭群臣的缰绳和马嚼子。所以国君处在最有权势的关键位置,手里掌握着赏爵赐禄的权柄,审查事情轻重缓急的程度,取予收放自如,适当而有节制,因此天下人都会竭尽全力而不知疲倦。

董仲舒说:"德不可共,威不可分。德共则失恩,威分则失权。"

董仲舒说:给予人民的德惠只能出于君主之手而不能同时出于他人之手,君主的最高权威只能掌握在自己手里而不能分散下去。德惠与他人共之,君主就不能用恩德来聚集民心;权威分散下去,君主就失去了应有的威势和权力。

"为善在于不疑,出令期于必信。"(唐·吴兢《贞观政要·灾祥》)

吴兢说:为百姓做好事在于毫不迟疑只争朝夕,发出命令要求必须坚守信用令行禁止。

"令行禁止,王者之师也。"(汉·刘向《说苑·指武》)

刘向说:有命令就立刻行动,有禁令就立刻停止,这是能够称王于天下的军队。

"临之以庄,则敬;孝慈,则忠;举善而教不能,则劝。"(《论语》)

孔子说:你严肃认真的尊重百姓,百姓就会对你恭敬;你孝顺父母、慈爱百姓,百姓就会对你忠心;你荐贤任能,耐心教育能力差的人,百姓就会受到鼓励。

"道德之威,成乎安强;暴察之威,成乎危弱;狂妄之威,成乎灭亡也。"(《荀子·强国》)

荀子说:依靠执政者高尚的道德建立起来的权威,必然导致国家平安强大;只靠暴厉督查建立起来的权威,必然导致国家危险衰弱;而靠胡作非为建立起来的权威,必然会导致国家灭亡。

"君子至德,默然而喻,未施而亲,不怒而威。"(《荀子·不苟》)

荀子说:君子的德才达到一定高度,即使他不说话,人们也能够明白他的意思;即使他不施恩惠,人们也同他亲近;即使他不发怒,也有很高的权威。强调"君主要以德取威"。

“度己之绳,故足以为天下法则矣。”(《荀子·非相》)

荀子说:君主严格要求自己,才能成为天下人效法的榜样。

“不得其道,而徒多其威。威愈多,民愈不用。亡国之主,多以多威使其民矣。故威不可无有,而不足专恃。”(《吕氏春秋·用民》)

《吕氏春秋》中说:没有道德的君主,他们没有掌握为君的方法,只会滥施权威,结果是威严越多,人民越不为他所用。亡国的君主,大都凭借着威严使用人民。所以威严不可没有,却不可单独依仗它。

“人主之立法,先自为检式仪表,故令行天下。”(《淮南子·主术》)

《淮南子》中说:君主立法,首先自己以身作则,身体力行,树立榜样,法令才能畅行于天下。

“仁而威,惠而信,修身而天下服。”(《史记·五帝本纪》)

《史记》中说:君主仁厚才有威严,慈爱才有信义,严格要求自己才能使天下归服。

“圣人之道,不能独以威势成败,必有教化。”(董仲舒)

董仲舒说:圣君的治国之道,不单凭权威权势推行政事,而必需重视德育和教化。

“官长正而百姓化。”(汉·王符《潜夫论·班禄》)

王符说:作为长官的自己行为作风正派,百姓就随之受到教育和感化。

“惠下以仁,正身以义,则其政不严而理,其教不肃而成矣。”(唐·吴兢《贞观政要·公平》)

吴兢说:君主以仁爱来施恩于民,以正义来匡正自身,那么不用严刑峻法朝政也能治理得很好,不动威容教化也可以蔚然成风。

“人君合于仁义,则天下亲;合于忠信,则四海宾;合于智勇,则诸侯臣。”(唐·李筌《太白阴经·鉴才篇》)

李筌说:国君的行为符合仁义道德,那么天下的人就会亲近他;符合诚信,那么四方的人就会归顺他;符合智勇,那么诸侯就会臣服他。

“主圣臣直。”(《资治通鉴·汉纪二十》)

司马光说:君主英明,臣僚自然正直。

宋代张载说："诚故信，无私故威。"

张载说：诚实，才能取得人们的信任；不谋私利，才有威严。

苏轼说："威不可立也，惟公则威。"

苏轼说：权威不是随便可以树立的，只有大公无私才能树立威信。

清代朱舜水说："公则生明，廉则生威。"

朱舜水说：官吏只有公正，才能产生明智；只有自己廉洁，才会产生威信。

王夫之说："身教立，诚心喻，德威著。"

王夫之说：只有以身作则，严于律己，身教胜于言教，才有榜样的力量，你的诚心已经被大家所理解，你的德行和威望就会显露出来了。

强调君主治理国家，要坚守道德、仁义、忠信、智勇、大公、无私、公平、廉洁，并且以身作则，身教胜于言教，才能够令人信服和归附。强调君主如何立威和用威，君主要恩威并济，公正廉明，言而有信，才能威服天下。但是使人之威，不若使人愧。

使人威之，不若使人愧之

古人云："使人之威不若使人愧。"就是说：使人惧怕，不如使人惭愧。使人惧怕你，别人就不敢欺负你；使人感到惭愧，别人就不忍心欺骗你。人不敢欺骗别人的原因，是出于不得已；倘若出于得已，便又我行我素。

治理国家，要先用法令规范人的行为，然后再用刑罚监督人的行为，这是君主使人感到畏惧的原因所在。然而法令有不完备、刑罚有不健全的时候，所以法律法规要不断地健全完备，不断地修订补充，要与时俱进，跟上形势的发展，但法律往往是滞后的。所以，在依法治国的同时，要靠道德的教育相辅助。

依法治国和以德治国，就是法治文明和精神文明，两手抓两手都得硬，正如一个车上的两个轮子，缺一不可。以德治国，是道德风尚精神文明的教育，是治理国家变革天下风俗所依赖的，教育人们道德高尚，精神文明，有羞耻之心。

孟子"羞耻之心人皆有之"的话是有道理的。民间少年整天在街市上坦胸露体、奋力疾呼，当他在衣冠楚楚、彬彬有礼的君子面前走过时，不能不迟疑徘徊、退却而行；猎手勇悍，拉弓持箭，在山林中驰骋，当他路过佛主、老子寺院时，便提起衣襟，生态端庄而举止谦虚地在寺观侧面而行。

古代治理天下的君主，有的是别人不忍心欺骗他，有的是别人不敢欺骗他，有的是别人不能欺骗他。像汉文帝这样的君主，是属于别人不忍心欺骗的；像汉武帝这样的君主，是属于别人不敢欺骗的，像汉宣帝这样的君主，是属于别人不能欺骗的。

别人不忍心欺骗的，是出于诚意，而别人不敢欺骗和不能欺骗的，仅仅是惧怕你权威和你担心考核而已。权势和考核的效用，有中断的时候，那么，人们的不敢欺骗和不能欺骗之心也不能有始有终。诚意的力量和作用是无穷尽的，那么，人们的不忍欺之心也是无穷尽的。

这里强调依法治国和以德治国的相辅相成，法制教育和道德教育并行不悖，是一个车上的两个轮子，缺一不可。依法治国和法制教育是使人畏惧法律不敢犯罪；以德治国和道德教育是使人懂得文明羞耻，修身养性，尊重自己，不好意思违法乱纪，害怕破坏了自己的形象。

圣人无心，以百姓心为心；顺民心者得天下，顺民欲者得民心

“圣人无常心，以百姓心为心。”(《老子》)

老子说：圣人没有自己的意志，以百姓的意志为意志。

“顺民心者得天下，顺民欲者得民心。”

禹曰：“安民则惠，黎民怀之。”(《尚书·皋陶谟》)

大禹说：能够使人民安居乐业就是仁爱，人民群众自然就会归附于他。

“其于人也，忠信尽治，而无求焉；乐正与为正，乐治与为治。”(《吕氏春秋》)

《吕氏春秋》中说：对于百姓，忠信为怀，尽心治理，而无所求；老百姓喜欢公平合理，就帮助他们实现公平合理；老百姓喜欢天下太平，就帮助他们实现太平。

民心民意，是圣君治国所重。所以，圣人无常心，以百姓心为心，顺民心者得天下，顺民欲者得民心。圣人无常心，以百姓心为心，顺民心者得天下，顺民欲者得民心。君主获得民心的办法，就是重视人民，关心人民，为人民办实事，办好事，兴利除害，造福于民，使人民安居乐业，天下太平。

“禹思天下有溺者，由己溺之也；稷思天下有饥者，由己饥之也，是以如是其急也。”(《孟子·离娄下》)

孟子说：大禹心想天下老百姓有蒙受洪水之灾的，就像自己把他们推进洪水一样心里难受；后稷心想天下老百姓饿肚子没有饭吃的，就像自己让他们饿肚子一样惭愧，所以他们对于解除天下老百姓疾苦的事就会非常重视，并抓得很紧。

“人无于水监，当于民监。”（《左传》）

《左传》中说：人不要把水当做镜子，而应当把老百姓当做镜子。君主要以老百姓的反应、意见、民意，来检查自己为政的得失。

“明主救天下之祸，安天下之危者也。夫救祸安危者，必待万民之为用也，而后能为之。”（《管子·形势解》）

管子说：圣明的君主，要解救天下老百姓的祸患，使天下危局得以安定。但是解救老百姓的祸患与安定天下的危局，必须把千千万万的民众动员起来为君主所用，君民同心协力，上下同心同德，然后才能办得到。

孟子认为：大禹、后稷之所以成为圣君，就是他们和老百姓感同身受。《左传》认为，君主以民心民意做镜子，检查自己为政的得失。管子认为，圣明的君主，解救天下百姓的祸患，使得天下危局得以安定，给老百姓一个稳定的生存发展空间，解救天下百姓的祸患、安定天下的危局，仅靠君主一个人力量是办不到的，需唤起天下民众千千万万，同心干，才可以实现天下太平。

“使君主无得罪于民。”（《晏子春秋》）

晏子说：务必使君主不要得罪于人民。

“得众则得国，失众则失国。”（《大学》）

《大学》中说：得到人民群众的拥护的人，没有政权也能够得到政权；失去人民群众拥护的人，有了政权也会失去政权。

“民为贵，社稷次之，君为轻。”（《孟子·尽心下》）

孟子说：人民是最重要的所以说人民最伟大，其次是国家社稷，君主比起人民和国家来说应该是最轻的了。

“天视自我民视，天听自我民听。”（《太誓》）

《太誓》中说：人民的眼睛就是上天的眼睛，人民的耳朵就是上天的耳朵。

晏子说：务必使君主不要得罪于人民。正如《大学》所说：得众则得国，失众则失国，得罪了人民，还那来的国家天下。老子进一步认为：圣人无常心，以百姓心为心，百姓的需要，就是君主的努力工作的方向。孟子说得更加明确：民为贵，社稷次之，君为轻。人民最大，人民是天，所以说天视自我民视，天听自我民听。这里强调人民最大的观点。

“目贵明，耳贵聪，心贵公。以天下之目视，则无不见；以天下之耳听，则无不闻；以天下之智虑，则无不知。”（《邓析子》）

《邓析子》中说：眼睛最宝贵的是视力好，耳朵最宝贵的是听力好，思想最宝贵的是公正。依靠天下人的眼睛去观察，则可以看清一切；依靠天下人的耳朵去倾听，则可以听见一切；依靠天下人的智慧去考虑，则可以知悉洞察一切。

“国以民为安危，君以民为威侮，吏以民为贵贱。”（汉·贾谊《新书·大政上》）

贾谊说：国家的安定或危亡，君主的威严或侮辱，官吏的尊贵或卑贱，都统统取决于老百姓。

“君者，舟也；庶人者，水也。水所以载舟，亦所以覆舟。”（《孔子家语》）

《孔子家语》中说：国君，就像舟船一样；老百姓，就像水一样。水能够浮载舟船，也能够使舟船翻沉。

“民为邦本，未有本摇，而枝叶不动者。”（宋·苏舜卿）

苏舜卿说：老百姓是国家的根本，没有根本都动摇了，而枝叶不动的事情。

“善为政者，驭民如父母爱子，如兄之爱弟。见其饥饿则为之忧，见其劳苦则为之悲。赏罚如加于身，赋敛如取己物。此爱民之道也。”（《六韬·国务》）

《六韬·国务》中说：善于治国的君主，管理百姓就像父母爱护自己的子女，兄弟爱护自己幼小的弟弟一样。看到他们饥饿就为他们忧虑，看到他们劳苦就为他们伤心。赏罚他们就像赏罚自己一样，收取他们的赋税就像收取自己的资财一样。这就是爱民的道理。

以上强调：民惟邦本，人民最大，君主要想治理好国家，就要关心人民的疾苦，和老百姓感同身受，要懂得君是舟，民是水的关系，水可以载舟，亦可以覆舟，人民可以拥护你，亦可以推翻你，治理国家，要依靠老百姓，要懂得借助众人的力量和智慧，致使天下太平。

“治国之道，爱民而已。”（汉·刘向《说苑·政理》）

刘向说：治理国家的办法，不过是爱民罢了。

“民不畏死，奈何以死惧之？”（《老子》）

老子说：老百姓连死都不怕了，你还用死来吓唬他们又有什么用？

“胜民之为道，非天下之大道也。使民畏而不见亲，祸亟及于身。”（《管子

·小问》）

管子说：把制服人民当做治国之道，不是统治天下的正当办法。使人民惧怕你而不亲近你，灾祸很快就会殃及自身。

“凡众者，爱之则亲，到之则至。是故明君，设利以致之，明爱以亲之。徒利而不爱，则众至而不亲；徒爱而不利，则众亲而不至。爱施俱行，则说君臣、说朋友、说兄弟、说父子。”（《管子》）

管子说：凡是民众，对他们关心爱护，他们就会亲近你；为他们谋福利，他们就会归附你。所以，明君用为民谋福利的措施来吸引他们，表明关爱之意来亲近他们。只为民众谋利而不爱护他们，民众就只会归附你而不亲近你；只爱护他们而不为他们谋福利，民众就只会亲近而不肯归附你。既爱护他们又为他们谋福利，那就会君臣喜悦、朋友喜悦、兄弟喜悦、父子喜悦，全国上下皆大欢喜。

“莅民如父母，则民亲爱之。道之纯厚，遇之有实，虽不言吾亲民，而民亲矣。莅民如仇雠，则民疏之。”（《管子·形势解》）

管子说：统治者对待人民要像父母一样慈爱，人民自然就会亲近和爱戴你。统治者以纯厚来引导他们，用诚实来对待他们，虽然口里不说我亲近人民，人民也会主动来亲近他的。如果把人民当做仇敌一般来统治，人民自然就会疏远他们。

“民，善之则亲，利之用则和。用则有任，和则不匮。”（《商君书·弱民》）

商鞅说：对于民众，你善待他们，他们就与你亲近，重用利用他们，使他们有事做，他们就与你同心。任用并重用他们，他们就去承担义务。民众与国君同心协力，国家就不会困难。

“爱利以安之，忠信以导之，务除其灾，思致其福。”（《吕氏春秋·适威》）

《吕氏春秋》中说：用爱抚和利益使百姓安定，用忠诚和信用引导百姓，致力于为民除害，想着为民造福。

以上强调“治国之道，爱民而已”。人心都是肉长的，人同此心，心同此理，你爱护百姓，百姓就会亲近你，你给老百姓谋福利，老百姓就会归附你，你诚实对待老百姓，老百姓就会亲近拥戴你，你把老百姓当做仇寇，老百姓就会远离疏远你，你任用和重用他们，他们就会承担责任和义务，不要威胁老百姓，老百姓连死都不怕，你用死来威胁他们有什么用？人民是君主的镜子，你如何对待人民,人民就如何对待你。

“民者,国之根也。诚宜重其实,爱其命。民安则君安,民乐则君乐。”(《三国志·吴书》)

《三国志》中说:人民是国家的根本。君主应该诚心诚意地重视人民的衣食住行等民生大事,爱惜人民的生命财产。人民平安,君主就平安,人民快乐,君主就快乐。

“君人者以百姓为天。百姓与之则安,辅之则强,非之则危,背之则亡。”(《说苑·建本》)

《说苑》中说:君主应该把老百姓看做上帝。为他们多效劳,国家就会安定;给他们以实惠,国家就富强;对他们不关心,国家就危险;与他们对着干,国家就灭亡。

“保国之道,藏富于民。民富则亲,民贫则离。民之贫富,国家休戚系焉。”(朱元璋)

朱元璋说:保持国家长治久安的办法就是藏富于民。人民富裕了就会拥护政府,人民贫困了就会怨恨和背离政府。所以人民的贫富是国家安危治乱的关键。

民惟邦本的思想,是中国古代政治家的共识,人民是国家的根本,是君主的上帝,是当政者的天,是保持国家长治久安的关键。人民的安乐和拥护,关乎到国家的安危兴衰。民安则国安,民安则君安,民心向背,决定国家的安危。所以,君主只有全心全意为人民服务,为人民兴利除害,造福于民,人民才会拥护你。君主治理国家的一切目的,是为了提高人民的生活水平,让人民活得自由充实富裕和有尊严,人民才会从内心里拥护你,否则,国家就会很危险和动荡不安,君主的地位也会不稳甚至被推翻。

四十、中国传统文化的治国思想

“家给人足，天下大治。”（王安石）

王安石说：人民能够丰衣足食，天下就会太平无事。

“兴天下同利，除天下同害，天下归之。”（《荀子·王霸》）

荀子说：兴办对天下老百姓有利的事情，除掉对天下老表姓有害的事情，这样天下的人民就都归顺来了。

“古人善政者，贵于足食；欲求富国者，必先利人。”（《旧唐书·未坚传》）

《旧唐书》中说：古代善于管理国家的人，重要的是使人民免除饥饿；要想使国家富足的人，首先必须要让人民得到实惠。

“安民则惠，黎民怀之。”（《尚书·皋陶谟》）

《尚书》中说：使老百姓安定，就是给他们恩惠，这样，老百姓就归顺他。

“为政以安民为本，不以修饰为先。”（《三国志·蜀书》）

《三国志》中说：施政要把关心人民的疾苦，兴利除害，作为安定人民的根本，不把装潢门面的东西放在前面。

“帝王之道，莫尚乎安民。安民之术，在于丰财。”（《三国志·魏书》）

《三国志》中说：做帝王的要领，没有比使人民安居乐业更重要了。使人民安居乐业的办法，就在于使他们生活富足，衣食无忧。

“致理之要，惟在于安民；安民之道，在察其疾苦而已。”（张居正）

张居正说：实现国家安定的关键，惟一的办法是安定民众，安定民众的办法；主要在于体察他们的疾苦罢了。就是说，关心人民的疾苦，是国家安定的基础，是使人民安定的保证。

“食者民之本也，民者国之本也，国者君之本也。”（《淮南子·主术》）

《淮南子》中说：食物是人民的根本，人民是国家的根本，国家是国君的根本。就是说，君主要想保住国家和自己的君位，就必须重视民生，人民吃不饱肚子是不会跟着你的。

“天下顺治在民富,天下和静在民乐。”(明·王廷相《慎言·御民篇》)

王廷相说:国家安顺太平,来自于人民的富裕;国家和平清净,来自于人民的快乐。

“养民以论功,足食心养民。”(清·唐甄《潜书·考功》)

唐甄说:考核官员的功绩必须看其能否养民爱民,养民爱民必须看他能否使百姓丰衣足食。主张把能否使老百姓丰衣足食,提高人民的生活水平,作为考核官员的重要标准。

总之,治国之道,就是为老百姓兴利除害,不断的提高人民的生活水平,让人民安居乐业,丰衣足食,民富则国富,民安则国安,国安则君安。

重民:食为民本,民为国本,国为君本;民富国强,民安国安,国安君安

“治世以大德,不以小惠。”(《三国志·蜀书》)

《三国志》中说:治理国家要从大政方针政策上给予人民大恩大惠大德,而不应该用小恩小惠小德的办法来取悦人民,收买人心。

“善为政者,莫大于理人,理人莫在于既富之又教之。”(《周书》)

《周书》中说:对善于治理国家的人来说,没有比管理人民更大的事情了。而管理人民最大的事情,是既能使人民生活富裕,又教育他们遵纪守法。要精神文明和物资文明,两手硬,两手都得抓。

“得其心者有道,所欲与之聚之,所恶勿施,尔也。”(《孟子·离娄上》)

孟子说:得到民心有他的规律;人民所需要的,便帮他们收聚起来,人民所厌恶的,便不要强加给他们头上,不过这样罢了。

“君以恤民为本。”(汉·王符《潜夫论·本政》)

王符说:君主以关心民生疾苦为根本。

“为政以爱人为本。”(《薛文清公要语》)

薛文清说:为政之道,以关爱人民为根本。

“天下之大务,莫大于恤民。”(朱熹)

朱熹说:国家有许多非常重要的事情,但最重要最大的事情,没有大于体恤人民疾苦的事情。

“政之所行,在顺民心;政之所废,在逆民心。”(《管子·牧民》)

管子说:政令之所以能够推行,在于顺应民心;政令之所以废弛,在于违背民心。

“政必合乎民。”(《晏子春秋》)

晏子说:治理国家的路线、方针、政策,必须合乎广大人民的意愿。

“为政之道,以顺民心为本,以厚民生为本,以安而不扰民为本。”(宋·程颐)

程颐说:处理政务的方法,要以顺民心为根本,要以重视人民的生活为根本,要以安定人民而不是扰民为根本。

“信也者,民信之;仁也者,民怀之;严也者,民畏之;礼也者,民美之。”(《管子·小问》)

管子说:你对人民讲信用,人民就信任你;你对人民施仁政,人民就归向你;你严肃端正,人民就敬畏你;你行之有礼,人民就赞美你。

治理国家,要为人民的谋取长久的福祉,不用小恩小惠取悦于民;管理国家的目的,是既要使人民富足,又要教育人民向善;天下之大务,莫大于恤民,君主以关心民生疾苦为根本;政之所行,在顺民心,政之所废,在逆民心;国家的政事必须合乎人民的意愿;为政之道,以顺民心为本,以厚民生为本,以安民不扰民为本;要想得到民心,治理国家的大政方针政策都要符合广大人民的愿望,你如何对待人民,人民就会如何对待你,你施政如何,人民就是一面镜子,民心就是一杆秤,民心向背,主要看你是否真正为人民办好事,办实事。

“贤人之政,降人以体;圣人之政,降人以心。体降可以图始,心降可以保终。”(《黄石公三略·上略》)

《上略》中说:贤能之人的政治,使人行动顺从;圣明之人的政治,使人心中悦服。行动上顺从,可以共同谋事创业;心中悦服,可以保全始终。

“所谓有天下者,非谓履势位、受传籍、称尊号也,言运天下之力而得天下之心。”(《淮南子·泰族》)

《淮南子》中说:所谓拥有天下的人,不是指登上权势赫赫之帝位、接受符信典籍、称呼帝王尊号。而是能够运用天下人的力量,得天下人民之心。

“三皇之为君也,无常心,以天下心为心;五帝之为君也,无常欲,以百姓欲为欲。顺其心以出令,则不严而理;因其欲而设教,则不劳而成。”(《白氏长庆集》)

《白氏长庆集》中说：古代“三皇”做君主的时候，没有自己固定的心，以天下人之心为己心；“五帝”做君主的时候，没有自己固定的欲望，以天下百姓的欲望为自己的欲望。顺应民心而发布的命令，即使不严厉也治理得很好；根据民众的欲望而设立的政教，即使不辛劳也能够成功。

以上说的就是，“圣人无心，以天下人心为心；圣人无欲，以天下人欲为欲”。“顺民心者得天下，顺民欲者得民心”。

变革：法无常，近民为要，要与时俱进

“穷则变，变则通，通则久。”（《易经·系辞下》）

《易经》中说：事物如果发展到极点，就要发生变化；发生变化，就能够使事物的发展得以通达；事物发展通达，才能保持长久。

“不期修古，不法常可。”（《韩非子·五蠹》）

韩非子说：不能寄希望于遵循古制，不能一成不变地效法常规。

“苟利于民，不必法古；苟周于事，不必循旧。”（《淮南子》）

《淮南子》中说：如果有利于人民，就不必非得效法古代不可；如果适合于当代事业发展，就不必非得遵循旧有的制度不可。

“拨乱反正，志在安人。”（李渊）

李渊说：拨乱反正的目的是，在于安定民心。

“正者用之，邪者去之，是则行之，非则改之。”（苏轼）

苏轼说：革新的原则和目的，是明辨是非，扶正祛邪，有利于人民的就施行，不利于民的就改正，一切为了人民的利益。

“天下日动，而君子日生；天下日生，而君子日动。”（王夫之）

王夫之说：宇宙在不断运转、变化，人们的思想也要不断变化、发展。

“不慕古，不留今，与时变，与俗化。”（《管子·正世》）

管子说：不必迷信于古代，也不必拘泥于今天，要与时俱变，与时俱进，随着时代的发展而发展，随着民情民俗的变化而变化。

“论学则观其身，论政则考其时。”（明·方孝孺）

方孝孺说：议论学术，应该看看他的实践；议论政事，应该考察它是否符合当前的现实。

“法无常，近民为要；古今异势，便俗为宜。”（张居正）

张居正说:法律制度并不是永远不变的,关键是要接近民情;古今的情况有很大差异,法律制度以适应时俗为妥当。

"天变不足畏,祖宗不足法,人言不足恤。"(王安石)

王安石说:天象变异不足以使人害怕,祖先的陈旧制度不足以使人效法,攻击变法的言论不足以使人担忧。

总而言之,治理国家的目的,一切为了民富国强,在以人为本的前提下,一切大政方针、政策、路线、法律、法规,制度,都要与时俱进,与时俱变,不因循,不守旧,不法古,正如张居正所说:法无常,近民为要;古今异势,便俗为宜。

中国传统思想文化,其实是诸子百家的思想文化,正如《汉书·艺文志》所说:"凡诸子百八十九家,四千三百二十四篇。"

《汉书·艺文志》中说:"诸子十家,其可观者九家而已。皆起于王道既微,诸侯力政,时君世主,好恶殊方,是以九家之术蜂出并作,各引一端,崇其所善,以此驰说,取合诸侯。其言虽殊,辟犹水火,相灭亦相生也。仁之于义,敬之于和,相反而皆相成也。《易》曰:'天下同归而殊涂,一致而百虑。''今异家者各推所长,穷知究虑,以明其指,虽有弊短,合其要归,亦《六经》之支与流裔。使其人遭明王圣主,得其所折中,皆股肱之材已'。仲尼有言:'礼失而求诸野。'方今去圣久远,道术缺废,无所更索,彼九家者,不犹愈于野乎?若能修六艺之术,而观此九家之言,舍短取长,则可以通万方之略矣。"

诸子,指先秦至汉代初期的各学派或著作。亦称"诸子百家学",在"经、史、子、集"中,简称"子学"。西汉刘歆辑《七略》,将先秦至汉初各派著作辑为《诸子略》,后人遂有诸子学之称。其实就是先秦至汉初诸子百家学术的总称。

《汉书·艺文志》中说:先秦至汉代初期的"诸子百家",共有一百八十九家,四千三百二十四篇文章。最主要的有儒家、道家、法家、墨家、名家、纵横家、农家、兵家、权谋家、小说家、天文者、阴阳者、技巧者、历谱者、五行者、蓍龟者、杂占者、刑法者、数术者、医经者、经方者、房中者、神仙者、方技者等。

《汉书·艺文志》中说:诸子十家,其可观者九家而已。这九家是指,儒家、道家、法家、墨家、名家、纵横家、农家、兵家、权谋家。都是由于春秋战国时期,周朝王道衰微,诸侯力政,群起争霸,称雄于天下的时代。春秋时代的的潮流,造就了诸子百家,百花齐放,百家争鸣的伟大时代。当时诸子有一百八十九家，纷纷用自己的学说，取悦效力于诸侯，能够被诸侯认可治国采用的，大致有九家。而九家学说，又各有所长所短。所以各个时期，诸子百家的作用又各不相同，而以法、道、儒、墨学说被诸侯用之者较多。从而形成了儒、道、墨、法，中国传统思想文化的核心地位。

毛泽东说:“历史的经验值得注意。”中华五千年悠久的文明史证明，特别是春秋战国以来两千五百多年的封建历史证明，大多数朝代治理国家，大都以法家为基础，以儒道墨为辅助，或者说“明儒暗法”，就是名义上是推行儒家学说的路线，实际上执行的是法家路线。

法家的治国理念，就是“依法治国，赏罚分明，刑罚为主，以礼辅助”和之后的“有法可依，有法必依，执法必严，违者必究”。然而，仅有法家的治国理念是不够的，还要有儒家的“忠恕仁爱，德治仁政”，墨家的“兼爱、尚贤，非攻、节用”，道家的“无为而治”，相辅相成。

四十一、法家:依法治国,赏罚分明,刑罚为主,以礼辅助

《汉书·艺文志》中说:“法家者流,盖出于理官,信赏必罚,以辅礼制。《易》曰:‘先王以明罚饬法’,此其所长也。及刻者为之,则无教化,去仁爱,专任刑法而欲以致治,至于残害至亲,伤恩薄厚。”

《汉书·艺文志》中说:法家,大都出自于理官,依法治国,赏罚分明,刑罚为主,以礼辅助,缺乏教化、仁爱,被认为是刻薄、少恩。

法家,是战国时期的一个重要学派。《汉书·艺文志》列为“九流”之一。法家,起源于春秋时代的管仲、子产,发展于战国时代的李悝、商鞅、慎到和申不害等人。

商鞅,重“法”;申不害,重“术”;慎到,重“势”;韩非,是集大成者。法家除了主张法治以外,还主张礼仪教化。到战国末期,韩非加以综合,集法家学说之大成。

法家主张:“各当时而立法,因事而制礼;礼法以时而定,制令各顺其宜。”(《商君书·更法》)

法家,要求巩固封建土地私有制,建立统一的君主国家。提出重农抑工商的观点。提倡耕战政策,以农致富,以战求强;厉行严刑峻法,监察官吏职守,建立官吏制度。

法家为实现其政治主张,曾和旧贵族进行过激烈的斗争。法家主要著作有《管子》、《商君书》、《韩非子》等,对后来法学思想影响很大。直到今日,全球二百多个国家和地区,大都实行法制。

战国时期,社会发生剧烈变化,各诸侯国纷纷变法图强,法家逐渐成为促进统一的理论支柱,商鞅变法使秦国一跃成为强国,韩非的学说则催生出一个中央集权制的大秦帝国。

西周时期，社会秩序的维持主要是通过礼和刑来实现的。礼，主要针对贵族而设，违反了礼的贵族，往往要受到贬降爵位，削除封地的惩罚，对于抗拒的贵族，天子就可以发动诸侯对其讨伐。刑，主要针对百姓而设，百姓违法主要是刑罚处置。法，只惩罚老百姓，惩罚不着大夫以上的贵族。所以说“刑不上大夫，礼不下庶民”。

到了春秋战国时期，“礼乐崩坏”，旧的社会格局逐渐被打破，诸侯之间互相征伐、兼并。由于“霸道”备受推崇，建立中央集权统治，就越来越适应时代的发展需要，面对这样的形势，众多士人都各自提出了力图解决当前社会问题的主张。统治者并不关心如何谋求民众的安居乐业，而是迫切地想缓解频繁的争霸和兼并战争带了来的压力。在这样的背景下，主张法治和鼓吹集权政治的法家，迎合了统治者的心理和需求，登上了历史的舞台。

法家的历史观不同于同时代的其他学派，儒、墨、道，是春秋战国时期影响较大的学派。虽然思想上各有不同，但是都认为历史在逐步退化，今不如昔。所以，孔子经常梦见周公，主张要退回到文王、周公的西周时代；孟子则主张要退回到“三皇”、“五帝”的“圣王”时代。儒家崇拜的是“圣人”、“圣王”，所以要退回到远古时期的圣人时代。道家，崇尚自然，所以，老子则主张要退回到“小国寡民”、“鸡犬之声相闻，老死不相往来”的原始社会时代，庄子则主张要退回到动物世界去。

法家是现实的，是看当下和未来的，是实事求是的从实际出发，解决当下社会中存在着的实际问题的。所以，法家则认为，每个时代的变化都有其特定原因，因此只能积极地应对当前的社会现实。韩非指出，远古时代“人民少而财有余，故民不争”，这种说法是基本符合历史发展的事实的。他接着又说，“今人有五子不为多，子又有五子，大父未死而又有二十五孙，是以人民众而财货寡，事力劳而供养薄，故民争”。人口的增长必定导致物质的相对匮乏，从而引起纷争，韩非的认识是正确的，所以有现在的计划生育政策。

商鞅、韩非等法家人物都不主张遵循古法，韩非将古法的做法比做是守株待兔的愚蠢行为。

法家的政治主张，包括制定法律和加强君权两大部分；在人性方面，持人性好利的性恶论观点。法家根据人性好利、贪婪、性恶的本质，强调必须“依法治国，赏罚分明，刑罚为主，以礼辅助”的治国方略，加强中央集权，提高君主的权威来治理国家。

韩非子说:“法者,编著之图籍,设之于官府,而布之于百姓者也。”就是说,法律的作用是约束百姓的行为。在阐述加强君权的问题时,法家提出君主要掌握一套驾驭臣民的权术,“为人臣者陈而言,君以其言授之事,专以其事则其功。功当其事,事当其言,则赏;功不当其事,事不当其言,则罚”。君主,要将臣下的生杀大权掌握在自己的手中,只有这样,才能永远居于至尊之位。法家受性恶论影响,否定教化的作用,而是主张从实际出发,制定法律,配以君主的权术与威势,驾驭臣民。

法家思想,对于秦汉的政治制度影响深远,但是其过分迷信法律的作用,认为人性都是追求利益的,没有道德标准可言,强调以威逼利诱的方法治理国家,所以,它也存在一些严重的缺陷。秦国的由弱变强和秦朝的盛极而衰,就淋漓尽致地反映了法家的优点和不足。法家最具代表性的人物是管仲,亦称管子。

管子治国:以民为本,依法治国,严刑重赏,礼法并用,加强君权,寓兵于农,民富国强

法家的代表人物,是春秋时期辅佐齐桓公第一个称霸于诸侯的管仲。管仲被誉为春秋第一相,倍受后人推崇,其代表作是《管子》。

《管子》虽非管仲亲著,却是以管仲的治国思想、管仲相齐的历史资料为主干、绝大部分是管仲及管仲学派思想的记录与反映。《管子》一书在诸子百家中占有特别重要的地位,是了解和研究我国古代政治、经济及其思想史的必读书目。

《管子》一书的内容包罗万象,博大精深,涉及政治、经济、军事、哲学、伦理、自然科学等多方面,既有法家的思想,有渗透了一些儒家的、道家的、阴阳家的思想。其丰富多彩的理论中蕴藏着许多哲理和真理,有些自今还熠熠生辉,值得我们认真地学习和借鉴。

1. 政治思想:是民本、爱民、富民、顺民心、从民所欲的以人为本;集权、加强君主集权,保持政治稳定;法治、严刑重赏,依法治国,礼法并用。

《管子》一书,在政治思想方面的阐述可以总结为三个内容:民本、集权、法治。

在《管子》书中，许多篇幅都提到了“以人（民）为本”的观点，如“夫霸王之所始也，以人为本”（《霸言》）；“齐国百姓，公（齐桓公）之本也”（《霸形》）；“士、农、工、商四民者，国之基石也”（《小匡》），所谓石民，即基础、根基之民。

管仲之所以强调以人为本，一是，因为人在社会生产中的重大作用，“一树百获者，人也”（《权修》），有了人才会有一切；二是，因为民心可用，顺民者昌。“争天下者，必先争人”（《霸言》），争人的关键在争得人心，“得众而不得其心，则与独行者同实”（《参患》），警告君主如得不到民心的拥护，那将成为孤家寡人。而得民心的关键又在于政顺民心，“政之所兴，在顺民心。政之所废，在逆民心”（《牧民》）。

管仲治国思想的具体体现，则是“爱民”与“富民”的政策。《管子》书中有许多篇章是专门论述如何实施“爱民”和“富民”政策的。史称管仲为政“论卑而易行”（《齐太公世家》），也就是不唱高调，崇尚实干，政出易行，切合民情。这种作风正是以民情、民心为出发点的体现。

春秋战国时期兴起的民本思潮，如孔子的“仁者爱人”、墨子的“兼爱”、孟子的“民贵君轻”等等，对我国从奴隶社会向封建社会的转变，起了巨大的推动作用，而管子无疑是这股思潮的开创者实践者的先驱。

爱民、顺民心、从民所欲，目的是要百姓为统治者服务，为国家出力效命，能亲而不叛，以保持君主政权的巩固与稳定。《管子》要求君主要做到：宽厚爱民，从严律己，节制享乐，讲求信誉，谦虚谨慎，了解下情，不任人唯亲，不懈怠简慢，不偏听偏信，等等。这些观点虽然看重了“圣明君主”对于国家发展、安定团结的个人作用，但在当时的历史条件下无疑是有着巨大的进步意义。

利用“法”的手段加强政权、治理国家，是《管子》政治思想方面的又一个重要内容。他强调法的重要性，认为：“法者，所以同出不得不然者也。故杀戮禁诛以一之也”（《心术》）。也就是说：法，是人们共同遵循并带有强制性的东西，依据法律、利用刑罚，可以统一人们的言行，维护君主的权威。所以，“天不为一物枉其时，明君圣人亦不可一人枉其法”（《白心》），任何人包括贵族、君主都应受法的约束。

《管子》认为，君主只要掌握了法，就可以驾驭臣民，具体的事情无须多管，让臣民依法行事即可。为了充分发挥法的效用，《管子》还强调：法的制定必须依照天地自然法则，依据国情民情，符合事物发展的规律，法律一经确定便不可随意更改,否则将失去威信;法律的执行一定要公正信实,赏罚分明才能使人们信服。

由于《管子》一书有大量篇幅强调了法的作用,主张严刑重赏、依法治国,因而在历史上被人归入法家思想体系。但是《管子》中也有不少篇幅谈论“礼”,“礼”对维护封建统治制度等级的重大意义。如《牧民》篇把“礼、义、廉、耻”,看成是“国之四维”,强调礼仪教化对于国家安定的重要。《管子》中,还有不少篇幅强调仁义道德的力量,劝君主行“仁政”、“德政”,以仁义之心感召黎民百姓。

《管子》一书的政治主张其实是一种不同于儒法两家的、礼法并用的统治术,他的设想是把中央集权与宗法有机地结合起来,这种主张正好被汉以后的封建统治者所采用了。

2. 经济思想:牧民,从人性好利出发,“仓廪实则知礼节,衣食足则知荣辱”;为政,分为德、义、礼三个方面;顺民心,即利民、富民、藏富于民,“得人之道,莫如利之”。

人性“好利”是《管子》中的一个重要论点。基于此,《管子》十分重视发展经济,把物质生产和物质生活看作是政治、伦理观念的基础。

他在《管子》的首篇《牧民》中开宗明义地说:“仓廪实则知礼仪,衣食足则知荣辱”,主张治理国家必须从经济入手。在《五辅》篇中,管子把为政之道分为德、义、礼三个方面,这三者并非抽象的伦理感念,而是具有实际的物质经济内容。其中,“德”涉及农业、交通、商业、水利、住宅、赋税、救济等方面,认为实现经济繁荣是德政的重要标志之一。“义”的内容包括了慈善、节用,也是经济领域的事。“礼”的内容中除“尊卑贵贱长幼上下”之外,还增加了“贫富有度”,说的是财富分配问题。

总之,《管子》把发展生产、调整生产关系看成是治理国家的根本,是决定政治、法律、道德的重要因素。这种观点有明显的合理性。

《管子》由人性“好利”的观点出发,又提出了“利民”、“富民”、“藏富于民”的经济主张。许多篇目都阐述了,君主应该通过经济利益,处理好君主与民众的关系,以利民政策来取得民心:“得人之道,莫如利之”(《五辅》);“旦暮利之,众乃胜任”(《版法》);人民得到了实惠,则“虽不召而民自至”(《形势解》),会自发地拥护君主;等等。

管子提出的这一经济理论，经过后世学者的发展和丰富，被称为“轻重论”，它是我国封建社会宏观经济管理方面最重要的理论派别。

《管子》中有些篇章还提倡消费，鼓励工商，主张通过发展工商业来刺激农业生产，活跃经济，丰富人们生活（《侈靡》）。这些观点使《管子》一书更具有“好利”、“重商”的色彩，管仲也被人们看成是一位重商主义者。但也正因为如此，《管子》的思想在诸多的传统思想流派中更显得别具一格，色彩鲜明。

3. 军事思想：“寓兵于农，民富国强”。

《管子》还包含了十分丰富的军事思想，其中以管仲的治军思想尤为可贵。他提出了“寓兵于农”的主张，把百姓的乡里组织和军队编制结合起来，耕战一体，以农养兵。他还认为战争对于人力物力财力的消耗太大，主张不能轻易发动战争。至于战争取胜的原因，他认为根本在于财力储备，即民富国强；还有就是军心，必须做到士气振奋。在用兵策略上，《管子》善于用辩证法，主张灵活机动，充分利用天时、地利、人和的因素。

四、哲学思想：天道与人情，能够掌握自然变化和人心变化的规律，就能遵循天道与人情，才“能君万物，主宰天地”。

《管子》的哲学思想：包含有两个基本范畴——天道与人情。《管子》在谈到称霸天下时指出，如果不能掌握自然发展和人心变化的规律，那么即使具备了地大物博，人众兵强的物质条件，国家也会面临危机。只有根据“天道之数，人心之变”办事，才能防止事物向反面转化。如能遵循天道并取得人心，战争一旦爆发，就可以战必胜，守必固（《重令》）。

天道与人情这两个其本范畴，是管仲学派政治思想的基本哲学原则，并由此提出了一系列具有朴素唯物主义和辩证因素的哲学思想。例如《管子》指出，天地万物是由“精”、“气”、“水”等物质构成的，“天不变其常，地不易其则”，日夜的更替、寒暑的变化，都有其自身的规律。它认为，“天行其所行”，不以人的意志为转移。但是只要掌握了客观规律，能遵循“天道”，就是“能君万物”，主宰天地（《宇合》）。

在认识论上，《管子》主张排除主观臆想，根据事物本来面目去“因”、“应”万物，要像镜子一样如实反映客观情况，这就叫“静因之道”。书中还强调对立统一的规律，“予之为取”的“牧民之道”。《管子》的哲学思想在实践中具有一个突出的特点，就是实事求是和重实效。

此外,《管子》在伦理、教育、天文、地理、医学等方面也有不少值得借鉴的东西。

总之,《管子》不仅以其丰富的思想内容,融汇各家学说的理论而受到历朝历代的重视,更因其思想深邃、富有哲理而流传至今。它体现了我国古代杰出政治家的思想成就,其中不少内容直到今天仍具有重要的启迪意义。

商鞅治国:变法图强,重视农业,重刑厚赏,重视战争,统一民心制度

商鞅,是法家的另一个重要人物和著名的改革家,其《商君书》是战国时代一部有名的法家理论著作。商鞅主张以变法图强为主的"强国之术",取得了秦孝公的信任,开始了著名的商鞅变法,由于变法触犯了旧贵族既得利益者,遭到了以甘龙、杜挚为代表人物的激烈反对。商鞅凭其系统的革新理论和雄辩的口才,驳斥了旧贵族的复古主张,为实行变法做了舆论准备。三年之后,即公元前356年,秦孝公终于下定决心,任命商鞅为左庶长,让他在秦国实行变法。史称商鞅第一次变法。

这次变法,主要改革如下:"一、颁布法律,制定连坐法,实行轻罪重罚的刑罚政策;二、奖励军功,禁止私斗,颁布按军功赏赐的二十等爵制度;三、重农抑商,奖励耕织,特别奖励垦荒;四、鼓励小家庭独立,规定一户如有两个成年男子不分家的,加倍课税。"

《商君书》的主要内容:重视农业;重刑厚赏;重视战争;统一民心和制度。

韩非治国:以法为本的法治,法、术、势的结合。法,是规矩、准绳;术,是国君驾驭群臣的手段;势,是国君的权威威势;强调"事在四方,要在中央"的中央集权

韩非,生于公元前280年,死于公元前233年,是荀子的学生。他的著作有《韩非子》一书。韩非所处的时代,兼并战争十分剧烈,用实力说话,这就要看谁有力量了。韩非说:"力多则人朝,力寡则朝于人。"(《显学》)谁的力量大就能兼并其它人。他着眼于"力",就是要富国强兵。在韩非看来,要富国强兵,就要实行法治,要实行法治,就要批判儒家的仁义。

韩非主张以法为本的法治,是法、术、势的结合,他总结了过去法家的经验教训,主要继承了商鞅的"法",申不害的"术",慎到的"势",他是法家的集大成者。在他看来,"法"、"术"、"势"缺一不可。他指出商鞅在秦国行"法",因为没有"术","则以其富强也资人臣而已矣"(《定法》),变法的果实落到了权臣的手里。申不害只讲"术"而没有"法","不一其宪令,则奸多"(《定法》)。弊病也很多。所以他说:"抱法处势则治,背法去势则乱"(《难势》),法和势都是关系到法治的成败问题。

韩非说:"法者,宪令著于官府。"(《定法》)就是以官府的宪令作为法治的依据,人人遵守。宪令不能违反,不能"去规矩而妄意度"。

韩非说:"法"是规矩准绳,不能离开,不能任意行事。他主张"刑过不避大臣,赏善不遗匹夫"(《有度》),这就是所谓的"法不阿贵",无论什么人都不能犯"法"。为了行"法",不惜设重刑,"上设重刑而奸禁止"(《六反》),韩非等法家很重视刑和赏,认为重刑能够杜绝犯"法"。

韩非说:"术"是国君驾驭群臣的手段,是一种权术。"术不欲见"(《有度》),"术"是具有隐蔽性,不能让人知道的。商鞅行法,数十年没有能够成就帝王的事业,"主无术于上之患也"(《定法》)。在韩非看来,商鞅由于没有掌握"术",变"法"也等于失败了。韩非的"术",后来被统治阶级继承成为使用阴谋权术的手段。

韩非说的"势",是国君的最高权力和最高权威,他说:"万乘之主,千乘之君,所以治天下而诸侯者,以其威势也。"(《人主》)他说:暴君夏桀能够控制天下,因为是天子,"势重";尧是普通人时,谁也不能管,因为"位卑"。

韩非说:"事在四方,要在中央"(《物权》),强调中央集权。"事",指国家具体事务,要放权于地方;"要",指中央集权,国家的重大权力,国君要紧紧掌握这种权力。他认为对于"势"运用得如何,关系到法治的成败。

韩非强调富国强兵,很注重推行耕战政策,认为这是必由之路。"无事则国富,有事则强兵",有事无事都可以立于不败之地。

韩非在《五蠹》篇里把不从事耕战的游说之士、侍臣、学士、游侠、工商之民斥之为社会的五种蠹虫,他严厉批判儒、墨等家,言"仁"、"义"而妨碍耕战的行为。韩非等法家对耕战的重视,代表了新兴地主阶级的进取精神,有利于生产力的发展和人民生活水平的提高。

韩非的哲学思想,继承了荀子的唯物主义传统。他批判改造了老子"道"的思想,把"道"说成是自然界的本身和运动着的规律。他认为自然界是在不断发生变化的,没有永恒不变的东西。“一存一亡,乍生乍死”,“不可谓常”。

“万物”服从必然的总规律,“万理”体现不同事物的特殊规律。他对“道”和“理”关系的解释为:“理”,体现了个体事物的特殊规律,类似我们今天说的万物各有特殊规律;“道”,体现了万事万物的总规律,也就是所有的特殊规律共同体现了普遍规律。

韩非的学说思想,深受秦始皇欣赏,秦始皇看到韩非的书很有感慨,说:“寡人得见此人与之游,死不恨矣。”(《史记·老子韩非列传》)

韩非的法治主张,深得新兴地主阶级和历代统治者的赏识。韩非的“事在四方,要在中央”的观点,更备受毛泽东主席的赏识,毛泽东多次引用韩非的这个观点。

从法家到法制:

法制,有三种含义。最广义的,泛指国家的法律与制度。法律,包括成文法与不成文法、制度,包括依法建立起来的政治、经济、文化等方面的各种制度,其中包括法律制度。

较狭义的,指统治阶级按照民主原则,把管理国家事务制度化、法律化,包括法律制度与法律秩序。

最狭义的,仅指法律制度,即法律制度的简称。

在我国,通常以较狭义的用法为主,认为法制包括法律(立法)、执行法律(执法)、与遵守法律(守法),三个方面,并认为法律制度与法律秩序关系极为密切,法律秩序是在严格遵守法律的基础上形成的一种社会秩序,须以实行法律制度为前提,而法律秩序的建立则是实行法律制度的重要体现。在不同性质的国家有不同的表现形式与具体内容。如“资本主义法制”、“社会主义法治”等。

资本主义法治:通常包括议会制度、普选制度、两党或多党制度,提倡人权和民主等形式

资本主义法治,通常指资本主义国家的法律与制度,或指资产阶级按照民主原则把管理资本主义国家的事务制度化、法律化。资产阶级在反对封建过程中开始提出并逐步确立与趋于完备。它排出了奴隶制国家与封建制国家的法律的专制型,提出了议会制度、普选制度、两党和多党制度以及法律面前人人平等、公民享有各种自由权利等民主形式，在历史上有进步意义。但它在本质上是维护资产阶级统治的工具。当阶级斗争的形式对资产阶级的统治有根本威胁时，资产阶级法制的民主性质往往会受到公开践踏。

社会主义法治："有法可依，有法必依，执法必严，违法必究"；民主与法制相辅相成；其根本任务是打击敌人、保护人民，保障社会主义秩序，建设社会主义，巩固无产阶级专政

通常泛指社会主义国家的法律与制度，或指社会主义民主的制度化、法律化，包括在国家的政治生活、经济生活和社会生活各个方面的各个环节都做到"有法可依，有法必依，执法必严，违法必究"。社会主义法制与社会主义民主是密切联系、不可分割的。社会主义民主是社会主义法治的前提与基础，社会主义法治是社会主义民主的体现与保障，两者相辅相成，同为社会主义革命与社会主义建设的不可缺少的武器。社会主义法治代表社会主义国家全体人民的最大利益与意志，集中反映无产阶级政党的政策与主张。其根本任务是打击敌人，保护人民，保障社会秩序，建设社会主义，巩固无产阶级专政。

四十二、儒家治国：主张“德治仁政”，崇尚“礼乐仁义”，提倡“忠恕中庸”

儒家，是中国学术思想中崇奉孔子学说的学派。《汉书·艺文志》中说：“儒家者流，盖出于司徒之官，助人君顺阴阳明教化者也。游文于六经之中，留意于仁义之际，祖述尧、舜，宪章文、武，宗师仲尼，以重其言，于道最为高。孔子曰：‘如有所誉，其有所试。’唐、虞之隆，殷、周之盛，仲尼之业，已试之效者也。然惑者既失精微，而辟者又随时抑扬，违离道本，苟以哗众取宠。后进循之，是以‘五经’乖析，儒学浸衰，此辟儒之患。”

儒家，是中国学术思想中崇奉孔子学说的学派。《汉书·艺文志》列为“九流之首”。学说内容，主要是：“祖述尧、舜、宪章（效法）文武”，宗师是仲尼；崇尚“礼乐”和“仁义”，提倡“忠恕”和“不偏不倚，无过不及”的“中庸”之道。政治上主张“德治”和“仁政”。重视伦理道德教育和自我修身养性。但过于理想化，不被当时的统治者所采用。

孔子以后，战国时期儒家分有八派，亦称“八儒”。按《韩非子·显学》记载：“有子张之儒，有子思之儒，有颜回之儒，有孟子之儒，有漆雕之儒，有仲良之儒，有荀子之儒，有乐正子之儒。”这“八派”中占有重要地位和影响最大的，是孟子和荀子的思想学说。自汉武帝“罢黜百家，独尊儒术”后，其学说逐渐成为中国封建文化的主流。

儒家思想，是春秋时期的伟大思想家孔子，以尧、舜、文、武、周公等圣人的言行、思想、制度，作为主要学说而创立的思想体系，反映了中华文明的核心价值，对我国的历史发展影响深远。孔子之术经孟子等人宣传推广，在战国时期成为显学。

西汉时期，汉武帝“罢黜百家，独尊儒术”。从此，儒家思想成为我国历代的指导思想，在中华民族复兴的今天，儒学仍肩负着一种历史使命，学习儒学也有着及其重要的现实意义。

儒家为适应各个时期封建统治的需要，总是从孔子学说中演绎出各种应时的儒家学说来。如在两汉时期，有董仲舒和刘歆等为代表的今古文经学以及谶纬之学；在魏晋，有王弼、何晏以老庄思想解释儒经的玄学；在唐代，有韩愈为排佛而倡导的儒家“道统”说；在宋明，有兼取佛道思想的程朱派和陆王派的理学；清代前期有汉学、宋学之争。清代中叶以后，有今文经学和古文经学之争。

五四运动前后，随着封建社会没落，而日渐丧失其作为正统思想的独尊地位。儒家学说统治中国学术思想二千余年，它的经典曾是统治者的最高教条，宋明理学成为禁锢人们思想的枷锁，严重地阻碍了社会的发展，然而儒家学派又成为中国传统文化的主体，曾在漫长的历史中为维护民族的统一，稳定社会秩序起着积极作用，对中华民族的文化的保存和发展，有着巨大的贡献。

儒之始祖——周公：制定礼乐，推行仁政，礼贤下士，“周公吐哺，天下归心”

“周公”，是周朝时期的一个爵位，受封该爵位的人负责辅佐天子治理天下。但通常来说，周公特指周武王的弟弟周公旦，他是西周杰出的政治家和思想家。被认为是儒家学说的始祖，是孔子推崇的古代圣贤之一，有“元圣”之称。

周公，姓姬名旦，是周文王姬昌的第四个儿子，周武王姬发的同母弟，因为被封在周地，故称周公。殷商末年，兴起于今陕西的周部落壮大起来，周文王在姜子牙等贤臣的辅佐下，把周部落治理的井然有序，人民安居乐业，国家欣欣向荣，并且具备了向殷商王朝发起挑战的实力。

当时殷商纣王昏庸无道，天下离叛，周有望取而代之。文王死后，武王即位，周公旦成为其得力助手。公元前1046年2月甲子的凌晨，周武王召集各路诸侯，联合出兵讨伐殷商纣王，在殷商附近的牧野，举行了誓师仪式，誓词就是《尚书》中的《牧誓》。

《牧誓》为周公所作，全文分为两段。第一段痛斥殷商纣王荒淫无道，鱼肉百姓，导致天怒人怨。第二段申明自己是“替天行道，躬行天罚”，宣布作战纪律，鼓励各路诸侯勇猛杀敌。在《牧誓》的鼓舞下，各路诸侯士气大振，再加上由奴隶组成的殷商军队临阵倒戈,不可一世的殷商王朝终于崩溃了。武王伐纣成功之后,建立了新的王朝——周朝,定都镐京(今陕西西安)。

武王在周朝建立后不久便去世,即位的成王年幼,有叔父周公旦辅政。周朝初建时期,成王年幼,内外交困,政局不稳。被武王封于邶国(今河南汤阴南)的纣王之子“武庚”发动叛乱,企图恢复殷商王朝。与此同时,武王的三个负责监视商朝遗民的弟弟,也以周公旦摄政并大权独揽为由,传播“公将不利于王”的流言蜚语。

周公闻言,便对姜子牙和召公奭说:“我所以不顾个人得失而承担摄政重任,是怕天下不稳,如果江山变乱,生民涂炭,我怎对的起列祖列宗和武王对我的重托呢?”周公旦对将要袭其爵位,就要到鲁国封地的儿子伯禽说:“我是文王之子,武王之弟,成王之叔父,论身份地位,在国中是很高的了,但是我时刻注意勤奋简朴,谦诚待士,惟恐失去天下的贤人,你到鲁国去,千万不要骄狂无忌。”

不久,武王的三个弟弟举兵叛乱,史称“三监之乱”。几乎在同一时期,“武庚”也发动了叛乱。在这内乱外患、千钧一发之际,周公出兵平定了叛乱,杀死了“武庚”。虽然国家恢复了平静,但周公旦却认为这次叛乱是制度上的漏洞造成的。

周公旦为了使国家长治久安,制定了礼乐制度,推行仁政,注重教化,选贤任能,勤政爱民,关注民生,并且大封诸侯,重新安置殷商遗民,有“周公吐哺,天下归心”美誉。鲁国作为孔子的故乡,周公的治国理念极大的影响了孔子的政治思想。

孔子的思想:“仁爱”、“忠恕”、“仁政”、“君臣”、“秩序”

孔子,生于公元前551年(鲁襄公二十二年),孔子所处的时代是奴隶制社会崩溃、封建社会将要脱胎换骨的历史转折点上,他的思想明显地带有时代的特色。

孔子的思想,带有明显的传统思想文化给予他的沉重负担,而现实社会的变动又启发他一些新的见解。在经济上,仍主张“籍田以力”;政治结构上,坚持“君君臣臣”的秩序,“礼乐征伐自天子出”,“庶人不议”乃是天下有道的表现;在社会地位上,严格君子、小人之分,用“礼”来加以钳制;在宗法关系上,强调不遗故旧、父子相隐，用祭祀礼仪来加以巩固。

孔子处处维护等级名分，他认为“名不正则言不顺，言不顺则事不成，事不成则礼乐不兴，礼乐不兴则刑罚不中，刑罚不中则民无所措手中”，一步步推到最严重的后果。他痛恨“犯上作乱”。他维护的是政治和宗法的双重等级秩序。这是孔子政治思想的一个基本方面。

孔子的哲学思想是“仁”，仁者爱人。他主张礼、学、官、禄，都应该下到人民中来，对民要“齐之以礼”、“有教无类”。做官的要以仁、德服民。对民要“恭、宽、信、敏、惠”；反对暴政和刑杀。提出“苛政猛于虎”的名言。提倡“百姓足”，“足食、足兵”。

孔子思想中，最丰富的要推他的伦理学说。他提出的“仁”学，以前的政治家虽也提到，但从来没有像孔子这样详细而深刻地阐发过。孔子的“仁”学也用于政治，但是，他把政治与个人修养、社会关系结合在一起，成为调整人与人之间关系的应有的美好道德原则，形成了他的伦理哲学。

孔子主张“仁”必须出乎本心，不事虚饰，“能好人，能恶人”，“巧言令色鲜矣仁”。他强调事君尽忠，事父母尽孝，对兄长能悌，交朋友要信，都是仁的根本，扩而充之，尊师、慈幼，“己所不欲，勿施于人”，“己欲立而立人，己欲达而达人”，一直做到“博施济众”，达到尧舜也难以做到的最理想的境界。在这个前提下，他提出了一系列的内容：爱人、恭敬、谨慎、含蓄、制欲、刚毅、朴素等等，都是仁的表现或方法，要达到这个目的，仁者还必须有勇气、乐观、能吃苦，甚至“杀身成仁”，不要“求生害仁”。

孔子还提出忠、信、恕、直等概念，他说没有忠信，在州里就行不通，没有信就像车子的辕与衡之间缺少了连接的零件，简直无法行走。他要求人们，“己所不欲，勿施于人”。要秉心正直，不做无事无非无原则的“乡愿”，不见小利，不逞一朝不忿，“群而不党”、“和而不同”、“周而不比”，即不结党营私。他还说“政者正也”，正人先正己。要不畏强暴，坚持岁寒时节的松柏节操，在浮华的世界里，视富贵如浮云，要发愤求道，不要以衣食简陋而自觉寒伧，如果人人都能做到这些，人人都是“君子”，这个社会当然就太平无事了。

孔子思想，我们从思想史的角度来看，不能不说他是中国哲学史上著名的伦理学家，后来历代的哲人，谈论这个问题时都要溯源于他，并不断地加以补充，成为世界上罕见完善的中国伦理哲学。

孟子的思想:是君仁臣义,尊贤使能,以民为本,统一天下的“王道”和“仁政”思想;“民为贵,社稷次之,君为轻”的观念;“性善论”的哲学思想

战国时期,墨家学说很流行,孔子创立的儒家学说受到了批判和破坏。到了战国中期,出现了另一位儒家大师孟轲,他继承、补充、发挥和改造了孔子学说,驳斥了反对儒家学说的种种观点,使儒家学说发展到一个新的阶段。孔子和孟子的学说,经过汉代儒生们的改造,构成了封建社会中的正统思想——孔孟之道。

孟子(前372年—前289年)名轲、字子舆,战国中期邹国(今山东邹县)人,相传是春秋时鲁国新兴势力孟孙氏的后裔。孔子是战国时期历史上伟大的思想家,儒家学说的嫡传人,战国时期儒家的代表人物。孔子开创了儒家思想,孟子发扬光大,长期影响着整个中国社会的发展和中华民族精神的塑造。

孟子授业于孔子的嫡孙,《中庸》的作者子思,大约三十岁到四十岁之间,孟子在邹鲁一带收徒讲学,有数百门生。

孟子生活的时代,各国诸侯都在设法保存自己,扩张势力,最盛行的学术是法家、兵家和纵横家。面对诸侯之间的非正义战争,大约四十多岁时,孟子怀着救民于水火的美好愿望,肩负着治国平天下“当今之世,舍我其谁”的历史责任感和使命感,像孔子一样,带领诸多弟子周游列国,推行仁政。曾游说于魏、齐、宋、滕、鲁等国,但他的仁政思想和孔子一样,也未能实现。

公元前319年,齐宣王继位之后,恢复了建于临淄城西的“稷下学宫”,一时间那里聚集了上千名士,成为当时政治咨询、学术文化的交流中心和诸子百家争鸣的重要场所。于是,孟子再次前往齐国,希望能够在这里实现他的理想。齐宣王聘他为客卿。在稷下学宫,孟子吸收各家所长,突破了孔子的思想局限,较全面、系统地阐明了君仁臣义,尊贤使能,以民为本,统一天下等仁政理论。这是孟子从事政治活动的一个重要阶段,也是孟子思想发展成熟的一个重要标志。

孟子的认仁政主张曾受到齐宣王的鼓励和赞赏,但齐宣王欲以武力称霸诸侯,这样就与孟子产生了分歧,由于政治抱负不能够实现,孟子只好离开齐国返归故里。回到邹国时,孟子年事已高,从此他不再出游,而是在家乡兴办学校,广收门徒,与万章、公孙丑等弟子答疑解难,并著有《孟子》一书传世。此书记载了他一生的主要言论、活动及其思想学说,内容丰富多彩、博大精深,是他留给后人的宝贵精神财富。

公元前289年冬至，孟子去世。经历代学者的推崇，孟子逐步确立了儒学嫡系传人的地位，被尊称为“亚圣”，即仅次于孔子之意。

孟子的时代，封建制已在各国确立，以商鞅、吴起等地主阶级激进的革新派，在各国大力推行变法改革，而孟子代表了贵族阶级转化过来的地主阶级改良派的利益，他和旧制度、旧思想有较深的关系。但他也主张实现封建化，希望在基本上不触动现存制度的前提下，用改良主义的办法来达到建立国家的目的，反对法家代表的变革和劳动人民的武装斗争。

孟子的思想，成为地主阶级改良派的典型，他的学说，发展成为战国时期，儒家各派中影响最大的一派。

孟子的政治思想中，最重要的是兴“王道”，行“仁政”。“王道”就是先王之道。孟子把原始社会末期和奴隶社会时期的统治者如尧、舜、禹、汤、文、武、周公的政治看成是最理想的政治，这就是王道。

孟子希望各国的统治者，不要打破古代圣王统治的旧形式，而要推行和复兴这种“王道”，反对主张暴力改革的“霸道”，怎样复兴呢？孟子建议实行“仁政”。

仁政的内容，是恢复井田制度。实际上是让老百姓能够自食其力，能够供养父母，养育妻儿，丰年能够吃饱，遇到荒年也能免于饿死。为了做到这一点，他建议给农民“五亩之宅”和“百亩之田”，统治者“勿夺其时”，并用孝、悌等伦理道德去教育他们，这样，劳动者就可以安居乐业，统治者也可以“王天下”了。

孟子所说的划分成井字形，八家共同耕种公田的“井田制”，只是一种空想，历史上从来没有出现过。他的“王道”、“仁政”说在当时是不可能实现的。但是，他在论述“仁政”时，批判了暴政和战争给人民带来的痛苦，一定程度上表示了对劳动人民的同情，要求给人民以安定的社会生活环境和最低限度的生产和生活条件，这是值得肯定的。

孟子在哲学思想上，提出“性善论”，他认为每一个人，一生下来的性情本来是善的，人的性善是天生的，并认为所有的道德伦理都是天生的，永恒不变的。

孟子也像孔子一样，带了几十辆车子和几百个学生，游历了宋国、滕国、魏国、齐国,并一度在齐国当了官,到处宣传他的"王道"和"仁政"说,但是国王们都认为他所谓的"仁政"、"王道"不合时宜,所以,他也孔子一样,其政治主张无法得到推行。他晚年也和孔子一样,回到了邹国整理了自己的著述,写出了《孟子》七篇。

荀子的政治思想:是礼(制度),义(伦理),法(刑罚);哲学思想是"性恶论"和"人定胜天"

荀子,名况,字卿,是战国后期赵国人,约生于公元前313年,死于公元前238年,是战国时期,代表新兴地主阶级利益,杰出的唯物主义思想家。

荀子所处的时代和孔子、墨子、孟子生活的时候比,已经有了很大的变化。他虽名义上属于儒家中的一派,但他改造了孔、孟的儒家学说,同时吸收了其他学派的思想,使其适合新兴地主阶级统治的需要。

孟子提出的儒家学说,保守性太大,不易为当时希望用激进办法,巩固封建政权的各国统治者所接受;李悝、吴起、商鞅的法家学说,在封建制度确立时期,有过很大的进步作用,但它作为已经取得政权,并巩固了统治地位的封建统治阶级的思想工具来说,因为它主张绝对专制主义、严刑酷法的统治等等,容易激化阶级矛盾,暴露封建统治阶级的本质,因而,也有严重缺陷。

荀子接受了孔、孟儒家学说中的那一套礼治、孝悌、任贤等思想;又肯定和赞扬了商鞅变法后的秦国,强调加强君权、统一国家的重要。这样,荀子把儒家和法家思想中,适合封建统治者需要的部分都继承了过来,并加以发展和改造,构成了自己的学说。所以,荀子的学说,对于已经取得统治权的统治者来说,是比较适用的。封建国家统治人民,既有硬的即镇压的一手,又有软的即思想上欺骗的一手,才能使它的统治地位保持得长久。

荀子的思想,对以后封建社会的影响,是非常深远的。清代末年,改良派思想家谭嗣同曾说:"两千年之学,皆荀子学也。"指出封建社会中的儒家思想实质,是渊源于荀子的思想,是有一定道理的。

荀子在政治上,强调礼、义。他所说的礼,已经不是周代的礼,而是封建社会的礼,也就是封建的道德规范、社会秩序和制度。荀子的礼,也是统治人民的一种工具,但和法不同,法是靠法律规定的刑法,是完全消极的、比较露骨的统治工具。而荀子强调的礼治,则是要通过宣传教育的办法,使人民遵守道德,学习封建的规章制度,遵守封建法纪,不做非分乱法的事,来巩固封建统治的需要。

荀子也认为,单用礼治还不行,也要强调适用刑法,以作为礼治的补充。荀子还提倡义,是封建社会中的一种伦理规则。所以,礼、义合起来是一个东西。礼是制度,义是伦理,加上统治人民的刑法,这样,封建统治阶级统治人民的手段就完备了。荀子把这一套礼、义的制度看成是天经地义,永恒不变的。

在认识论上,荀子批判了孟子的性善论,提出了性恶论。他认为,凡人生下来时的天性都是恶,因为人都有欲望,要吃、要穿、要利,得不到就争,争起来就要乱。要去掉恶性,就要用自己的努力来"化性去伪",学习礼义,来培养善性。

正因为荀子主张人性恶,他就特别重视客观环境的影响,重视教育,强调后天学习的重要性。他认为,"锲而不舍,金石可镂",只要有这种坚忍不拔,刻苦努力的精神,即使再硬的金属和石头,也可以镂刻;再大的困难,也可以攻破。他说:"青,取之于蓝,而青(胜)于蓝。"说明在学习上,只要刻苦努力和坚持不懈,后辈可以胜过前辈。虽然荀子主张学习的内容主要是诗、书、礼、义,但他总结的这一学习方法和规律,却是值得我们借鉴的。

荀子思想中最光辉的部分,是他对自然界的看法。针对商、周时代崇拜天,认为天意决定乱治的思想,荀子举了个通俗的例子:"日月星辰天象历法,禹和桀统治时都是相同的,然而禹治理得好,而桀亡了国,难道社会乱象是由天决定的吗?所以他认为,天的变化也就是自然界的变化,没有什么神在主宰。"因此他说:"天行有常,不为尧存,不为桀亡。"

荀子认为,人类可以通过自己的努力,克服自然界的灾害,改善自己的生产和生活条件。他告诉人们:"强本而节用,则天不能贫。养备而动时,则天不能病。修道而不贰,则天不能祸。故水旱不能使之饥,寒暑不能使之疾,妖怪不能使之凶。"只要努力生产又注意节约,就不会穷困;只要注意营养又经常运动,就不会得病;只要遵循规律坚持去做,就不会祸害。

荀子进一步提出"戡天",即征服自然的学说。他大声疾呼:"与其尊崇天而整天仰慕它,不如积累财物而控制它!与其依从天而来称颂它,不如掌握天的规律而来利用它!与其空望天时而坐待恩赐,不如顺应时节而来利用它!与其让自然物自己繁衍增多,不如发挥人的才能来帮助它生长和发展!"这种人定胜天的思想,是当时生产力的发展、科学技术知识有了提高的反映。

荀子认为,人是自然的主人,人定胜天,人可以戡天,应该充分发挥人力的作用,来改造自然为人类服务。这是荀子思想中的杰出贡献。

荀子人定胜天的唯物主义思想,反映了封建社会初期新兴地主阶级不仅在国家的政治改革上,而且在改造自然,以加强封建国家的经济力量上,有一种生气勃勃的进取精神。这正是代表没落阶级的思想家们所不可能具有的。荀子不愧为两千多年前我国古代一位杰出的唯物主义思想家。

四十三、墨家“兼爱”的“人治”；道家“顺其自然”的“道治”

墨家，是战国时期的重要学派。《汉书·艺文志》列为“九流”之一。儒家的反对派，在当时影响极大。创始人墨子。以墨子本人所主张的“兼爱”、“非攻”、“尚贤”、“尚同”、“天志”、“明鬼”、“节葬”、“节用”、“非乐”、“非命”等为中心，与儒家展开一系列政治学术思想斗争。战国末期，墨子后学克服了墨子学说中宗教迷信成分，对认识论、逻辑学以至自然科学中的几何、力学、光学等，都有一定研究和贡献。

墨子（约前468—前376）。春秋战国之际思想家、政治家、墨家的创始人，名翟。相传为宋国人，后长期住在鲁国。曾学习儒术，因不满其烦琐的“礼”，另立新说，聚徒讲学，成为儒家的主要反对派。其“天志”、“明鬼”学说，不脱殷、周传统的思想形式，但赋予“非命”、“兼爱”的内容，反对儒家的“天命”和“爱有差等”说，认为“执有命”是“天下之大害”，力主“兼相爱，交相利”，不应有亲疏贵贱之别。其本人更有“摩顶放踵，利天下为之”的实践精神。他的“非攻”思想，体现了当时人民反对掠夺战争的意向。他的“非乐”、“节用”、“节葬”等主张，是对当权贵族“繁缛礼乐”和奢侈享乐生活的抗议。提出“尚贤”、“尚同”的政治主张，认为“官无常贵，民无终贱”，反对贵族的世袭制和儒家的亲亲尊尊，试图用上说下教的方法，“使饥者得食，寒者得衣，老者得息，乱者得治”。探究了关于知识和逻辑等问题，制定了作为认识真理准则的“三表”，并提出“非以其名也，以其取也”的“取实予名”的认识论命题。

在动机与效果问题上，强调善与用，志与功的统一。弟子很多，以“兴天下之利，除天下之害”为教育目的，尤重艰苦实践，服从纪律。

墨家学说在战国中期影响很大，《孟子·滕文公上》说：“杨朱、墨翟之言盈天下，天下之言，不归于杨，即归于墨。”韩非也将儒家与墨家并称为“显学”。

墨子曾做过宋国大夫，在鲁、宋两国活动时间较长。《淮南子·要略》上说：“墨子学儒者之业，受孔子之术，以为其礼烦扰而不说，厚葬靡财而贫民，久服伤生而害事，故被周道而用夏政。”就是说墨子曾学习儒家思想，由于观点不同，而另辟蹊径，创立墨家学派，授徒讲学，成为儒家的主要反对派。因此孟子发出了“杨墨之道不息，孔子之道不著”的感慨。

墨家学派是一个严密的社会团体，墨子就是第一任巨子，墨子死后，墨家逐渐衰落，墨家的伦理思想基本被游侠阶层所继承。

春秋战国时期，宗法等级制度瓦解，末等贵族“士”，逐渐失去了稳定的生活保障，只能自食其力，墨子就属于这种人。墨子不具备孔子那样的学识，所以只能从事体力劳动，并通过努力成为当时有名的工匠。由于社会地位卑微，墨子自称“贱人”。也正是因为墨子经常活动于下层社会，因此历史文献对他的生平的记载十分有限，以至于他的真实姓名到今天也不能确定。

墨家倡导的“兴天下之利，除天下之害”，颇有些行侠仗义的味道。产生于战国时期的游侠不等同于墨者，但两者之间有着很深的渊源，墨家的“义”，对于秦汉时期的游侠影响巨大。

墨子死后，孟胜作为巨子，曾为楚国贵族阳城君守城。阳城君起兵反对吴起，因射箭误射中楚悼王的尸体，遭楚悼王之子肃王追究而出逃，其封地被没收。孟胜认为自己难逃失地之咎，于是与弟子183人集体自杀以谢罪。这一事件直接导致了墨家的衰落，也加速了墨家思想与游侠阶层的结合。墨家经常充当君、相贵族的保镖，并借此机会宣传自己的学说。墨家的严密组织和巨子制度，也多被后人效仿，因此，有人称墨者组织为“武士的行会”、“侠士的祖先”。

墨子思想的总纲：“兼相爱，交相利”；政治思想：“尚贤、尚同、非攻”；经济思想：“节用、节葬、非乐”；宗教思想：“天志、明鬼”

《汉书·艺文志》中说：“墨家者流，盖出于清庙之守。茅屋采椽，是以贵俭；养三老五更，是以兼爱；选士大射，是以尚贤；宗祀严父，是以右鬼；顺四时而行，是以非命；以孝视天下，是以尚同；此其所长也。及蔽者为之，见俭之利，因以非礼，推兼爱之意，而不知别亲疏。”

孟子说："杨朱、墨翟之言盈天下。"韩非说："世之显学，儒墨也。儒之所至，孔丘也；墨之所至，墨翟也。"这说明，墨家学派在战国时期，曾显赫一时，其反对战争的思想在战乱频繁的当时更属难能可贵。

墨家既是一个有指导思想的学派，又是一个有领袖领导的严密的社会组织，他们有强烈的实践精神和社会责任感。以"兴天下之利，除天下之害"为奋斗目标。墨家多来自社会下层，吃苦耐劳，严于律己，"孔席不暖，墨席不黔"，"短褐之衣，黎藿之羹，朝得之，则夕弗得"，"以裘褐为衣，以跂蹻草鞋为服，日夜不休，以自苦为极"。他们经常像孔子周游列国一样到处奔波，生活相当清苦，朝不保夕。

墨家，大多数是有知识的劳动者；墨者，把维护社会公理和道义看做是义不容辞的责任。孟子评价说："摩顶放踵，利天下。"可见，墨家以天下为己任，提倡舍己为人的高尚品德，能够做到"赴火蹈刃，死不旋踵"。

以能言善辩为主的墨者，被称做"墨辩"；以行侠仗义为主的墨者，被称做"墨侠"。墨家的领袖被称作"巨子"，也作"钜子"。墨家必须服从巨子的领导。墨者组织纪律严明，"墨家之法，杀人者死，伤人者刑"。《吕氏春秋·去私》记载，秦惠文王时期的一位墨家巨子的儿子杀了人，秦惠文王念他年老，打算宽恕他的儿子，但他仍坚持儿子以"墨者之法"，予以惩处。

墨家对做官的墨者有两项规定，一是，必须推行墨家的政治主张，若是推行不下去，宁可辞职也不能妥协；二是，要向团体捐献俸禄，做到"有财相分"。以上规定必须人人遵守，领袖更要以身作则。

早期墨家在战国中前期影响很大，韩非将其与儒家并称为"显学"。墨家和儒家在社会伦理方面都主张关爱他人，但墨家反对儒家强调的等级观念。墨家提出"兼相爱，交相利"，即不分等级地爱，并以"尚贤"、"尚同"、"节用"，作为治国方针。墨家站在下层民众的立场上，提出了"非攻"的主张，反对当时的兼并战争。墨家学派还主张"非命"、"天志"、"明鬼"，一方面否定天命的决定意义，而同时又承认神鬼的存在。

墨子去世后，墨家逐渐分成两个分支：一支注重继承早期墨家在认知、逻辑、科技等方面的理论研究，被称做"墨家后学"，即"后期墨家"；另一支则转化为秦汉时期社会上的游侠。墨家学说在我国古代逻辑思想史上占有重要的地位。

战国后期,墨家再也没有出现像墨子那样有影响力的领导人,逐渐走向衰落。西汉时期,汉武帝独尊儒术,再加上墨家提倡的艰苦作风,舍己救人的精神和严厉的规章制度,并非人人都能够做到,因此,这一曾显赫一时的重要学派,逐渐淡出了历史舞台,在西汉之后基本消失了。

墨家的中心思想是“兼爱”,认为社会上的一切人们只有“兼相爱”,才能“交相利”。人们如果能够互相爱护,互相协助,互相取得利益,这样一来,就可以使饥饿的人得到食物,缺衣的人得到衣服,辛劳的人得到休息,混乱的社会秩序也可以得到治理了。

墨子的“兼爱”和孔子的“仁”不同之处在于:孔子认为对“小人”不能行“仁”,爱有差等;而墨子的“兼爱”是爱无差等,对社会一切人是普遍适用的。“兼相爱”的目的是为了“交相利”,兼爱的表现是交利。墨子要求兼爱,主张减轻剥削,反对奢侈腐化,在一定程度上反映了劳动人民的呼声。

既然要“兼爱”、“交利”,就必然要反对战争,所以墨子主张“非攻”。“兼爱”、“非攻”、“尚贤”、“尚同”、“节用”、“节葬”、“非乐”、“非命”、“天志”、“明鬼”,是墨子的十大主张,其核心是“兼爱”,这反映了墨家学派的阶级实质。“非攻”和“兼爱”是连在一起的。“尚贤”、“尚同”是实现“兼爱”、“非攻”的具体政治办法。“节用”、“节葬”、“非乐”、“非命”,既是对当时掌握国家政权的“王公大人”奢侈腐化生活的和垄断政权的批判,也是墨子对自己“兼爱”、“尚贤”政治的具体设想。“天志”、“明鬼”则是墨子宣传自己政治主张所利用的宗教迷信工具,目的是恐吓统治阶级不要做坏事,否则要受到上天和鬼神的惩罚。墨子的“十大学说”有机地连接在一起,构成了自己完整的思想体系。

墨子以“三表”,即“历史经验,人民的评判,国家人民的利益”,作为判断是非对错真假的标准

在认识论上,墨子提出了认识客观事物应以“三表”作为判断是非真假的标准。“表”是“标志”或“标准”的意思。墨子认为,判断事物真假的标准:第一,要“上古之于古者圣王之事”,即要根据历史上前代帝王统治的经验,也就是“历史的经验”;其次,要根据“百姓耳目之实”,根据当前人民的感觉和经验,也就是“人民的感觉和评判”;第三,要观察它符合不符合国家人民的利益,也就是"国家和人民的利益就是强国富民"。这三项标准总的要求是,判断是非应根据前人的经验,当前群众的反映和实际效果,是否符合国家和人民的根本利益。因此他的认识论是唯物主义经验论的认识论。

墨子强调间接经验和直接经验,强调实际效果,这和他的出身于比较贫贱的生产者家庭有一定关系。他的"十大学说"就是以"三表"作为认识事物的方法而提出来的政治理想。

墨子的"天志"、"明鬼"学说,没有脱离殷、周传统的思想形式,但赋以"非命"、"兼爱"的内容,反对儒家的"天命"、"爱有差等"说,认为"执有命"是"天下之大害",力主"兼相爱,交相利"不应有亲疏贵贱之别。其本人更是"摩顶放踵,利天下为之"的实践精神。他的"非攻"思想,体现了当时人民反对掠夺战争的意向。他的"非乐"、"节用"、"节葬"等主张,是对当时贵族"繁饰礼乐"和奢侈享乐生活的抗议。提出"尚贤"、"尚同"的政治主张,认为"官无常贵,民无终贱",反对贵族的世袭制和儒家的亲亲尊尊,试图用上说下教的方法,"使饥者得食,寒者得衣,劳者得息,乱者得治"。

墨子出身贫贱,生活俭朴,注意力行,为了实现自己的政治主张,往往穿着粗布衣服,用木头或草做成的鞋子,不顾辛劳,到处奔走游说。有一次,鲁国的巧匠公输般(即鲁班)制造了攻城用的云梯,楚国要在公输般的帮助下使用攻城器械去攻打宋国。为了阻止楚国攻宋,他命令自己的学生带了三百人,准备好了防御武器,守卫在宋国的城头,准备和楚军决一死战;之后,自己便穿了极其简朴的衣服,从齐国出发,前王楚国。他步行了十天十夜,赶到了楚国的首都,和楚王、公输般进行辩论,终于使他们放弃了攻宋的战争计划。

墨子的很多学说,是在批判儒家学说中提出来的,儒墨两大学派的论争,揭开了战国时期"百家争鸣"的序幕。

道家治国:"无为自化,清净自正,修身养性,无为而治"的"道治"

随着社会的发展,老子和庄子越来越受到全世界知识界的关注,他们用清新雅致,超凡脱俗的语言,阐述着玄妙深邃的人生哲学与处世道理。道家学说在历史上虽非"显学",然却以其深厚的底蕴,在我国思想文化的领域上影响深远。汉初的黄老之学、魏晋玄学、佛教禅宗、宋明理学,都不同程度的从道家学说中汲取了丰富的营养,理学甚至有"道学"的别名。道家思想的核心是

“无为”;辩证法,则是其精华。

道家,是我国先秦时期形成的一种哲学思想流派,受南方楚文化的影响。道家思想的核心是“道”,认为“道”是宇宙的本原,也是主宰宇宙万物的最高法则。老子在《道德经》中开宗明义地说:“道可道,非常道。”他首先阐述了“道”是一种“玄之又玄”的东西,因此不容易被普通人所理解。他又说:“有物混成,先天地生,寂兮寥兮,独立而不改,可以为天地父母,吾不知其名,强字之曰道。”

老子认为,“道”是先于宇宙而成的,周而复始地运行,从不停歇,无声无形,深邃幽远。庄子是战国时期道家的代表人物,他的思想飘逸洒脱,散文清新华美,在我国思想史和文学史上均占有极高的地位。

司马迁的父亲司马谈,曾在《论六家要旨》一文中,将先秦诸子之学概括为道、儒、墨、名、法、阴阳六家,并阐述了六家的主旨,在谈到道家时,司马谈说:“道家使人精神专一,动合无形,赡足万物,其为术也,因阴阳之大顺,采儒墨之善,撮名法之要,与时迁移,应物变化,立俗施事,无所不宜,指约而易采,事少而功多,……其术以虚无为本,以因循为用。无成执,无常形,故能究万物之情。不为物先,不为物后,故能为万物主。”这基本上反映了先秦道家思想的实质。

西汉初年,统治者以道家思想治国,实行修养生息政策。文帝、景帝时,政治清明,经济稳定发展,史称“文景之治”。后来,董仲舒提出“罢黜百家,独尊儒术”的主张,并被汉武帝采纳,道家从此成为非主流思想,开始了与他其思想文化的交融与整合,而继续在我国古代思想的发展过程中扮演重要角色。魏晋玄学,宋明理学都含有道家思想的成分。佛教传入中国后,为适应中国本土文化,也从道家思想中吸取了营养。

道家在先秦各学派中虽然不是什么显学,但随着历史的发展,道家思想以其独特的世界观和人生观,在哲学思想史上呈现出永恒的价值与生命力。

道家思想后来与神仙方术、巫觋占卜、阴阳五行相结合,演变成本土的重要宗教——道教。东汉的张道陵被认为是道教的创始人,并被尊为“张天师”。魏晋名士喜欢谈论老庄之学,并追求炼丹修道,从此,道家与道教被常人混淆。

道家,形成于春秋战国之际,在儒、墨成为天下“显学”的时候,道家的学说也开始登上了历史舞台，参加了争鸣的行列。

道家这个名词，在历史上出现是很晚的。在战国时期，为人们所知道的是关尹、老聃学派，此外还有一些接近道家的思想家，如杨朱、庄周、列御寇等人，他们当时都是作为“诸子百家”之一而出现的，没有像儒、墨两家，那样成为一个大的学派系统。大致上说来，杨朱、老聃、关尹、庄周、列子的思想可以定为道家。

列子治国：主张“清静无为，无为而治”

列子，名御寇，战国时期道家学派思想家。郑国莆田（今河南郑州）人，生活年代早于庄子。列子的学说，主张清静无为。班固在《汉书·艺文志》中将列子归入道家。《列子》一书是道家的重要典籍之一。

《庄子》中有《列御寇》一篇，其他篇目也多次提及列子。列子“贵虚尚玄”，道术高深，能够乘风而行。《庄子·逍遥游》中描述列子乘风而行的情景时说：“夫列子御风而行，冷然善也旬有五日而后返。”列子御风而行，逍遥自在，这种境界是庄子所追求的。唐朝天宝元年（公元742年），玄宗皇帝封列子为冲虚真人，《列子》一书也被称为《冲虚真经》。

列子终生致力于专研道家学说，并长期隐居，不求名利，清净修道，主张循名责实，无为而治。他先后著书二十篇，十万余字，成《列子》一书，但大多散佚，今仅存八篇。也有人认为现在看到的是伪书。《列子》、《庄子》都以讲寓言见长，“愚公移山”、“夸父逐日”、“杞人忧天”等故事妙趣横生，隽永味长，发人深思。

列子因为家贫而面有饥色，却拒绝郑国权臣子阳馈赠的粮食，他的弟弟严讳问：“所有闻道者为富乎？”列子回答说：“桀纣惟轻道而重利是以亡！”也就是说“重利轻道”必定招致祸患。后来郑国发生内乱，子阳被杀，其同党也都被株连致死，列子却因没有接受当年的馈赠才得以安然无恙。列子还主张应摆脱人世间贵贱、名利的羁绊，顺应大道，淡泊名利，清净修道。他心胸豁达，贫富不移，荣辱不惊，庄子非常推崇他的思想。

杨朱治国：“全性葆真”，“利己，不损人”，与庄子的“遁世”相似

杨朱，生活的时代约晚于孔子，早于墨子，也有说他生活的年代大约在墨子与孟子之间,战国时期魏国大梁(今河南开封)人,字子居。他没有著作传世,其思想见于《列子》、《庄子》、《孟子》、《韩非子》、《吕氏春秋》等书。孟子说:“杨朱、墨翟之言盈天下。”可见在战国时期,杨朱学说的影响力非常大了。可与墨家这样的显学相媲美。杨朱最著名的思想是一毛不拔的利己主义。孟子说:“杨子取为我,拔一毛而利天下,不为也。”杨朱固然利己,却不损人,与庄子的遁世哲学很相似。

他的思想孟子说是“为我”。这个“为我”,实质上是把天下大事都丢开不管,避世隐居,保全自己的天性,不为他人他事牵累自己,并不是说自私自利。这是道家思想的先驱者之一。

《汉书·艺文志》中说:“道家者流,盖出于史官,历记成败存亡祸福古今之道,然后知秉要执本,清虚以自守,卑弱以自持,此君人南面之术也。合于尧之克攘,《易》之谦谦,一谦而四溢,此其所长也。及放者为之,则欲绝去礼学,兼弃仁义,曰独任清虚可以为治。”

《汉书·艺文志》中说:道家的人物,大都是出于史官,通过对历史的研究,总结出历朝历代成败存亡的规律道理,从历史的经验教训中,懂得了执政为民之本,是清虚以自守,卑弱以自持,是君主治理天下国家的艺术。

四十四、老子"无为而治";庄子"天地与我并生，万物与我为一"

老子,生卒年月不详,约与孔子同时代,而大于孔子,姓李名耳,又名老聃,春秋时期楚国苦县(今河南周口鹿邑县)人,我国古代伟大的哲学家和思想家,道家学派的创始人。老子曾在东周国都洛邑(今河南洛阳)任"守藏吏",相当于现在的国家图书馆馆长,是个博览群书、知识渊博的大学者。《史记》记载,孔子周游列国时曾到洛阳向老子问礼,尊他为师。相传,老子晚年乘青牛西去,并在出函谷关之前留下了五千言的文章,后来被道教徒奉为经典,取名《道德经》。出关以后,老子不再见于史册。

也有人说老聃自己没有写过书。现在流行的《道德经》五千言,托名为老子所作,但书中反映了许多战国时期才能出现的语言,因此《道德经》不可能为老子所写。据学者研究,《道德经》当为战国中后期的道家人物根据老聃的遗说,加以补充、发挥、推衍而成的。我们现在讲老子的学说,一般都以《道德经》为依据。庄子和道家的其他各派没有发生过直接关系,他是战国中期道家的中心人物,传世的有他的《庄子》一书。现在都把老子和庄子,作为先秦道家的主要代表。

老子是道家的创始人,庄子继承和发展了老子的思想。在庄子前或同时,有杨朱的"全性葆真"说,宋钘、尹文的"情欲寡浅"说,彭蒙、田骈、慎到的"弃知去己"说,都同道家思想接近,有称之为道家别派者。

鲁迅说:"不读《道德经》一书,不知中国文化,不知人生真谛。"西方哲学家威尔·杜兰说:"或许除了《道德经》外,我们将要焚毁所有的书籍,而在《道德经》中寻得智慧的妙要。"

《道德经》的辩证思想,是全人类思想精华。老子的哲学思想宁静致远,被称为"中国哲学之父"。道教形成后,老子被尊奉为"太上老君",成为道教的教主。唐朝皇帝自称是老子的后裔,并追封老子为“太上玄元皇帝”,魏晋人借刘向之名,伪作的《列仙传》将老子列为神仙。

老子以“道”来阐释宇宙万物的演变过程,提出“道生一,一生二,二生三,三生万物”,认为人们做事必须符合“道”的精神,所以“人法地、地法天、天法道、道法自然”。“道”既是客观自然规律,又是“独立不改,周行而不殆”的永恒精神。《道德经》包含了大量的朴素辩证法思想,如“反者道之动”,“祸兮福所倚,福兮祸所伏”等。

老子认为,在一定条件下,事物的两个方面可以相互转化。老子还认为,“有无相生”,并且“天下万物生于有,有生于无”。老子强调“居下”,认为柔弱是“道”的本质,“天之道,损有余而补不足”。

老子的学说对我国哲学发展具有深刻影响,《道德经》短短五千言,蕴涵着深邃的大智慧。他的哲学思想和由他所创立的道家学派,不但对我国古代思想文化的发展作出了重要贡献,而且越来越多地收到了海外文化界的关注,老子也成为我国继孔子之后的又一个世界文化名人。

老子的思想中出现了一些辩证因素是有原因的。他是一个没落贵族,是一个史官。作为一个熟悉历史的学者,他看到历代统治者的盛、衰、兴、亡;看到原来的贵族下降为士甚至变成耕田的劳动者;看到毫不知名的下层人物变成了新的统治者。社会的急剧变化,社会上一些事物向对立地位的互相转化,反映到老子思想上来,使他产生一些朴素的辩证观点,是正常的。

老子的“无为自化,清净自正,顺其自然”;“以弱胜强”;“无为,不争”

老子学说的宗旨是“无为自化,清净自正”,主张“无为而治”。他认为老百姓要没有知识、没有欲望、没有事可做,永远安静地住在一小块地方,人人无所作为,就可以做到“无为而治”,达到最理想的社会了。

老子是一个复古主义者,要求社会恢复到“小国寡民”,“鸡犬之声相闻,老死不相往来”的社会。他认为,智慧的发展,技术的进步,生活要求的提高,人们之间交往的增加,社会的每一项进步,都是罪恶的根源,因而反对社会的进步,只有原始时代那样最低的生活水平,才是最理想的社会。老子的思想,反映了春秋战国之际已趋于没落的奴隶主贵族消极、悲观、厌世的心理状态。

在哲学思想上,老子提出了一个“道”。“道”就是世界上万事万物的本体,“道”就是“无”,它是“先天地生”的。它是无时不在,无处不有,无形无踪,无声无息,看不见莫不着的东西,可以勉强给它个名词,叫“天”。

老子说,这个“道”,人们的感觉器官是不能认识的,“道”即“无”,“无”生出了“有”,“有”又生出天下万物。“道”在万物中表现出来的具体东西,就是“德”。因此,老子的“道”是一个虚幻抽象、恍恍惚惚,似是而非,人类无法认知和觉察的精神实体。正是这个精神实体,被老子说成是产生宇宙中万事万物的始祖。

至于老子所说的“德”,是个概念,更为精神状态的东西。先有精神实体,后有物质世界,精神产生了物质,老子正是这样认识世界的。因此,老子的哲学思想属于唯心主义的体系。他提出的“道”,不是存在于人的心中,而是开天辟地以前就有的,存在于客观世界之中,是主张和决定世界万事万物的精神体。这种哲学体系,就是客观唯心主义。

老子的思想虽然是唯心主义的,但是包含了许多辩证法的因素,这是他思想中积极的一面。他观察了世界上万事万物之间的矛盾对立和互相转化的情况,认为事物不是一成不变的,而是在一定条件下互相转化。《道德经》中列举了许多事物的双向对立的名词,如:有无、多少、轻重、长短、高下、美丑、坚柔、生死、祸福、巧拙、难易、善恶、强弱、得失、予夺、贵贱等等,说明他对事物的矛盾对立认识得非常广泛和深刻。

老子认为,事物双方是相互依赖而存在的,缺了一方就不存在。所以他认为:有和无是互相产生的,长和短是在比较中得到的,高是以下为基础的,难和易是相辅相成的。事物双方矛盾发展的规律是:总有柔弱的、卑下的、虚无的、静止的一方,最后取得胜利,而且循环不已,柔弱的会变成刚强,变成刚强之后又会转化成柔弱;得了祸,往往接下来是福;有了福,往往埋伏着大祸。老子正是这样来认识事物转化的规律的。这说明他思想中的辩证法因素表现在事物对立和相互转化的一面上,对事物发展规律的认识陷入了周而复始的循环论。

老子思想中的辩证法是不彻底的。这种思想支配了他的历史观,他认为人活在世上应永远处在柔弱、卑下、落后的地位。老子要求社会退到“小国寡民”的原始社会去,是从“柔弱胜刚强”的原则出发,想使自己安居于极其落后的、与世无争的地位,来达到争得天下的目的。在他看来,“柔弱”可以胜“刚强”;“不争”是为了“天下莫能与之争”,因此,并不是主张绝对的消极。这是没落奴隶主贵族既希望恢复失去的天堂,又无力回复这个天堂的无可无奈何的心理状态在这哲学上的反映。

庄子的"天地与我并生,万物与我为一","物我两忘","独与天地精神往来"

庄子(约前369年—前286年),名周,战国时期宋国蒙(今安徽蒙城县)人,我国古代著名的思想家、哲学家、文学家,是道家学派重要的代表人物之一。庄子生活的时代,大约同孟子、或稍晚一些,他的著作收集在《庄子》一书中,到了庄子时,道家形成一个比较大的派别。

庄子是宋国人,做过小官。他把老子的某些消极思想作了改造和发挥,创造出一套完整的思想体系,来为他所代表的没落阶级服务。由于他写的文章笔调动人,文辞优美,在一定时期内,庄子的唯心主义思想体系,在社会上起了很大的宣传和欺骗作用。

庄子继承发展了老子的哲学思想,与老子又不尽相同,后世将他与老子并称为"老庄",故而道家哲学也称"老庄哲学"。

庄子与老子一样,庄子哲学也包含辩证思想,但又强调"物无贵贱"、"无是无非"、"方生方死",淡化事物之间的差别,有鲜明的相对主义色彩。与老子不同的是,庄子认为世界的本原在心中,属于主观唯心主义思想,对后来的佛教禅宗以及陆王心学影响较大。庄子也强调"无为",主张消极遁世,所以显得有些颓废。他反对一切社会制度,摒弃一切文化知识,而在看待社会问题时,庄子的批判精神要比老子更强烈,他认为最高统治者就是最大的盗贼。

庄子的文章,想象丰富,文采飞扬,具有浓重深厚的浪漫主义色彩,经常以寓言来阐述自己的观点,文字极富幽默讽刺意味,对后世文学影响巨大,甚至有人将庄子的寓言归入"小说"类文学。庄子及其门人著有《庄子》一书,是道家经典之一。《汉书·艺文志》收录的《庄子》目录共五十二篇,但今天只见三十三篇,其中内篇,一般认为是庄子本人所作。

道教吸收道家学说,老庄哲学思想成为道教核心思想,庄子也被神化,列为道教神仙。唐朝天宝元年(742年),唐玄宗封庄子为"南华真人",《庄子》一书从此被称为《南华经》。宋徽宗时,庄子又被封为"微妙元通真君"。

阮籍、陶渊明、李白、苏轼、辛弃疾、曹雪芹等人在思想、文学风格、文章体制、写作技巧上也深受《庄子》影响。所以,鲁迅说:“其文恣意汪洋,仪态万方,晚周诸子之作,莫能先也。”

在政治思想上,老子虽然主张社会倒退,但他的消极面还有一定的限度,即只主张社会退到原始社会去,“无为”是为了“有为”。在一定条件下,“无为”思想还可以对社会起一些积极作用,如西汉初期就实行过“黄老无为之治”,使汉初的社会保持了一个时期的稳定。而庄子却是一个绝对的悲观厌世者。他认为,社会的一切存在都是坏的,都是没有任何意义的,希望回到浑浑沌沌、是非不分,生死莫辨的虚无境地;人生在世界上,对一切东西都无所谓,一切都随自然,人的生老病死,社会的一切变动,都没有什么关系,因为人总要和万物的本体“道”合在一起的。

有一次,庄子做梦时自己变成了一只蝴蝶。醒来后看到自己还是庄子,他就问自己道:是庄周变成蝴蝶了呢?还是蝴蝶变成了庄周呢?大概庄周和蝴蝶,是互相变化出现的吧!他认为自然界是由“道”组成的,自己要和这个“道”合在一起,就可以解脱人生的一切忧虑、烦恼、痛苦以至于生死。死了还是存在,变成了其他东西,变成了什么东西都一样。这样,人生就可以不生不灭,无穷无尽,达到理想的境界,也就是最大的自由和快活。庄子称这种打破一切差别的境界,和万物的本体“道”合为一体的理论为“天地与我并生,万物与我为一”,能够做到这一点的人,就是修养出来的“有道之士”,就是“真人”。“真人”是庄子最理想中的人。

老子的宇宙观是客观唯心论,而庄子的宇宙观本质上是主观唯心论。老子把“道”看成是存在于客观世界中的东西,而庄子要把自身和混沌的“道”合一,有我的心就是“道”,“道”就是我的心的倾向,认为人的命运决定于自身的修养和内心的活动,这就属于主观唯心论了。

庄子的主观唯心主义思想,可能来源于“儒家八派”中的颜渊学派。颜渊是孔子的学生,孔子多次赞扬颜渊住在破陋的房子里面,过着清寒的生活,自得其乐地闭门修养功夫,做到了自己内心三个月不违背“仁”。依靠闭门的内心修养就能做到“仁”,不就是说人的内心活动就可以决定一切吗?庄子发展了颜渊的思想,完全走上了主观唯心主义的道路。

老子的哲学思想中,有辩证法的因素,认为世界万事万物间,存在着种种矛盾对立统一并会彼此转化,而庄子则要否定世界上的一切差别和对立,认为高下、好恶、是非、真假、贫富、祸福、生死等等什么都一样,这就走到绝对的相对主义上去了。

庄子认为:首先,认识的对象本身是相对的,例如美和丑、高和下、生和死,最后都是一样,因此他的性质是无法认识的;其次,主观认识能力是相对的。例如我们上面提到庄子做梦变成蝴蝶的事,他自己不能确定是庄周变成了蝴蝶还是蝴蝶变成了庄周,因此他认为一般人没有认识事物的能力。他又说:“毛嫱和骊姬是美人,但是鱼见了她们吓得深入水底,鸟见了她们吓得高飞,麋鹿见了她们赶快跑开,那么,美不美究竟以谁的判断作为永恒的标准呢?”因而他得出人的认识能力是相对的;第三,真理的标准是不可知的,因为万事万物没有什么是非,真假之分。

庄子从人的认识都不免带有局限性,片面性出发,加以无限扩大,把相对绝对化,引导人们走向怀疑一切、否定一切的虚无主义和神秘主义的错误道路上去。总之,庄子取消了老子思想中的积极性的东西,而把他的消极思想发展到了极点。

庄子哲学思想,是主观唯心论和绝对的相对论的结合。他的学说是不能自圆其说的。因为他既然把所有的东西都看成相对的,没有一个真理和是非标准,那么我们就可以问庄子:你自己的学说是不是相对的呢?如果是相对的,那么你的学说就不是真理;如果你的学说是绝对正确的,那么宇宙间就有一个绝对正确的东西存在了,这就打破了你自己的学说体系。

庄子的学说是一套宗教迷信思想。这种思想无论在战国时代以至现在,都会起欺骗和毒害作用。在战乱极端频繁,政治空前黑暗、人民生活异常痛苦之时,庄子哲学或许能对劳动人民起某种精神上的安慰作用,但这种作用也只能如同佛教那样,是对人民一种精神上的麻醉,并不能使他们认识到阶级压迫和阶级剥削的实质。汉代统治者采用黄老思想,没有采用庄子思想,就是因为庄子思想消极面太大,为封建统治者不采。

庄子学说使人消极、懒惰、悲观、颓废、厌世。在阶级社会中,如果像庄子主张的那样,任何痛苦都不要计较,人和压迫剥削都不去反抗,任何生产活动都不必去搞,生老病死也完全可以置之不理,这样,社会就无法生存,人类也无法存在,只能倒退到动物世界去。

庄子的思想,是否定发展、否定进步、否定革命的思想。这种思想,是当时没落破产的奴隶主贵族，既想复辟又眼看大势已去，出于无可奈何的情况下，想解脱自己的痛苦，自我麻醉又想麻醉别人的这种一种情况的反映。

庄子的思想是颓废的，具有极大的自我麻醉和麻醉别人的作用，所以他的作用能够治理和麻醉痛苦中的人们。在当今物质世界日益丰富的时代，却丝毫不能改变人类精神的孱弱。西方用基督来拯救人类的精神，而东方则是庄子的逍遥来慰藉人们。今天人类有空前的文明，同时人类离自然也越来越远，生态失衡，环境恶化，极度快感之后是人类精神世界无法言说的痛苦，精神紧张，寂寞空虚，纸醉金迷，人格扭曲，道德败坏，信仰危机。人们疯狂地追逐外物，却忘掉了心灵世界的内在修养。

这样，一些思想家、哲学家又回到了东方，要以东方的智慧医治现代人的“文明病”。于是，博大精深睿智的老庄哲学，以其独特的魅力中心展现在世人面前。读《老子》给人以智慧的启迪，做到无为是为无不为，不争是莫与之争；读《庄子》，可以让人品味人生，学会逍遥、庄子让人们放开胸怀，站在更高的境界来看待人生。在庄子看来留骨而贵者拥有权力地位，享尽荣华富贵，却终生受人驱使。相比之下庄子更愿意拖着尾巴在泥水里自由自在爬来爬去的乌龟。

庄子生活在一个诸侯国混战称雄的时代，残杀、剥削、掠夺，给人们造成了巨大的灾难。庄子超脱冷漠的外衣之下，是他内心深处浓厚的愤世嫉俗的苦闷，是他对人生的思考。每个人的生活中都有自己无法控制的事情，但并不是每个人都有庄子那么豁达睿智的人生观念。庄子绝对是一位追求心灵自由，精神逍遥的人。

“北冥有鱼，其名为鲲。鲲之大，不知几千里也。化而为鸟，其名为鹏，鹏之背，不知几千里也；怒而飞，其翼若垂天之云”。鲲鹏这种完全超出我们想象之外的大鸟，无形中扩展了我们的想象的空间，打开了我们封闭的心灵。

真正的逍遥者，追求一种超越时空限制的绝对自由，是“乘天地之正，御六气之变，以游无穷者”。达到无己、无功、无名的境地。

李白评价庄子：“吐峥嵘之高论，开浩荡之奇言。”鲁迅说：“其文汪洋辟阖，仪态万方，晚周诸子之作，莫能先也。”郭沫若说：“秦汉以来的一部中国文学史，差不多大半是在他的影响下发展。”闻一多说：“中国人的文化上永远留着庄子的烙印。”香港中文大学哲学系教授刘笑敢指出：“庄子的游是心之游，是心灵的安闲自适，因而也是精神自由之义。”庄子用汪洋恣意的语言，创造了一个开阔超凡的意境，描述了一个摆脱束缚的逍遥人生。读《庄子》会让我们的心胸更宽广，心灵更自由，对我们的人生绝对有裨益。

陈鼓应先生说：“一个人生活的体验愈多，愈能欣赏庄子思想视野的宽广、精神空间的开阔及其对人生的审美意境；一个人社会阅历愈深，愈能领会庄子的‘逍遥游’实乃‘寄沉痛于悠闲’，而其思想生命的底层，则未始不潜藏着深厚的激愤之情。”“从庄子的哲学对境来说，恢弘的气象表现于不以人类为中心（不局限于人类），不以自我为中心（不局限于自我），而能推及于广大的世界。庄子思想的最高境界是‘天地与我并生，万物与我为一’，这方面表现出民胞物与的胸怀，另一方面又呈现着艺术精神的和谐观照。”从而达到天人合一，混然天成，物我两忘的境地。对于庄子所处春秋战国时期这个疯狂的年代，庄子的哲学也许有一份清醒的作用，作为调整人心的清凉剂。正如台湾傅佩荣教授所说：“真正看懂庄子会明白世界上总有路可走。”

笔者认为：领会庄子的精神实质，是面对无奈无助状态下的人们的精神疏导；是无药可治病痛另辟蹊径的良药；是面对前途渺茫无路可走状态下“山重水复疑无路”的“柳暗花明又一村”；是“天人合一，物我两忘”的天人和谐；是茫茫人生迷途中重现的曙光；是面对无奈无助无路可走窘迫状态下，寻找内心深处的尊严；是实现自我，充满理想空间领悟到的新天地；是跳跃到独与天地精神往来的人生境界。庄子不适应治国平天下，只可慰藉苦闷无助无奈人们的心灵和造就杰出的艺术家。

笔者前面说过，学习是为了谋生，读书是为了谋心，而读《庄子》则是“谋心”的最好印证。人们在现实中得不到世俗的尊严，用庄子的理论，追求自己内心的尊严；人们在现实中得不到自由，用庄子的理论，追求内心的自由；人们在现实中得不到物质的享受，用庄子的理论，享受精神的富足；人们在现实中无路可走，用庄子的理论，追求内心的鲲鹏展翅，天人合一，物我两忘，神与物游，独与天地精神往来！

读《庄子》，让我们领悟到超脱的生活哲学，懂得顺其自然。庄子生活在人世之中却有超脱于人世之外，庄子站在更高的境界对人生做出了解读。

道家学说，以老庄自然天道观为主，强调人们在思想行为上，应效法“道”的“生而不有，为而不恃，长而不宰”；政治上主张“无为而治”，“不尚贤，使民不争”;伦理上主张“绝仁弃义”,以为“夫礼者忠信之薄而乱者首”,与儒墨之说形成明显的对立。其后,道家思想与名家、法家相结合,成为黄老之学,为汉代统治者所重。到汉武帝“罢黜百家,独尊儒术”,黄老渐衰。同时,道家思想流入民间,对东汉末年农民运动中道教思想的产生有所影响。

魏晋间玄学盛行,王弼、何晏等为首以老庄解释儒家经文,促成儒道融合。佛学传入中国后,学者用老庄诠释佛典,又有释道合流之势。宋明理学家力倡儒家道统,佛老并斥,但对道家思想仍有某些吸收。

道家思想对中国的政治、思想、科技、文化、艺术等方面,都有深刻影响,是中国传统文化中的重要组成部分。道家的主要著作有《老子》、《庄子》等。

综上所述,儒、道、法三家的政治主张和治国理念,都是站在统治阶级的立场上,谈如何治理人民,维护君权,只有墨家是站在劳苦大众的立场上,要求统治阶级,对所有的人,不分贵贱尊卑“兼相爱,交相利”。

而儒、道两家,又都是复古主义者。儒家的孔子,言必文、武、周公,梦不见周公,就感到非常遗憾,现实中不能回到文、武、周公时代,做梦也要回到那个时代,孔子的复古,就是要使社会恢复到西周初期的文、武、周公的时代;而孟子言必称“三王”、“圣王”,力求退回到“三皇”、“五帝”的“圣王”、“圣君”的时代;而道家的老子,向往“小国寡民”、“鸡犬之声相闻,老死不相往来”的刀耕火种的原始社会,要恢复退回到原始社会,老子“以无为,而无不为”,老子的“无为”,是为了“有为”,以“不争而无不争”“不争”是为了“无不争”,“无为而治”,不是不治,而是顺势而为,符合事物运行的规律,按照规律办事;而庄子的主观唯心主义思想的厌世和遁世,逃避现实,追求“天地与我并生,万物与我为一”,“独与天地精神往来”,则要退回到丛林规则的动物世界中去。

道家的老子是“以无为,求其无不为”,“以不争,求其无不争”是“人法地、地法天、天法道、道法自然”的顺其自然法则的“有为”与“有争”,是以弱胜强的坚持;道家的庄子则是“以无为,求无为”,“以不争,求不争”,庄子的“无为”,是消极的厌世,庄子的“不争”和无可奈何的遁世,庄子的思想是为了追求内心的满足和追求个性的自由,梦想“天地与我并生,万物与我为一”的精神寄托,庄子的思想,与文学有益,与救世、治世无补。

墨家的“兼相爱,交相利”,是墨家的思想核心。墨子认为社会动乱的根本原因是在于人们不能兼爱,儒家所强调的等级观念是实现兼爱的最大障碍。

墨子的“兼相爱,交相利”的观点,提倡不受等级地位限制的爱,把兼爱与实现人与人之间的平等互利相联系,表现出对功利的重视。墨家的一切主张都是以兼爱为出发点,他希望通过兼爱实现社会的和平安定。

法家,大都是明法度的大臣,战国时的一个重要学派。起源于春秋时期的管仲、子产,发展于战国时期的李悝、商鞅、慎到和申不害等人。商鞅重“法”;申不害重“术”;慎到重“势”。到战国末期,韩非加以综合,集法家之大成。把“法治”和“术治”、“势治”相结合,形成系统的法治理论,明确提出“依法治国”,“以法为本”、“治强胜于法”、“刑过不避大臣,赏善不遗匹夫”等观点。主张法律面前人人平等,反对任何人享有法律之外的特权。法家主张“各当时而立法,因事而治礼;礼法以时而定,制令各顺其宜”。要求巩固封建土地私有制,建立统一的君主国家。提出重农抑工商的观点。提倡耕战政策,以农致富,以战求强;厉行严刑峻法,监察官吏职守,建立官僚制度。

法家的治国之道,强调“依法治国,赏罚分明,刑罚为主,以礼辅助”;把“法”、“术”、“势”相结合,强调“依法治国”、“治强胜于法”的“以法为本”;主张“刑过不避大臣,赏善不遗匹夫”的法律面前人人平等,反对任何人享有法外特权的“王子犯法与庶民同罪”的公正;主张“各当时而立法,因事而治礼,礼治以时而定,制令各顺其宜”的因时而变的与时俱进;要求巩固封建土地私有制,建立统一的君主国家,中央集权制的大中华统一;提倡耕战政策,以农致富,以战求强的富民强国政策;严厉严刑峻法,监察官吏职守,建立官僚制度,逐步完善一整套的“依法治国”的“法治”制度。

由法家的“依法治国,赏罚分明,刑罚为主,以礼辅助”;发展到“有法可依,有法必依,执法必严,违者必究”。

再发展到江泽民所说的“党的领导是人民当家作主和依法治国的根本保证,人民当家作主是社会主义民主政治的本质要求,依法治国是党领导人民治理国家的基本方略。……宪法和法律是党的主张和人民意志相统一的体现。必须严格依法办事,任何组织和个人都不允许有超于宪法和法律的特权”。

再发展到胡锦涛所说的“必须坚持科学执政、民主执政、依法执政,不断完善党的领导方式和执政方式。要结合中国实际不断探索和遵循共产党执政规律、社会主义建设规律、人类社会发展规律,以科学的思想、科学的制度、科学的方法领导中国特色社会主义事业”。

由“刑过不避大臣，赏善不遗匹夫”，发展到现在的“法律面前人人平等”；由法家的“事在四方，要在中央”，发展到现在的“大权独揽，小权分散”的“中央集权”。“中央集权”的好处是便于做到全国一盘棋，集中力量办大事，保证重点，必要时实行中央调控。由法家的“各当时而立法”，发展到现在的“改革开放”，“与时俱进”；由法家的“监察官吏职守”，发展到现在的“纪检”、“监察”和“审计”，以及媒体、公众的监督及群众的举报制度。

法家，关注国家，因时而变，与时俱进，留下了一整套有法可依的治国理念，那就是公开、公平、公正的“法治”制度，历经两千多年而不衰，并由法治发展到现在的法制。

其实，现在大多数国家的治国理念，主要是强调法治和法制的依法治国，就是现在的“有法可依，有法必依，执法必严，违法必究”；“法律面前人人平等”；“法制与民主是密不可分的”；法制的根本任务是：“打击敌人，保护人民，保障社会秩序，建设社会主义，巩固无产阶级专政”，只要能够做到这些，就应该给六十分。

四十五、法家以法治国，儒家以礼治国，墨家以人治国，道家以道治国

儒家，中国学术思想中崇奉孔子学说的学派。主要内容的“祖述尧舜，宪章（效法）文武”，崇尚“礼乐”和“仁义”，提倡“忠恕”和不偏不倚，无过不及的“中庸”之道。政治上主张“德治”和“仁政”。重视伦理道德教育和自我修身养性。战国时期儒家有八派，主要的有孟子和荀子两派。自汉武帝“罢黜百家，独尊儒术”之后，其学说逐渐成为中国封建社会文化主流。儒家为适合各个时期封建统治的需要，总是从孔子学说中演绎出各种应时的儒家学说来。如在两汉，有董仲舒和刘歆等为代表的今古文经学以及谶纬之学；在魏晋、有王弼、何晏以老庄思想解释儒经的玄学；在唐代，有韩愈为排佛而倡导的儒家“道统”说；在宋明，有兼取佛道思想的程朱和陆王派的理学；在前清时期有汉学、宋学之争；清代中叶，随着封建社会的没落，而渐渐丧失其作为正统思想的独尊地位。儒家学说统治中国两千余年，他的经典曾是统治阶级的最高教条，成为禁锢人们思想的枷锁，严重阻碍了社会的发展，然而儒家学派又成为中国传统文化的主体，曾在漫长的历史中为维护民族的统一，稳定社会秩序起着积极作用，对中华民族的文化的保存和发展，有巨大贡献。

儒家“仁政”、“礼乐”、“忠恕”、“中庸”、“圣君”、“王道”的“礼治”

儒家的治国之道，“祖述尧舜，宪章（效法）文武”；崇尚“礼乐”和“仁义”；提倡“忠恕”和不偏不倚，无过不及的“中庸”之道；政治上主张“德治”和“仁政”；主张“刑不上大夫，礼不下庶民”的等级制度。“圣君”、“王道”和“君君臣臣”的“礼治”制度。

由儒家的“德政”、“仁政”，发展到现在的“立党为公，执政为民”；再发展到“必须坚持以人为本、全心全意为人民服务是党的根本宗旨，党的一切奋斗

和工作都是为了造福人民。要始终把实现好、维护好、发展好广大人民的根本利益作为党和国家一切工作的出发点和落脚点，尊重人民主体地位，发挥人民首创精神，保障人民各项权益，走共同富裕道路，促进人的全面发展，做到发展为了人民，发展依靠人民、发展成果由人民共享”（胡锦涛语）。

由儒家的“礼乐”、“仁义”，发展到现在的“必须坚持抓好发展这个党执政兴国的第一要务，把发展作为解决中国一切问题的关键。党领导人民建设社会主义的根本任务是解放和发展生产力，增强综合国力，满足人民群众日益增长的物质文化需要。要坚持以经济建设为中心，树立和落实科学发展观，正确处理发展和稳定的关系，不断开拓发展思路、丰富发展内涵，推动社会主义物资文明、政治文明、精神文明协调发展”（胡锦涛语）。

由儒家的“忠恕”之道，发展到现在的“正确处理好人民内部矛盾”；由儒家的“中庸”，发展到现在的“科学发展观”。

儒家，关注文化，留下了凝聚民心的价值体系，就是仁爱、正义、忠恕、中庸，是中国主流文化的核心；儒家的“内圣”、“外王”、“王道”的治国理念，被历代圣君贤臣所推崇；儒家的“天行健，君子以自强不息；地势坤，君子以厚德载物”；“知其不可为而为之”的奋斗精神，引领数千年有志之士，为之奋斗献身。

法家“依法治国，赏罚分明，刑罚为主，以礼辅助”的“法治”

法家，依法治国的一整套法治制度，便于操作，有法可依，但似乎有点冰冷，缺少点人文关怀，所以治理国家，还需有儒家的“德治”与“仁政”的人文关怀的爱心和温情相辅助的“礼治”；统治者如果能够做到儒家的“己欲立而立人，己欲达而达人”，“己所不欲勿施于人”的忠恕之道，就应该再加十分，给七十分。

墨家“兼相爱，交相利”的“以人为本”的“人治”

墨家，反对儒家的“天命”，“爱有差等”，“君君臣臣”的等级观念，认为“执有命”是“天之大害”，力主“兼相爱，交相利”，不应有亲疏贵贱之别，人人平等的观念；主张领导“摩顶放踵，利天下为之”，以身作则，身先士卒的带头作用和实践精神；“非攻”思想，体现了当时人民反对掠夺战争的意向；“非乐”、“节用”、“节葬”等主张，是对当权贵族“繁饰礼乐”和奢侈享乐生活的抗议；提倡“尚贤”、“尚同”的政治主张，认为“官无常贵，民无常贱”，反对贵族的世袭和儒家的“亲亲尊尊”的等级差别和亲疏关系；试图用上说下教的方法，“使饥者得食，寒者得衣，劳者得息，乱者得之”的人文关怀；提出“三表”的评判标准，即用历史的经验，人民的评判，国家人民的利益作为是非对错真假的标准；强调“善与用，志与功”理论与实践的统一；亲身实践“兴天下之利，除天下之害”，造福于民的宗旨；力行艰苦奋斗的作风，勇于实践的精神和及其严格的组织纪律性。

由墨家的“兼相爱，交相利”，发展到现在的“和平共处，荣辱与共，和谐发展，共同富裕”。

再发展到“树立和落实全面发展、协调发展和可持续发展的科学发展观，对于我们更好地坚持发展才是硬道理的战略思想具有重大意义。……实现全面建设小康社会的宏伟目标，就是使经济更加发展、民主更加健全、科教更加进步、文化更加繁荣、社会更加和谐、人民生活更加殷实。要全面实现这个目标，必须促进社会主义物质文明、政治文明和精神文明协调发展、坚持在经济发展的基础上促进社会全面进步和人的全面发展，坚持在开发利用自然中实现人与自然的和谐相处，实现经济社会的可持续发展。这样的发展观符合社会发展的客观规律”（胡锦涛语）。

再发展到“我们所要建设的社会主义和谐社会，应该是民主法治、公平正义、诚信友爱、充满活力、安定有序、人与自然和谐相处的社会。民主法治，就是社会主义民主得到充分发扬，依法治国基本方略得到切实落实，各方面积极因素得到广泛调动；公平正义，就是社会各方面的利益关系得到妥善协调，人民内部矛盾和其他社会矛盾得到正确处理，社会公平和正义得到切实维护和实现；诚信友爱，就是全社会互帮互助，诚实守信，全体人民平等友爱、融洽相处；充满活力，就是能够使一切有利于社会进步的创造愿望得到尊重，创造活动得到支持，创造才能得到发挥，创造成果得到肯定；安定有序，就是社会组织机制健全，社会管理完善，社会秩序良好，人民群众安居乐业，社会保持安定团结；人与自然和谐相处，就是生产发展，生活富裕，生态良好。社会主义和谐社会的这些基本特征是相互联系，相互作用，需要在全面建设小康社会的进程中全面把握和体现”（胡锦涛语）。

由墨家反对“爱有差等”，发展到现在的“没有贵贱之分的人人平等”；再发展到“我们党来自人民，植根人民，服务人民。在任何情况下，与人民群众同呼吸共命运的立场不能变，全心全意为人民服务的宗旨不能忘，坚信人民群众是真正英雄的历史唯物主义观点不能丢。务必继续保持谦虚谨慎、不骄不躁的作风，务必继续保持艰苦奋斗的作风，树立正确的世界观、人生观、价值观，树立正确的权力观、地位观、利益观，做到权为民所用，情为民所系，利为民所谋”（胡锦涛语）。

由“摩顶放踵，利天下为之”，发展到现在的领导干部应以身作则，起积极模范带头作用，“全心全意为人民服务”，“权为民所用，情为民所系，利为民所谋”。

由墨家的“非乐”、“节用”、“节葬”，发展到现在的“勤俭节约，反对铺张浪费”；再发展到“发展循环经济，是建设资源节约型、环境友好型社会和实现可持续发展的重要途经。坚持开发节约并重、节约优先，按照减量化、再利用、资源化的原则，大力推进节水节地节材，加强资源综合利用，完善再生资源回收利用体系，全面推行清洁生产、形成低投入、低消耗、低排放和高效率的节约型增长方式”（胡锦涛语）。

由墨家的“尚贤”、“尚同”，发展到“德才兼备”，“选贤任能”；再发展到“科学发展观，第一要义是发展，核心是以人为本，基本要求是全民协调可持续，根本方法是统筹兼顾”（胡锦涛语）。

由墨家反对儒家的“爱有差等”，发展到现在的“社会主义的本质，是解放生产力，发展生产力，消灭剥削，消除两极分化，最终达到共同富裕”（邓小平“南方谈话”，1992 年），再到“坚持以人为本，就是要以实现人的全面发展为目标，从人民群众的根本利益出发谋发展、促发展、不断满足人民群众的物质文化需要，切实保障人民群众的经济、政治和文化权益，让发展的成果惠及全体人民”（胡锦涛语）。

由墨家的“非攻”，发展到“中国的发展是和平力量的发展，是制约战争力量的发展。现在树立起我们是一个和平力量、制约战争力量的形象十分重要，我们实际上也要担当这个角色”（邓小平《在军委扩大会议上的讲话》，1985 年 4 月），“中国对外政策的宗旨，就是维护世界和平，促进共同发展。我们坚持奉行独立自主的和平外交政策，在和平共处五项原则的基础上同世界上一切国家友好交往、平等相待、互利合作，推动人类进步事业不断前进”（江泽民语）。

由“使饥者得食”，发展到“民族、民权、民生”（孙中山语）；再发展到“努力使全体人民学有所教，劳有所得，病有所医，老有所养，住有所居，不断实现社会公平正义、促进社会和谐，维护社会安定团结”（胡锦涛《在党的十七届一中全会上的讲话》，2007 年 10 月 22 日）。

由墨家的“三表”，发展到现在的“各项工作都要有助于建设有特色的社会主义，都要以是否有助于人民的富裕幸福，是否有助于国家的兴旺发达，作为衡量做得对或者不对的标准”（邓小平《各项工作都要有助于建设有中国特色的社会主义》，1983 年 1 月 12 日）。“我们评价一个国家的政治体制、政治结构和政策是否正确，关键看三条：第一是看国家的政局是否稳定；第二是看能否增进人民的团结，改善人民的生活；第三是生产力能否得到持续发展”（邓小平《怎样评价一个国家的政治体制》，1987 年 3 月 27 日）。“判断的标准，应该主要看是否有利于发展社会主义生产力，是否有利于增强社会主义国家的综合国力，是否有利于提高人民的生活水平”（邓小平“南方谈话”，1992 年）。“社会实践是检验真理的唯一标准”（毛泽东《对五评苏共中央公开信稿的批语和修改》）。

由墨家的“善于用，志与功”，发展到“知行合一”和“理论联系实际”。

由墨家的“兴天下之利，除天下之害”，发展到“坚持以人为本，树立和落实全面、协调、可持续的发展，做到统筹城乡发展、统筹区域发展、统筹经济社会发展、统筹人与自然和谐发展、统筹国内发展和对外开放，是我国二十多年改革开放和现代化建设实践经验的总结，符合社会发展的客观规律”（胡锦涛《在全党大力弘扬求真务实精神，大兴求真务实之风》，2004 年 1 月 12 日）。

墨家关注社会，留下了建设家国天下美好的社会理想：就是“兼相爱，交相利”的平等、互利、的博爱；就是“尚贤”、“尚同”取消等级人人平等的观念；就是“非攻”的反对掠夺战争的思想；就是“非乐”、“节用”、“节葬”勤俭节约的精神；就是反对“繁饰礼乐”和奢侈享乐生活，艰苦奋斗，反对铺张浪费的奢侈作风；就是“三表”，即人民、国家、历史的评判标准；就是领导以身作则，吃苦在前，享受在后的模范带头作用；就是理论联系实际的统一理论。墨家提倡的是“以人为本”的“人治”理念。

道家“无为而治”、“顺其自然”的“道治”

道家，老子是道家的创始人，庄子继承发展了老子的思想。在庄子以前或同时，有杨朱的“全性葆真”说，宋钘、尹文的“情欲寡浅”说，彭蒙、田骈、慎到的“弃知去己”说，都同道家思想接近，被有的人称之为道家学派。

道家的学说以老庄自然天道观为主，强调人们在思想、行为上，应效法“道”的“生而不有，为而不恃，长而不宰”。政治上主张“无为而治”，“不尚贤，使民不争”。伦理上主张“绝仁弃义”，以为“夫礼者忠信之薄而乱首”，与儒家之说形成明显的对立。其后，道家思想与名家、法家相结合，成为“黄老之学”，为汉初统治者所重。到汉武帝“罢黜百家，独尊儒术”之后，“黄老”渐衰。同时，道家思想流入民间，对东汉末年农民运动中道教思想的产生有所影响。

由道家的“生而不有，为而不恃，长而不宰，是谓玄德”，就是说：“道”生发万物，“德”养育万物，它们促使万物成长、发育，促使万物自立、成熟，使万物都得到滋养与保护。生育它而不据为己有，成就它而不自恃有功，引导它而不主宰，这就叫做深奥玄远的“玄德”。发展到培育发展“社会主义市场经济”；由道家的“无为而治”，发展到尊重“自然规律”、“科学规律”、“客观规律”、“社会规律”、“价值规律”、“发展规律”、“社会主义市场经济规律”。

再发展到“必须以宽广的眼界观察世界，正确把握时代的要求，善于进行理论思维和战略思维，不断提高科学判断形势的能力；必须坚持按照客观规律和科学规律办事，及时研究解决改革和建设中的新情况新问题，善于抓住机遇加快发展，不断提高驾驭市场经济的能力；必须正确认识和处理各种社会矛盾，善于协调不同利益关系和克服困难，不断提高应对复杂局面的能力；必须增强法制观念，善于把坚持党的领导、人民当家作主和依法治国统一起来，不断提高依法执政的能力；必须立足全党全国大局，坚定不移地贯彻党的路线方针政策，善于结合实际创造性地开展工作，不断提高总揽全局的能力”（江泽民语）。

道家，关注人生，利于治国，留下了指导人生的智慧结晶，明确了人生的追求的目标，提出了无为而治。为人要真实、自由、充实、宽容，示弱；处世要“无为无不为”，“不争莫不争”，“以弱胜强；做事要“人法地、地法天、天法道、道法自然”，“无为而治”按照客观规律办事；精神追求“天地与我并生，万物与我为一”，“独与天地精神往来”，“天人合一，物我两忘”超凡脱俗境界；思想行为上，要效法“道”的“生而不有，为而不恃，长而不宰”的“玄德”的精神；政治上主张“无为而治”的治国之道。道家的“无为而治”，实际上就是尊重客观规律，按照客观规律治国的“道治”。

道家，强调的是顺其自然、顺势而为，按规律办事“无为而无不为”、“无为而治”的“道治”；墨家，强调的是“兼爱”、“尚贤”、“尚同”、“节用”“非攻”、“兴天下之利，除天下之害”的“人治”；儒家，强调的是“德治、仁政”，“礼乐、仁义”，“忠恕、中庸”，“圣君”、“王道”的“礼治”；法家，强调的是“依法治国，赏罚分明，刑罚为主，以礼辅助”，是建立健全法制制度的“法治”。

所以，法家则是儒、墨、道三家的继承者和批判者，还是新学说的主张者，君主集权制是法家的核心思想，韩非的“无为”，是为了君主的统治。

今天中国特色的社会主义的治国理念，正是继承发展了法家依法治国的“法治”；儒家“仁政”、“德治”的“礼治”；“墨家以人为本”的“人治”；道家“无为而治”的“道治”的科学发展观。

正如胡锦涛所说：“科学发展的理念，是在总结中国现代化建设经验、顺应时代潮流的基础上提出来的，也是在继承中华民族优秀传统文化的基础上提出来的。”

“中华文明是世界古代文明中始终没有中断、连续五千多年发展至今的文明。中华民族在漫长的历史发展中形成的独具特色的文化传统，深深影响了古代中国，也深深影响了当代中国。现时代中国强调以人为本、与时俱进、社会和谐、和平发展，既有着中华文明的深厚根基，又体现了时代发展的进步精神”（胡锦涛《在美国耶鲁大学的讲演》，2006 年 4 月 21 日）。

老子说：“治大国若烹小鲜。”就是说，治理大国就像烹调小鱼一样。

记得有一次和朋友聊天，谈起我正在写《大学》“治国”，我说这一章我写得很艰难，因为我没有治理国家的经验，难于驾驭。她说，老子不是说过“治大国若烹小鲜”吗？你虽然没有治理过国家，但你管理过单位，单位放大后不就是国吗！我说，你说得不无道理，我虽然管理过几个单位，但比起治理国家，不可同日而语，更何况治理一个单位我就觉得很难，常常失眠，有力不从心之感，更何况治理一个国家！

谈起“治大国若烹小鲜”，更谈何容易！它是需要高超的烹调艺术的，只有大师级厨师高超的技艺，加上小心谨慎，全神贯注，才有可能烹调好小鲜。

老子的"烹小鲜"这三个字不简单，每一个字就可以作一篇文章。先说这个小字，所说的小，就是小鱼或者说小海鲜，正因为它小，在烹调的时候才需要格外小心谨慎，火候掌握不好，就会过或不及，翻动时不小心，就会把"小鲜"弄烂。再说"鲜"字，"鲜"是取材，你烹的是什么"鲜"？是鲈鱼还是多宝魚？是左口魚还是鲑鱼？再说烹字，"小鲜"的种类不同，烹调的技术就不同，更何况众口难调，南方人爱吃淡的，江浙沪一带爱吃甜的，中原和东北人爱吃咸的，西南地区的人爱吃麻辣的，西北地区人爱吃辣的……全国13多亿人，区域不同，阶层不同，信仰不同，风俗不同，追求不同，贫富不同，文化不同，要在这么多不同中求同存异，其艰难程度是可想而知的！

邓小平说："马克思说过，科学技术是生产力，事实证明这话讲得很对。依我看，科学技术是第一生产力。"马克思、邓小平的论点是极为正确的，然而，一个好的社会政治制度，才能产生孵化发展生产力，是发展生产生力的核心生产力。这是由中国改革开放三十多年的历史成就证明了的。

邓小平说："我们原定的目标是，第一步在八十年代翻一番。以一九八〇年为基数，当时国民生产总值人均为二百五十美元，翻一番，达到五百美元。第二步是到本世纪末，再翻一番，人均达到一千美元。实现这个目标意味着我们进入小康社会，把贫困的中国变成小康的中国。那时国民生产总值超过一万亿美元，虽然人均数还很低，但是国家的力量有很大增加。我们制定的目标更重要是第三步，在下世纪用三十年到五十年再翻两番，大体达到人均四千美元，做到这一步，中国就达到中等发达的水平。这就是我们的雄心壮志。"

中国改革开放的总设计师邓小平的话，代表了中华民族的雄心壮志。全体中国人民通过多年的艰苦奋斗，奋发图强，排除严重干扰，冲破重重阻力，经受了1997年亚洲金融风暴，战胜了1998年百年不遇的特大洪水，2003年突如其来的"非典"，2008年四川汶川八级大地震，2008年百年不遇的世界经济危机等特大灾害，在他的后来者的手中终于提前实现了他的愿望。

2011年，中国的国民生产总值，已经接近44.1564万亿人民币，折合美元近7.5万亿美元，人均已经达到5500美元，提前二十年翻四番半，人均国民生产总值增加了22倍，中国已经由改革开放前世界经济总量排名的第十几位，跃升到第二位。

假如世界没有大的动荡，按照现在中国、美国和世界的发展速度，再有15至20年，也就是到2025年至2030年，中国的国民生产总值，再翻两番多，中国的经济总量，将达到30万亿到33万亿美元，超过届时美国的22万亿美元，人均将达到2万美元左右，达到世界平均水平。北上广深等城市的人均国民生产总值，将达到发达国家的先进水平。

关于如何治理好一个国家，对于一般人来说，只能从理论上理解和想象，没有几个人能够有实践的机会和真正做到的。但是，并不是一个人没有机会治理国家和不能够治理国家，就不需要懂得、了解或掌握治理国家的理念和策略。“帝王将相宁有种乎”，英雄不问出处，学会好治理国家的本领，懂得如何治理国家的理念，也可以有效地监督、评判执政者治理国家的水平如何？其执政能力如何？更可况我们没有治理国家的机会，可以有治理一个单位、一个部门的机遇。

你没有治理国家的能力，也可以学会治理一个家庭，一个学校，一个工厂，一个公司，一个单位，一个部门，一个村庄，一个乡镇，一个县，一个省，等等。

执政者应该有墨家的“官无常贵，民无常贱，有能则举止，无能则下之”的政治纲领，有墨家的普天同利的道德观念，有墨家的宣扬兼爱、制止攻伐、四海之内皆可通融的思想核心，有墨家的“天志”代替儒家的“天命”的认识理论，有墨家的“天下之人皆相爱，强不执弱，众不劫寡，富不辱贫，贵不傲贱，诈不欺愚”，领导者有墨子“摩顶放踵利天下为之”的献身和实践精神，有墨子“非乐”、“节用”、“节葬”的节约主张，有“以人为本”的“人治”，就应该再加十分，八十分。

执政者应该做到道家的“人法地，地法天，天法道，道法自然”思想，强调在思想和行动上效法“道“的“生而不有，为而不恃，长而不宰”的理念，能够做到“无为而治”而天下治的“道治”的治国理念，按规律办事，则应该再加十分，九十分。所以，治理国家应该是非常复杂的系统工程，充分学习、掌握和应用中国传统的文化思想治理国家，是所有政治家和领导者不可缺少的必修课。

四十六、“平天下”之道，追求“天下为公，世界大同”之道

“平天下”是人类踏上天下美好和谐的光明大道，是儒家达到“在止于至善”“天下为公，世界大同”的理想的境界。“平天下”就是使天下太平。追求公平是普天下受压迫穷人最现实的理想，追求“平天下”是天下所有政治家的最高理想，天下太平是所有人类共同追求的目标。

朱熹说：“务在与民同好恶而不专其利，皆推絜矩之意也。能如是，则亲贤乐利各得其所，而天下平矣。”

至于如何平天下，则有不同的解释和理解。要了解“平天下”，首先要先了解什么是平？

平，在《辞海》中的解释：第一，就是不倾斜，无起伏。如：波平如镜；也说整治使平。如：平了三亩地。第二，就是平息，平定。如：《诗经》上：丧乱既平，既安且宁。引申为平安，没有危险。第三，是宁静，不激动。如：心平气和。第四，媾和。如《左传》中：宋人及楚人平。第五，均等，公平。如：平分，持平。第六，一般的，普通的。如：平凡，平淡。第八，旧时的一种衡量标准。如，库平，漕平。第九，平时，往常，一向。如：平生，平居等。

平，是普天下受压迫穷人的追求和理想

总之，平的意思，就是使之平等，公平，公正，和平，平安，宁静，平定等。天下的一切争夺和战争，大都是由于不平、不公、不正引起的。不平则鸣，不公则争，不正则危。鸣则无效则争，争则无效则斗，斗则无效则战，战则不息则天下大乱，大乱则导致人民生灵涂炭、民不聊生、历史倒退。这是古今中外数千年的历史经验反复证明了的。

争鸣、争论、争辩，往往是靠口头和笔杆子说话，这叫文争；无效则开始争

夺、争斗，往往是靠拳头和实力说话，这叫武斗；无效则开始争战，往往是靠军事实力和枪杆子说话，其结果是强者胜，弱者败，这叫战争。但弱者虽败，内心不一定会平，不平则会把怒火压在心头，怨气憋在心中，仇恨在胸中燃烧，暴力在地下冲腾，一旦有机会、有时机、有缝隙，久久压抑憋闷燃烧冲腾不平的怒火、怨气、仇恨、暴力就像火山爆发一样，痛快淋漓的喷发宣泄，造成更大的杀伤力和破坏力，将会造成新的不平。新的不平的产生，又会产生又一轮的鸣不平，争不公，战不断，天下乱。这样天下将永无宁日，国家人民休想太平。

所以，欲求真正的公平、公正，必须要以高尚的道德为基础，以德化人，以情感人，以忠事人，以诚对人，以理服人，以仁爱人，以义示人，以礼待人，以信交人，以恕容人。以公平公正诚信之心，为人处世，安身立命。以天下为公之心，与人互惠互利，和平共处，风雨同舟，荣辱与共，共生共存共发展，共赢天下，共谋未来。故中国古代有“以力假人者谓之霸道，以德行仁者谓之王道”。了解平之后，再了解天下的含义。

天下，古指全中国，现指全世界；平天下，指平定天下或使天下太平

何谓天下？天下，在古代多指中国范围内的全部土地，也指全国。正如《论语·宪问》中说：“管仲相桓公，霸诸侯，一匡天下，民到于今受其赐。”

众所周知，在中国古代，国与天下的国区分是和现在不同的。在周代，国就是天子分封给诸侯的土地，特别是周王室“分封建国”的体制下，所有诸侯们的治地都叫“国”或自称为“邦”。“邦”、“国”的元首，按周天子分封的等级称之为公、侯、伯、子、男，如齐桓公等，到了后期，有的自称为“王”，如楚怀王等。

所谓“天下”一词，指的是周王室，也就是指当时周天子统治的全国，周王室的元首，自称和被称为“天子”。《大学》中的“天下”，就是指当时的中国，也就是全中国。天下被大禹分为九州，周天子为九州共主，周王朝也就是自然的所谓“天下”。

《大学》中的“平天下”，实质上是平定全国的意思。而“天下”经过不断的发展，成就了现在的全球，全世界，全人类。讲完了“平天下”，再让我们来理解《大学》中的具体讲解。

领导要起楷模和表率作用,才能治理好国家和处理好复杂的各种关系

“所谓平天下在治其国,上老老,而民兴孝;上长长,而民兴弟;上恤孤,而民不倍。是以君子有絜矩之道也。”

就是说:所谓平定天下在于先能治理好自己国家,是因为国君或当政者尊敬老人,老百姓就会兴起孝敬自己父母的风气;国君或当政者尊敬长辈和兄长,老百姓就会兴起敬爱自己长辈和兄长的风气;国君和当政者体恤救助怜爱孤贫的百姓,老百姓也就会有同情之心而做出善事。所以,国君或当政者要品德高尚,奉行“絜矩之道”,以身作则,起表率和楷模作用。

“所恶于上,毋以使下;所恶于下,毋以事上;所恶于前,毋以先后;所恶于后,毋以从前;所恶于右,毋以交于左;所恶于左,毋以交于右;此之谓絜矩之道”。

如果憎恶你上司对你的某种行为,你就不要用这种行为去对待你的下属;如果憎恶下属对你的某种行为,就不要用这种行为去对待你的上司;如果反感前人的某种行为,就不要用这种行为去对待后来者;如果反感你后面的人对你的某种行为,就不要用这种行为去对待你前面的人;如果憎恶左右和你相处的某些人对你的某种行为,就不要用这种方式和行为去对待与你共事的人;如果憎恶你的同事对你的某种行为,就不要用这种行为去对待你左右的人。这就叫做絜矩之道,也就是儒家提倡的“己所不欲,勿施于人”的处世之道。

这里强调君主、当政者和领导,要时时处处起楷模和表率作用,懂得表率和楷模的作用是无穷的。领导者特别是最高领导者的言行和作风,在治理国家和处理外交关系,以及处理各种复杂的社会关系中起着非常重要的作用,人民群众不仅要看国家的政策如何,也在关注着领导者特别是最高领导者的言行和作风,你要求人民群众要做到什么,而你自己不能身体力行,以身作则,不能起表率和楷模作用,人民群众是不会买你账的。

在强调领导起模范带头作用的同时,提出了用“絜矩之道”来治理国家的主张。这里强调的是人心都是肉长的,人同此心,心同此理,要想要求别人怎样做,首先自己要能够做到,你憎恶别人的一些做法,而你自己就不要用同样的做法去对待别人。

“絜矩之道”,简而言之,就是用儒家将心比心的“己所不欲,勿施于人”的恕道来规范人要求人。“恕”是人类仁爱心灵的窗口,它昭示人们要以较低的标准和朴素的情操来克服人们的各种不良行为，从而逐渐达到儒家的“忠”，“己欲立而立人，己欲达而达人”较高的思想道德境界。

圣人无心，以天下民心为心

诗云：“乐只君子，民之父母。”民之所好好之，民之所恶恶之，此之谓民之父母。

《诗经》上说：“快乐的君子啊，你就像老百姓的父母。”老百姓喜欢的事情你就喜欢，老百姓厌恶的事情你就厌恶，君主能够与老百姓同好恶、共欢乐，这才配称老百姓的父母官。

诗云：“节彼南山，维石岩岩。赫赫师尹，民具尔瞻。”有过则不可不慎，譬则为天下谬矣。

《诗经》上说：“巍峨高大的终南山，层层岩石高耸云端；威严赫赫的尹太师，万民非常崇拜敬仰你。”拥有国家统治权的当政者，处理国家大政，不可不谨慎从事；如果不能以天下为公，徇私枉法，就会受到天下人的讨伐和诛戮。

朱熹说：“能絜矩而已民心为己心，则是爱民如子，而民爱之如父母矣。”

在中国数千年封建社会的“家天下”时代，封建官员总是以民之父母自居，自称或号称父母官，“爱民如子”是他们奉行的官箴，也是老百姓对于他们的要求。

翻开中华五千年的历史证明，历朝历代又有几个皇帝，官员真正把人民当做他们的子女来关爱疼养，又有几个不是把人民当做他们奴役盘剥的对象。其实，不管你把老百姓称之为父母敬养，还是把老百姓当做作子女疼爱，口号喊得再响、话说得再漂亮也没有用处，广大人民群众不是傻瓜。实践是检验当政者言行的唯一标准，不在乎你是把广大人民群众当做父母还是儿女，最关键的是你为父母或儿女办了多少好事、实事，让老百姓过没过上好日子。你是为民造福还是为己造福？你是谋福于国还是谋福于家？你孝敬的是你自己的父母还是老百姓的父母？你疼爱的是你自己的儿女还是疼爱老百姓的儿女？老百姓心明眼亮，心知肚明，谁对他们好，他们就拥护谁，就是这么简单的道理！

一个执政党和政府，能否做到“心为民所想，情为民所系，利为民所谋，权为民所用”，是执政者须臾不可离开和忽视的至关重要的头等大事。正如管仲所说：“治国不难，爱民而已。”也正如古人所说：“天德无非个无我，圣君无非个爱民。”治国，就是爱民；天德，就是无私；圣君，就是爱民。能否一心一意的爱人民，全心全意地为人民服务，能否为民兴利除害，造福于国，谋福于民，是衡量执政者好坏的惟一标志。

这里的师尹，是指周幽王时的周朝太师，这是一首指斥周幽王时代的权臣太师尹氏的诗，根据内容分析，作者的家父当为西周末年幽王时代的人。据《郑笺》说，他是大夫，诗人于诗中自道姓名，光明磊落。

《诗经》借用诗人之口说：“望着这巍峨高大的终南山，山石堆积在重恋，高耸入云；如今尹氏身为三公之一太师，其权势赫赫显威，便与那终南山一样高大巍峨，令老百姓侧目相看，人民崇敬他，仰望他，而他却为政不公，好恶不分，忠奸不辨，以权谋私，致使天下大乱。”这是诗人讥讽尹太师的为政不公，祸国殃民。

曾子说：“有国者，既为民所瞻仰，必须常常谨慎，凡事要符合人心，若是不能絜矩，只循一己之私，民所好的不从民，民所恶的不肯体恤，致得那天下之人都生怨恨，必然众叛亲离，而身与国家不能保，所以说辟则为天下僇矣。”

这里借用周幽王时代的太师尹氏，作为不能于民同好恶的反面例证和典型。尹太师身居三公的高位，位不算不尊，权不算不重，位高如山，权势赫赫，令万民敬仰，然而，他却不能体察民情，不能于民同好恶，却以权谋私，徇私枉法，偏私妄行，结果导致了天下大乱，人民被逼起来造反，最后弄得个众叛亲离，国亡身死！究其尹太师失败的原因，都是不行絜矩之道之故，不能将心比心，不能做到“圣人无心，以天下人心为心”的结果。

《大学》引用《诗经》的这个例证，就是警告当政者，不管你的职位多高，权力多大，你的权利和职位，说到底，都是人民赋予你的，一旦你不能够为人民谋福祉，利用人民给你的权利，以权谋私，徇私枉法，离你身败名裂的时间就不会太长了。所以曾子警告当政者，要时时刻刻提醒自己：身居高位，要以心系天下苍生为念；执政为民，要以为民谋福为要。否则将与人民为敌，终将落得个身败名裂的悲惨下场！

得民心者得天下，失民心者失天下

诗云：“殷之未丧师，克配上帝。仪监于殷，峻命不易。”道得众则得国，失众则失国。

《诗经》上说：殷朝在没有丧失民心的时候，还能够与上帝（天命、民心）要求的德性相适应。我们应当借鉴殷朝亡国的教训，懂得崇高的天命是不容易保持的。这就是所说的“得民心者得天下，失民心者失天下”。

“是故君子先慎乎德，有德此有人，有人此有土，有土此有财，有才此有用。”

所以，品德高尚的人应首先注重自身的道德修养和提高，自己具有高尚的道德，才会得到人民的拥护，有了人民的拥护，自然会拥有土地，有了土地就自然有了财政税收来源，有了税收的收入，就会有财政收入，自然就会供给国家开支和用度。

“德者，本也；财者，末也。外本内末，争民施夺。”

所以说，高尚的道德，是做人的根本，更是当政者的根本；财产和财政和高尚的道德相比起来，只不过是微不足道的枝叶罢了。

如果当政者轻视道德的修养和提高，而只一味的看重财物的占有，就会不择手段地向民众巧取豪夺，侵占人民的利益和财富。

“是故财聚则民散，财散则民聚。是故言悖而出者，亦悖而入；货悖而入者，亦悖而出。”

所以说，国君无休止地收刮民脂民膏，聚敛不义之财，人民就会和你离心离德，民心就会丧失殆尽；君王如果能够体恤民心，关心人民疾苦，造福于民，为民兴利祛害，民心所向，人民就会自然聚集在你的身边。因此，君王的一切政令的制定和颁布，所选择的路线和政策，都要格外慎重，来不得半点马虎，假如你的政令不顾民心民意公布出去，必将招到广大人民群众的坚决反对和抵抗，因而导致人民群众离你而去，成为孤家寡人；如果你的财富不是依据正当手段而获得，而是靠收刮民脂民膏而来的，最终必将会被广大人民群众利用更加严酷的手段，甚至是暴力的手段夺过去，更有甚者人民起义造反推翻你的政权，使你家破国亡，妻离子散，不得善终。

这里主要强调“得民心者得天下，失民心者失天下”的历史经验教训。殷商王朝的兴衰存亡，在我国数千年的历史长河中，有着非常重要非常普遍的历史借鉴意义。

毛泽东说：历史的经验值得注意。殷商王朝灭亡的教训告诫人们特别是当政者，要时刻警惕和自省，民心民意不可须臾离开，马虎不得，不可掉以轻心。国家的稳定，国家的富强和持续发展，完全取决于民心民意，取决于广大人民群众的拥护和支持，离开了广大人民群众的支持和拥护，当政者将一事无成，失去了民心民意的支持，政府将要垮台，政权将要更替，当政者将要家破人亡，妻离子散，身败名裂，遗臭万年，国家将要进入混乱状态和战争边缘，失去民心将会天怒人怨，天怒人怨的政权，必将垮台灭亡。

所以当政者应以人为本，以人为本，就应该把广大的人民群众，特别是处于社会底层的人民群众，当做人看待，尽可能给予他们生活的保障，给予他们身心的自由，给予他们生存发展的空间，给予他们尊严的需求。爱护他们就像爱护你自己孩子那样，尊敬他们就像尊敬自己父母那样，你有关爱人民之心，人民自然会拥护你，你能够为广大人民群众谋福祉，谋发展，广大人民群众自然就会亲近你。人心的都是肉长的，将心比心，以心换心，心同此理，你心里有人民，人民心中自然会有你，这是古今中外无数历史证明了颠扑不破的伟大真理。

所以说，高尚的道德是治国之本，聚敛财物是治国的枝叶末节，倘若统治者本末倒置，其结果就是老百姓效法当政者，以其人之道还治以其人之身，道德沦丧，法理破坏，社会混乱，互相争夺钱财货物，必将国将不国，天下大乱。所以说，当政者所做的一切，都是为了广大人民群众的利益，当政者的一切努力，都是为了造福于民，给予人民一个平安、稳定、祥和、和谐、充实、自由、发展的空间和舞台，给予广大人民群众一个富裕、体面、尊严、自由的生活。

否则，当政者不顾民情民意，逆天而动，收刮民脂民膏，巧取豪夺，聚敛财富，于人民死活于不顾，广大人民群众将不会在沉默中死亡，必将在沉默中爆发，必将采用更加残酷的手段和不可遏制的暴力，夺回应得的财富，推翻你的政权，当政者将后悔莫及，所以不得不慎，不得不牢记历史的教训，切不可掉以轻心。

天命，乃人心民意，治国要以人为本

《康诰》曰："惟命不于常。"道善则得之，不善则失之矣。

《康诰》上说："天命并不是永恒不变只眷顾某一个人的。"君王如果能够实行善政，就能够得到天命的眷顾，如果不能够实行善政，就会失去天命，得不到上天的眷顾。

《楚书》曰：“楚国无以为宝，惟善以为宝。”舅犯曰：“亡人无，以为宝，仁亲以为宝。”

《楚书》上说：“楚国没有什么东西可以当做宝贝的，只有把有美好德行的人当做宝贝。”

舅犯说：“我们这些流亡在外的人没有什么可以作为宝贝的，只有以仁爱之心作为宝贝。”

《秦誓》曰：“若有一介臣，断断兮，无他技，其心休休焉，其如有容焉。人之有技，若己有之。人之彦圣，其心好之，不啻若自其口出，实能容之。以能保我子孙黎民，尚亦有利哉！人之有技，媢疾以恶之。人之彦圣，而违之俾不通，寔不能容。以不能保我子孙黎民，亦曰殆哉！”

《秦誓》说：“如果有这样一位大臣，忠诚厚道，虽然没有什么特别的才能，但他心胸宽阔，有容人之量。别人有本领，就如同他自己有一样，别人德才兼备，他心悦诚服，不只是在口头上表示佩服，而是发自内心的赞赏。任用这样的人，让他担任国家的栋梁，一心一意地为百姓造福，自然能够保护我们的子孙和人民，对于国家和民族将会有多么大的好处啊！相反，如果别人有长处，他就嫉妒厌恶，别人德才兼备，他就想方设法压制、排挤、设置障碍，无论如何不能够相容。这等小人，心私狭小，毫无容人之量。若是重用这种小人做大臣，如何能够保护我们的父母兄弟姐妹和子孙后代得到幸福呢？如何能使天下黎民百姓安康快乐太平呢？不仅如此，还会将国家的前途命运置于极其危险的境地。”

中国古代人们虽然相信天命和迷信天命，但也不认为天命是永恒不变的。认为天命乃人心民意，天命是通过人心民意来体现的，得民心者得天命，失民心者失天命。衡量能否得到天命的标准，是是否能够得到民心民意的支持。这就告诫当政者必须时时处处为广大的人民群众着想，才能够得到天命的眷顾，人民的拥护，否则将被天命抛弃、人民抛弃。

《楚书》是楚昭王时的史书。《楚书》中的“楚国无以为宝，惟善以为宝。”这两句话是春秋时期的名言。当时楚昭王派王孙圉出使晋国。晋国赵简子夸耀赵国有很多的金银财宝，并问王孙圉说，你们楚国有多少珍玩玉器宝贝啊？。王孙圉答道：我们楚国没有像你说的那些珍宝，也从来没有把美玉当做宝贝，我们只是把道德高尚的贤能人才，能够全心全意为老百姓谋福利，能够使国家富足强盛，能够使社稷康宁的人才当做宝贝，这就是我们楚国最大的财富和宝贝。

所以说，一个国家培养人才，发现人才，重用人才，这才是一个国家的重中之重，治国治世的栋梁之才，才是一个国家最大最重要最珍贵的宝贝。能否重用人才，是国家能否兴旺发达的重要标志。

舅犯，名狐偃，字子犯。是著名的春秋五霸之一晋文公重耳的舅舅，所以后来便以“舅”为姓，叫做“舅犯”。《礼记》檀弓下记载：鲁僖公四年十二月，重耳的父亲晋献公听信骊姬的谗言，逼迫重耳的哥哥太子申生自缢而死，重耳也避难逃亡在外，历经曹国、卫国、齐国、楚国，最后逃亡到秦国，故称亡人，也称逃亡之人。

在秦国时，秦国听说重耳的父亲晋献公病逝，秦穆公派人去劝说他回国掌握国家政权，他把这件事告诉舅舅舅犯，请教良策。他的舅舅舅犯对重耳说：你就说：“我逃亡之人，不以富贵为宝，只以爱亲为宝，若是有亲之丧，而无哀丧思慕之心，却去兴兵争国，便是不爱亲了，虽然得国，也不足为宝也。”夫晋之所宝，不在得国而在仁亲，以仁爱为本，得国为末。

仁爱亲亲，是儒家一贯提倡的爱人，即爱护自己的亲人。重耳，因避骊姬之祸，而长期逃亡他国异乡，颠沛流离，惶惶如丧家之犬，不可终日，经历千辛万苦，冷暖甘苦辛酸自知，当在秦国听说父亲病逝，自有说不出的伤感和悲伤，又加上秦国劝说并帮助他兴兵回国继承君位，又有难于言表的爱恨交加。这时他的舅舅舅犯教他说：“亡人无以为宝，仁亲以为宝。”此话在某些方面也许是此时真实的心理，但也难免有借用“仁爱”来争取当时的国际舆论，和争取国内民心的支持。我认为《大学》引用这个故事，主要还是强调执政者要以仁德为本，以仁爱亲亲为本。

《秦誓》是春秋时期秦穆公发布的誓词。鲁僖公三十三年，秦穆公派遣大将孟明视、西乞术、白乙丙率军远道偷袭郑国，出师时，老臣蹇叔竭力谏阻，穆公不从，结果惨遭失败，全军覆没。

《秦誓》中的誓词是战争失败以后，穆公自悔自责的沉痛总结教训之作。这是秦穆公在失败中学到的教训之后的感悟，也是秦穆公的用人观。一个国家的用人标准，当然以德才兼备更好，然而有时找不到德才兼备之人，在德与才需要作出选择的时候，要选择道德高尚的人才，因为道德高尚的人才，虽然自己有某些不足之处，但他胸怀宽阔，表里如一，有容人之量，不嫉贤妒能，能取人之所长，补己之短，广纳贤才。因为大臣的重要职责之一，就是荐贤任能，辅佐君主治理国家，并不求全责备，每一个大臣都是通才。一个朝廷或执政团队，要有各种人才搭配，用其所长，避其所短，和谐共生，团结一致，某个大臣在某种才能和技艺上有所缺陷并不影响大局。

所以说，国君要用好大臣，必须从全局出发，出于公心，选贤任能，不能以自己的喜好、帮派、山头、体系出发，或者怀有私心，任人唯亲，甚至顺我者昌逆我者亡。秦穆公在伐郑时不听大臣蹇叔的正确谏阻，还斥责蹇叔，结果战争失败了，秦穆公才认识到蹇叔的谏言是出于公心，后悔无穷。

当政者要以诚信立身，取信于民；“忠”，“己欲立而立人，己欲达而达人”；“恕”，“己所不欲，勿施于人”；“絜矩之道”是儒家治国平天下之道

“惟仁人放流之，迸诸四夷，不与同中国。此谓惟仁人为能爱人，能恶人。”

这里所说的四夷，指的是居住在中国四周的少数民族。古代称东方的少数民族为夷，南方的少数民族为蛮，西方的少数民族为戎，北方的少数民族为貊。中国，指中原地区的诸侯国家。

就是说，只有拥有仁德之心的人才能大公无私，才能够以公正之心对待善恶，才能把嫉贤妒能的人驱逐流放到边远荒蛮少数民族居住的地方去，不让他们共同居住在国中。这就是说，只有仁德之人，才能够爱憎分明，才能够以公正之心关爱褒扬好的品质，有资格批评那些卑劣的行为。

“见贤而不能举，举而不能先，命也；见不善而不能退，退而不能远，过也。”

发现了贤德的人才而不能推荐选拔他，推荐选拔了却不能够重用他，这就是君主的胸怀和识人的局限；发现了奸佞邪恶之人而不能罢免他，罢免了他而不能和他保持距离，这就是君主的过错。

“好人之所恶，恶人之所好，是谓拂人之性，菑必逮夫身。”

喜欢众人所厌恶的人，厌恶众人所喜欢的人，这就是违反了人的本性和道义，灾难必然要降落到你的身上。

“是故君子有大道，必忠信以得之，骄泰以失之。”

所以说，真正的君子，必然遵循千古不易的大道，言行忠信，修德为民，必然会有所得，所奉行的理想就会实现。如果一味的自满、自傲、自以为是，骄奢放纵自己，不知反省悔改，必然会失去众人的支持，失去了民心，失去了天下。

怎样理解儒家的仁？按照儒家通常的解释，“仁者，爱人”，然而爱人并不是无原则的，更不是东郭先生，而是要立场坚定，爱憎分明，要爱人民，爱好人。正如毛泽东所说：“世界上没有无原则的爱，更没有无原则的恨，对于敌人你不打他就不倒。”对于那些胡作非为的坏人，绝不可姑息养奸，而是要使他们受到应有的惩罚，驱逐流放他们，到边远荒蛮艰苦的地方去改造他们，不能让他们继续在国中继续胡作非为，损坏国家人民的利益。当然这种行为要建立在大公无私，至公至明的基础上，而不是以个人的好恶为标准。绝不要冤枉一个好人，更不要放过一个坏人。能够正确掌握这个标准的，应该就是有非常高尚之心的仁德之人。

治理国家，需要贤才。所以要荐贤任能，发现了贤才就要大胆的推荐，及早的任用，以免浪费埋没了人才，给国家人民的事业带来损失；发现了坏人，就应该及时的罢免、辞退、疏远、驱除、流放他，行为要果断，意志要坚决，绝不可姑息养奸，放纵坏人。对于敌人的仁慈，就是对人民的犯罪。

假如当政者所喜欢重用的人，是大多数人所厌恶的人，而所厌恶和所疏远的人又是大多数人所喜欢的人，这就是违反了人的本性，违反了民心民意。这种亲小人、远君子的倒行逆施，必然引起公愤，丧失民心，失去了人民的支持的君主，必然会导致国破家亡、身败名裂的下场。

所以说，真正的君子，治国平天下的大道，实际上就是儒家的“忠恕”之道，也就是《大学》里所讲的“絜矩之道”。要充分地掌握“絜矩之道”，当政者要忠义立身，诚信为本，取信于民，做到“己欲立而立人，己欲达而达人”和“己所不欲，勿施于人”，充分相信和依靠广大人民群众，切勿刚愎自用，独断专行，骄奢淫逸，放纵自己，误国误民，害人害己害天下苍生。

政治家要以仁德施政，治国要开源节流，按客观规律办事，坚持科学发展观

“生财有大道，生之者众，食之者寡，为之者疾，用之者舒，则财恒足矣。”

创造财富和财富的生产是有一定的规律可循的，必须遵从时令和按客观规律办事，如果违背客观规律，将很难成事。生产和创造财富的人多，而消费的人少，创造财富的人勤奋，消费的人节俭，这样，财富便可以得到更多的积累并保持供给充足和富裕。

“仁者以财发身，不仁者以身发财。”

仁德的人以富民强国为第一要务，为天下百姓谋福利，发展生产，创造财富，惠泽于民，从而得到民众的拥护和爱戴；没有仁爱之心的人，只知道为了自己的享受而聚敛财富，故而横征暴敛，搜刮民财，榨取人民血汗，以满足自己的私欲，不惜以生命为代价敛钱发财，结果是得到了财物，却失去了身家性命。

“未有上好仁而下不好义者也，未有好义其身不终者也，未有府库财非其财者也。”

从来没有听说过国君倡导仁德，当政者奉行仁义，而臣下不喜欢忠义的；也从来没有听说过喜欢道义而不能把事业进行到底的；也从来没有听说过府库中用仁德得来的财富最终不属于自己的。

孟献子曰：“畜马乘不察于鸡豚，伐冰之家不畜牛羊，百乘之家不畜聚敛之臣。与其有聚敛之臣，与其有聚敛之臣，宁有盗臣。”此谓国不以利为利，以义为利也。

孟献子说：“拥有一乘车的士大夫，不应该再去料理饲养鸡猪之类的小事，能够用冰祭祀的并保存遗体的卿大夫之家，就不要再畜养牛羊与民争利，拥有百乘之家的诸侯，就不应该有聚敛财富的家臣。宁可有偷盗的家臣，也不要有聚敛财富搜刮民财的家臣。”就是说，一个国家不应只以经济利益为重，而应该以仁义为永恒的利益。

“长国家而务财用者，必自小人矣。彼为善之，小人之使为国家，菑害并至，虽有善者，亦无如之何矣。此谓国不以利为利，以义为利也。”

掌握了国家的大权，却还要一心想着聚敛财富，这必然是有小人在教唆。然而国君还以为小人是好人，重用他们去处理国家大事，结果是天灾人祸一齐降临，这时即使有贤能的人，也无力挽救了。所以，一个国家不应该以财货的聚敛为利益，而应该以仁德为施政纲领。

如何治国平天下，这一节讲的比较详细具体。治理国家，首先要使国家的财富充足，如何使国家财富充足，就是开源节流，减少冗员。中国古代，以农立国，有天子、诸侯、大夫、士、农、工、商七个等级，农民的地位在理论上仅次于士。古代的财物，大都出于土地，所以必须按照客观规律办事，使农民勤耕细作，不违农时，使农业有个好收成，农民有个好年景，国家才有可能征得税收，加大政府的财政收入。增加财政收入是开源，然而近开源是不够的，要节流，减少冗员，减少开支。如果开源节流做不好，横征暴敛，收刮民脂民膏，将会导致民变，何来的治国平天下？

所以说，当政者如何对待财富，是非常重要的问题，只有有仁德的人，才懂得勤政爱民，开源节流的为政之道。当政者有仁德之心，体恤百姓，使人民富足，国家自然强盛，这样才能够做到“仁者，以财发身”，使财富藏于民，自然会得人民的拥护。“不仁者，以身发财”，没有仁德的人，不惜舍去自己的名声，去聚敛财富，搜刮民脂民膏，榨取人民血汗，自然会得到人民的唾弃和反对，其结果将会是国破家亡，身败名裂。“国为君之本”，一国君主，一旦失去了家国天下，其自身和家庭就很难保全，失去了自身的君主，再多的财富还属于你吗！

国家财富的积累，主要是开源节流，减少冗员。如何开源节流减少冗员呢？众所周知，中国古代是一个农业国家，以农立国，当然财富的主要来源是土地，所以增加农业生产，不误农事，按时令春种夏收，夏种秋收，按照科学规律办事将会起到事半功倍的效果。农业丰收了，人民有了饭吃，国家的税收也有了保证，税收有了保证，自然会增加国家财政收入，但增加了政府的财政收入，并不能解决所有财政问题，而是要政府节约开支，减少浪费。节约开支，减少冗员就是一项非常必要的措施。

这是个简单的一加两减的公式，是老成谋国的正确英明简单之举。只可惜历史上的政治家们不会做这道简单的数学题，也许会，但为了享受奢侈腐化的私欲，不愿做，不肯做，不能做，不去做。

开源节流，减少冗员，是增加政府财政收入，减少政府财政支出的很好举措，但好的举措并不是人人都能够做到的，只有仁德的人才能够做到。有仁德的当政者，知道生财的道理是让天下的老百姓的生活富足，执政者的一切手段和一切目的都是为了人民大众谋利益。你能够全心全意为人民服务，为人民谋福利，人民群众自然会无条件的拥护你，支持你，赞扬你，尊敬你，歌颂你，崇拜你，这就是儒家所提倡的以财发身之道。

“食为民之本，民为国之本，国为君之本，民富国强，民安国安，国安君安”。而无德的暴君、昏君，不懂这个简单的道理，只知道聚敛财富，搜刮民脂民膏,榨取人民血汗,不顾百姓死活,只贪图自己享受,奢侈腐化,其结果广大人民群众无法生存,夺取“民以食为天”的“民本”,必将是众叛亲离,失去民心,闹得天怒人怨,民不聊生。人民不会在沉默中死亡,必将在愤怒沉默中爆发反抗,直至起义造反抗争。逼得人民用暴动推翻暴政,用暴力夺取权力,用武力推翻废除昏君及一切不合理的制度。到头来当政者只落得个:妻离子散,家破人亡,身败名裂,遗臭万年。

儒家提倡的礼治,虽强调等级,但也强调君主以身作则,起积极模范带头作用。君主应是广大人民群众身体力行的好楷模、好榜样,儒家相信榜样的力量是无穷的。

所以认为:只要君主对老百姓实行“仁政”、“王道”,老百姓自然会爱戴君主;只要当政者言行一致,取信于民,老百姓就自然会遵纪守法;只要当政者关心民众,老百姓就自然会把国家的事当做自己的事来做;只要当政者造福于民,为老百姓谋福祉,老百姓就自然会把国家的财产当做自己的财产加以保护。

中国数千年的封建社会,是个等级森严的社会,大致的等级是皇帝老子以下是:王、公、侯、伯、子、男、士、农、工、商。按照《礼记》的要求,每一个等级应有相应的配置和礼节。

儒家认为,只有等级分明,才会社会安定,所谓的“名不正则言不顺,言不顺则事不成”。《大学》借用孟献子的话,来讲义利之间的关系。一,是主张士大夫食禄之家不要与民争利;二,是不要任用聚敛之臣,更不要掠夺民财,与民争利;三,是应以仁义为利,不要以财富为利。

“得民心者得天下,得民心者满其欲”。以仁义为利,就是兴利除弊,为民造福。以广大人民群众的根本利益为利益。造福于民就得民心,赢得民心就赢得了人民群众,赢得了民心就有了土地,有了土地就有了财富,不谋其利而利就在其中。一个国家的当政者应该充分地认识到这种辩证关系,执政的手段就是要实行仁政,实行仁政的目的就是为人民谋福利,不能够见利忘义。

《大学》最后特别指出,当政者要亲君子远小人,利用小人聚敛财富是国之大害。国君为什么会用小人,就是没有充分认识到以义为利,而是以财为利。国君为什么会如此,就是没有实行“絜矩之道”,不懂得“治国不难,爱民而已”;不懂得“天德无非个无我,圣君无非个爱民”;不懂得“圣人无心,以天下心为心”;不懂得“食为民本,民为国本,国为君本”。

总之,还是一句话:当政者的一切手段和最终目的,就是为了让广大人民群众生活的更好一些,活得更有尊严一些,发展的空间更大一些,精神上更充实自由一些。创建一个国强、民富、科学、民主、文明、进步、和谐、发展的国家。能够做到这些,何愁国家不治,何愁天下不平!治国平天下的目的,就是民富国强!

附原本(古本)《大学》原文

大学之道,在明明德,在亲民,在止于至善。知止而后有定,定而后能静,静而后能安,安而后能虑,虑而后能得。物有本末,事有终始。知其先后,则近道矣。

古之欲明明德于天下者,先治其国;欲治其国者,先齐其家;欲齐其家者,先修其身;欲修其身者,先正其心;欲正其心者,先诚其意;欲诚其意者,先致其知;致知在格物。物格而后知至,知至而后意诚,意诚而后心正,心正而后身修,身修而后家齐,家齐而后治国,治国而后天下平。自天子以至庶人,壹是皆以修身为本。其本乱而未治者,否矣。其所厚者薄,而其所薄者厚,未之有也。此谓知本,此谓知之至也。

所谓诚其意者,毋自欺也。如恶恶臭,如好好色,此之谓自谦,故君子必慎其独也。小人闲居为不善,无所不至,见君子而后厌然,揜其不善,而著其善。人之视己,如见其肺肝然,则何益矣!此谓诚于中,形于外,故君子必慎其独也。

曾子曰:"十目所视,十指所指,其严乎!"富润屋,德润身,心广体胖,故君子必诚其意。

《诗》云:"瞻彼其澳,菉竹猗猗。有斐君子,如切如磋,如琢如磨。瑟兮僩兮,赫兮喧兮。有斐君子,终不可喧"如切如磋"者,道学也;"如琢如磨"者,自修也;"瑟兮僩兮"者,恂慄也;"赫兮喧兮"者,威仪也;"有斐君子,终不可喧兮"者,道盛德至善,民之不能忘也。

《诗》云:"於戏,前王不忘!"君子贤其贤而亲其亲,小人乐其乐而利其利,此以没世不忘也。

《康诰》曰:"克明德。"《大甲》曰:"顾諟天之明命。"《帝典》曰:"克明峻德。"皆自明也。

汤之《盘铭》曰："苟日新，日日新，又日新。"《康诰》曰："作新民。"《诗》曰："周虽旧邦，其命惟新。"是故君子无所不用其极。

《诗》云："邦畿千里，惟民所止。"《诗》云："緡蛮黄鸟，止于丘隅。"子曰："于止，知其所止，可以人而不如鸟乎?"《诗》云："穆穆文王，於缉熙敬止!"为人君，止于仁；为人臣，止于敬；为人子，止于孝；为人父，止于慈；与国人交，止于信。

子曰："听讼，吾犹人也。必也使无讼乎!"无情者不得尽其辞。大畏民志，此谓知本。

所谓修身在正其心者：身有所忿懥，则不得其正；有所恐惧，则不得其正；有所好乐，则不得其正；有所忧患，则不得其正。心不在焉，视而不见，听而不闻，食而不知其味。此谓修身在正其心。

所谓齐其家在修其身者："人之其所亲爱而辟焉，之其所贱恶而辟焉，之其所敬畏而辟焉，之其所哀矜而辟焉，之其所傲惰而辟焉。故好而知其恶，恶而知其美者，天下鲜矣。"故谚有之曰："人莫知其子之恶，莫知其苗之硕。"此谓身不修不可以齐其家。

所谓治国必先齐其家者，其家不可教而能教人者，无之。故君子不出家而成教于国。孝者，所以事君也；弟者，所以事长也；慈者，所以使众也。《康诰》曰："如保赤子"，心诚求之，虽不中，不远矣。未有学养子而后嫁者也。一家仁，一国兴仁；一家让，一国兴让；一人贪戾，一国作乱；其机如此。此谓一言偾事，一人定国。

尧舜率天下以仁，而民从之。桀纣率天下以暴，而民从之；其所令，反其所好，而民不从。是故君子有诸己而后求诸人，无诸己而后非诸人。所藏乎身不恕，而能喻诸人者，未之有也。故治国在齐其家。

《诗》云："桃之夭夭，其叶蓁蓁。之子于归，易其家人。"宜其家人，而后可以教国人。《诗》云："宜兄宜弟。"宜兄宜弟，而后可以教国人。《诗》云："其仪不忒，正是四国。"其为父子兄弟足法，而后民法之也。此谓治国在齐其家。

所谓平天下在治其国者，上老老而民兴孝，上长长而民兴弟，上恤孤而民不倍，是以君子有絜矩之道也。

所恶于上，毋以使下；所恶于下，毋以事上；所恶于前，毋以先后；所恶于后，毋以从前；所恶于右，毋恶于左；所恶于左，毋以交于右；此之谓絜矩之道。

《诗》云:“乐只君子,民之父母。”民之所好好之,民之所恶恶之,此之谓民之父母。

《诗》云:“节彼南山,维石岩岩,赫赫师尹,民具尔瞻。”有国者不可以不慎,辟,则为天下僇矣。《诗》云:“殷之未丧师,克配上帝。仪监于殷,峻命不易。”道得众则得国,失众则失国。是故君子先慎乎德。有德此有人,有人此有土,有土此有财,有财此有用。德者,本也,财者,末也。外本内末,争民施夺。是故财聚则民散,财散则民聚。是故言悖而出者,亦悖而入;货悖而入者,亦悖而出。《康诰》曰:“惟命不于常。”道善则得之,不善则失之矣。

《楚书》曰:“楚国无以为宝,惟善以为宝。”舅犯曰:“亡人无以为宝,仁亲以为宝。”

《秦誓》曰:“若有一介臣,断断兮无他技,其心休休焉,其如有容焉。人之有技,若己有之,人之彦圣,其心好之,不啻若自其口出,实能容之,以能保我子孙黎民,尚亦有利哉!人之有技,媢嫉以恶之,人之彦圣,而违之俾不通,寔不能容,以不能保我子孙黎民,亦曰殆哉!”

唯仁人,放流之,迸诸四夷,不同于中国。此谓唯仁人为能爱人,能恶人。见贤而不能举,举而不能先,命也;见不善而不能退,退而不能远,过也。好人之所恶,恶人之所好,是谓拂人之性,菑必逮夫身。是故君子有大道,必忠信以得之,骄泰以失之。

生财有大道,生之者众,食之者寡,为之者疾,用之者舒,则财恒足矣。仁者以财发身,不仁者以身发财。未有上好仁而下不好义者也,未有好义其事不终者也,未有府库财非其财者也。孟献子曰:“畜马乘不察于鸡豚,伐冰之家不畜牛羊,百乘之家不畜聚敛之臣,与其有聚敛之臣,宁有盗臣。”此谓国不以利为利,以义为利也。长国家而务财用者,必自小人矣。彼为善之,小人之使为国家,菑害并至。虽有善者,亦无如之何矣!此谓国不以利为利,以义为利也。

责任编辑:孙兴民
责任校对:叶蓓卿
装帧设计:徐　晖

图书在版编目(CIP)数据

《大学》人生大学问/郭庆祥 著. -北京:东方出版社,2012.3(2019.6 重印)
ISBN 978-7-5060-4418-9

Ⅰ.①大…　Ⅱ.①郭…　Ⅲ.①大学-通俗读物②人生哲学-通俗读物
Ⅳ.①B222.1-49②B821-49

中国版本图书馆 CIP 数据核字(2011)第 281367 号

《大学》人生大学问

DAXUE RENSHENG DAXUEWEN

郭庆祥　著

東方出版社 出版发行
(100706　北京朝阳门内大街 166 号)

保定市北方胶印有限公司印刷　新华书店经销

2012 年 3 月第 1 版　2019 年 6 月北京第 2 次印刷
开本:710 毫米×1000 毫米 1/16　印张:29.25
字数:479 千字

ISBN 978-7-5060-4418-9　定价:78.00 元

邮购地址 100706　北京朝阳门内大街 166 号
人民东方图书销售中心　电话 (010)65250042　65289539